Plus célèbres que le Christ

Du même auteur

Stop 50, la chronique des tubes de Libération, Éditions La Sirène, 1993.

Au nom du rock, Stock, 1995.

Football, Grasset, 1996.

La Folle et Véridique Histoire de Saint-Tropez, Grasset, 1998.

Le Dictionnaire du rock, collectif, Bouquins, 2000.

Yves Bigot

Plus célèbres que le Christ

Flammarion

Nouvelle édition de *Au nom du rock*, 1995

ISBN : 2-08-068785-9

« Désormais, les Beatles sont plus populaires que le Christ »
John Lennon, le 4 mars 1966
à la journaliste Maureen Cleave du London Evening Standard.

Aux Christian, Geldreich et Lebrun.
Rock'n'roll Never Forgets...

Préface

de Laurent Chalumeau

Le rock était, déjà et depuis longtemps, soit paisiblement mort, soit irrémédiablement éternel, le jour où l'on a commencé à écrire des livres à son sujet. Parmi ceux-là (que l'Amazonie déboisée leur et nous pardonne), rares sont ceux qu'un éditeur sain d'esprit se trouve une raison impérieuse de republier dix ans après. Nick Cohn et Guy Peellaert sont cycliquement réédités. Greil Marcus. Nick Tosches. C'est à peu près tout et c'est très bien comme ça. À présent Yves Bigot. Et c'est très bien aussi.

La première édition, intitulée à l'époque *Au nom du rock* conformément au souhait du service commercial de l'éditeur d'alors, proposait quarante portraits et célébrait le quarantième anniversaire de son sujet. L'auteur avait le même âge.

Aujourd'hui, tout le monde a dix ans de plus et dix vignettes supplémentaires viennent enrichir l'ouvrage appelé cette fois, comme l'auteur l'avait initialement prévu, *Plus célèbres que le Christ*, en référence à une fameuse tartarinade de John Lennon. Charles de Gaulle ne se reconnaissait d'autre « rival international » que Tintin le reporter. Les Beatles, eux, se voyaient boxer dans une meilleure catégorie que Jésus le Fils de Dieu. Quand on voit comment vieillissent les « paroles historiques », on se console un peu de ne pas être un Grand Homme.

Sous un titre ou sous un autre, ce livre reste une curiosité, un ouvrage de référence et un pur délice. Le temps passé n'a su que confirmer combien il avait été, dès le commencement, bien conçu et efficacement tourné. Le préfacier d'aujourd'hui ne peut donc que redire ce qu'il écrivait alors : en apparence, c'est le type même du livre à « lire aux chiottes ».

Comme les *Essais*, comme les *Maximes*, comme *L'Agenda secret de Jacques Chirac*[1]. Entendons par là qu'il se picore, s'ouvre à n'importe quelle page, qu'on y reste trois minutes comme trois heures, toujours avec profit – en précisant toutefois que ce genre de lecture « butinée » n'a de sens que si l'on a, une première fois, commencé, comme l'auteur l'a souhaité, avec Miles Davis et laissé le mot de la fin aux White Stripes.

De l'un à l'autre, cela pourrait s'appeler *L'Avis des hommes illustres*, *Les Caractères* ou *J'ai rencontré des hommes remarquables*. Mais qui l'on sait sont déjà passés par là. Ça, c'étaient les bons titres. Les mauvais, après, c'est au choix : *Messieurs Tambourinemen*, *Pas seulement du Rock'n'Roll*, *Tirelipinpon sur le chihuahua*. J'en passe.

Quelque nom qu'on lui donne, voici en tout cas l'équivalent « rock » du livre qu'un type aurait pu publier il y a cent ans : il y aurait parlé de et à Hugo, Balzac, Stendhal, Maupassant, Flaubert, Zola, Huysmans, Octave Mirbeau et toute la clique. On s'en servirait aujourd'hui pour y puiser des sujets de dissert' – et, à l'insu du pion, feuilleté sous le pupitre, pour rédiger celles-ci.

En l'occurrence, même si l'Académie tarde à s'aviser de ce que ces pages recèlent comme propos stimulants sur l'art, la création et le point G, les potaches pourraient dès aujourd'hui en faire leurs choux gras. Quand ils parlent de leur jeu de guitare, certains rockers produisent une critique littéraire de la meilleure eau.

Techniquement, c'est un livre en trompe-l'œil : son principe – simple – n'est pas exactement ce qu'il semble être, soit cinquante portraits, illustrés par cinquante interviews. Les « portraits » n'en sont pas ; les « interviews » n'en constituent que des bribes, des pointes, des instantanés. Les lignes qui les précèdent, elles, sont plus une mise en situation des propos qui suivent et de ceux (les cinquante interviewés et l'intervieweur) qui vont les tenir. La

1. Bruno Gaccio, Benoît Delépine et Jean-François Halin, Canal+ éditions, 1994.

combinaison des deux ne produit donc pas à proprement parler un « portrait illustré par une interview » ou une « interview placée dans son contexte », mais une tache de couleur, un moment, l'étape d'un raisonnement. Lesquels mis bout à bout forment ce livre précieux à plus d'un titre.

Bien sûr, il vaut pour ce qui s'y dit du rock et des rockers, inventaire de leurs panoplies et de leurs poses qui – la vieille histoire du tout supérieur à la somme des parties –, en s'additionnant, se contredisant, se corroborant l'une l'autre, composent comme l'interview ultime, exhaustive, « l'interview mère », celle que le Rock lui-même pourrait donner.

On lui sera aussi reconnaissant de présenter les rockers tels qu'ils sont : des gens intéressants qui disent des choses « intéressantes », qui « interpellent », font réfléchir (comme Pete Townshend, par exemple – voir, entre autres, son inattendue définition d'une chanson), disent aussi de grosses conneries (comme Pete Townshend – encore lui – et sa comparaison entre Little Richard et Balzac, pour le moins mal conçue, même si elle a le mérite, en sa connerie même, de faire réagir sur les rapports que peuvent entretenir nos deux cultures : la « pop » et l'autre).

Le livre vaut aussi pour ce qu'il dit de son auteur : Yves Bigot, grand chevalier de l'ordre des taste-rock, tombé dans le show-biz quand il était petit, puisqu'il naquit à Saint-Tropez. Charmant petit village de pêcheurs depuis lequel, peut-être d'avoir trop croisé les femmes d'Eddie Barclay chez le boucher, il entre en rock'n'roll dès les premiers signes de l'adolescence. Sa passion, ce qu'il en fit et sa façon de le faire le rendent emblématique de cette variante d'amour qu'on voue au rock ici, de cette certaine idée qu'on ne s'en fait qu'en France, de cette exception culturelle qui nous laisse subrepticement considérer, je ne sais pas, au hasard, les Drifters à l'aune de Stendhal – puis vice versa.

En chemin nous est aussi offerte une belle exploration des possibilités et des limites de cet exercice qui n'est ni un genre littéraire, ni un art martial, ni une perversion sexuelle, mais qui tient un peu des trois : l'interview – cette circonstance truquée qui se pratique dans un mélange de réticence et de fièvre, négociée entre la sagesse qui recommande de ne jamais rencontrer les gens qu'on admire, et l'intuition que le « journalisme culturel », faux métier où ne traînent heureusement pas que de sottes gens, avant de mener à tout pour peu que l'on s'en sorte, permet au passage de rencontrer les gens qui nous bouleversent et qu'on n'eût jamais reçu le privilège d'approcher sans ça.

Çà et là, Bigot restitue donc bien, et de façon toujours justifiée, les grimaces du questionneur, l'obséquiosité, l'hypocrisie. Les combines pour déboutonner le client, « lui faire dire ça », « l'amener à parler de », « fournir une transition avec » les sujets tabous, ceux-là même dont l'attachée de presse a expressément proscrit l'évocation. Mais on recense surtout les simagrées des questionnés, toujours les mêmes, entre la morgue et la démagogie, tout aussi contrefaites et circonstancielles l'une que l'autre. Lucidité qui n'empêche ni le respect ni l'excitation. Jackie Berroyer s'est un jour décrit en tournant une formule que j'aurais bien aimé servir avant lui : « Mal à l'aise avec tout le monde, intimidé par personne. » On doit, j'imagine, en partie ce livre à cette façon qu'a Bigot d'être l'inverse. À l'aise partout, avec tous, mais, sinon intimidé, toujours conscient du talent, du génie, de l'importance de ses interlocuteurs.

Ici, donc, les initiés, les convaincus, ceux que ces choses concernent déjà accuseront réception d'éclairages nouveaux portés sur des gens et des œuvres qu'ils croyaient connaître ; ils se délecteront des raccourcis, des paradoxes, des anecdotes, des mots enfin fournis pour dire des choses qu'ils pressentaient.

Mais les autres, ceux pour qui le rock aura été jusque-là une nuisance, pour peu qu'ils endurent certains paragraphes saturés d'érudition, trouveront là de quoi reconsidérer leur position et, l'envie leur viendrait-elle au sortir de ces pages de se constituer un début de discothèque « pop », pourront suivre en confiance les indications de ce livre-carte du trésor.

Car, ce livre, au-delà des cinquante et une voix (50 + Bigot = 51 ; comptez vous-même) qui l'animent, c'est d'une certaine façon le rock qui donne sa version des faits. C'est le rock qui s'adresse à ses amis français (« Ah ! Vus les gweunuilles : infoutus de juer twois notes, mais vus, au moins, vus me compwenez... hic – gawçon ! Le même cheuose ! » etc.). C'est le rock qui dit à nos petits marquis des lettres, à nos culturellement corrects de tous poils et de tous bords : « Okay motherfuckers, assez ri – à présent, comparons donc la taille de nos bites. Pour voir ! »

C'est le rock qui demande : « Jérôme Garcin, Laure Adler – combien de divisions ? »

C'est, pour reprendre le nom d'une collection jadis consacrée aux « écrivains de toujours » : Le rock. *Par lui-même.*

AVANT-PROPOS

Cette année, tout le monde fête les cinquante ans du rock. Si on nous avait dit ça !

C'est que le rock, « lieu où l'âme humaine reste éternelle », c'était l'éruption cutanée de l'adolescence, de la jeunesse rebelle apparemment sans raison, la terminaison nerveuse enchevêtrée de la testostérone, de l'ocytocine et de la dopamine, l'inévitable big-band de la génération de l'après-guerre artificiellement comprimée dans une société corsetée par la terreur nucléaire, le diktat du « plus jamais ça » et l'euphorie factice de la prospérité retrouvée dans un monde où la circulation des idées et des individus allait changer toutes les donnes en basculant dans la civilisation de la communication.

On s'en aperçoit aujourd'hui, le rock, c'était ça, bien sûr : la découverte des guitares électriques, de l'amour, du sexe, de la liberté, toutes les libérations, mais aussi tout ce qu'en ont fait les Beatles et les Stones et Dylan et le Velvet et Hendrix et Marvin Gaye et Bowie et les Clash et Prince et les Smiths et Nirvana et Radiohead et tous les autres, même ceux qui, le temps d'un album, d'un tube ou d'un festival, ont fait du rock ce qu'il a été, ce qu'il est et ce qu'il sera peut-être demain.

Le rock, on s'en est aperçu depuis, c'est Elvis, Little Richard, Chuck Berry et aussi Muddy Waters et Woody Guthrie et Louis Jordan, les bagnoles, les filles et les blousons noirs. Mais c'est également Socrate et Diogène et Alexandre le Grand, César, Antoine et Cléopâtre, Astérix, son petit village gaulois et sa potion magique, Euripide, Shakespeare et Molière, Villon et Byron et Shelley et Blake, Nerval et Baudelaire et Rimbaud, Proust et Whitman et

Faulkner, Satie, Stravinski et Mahler, Kerouac et Ginsberg et Burroughs, Picasso et Dali et Gauguin, la querelle des Anciens et des Modernes, les paradis artificiels, la radio, la mode, la pub, le multimédia, l'indépendance, les multinationales, le sponsoring, la Bourse et tutti quanti...

En cinquante ans, le rock en a eu le temps de faire des conneries, et des chefs-d'œuvre, de changer des vies. Mais s'il y a une chose qu'il n'est jamais parvenu à déterminer avec précision, c'est sa date de naissance. Alors on fête l'anniversaire de son (premier ?) demi-siècle à la louche, un peu au jugé, tout au long de l'année qui va de l'été 2004 à l'été 2005, comme l'heure de la sortie ou la semaine des quatre jeudis.

Parce que le rock, d'un côté, est bien conservé. Dylan nous prévenait, dès 1964, dans « My Back Pages » : « Ah, but I was so much older then, I'm younger than that now » (Ah, mais j'étais si vieux alors, je suis bien plus jeune maintenant). « Forever Young », quoi. Mais comme toutes les stars, il ment sur son âge. Et la bataille fait rage pour tenter de savoir quel jour et à quelle heure exactement le blues a-t-il eu un bébé et l'a-t-on baptisé rock'n'roll.

Que dit le Carbone 14 de cette discipline improbable, incongrue, mais finalement pas plus bête qu'une autre, qu'est devenue la critique rock ?

Inévitablement, il y a les intégristes d'Elvis et de l'enregistrement, historique, de « That's Alright (Mama) » au studio Sun, 706 Union Avenue à Memphis. Mais même là-dessus, la contestation règne. Patrick Mahé et Christian Blachas, par exemple, s'affrontent : le 5 ou le 6 ? Selon l'incontestable Peter Guralnick, l'enregistrement de ce morceau (deux faux départs, deux prises complètes) se serait déroulé peu avant minuit, le lundi 5 juillet 1954. Bien qu'évidemment personne présent (Elvis, le guitariste Scotty Moore, le contrebassiste Bill Black et le producteur Sam Phillips) n'a réellement regardé sa montre pour savoir à quelle heure précisément la version retenue a été créée. Sans compter qu'à Paris, où on ignorera tout du rock pendant encore au moins deux ans, on était déjà le 6.

Mais Elvis lui-même en convenait : il n'a rien « inventé ». Et le rock se révèle à l'examen plus coquet qu'il y paraît. Cinquante ans, OK, mais sacrément révolus. Et son année de naissance véritable remonte au moins à 1947. Le premier rock('n'roll), si l'on fait grâce des précurseurs d'avant-guerre (du blues paillard « My Daddy Rocks Me With One Steady Roll » de Trixie Smith en 1922 au « Rockin' In Rhythm » big-band de Duke Ellington en 1931), en fonction des goûts et des chapelles serait selon l'exigeant exégète Nick Tosches, auteur du définitif *Unsung Heroes of Rock'n'roll*, à rechercher parmi :

— « Cow-Cow Boogie » du pianiste Bobby Slack et de la chanteuse Ella Mae Morse (1942)

— « Freight Train Boogie » et/ou « Hillbilly Boogie » des Delmore Brothers (1946)

— « Good Rockin' Tonight », d'abord chanté par Roy Brown dans l'orchestre de Louis Jordan en septembre 1947, puis repris avec succès par Wynonie Harris en février 1948

— « Rootie Tootie » du Shakespeare bouseux, Hank Williams, même si personnellement, je penche plutôt pour le précédent « Move It On Over » (1947)

— la version originale de « That's All Right », par Arthur « Big Boy » Crudup (1947)

— « Chicken Shack Boogie » d'Amos Wilburn (1948)

— « Drinkin' Wine Spo-Dee-O-Dee » (enregistré dès 1946 par Stick McGee, mais seulement un succès chez Atlantic trois ans plus tard)

— Tosches néglige « The Fat Man » par Fats Domino, en 1949 à La Nouvelle-Orléans, ville où ça rock'n'rollait sous cette appellation ou une autre depuis pas mal de temps.

— « Rocket 88 », déjà enregistré chez Sun par Sam Phillips, mais publié par Chess, mis au crédit de Jackie Brenston, pianiste de l'orchestre de Ike Turner (1951)

— « Sixty Minute Man » des Dominoes, du doo-wop qui rocke et rolle sérieux (1951)

— la version originale de « Houndog », signée Jerry Leiber et Mike Stoller, par Willie Mae « Big Mama » Thornton (1953)

— « Shake, Rattle And Roll » par le crieur de blues Big Joe Turner (avril 1954), même si certains préfèreront sa reprise par Bill

Haley et ses Comets en juin, qui publiaient déjà leur propre « Rock The Joint » dès 1952

— « Work With Me, Annie » de Hank Ballard and the Midnighters (qui inventeront aussi le twist), toujours en 1954

— « I'm Your Hoochie Koochie Man » par Muddy Waters, à la tête du plus formidable groupe de blues électrique de Chicago (février 1954)

— « Sh-Boom » par les Chords, énorme succès de hit-parade (avril 1954)

— « Bo Diddley » par lui-même, en février 1955

— « Rock Around The Clock », l'incontestable premier numéro un du rock, aux États-Unis et en Europe, à partir d'avril 1955, mais enregistré depuis le 12 avril 1954 (soit avant « That's Alright, Mama » d'Elvis, OK ?) avant d'être propulsé au su de tous par la scène fondatrice du film *Graines de violence* et de se vendre bientôt à vingt-cinq millions d'exemplaires, record absolu pour un 78, puis 45, tours.

Les historiens, les vrais, décideront peut-être un jour, et raconteront sans doute n'importe quoi, comme nous. C'est ça qui est bien dans le rock, à chacun son opinion, il n'est pas de règle autre que celle du goût, de la manie, personnels, intimes. Ce qui est certain, en revanche, c'est que, après tant de théories plus ou moins fumeuses sur « la mort du rock » comme sur « le retour du rock » celui-ci entre dans sa « cinquantaine américaine », ce moment désormais exaltant où l'on bande encore et l'on comprend pourquoi...

MILES DAVIS : LE PRINCE

Plus impressionnant pour moi, jeune journaliste rock, français, blanc, encore vert, ça n'existait pas.

Nous étions le 7 juillet 1984, date du retour de Miles à Montreux, où il se sentira si bien qu'il reviendra tous les ans jusqu'à son trépas, envisageant même d'y acquérir un chalet. Pour cette première confrontation traumatisante, à l'occasion d'une conférence de presse réduite, dans un salon rococo aux lourdes draperies du Montreux Palace où Miles aurait bientôt ses aises, j'accompagnais Lionel Rotcage, présent pour *Libération*, le vétéran Roy Carr du *Melody Maker*, le correspondant du *Herald Tribune*, et le photographe italien Giuseppe Pino, qui signera la spectaculaire pochette de l'album *Tutu*.

Écrasé par la majesté du seul musicien de jazz à être devenu une rock star, terrorisé par son goût de la provocation, par ses coups de griffe de grand fauve se délectant du malaise de ses interlocuteurs, par son humour sauvage dont il s'amuse parce qu'ils ne savent pas s'il s'agit de lard ou de cochon dès lors qu'il torpille leurs convictions, surtout raciales, hypnotisé par son regard de tueur, coi face à son visage de cogneur, fasciné par son extraordinaire animalité, je laissais mes confrères aguerris mener le combat. Car c'est bien ainsi que le Prince des Ténèbres, le Sombre Mage, le Sorcier, entendait ses relations avec les journalistes, auxquels il jetait ses provocations en pâture, avec un subtil mélange de mépris, de défi, de plaisir et d'ennui. Ancien boxeur, mais aussi souteneur, il bénéficiait d'une remarquable rémission consécutive à une décennie de souffrance (gangrène, héroïne, divorce, faillite, insomnie, alcool, dans le désordre), et émergeait depuis son houleux premier passage à Montreux en 1973, d'un long silence, comme une énigme, une équation irrésolue, une fraction irréductible.

Le lendemain, dans la salle de concert cosy du casino, qui sert le restant de l'année de cabine d'enregistrement au prestigieux studio Mountain, Miles ajoutait un chapitre supplémentaire à sa légende pourtant sacrément chargée. Le visage presque entièrement masqué derrière de très larges lunettes noires de skieur alpin, ses implants ressemblant à des dreadlocks, il arborait un pantalon blanc de marin sorti tout droit d'un film d'Elia Kazan, une de ces vestes chamarrées qu'il dessinait lui-même, puis faisait confectionner par des couturiers new-yorkais ou japonais : patchwork de couleurs vives, de matières brillantes, de géométries dissonantes, tantôt cubistes, tantôt impressionnistes, toujours d'inspiration méditerranéenne, équipées d'une chaîne dorée de chaque côté, assortie à sa montre Piaget. Dans cette tenue flamboyante, d'une classe affolante, comme seuls Jimi Hendrix, Sly Stone ou lui pouvaient s'en permettre sans tomber dans le ridicule, Miles, toréador habillé par Miró, sent (sait) par avance l'occasion unique, le moment exceptionnel. Ultime aussi. De ses longues maladies, toutes infligées par son style de vie extrême, de la shooteuse aux accidents de Ferrari, et du sida qui l'emportera, Miles subit l'essoufflement. Et lui, le maître de l'écoute des autres, de l'improvisation vitale, capable de corriger aussitôt un accord déplacé de Herbie Hancock en jouant une série de notes transformant la bourde en innovation, va, comme à ses plus beaux jours des années 1950, retrouver la précision d'orfèvre de son *Concerto d'Aranjuez*, l'inspiration de son chef-d'œuvre, *Kind Of Blue*. Et administrer l'une des plus formidables leçons de musique auxquelles ceux qui étaient présents – de Nesuhi Ertegun à Frank Ténot, d'Alain Maneval à Alexandre Bugnon – eurent l'occasion d'assister, flirtant par moments avec cet « orgasme spirituel » qu'il affirmait traquer. Ce premier concert, en fin d'après-midi, démarré funky et blues, allait devenir un modèle de tension, d'intensité, de retenue, de délicatesse, de maîtrise et d'émotion, culminant pendant sa version, souvent décriée, du joli « Time After Time » de Cyndi Lauper. Pendant un quart d'heure, trois mille cinq cents personnes retinrent leur souffle, alors qu'en bord de scène, trompette pointée vers le sol, Miles susurrait à la limite de l'inaudible un thème auquel il insuffla ce jour-là la même tendresse, la même finesse, la même insondable – et inconsolable – tristesse qu'à son historique « My Funny Valentine ».

Une heure plus tard, alors que chacun était encore retourné par sa performance, Miles dînait tranquillement au grill du casino avec Claude Nobs, le génie des alpages, fondateur et directeur du festival, président de WEA Suisse, lorsque la télévision suisse romande, diffusée sur grand écran dans la salle du restaurant, retransmit son concert en léger différé. Ému comme un enfant, les yeux embués, Miles, se voyant pour la première fois de sa vie en quasi instantané à la télé, se tournait vers son entourage et les tables avoisinantes, répétant comme pour s'en convaincre lui-même, de sa voix impossiblement rauque, surexcité et incrédule à la fois : « C'est la télé, la télé, pas un enregistrement vidéo. »

Le soir même, radieux, il rééditera son exploit de l'après-midi, la surprise en moins, le bonheur en plus. À ce moment-là, au pied des Alpes, Miles retrouve les sommets. Il est revenu de la tentation hard-rock de son concert come-back au Théâtre des Champs-Élysées, avec Mike Stern à la guitare, là où il aurait fallu au moins Jeff Beck. La deuxième partie des années 1980 sera pour lui celle de la gloire retrouvée, de la fortune, de la reconnaissance définitive dont sa légende n'avait certes pas besoin, mais que son moral exigeait. C'est pourquoi il s'entêtera à reprendre, au cours des années suivantes, les airs pop qui lui plaisent, comme « Human Nature » de Michael Jackson, « One More Night » de Phil Collins, « Don't Stop Me Now » de Toto, « The Perfect Way » de Scritti Politti, ou encore « Movie Star » que Prince écrira spécialement pour lui, suivant l'exemple de Louis Armstrong qui affirmait que dans le jazz, « ce qui compte, ça n'est pas le morceau, mais la façon dont on le joue ».

Miles reviendra donc à Montreux chaque année, jusqu'à cet hommage à Gil Evans orchestré par Quincy Jones, avec une cinquantaine de musiciens, le 8 juillet 1991, qui le verra interpréter une dernière fois « Summertime », dialoguant avec le silence comme lui seul savait le faire, avant de le rejoindre pour de bon, le 28 septembre.

Grâce à la recommandation du délicieux hôte montreusien, j'avais finalement pu interviewer Miles en tête-à-tête au Concorde-Lafayette, porte Maillot, à Paris, l'après-midi précédant un concert au Zénith, à la fin de l'été 1985. Lorsqu'on m'introduit dans sa suite, celle-ci est vide, à l'exception de la célèbre trompette rouge sur le fuselage de laquelle son nom est calligraphié en lettres blanches. On me laisse ainsi poireauter une bonne dizaine de minutes, seul avec la relique gisant à même le canapé. L'arrivée de la star, boiteuse et essoufflée, interrompt brutalement mon anxieuse rêverie. « C'est Claude Nobs qui t'envoie, gamin ? », maugrée-t-elle avec la malice attendue, soulignant ensuite son affection pour le sésame vaudois. « Alors, qu'est-ce que tu veux donc savoir ? »

Jamais question ne pourra être à la hauteur de pareille sollicitation, venant d'un tel individu. L'entretien parvint pourtant à durer pas loin d'une heure véhémente, durant laquelle il ne cessa, selon son habitude et où qu'il se trouve, de dessiner ses esquisses au fusain, toujours dans des tons colorés. Avant de se désintéresser de l'échange, quand le sujet s'éloigna de la polémique qui lui tenait à cœur, et s'orienta vers sa période jazz-rock fusion, lorsqu'à la fin des années 1960, il rivalisait dans les hit-parades américains et sur les scènes des Fillmore comme dans les grands festivals, avec les groupes de rock de l'époque grâce à son révolutionnaire double album *Bitches' Brew*. Les musiciens qui l'accompagnent à cette époque, vétérans de son historique quintet, comme Herbie Hancock, Wayne Shorter, Ron Carter et Tony Williams, alliés naturels comme Joe Zawinul, jeunes loups prometteurs nommés Keith Jarrett, Chick Corea, Billy Cobham ou Stanley Clarke, greffons inattendus venus d'Angleterre (Dave Holland, John McLaughlin) ou du Brésil (Hermeto Pascoal, Airto Moreira et Flora Purim), domineront ensuite le genre, extrêmement populaire pendant la première partie des années 1970, à la tête des Headhunters, de Weather Report, de Return To Forever, et du Mahavishnu Orchestra, sous le nom générique des « Enfants de Miles ». C'est qu'après avoir été l'un des princes du be-bop dans le New York bouillonnant des années 1940, puis l'inventeur du cool dès ses débuts de leader, l'interprète magnifique de *Porgy And Bess* et de *Sketches Of Spain* arrangés par Gil Evans, puis le maître de la plus experte formation de l'histoire du jazz moderne au cœur des années

1960, allait aussi imprimer sa marque à la façon de concevoir la musique, après avoir marqué la musique elle-même, engendrant ainsi une descendance, partie de Bill Evans et Cannonball Adderley et se poursuivant jusqu'à Daryl Jones, qui deviendra un Rolling Stone en remplacement de Bill Wyman à partir de 1994. Année où Nobs me demandera de collaborer à la production d'un CD-rom consacré à Miles à Montreux. Ce fut l'occasion de revivre ces moments d'exception, et de partager les souvenirs de ses copines Helen Merrill et Betty Carter, de ses compagnons Herbie Hancock, Stanley Clarke, Charlie Haden, de son opposant Wynton Marsalis, et d'observateurs comme Jean-Luc Ponty et Al DiMeola. Tous furent d'accord sur trois points : Miles était drôle, timide et soucieux de son art. Un gentleman.

YVES BIGOT : *Que pensez-vous de l'état du jazz tel que vous l'avez retrouvé après votre long hiatus ?*

MILES DAVIS : Le jazz ? Qu'est-ce que j'en ai à foutre, moi, du jazz ? C'est une musique de Nègres, ça, le jazz ! Ça fait des décennies qu'on se fait injurier par vous, les Blancs, avec cette histoire ! T'es noir, t'as le rythme dans la peau, donc c'est du jazz. Et tu joues au basket également, encore que le base-ball, avec ta grosse queue, ça doit pouvoir marcher aussi. Ça me donne envie de vomir. Toujours le même racisme, le même dénigrement de notre culture, ce refus d'envisager que les Afro-Américains puissent faire autre chose que du folklore de bougnouls. Je refuse catégoriquement qu'on appelle ma musique du jazz. Je sais trop ce que ça implique : ça swingue, c'est un peu chiant, donc ça fait danser les bamboulas. Non monsieur, merci, j'ai bouffé votre merde pendant trop d'années. Et je ne vous laisserai plus minimiser ma musique en la labellisant pour qu'elle pourrisse dans les bacs jazz avec ceux que ça amuse de se retrouver là, ou que ça arrange, par opportunisme commercial. Je demande, j'exige le respect pour ma musique. C'est quand même pas n'importe quoi. Alors pourquoi vouloir me rabaisser en limitant ce que je fais à du jazz ? Je vais jouer avec un orchestre symphonique une suite composée spécialement pour moi au Danemark. Vous, les journalistes, vous êtes comme ma maison de disques, qui ne veut pas me donner d'argent pour l'enregistrer sous prétexte que l'orchestre coûte trop cher et que ça n'est pas le jazz que les putains de Blancs achètent pour s'encanailler. J'en ai marre d'avoir affaire à des cons pareils chaque fois que j'essaie de faire quelque chose d'intéressant.

— *Votre courroux semble légitime, mais on a plutôt l'impression que le jazz souffre d'avoir acquis un statut de « grande musique », respectable et institutionnelle, avec ses légendes, ses héros, ses maîtres...*

— Mon cul, oui. Quel statut ? Depuis le début, les Blancs se foutent de notre gueule parce qu'ils nous prennent pour des singes. Le maximum qu'on a obtenu d'eux, c'est la condescendance. De la même façon qu'ils se grimaient en Noirs pour se payer notre tête dans les *minstrel shows* ambulants au début du siècle, à la grande époque des spectacles *blackface*, comme on dit « chef » à un portier ou à un pompiste, ils ont baptisé les meilleurs d'entre nous de surnoms à la con, prétendus titres de noblesse qui ne servent qu'à nous marquer encore un peu plus au fer rouge de notre esclavage. Qu'y a-t-il pour un Noir de plus cuisant, humiliant, que de se voir affubler de qualificatifs pareillement narquois ? Le « Duc » Ellington ! Le « Comte » Basie ! Le « Président » Lester Young ! Le « Baron » Hines ! Tout ça pour se payer notre tête, et mieux nous laisser crever. Nous donner l'impression d'une prétendue reconnaissance, d'une admiration de mes deux, qui n'est que du mépris et le plus sûr moyen de conserver la paix dans le ghetto en faisant croire à un leurre d'ascenseur social. Personne, vous le remarquerez, n'a osé me coller une épithète de ce genre. Inutile de vous dire que ça vaut mieux pour lui. Je n'ai jamais joué de jazz, je n'en jouerai jamais, et je ne vous autorise pas à me contredire.

— *Et comment souhaitez-vous donc qu'on qualifie votre musique, puisque vous récusez jazz, jusque-là généralement admis ?*

— Vous êtes bouché. D'ailleurs, c'est en France qu'on m'a pour la première fois traité de musicien de jazz. Je faisais partie de la même bande que Thelonious Monk, Dizzy Gillespie, Coleman Hawkins et Charlie Parker. Nous, nous appelions ça du blues. Ça ne ressemblait quand même pas à ce que faisaient Basie ou Armstrong. Le jazz est mort avec eux. Moi, en tout cas, je n'en ai plus entendu depuis. D'ailleurs, comment voudriez-vous que je joue du « jazz », puisque je viens de vous expliquer pendant un quart d'heure que c'était une musique de Nègres ?

— *Pardon ?*

— C'est que moi, je ne suis pas noir.

— *? ? ?*

— Regardez. (*Il tend son bras, en pince la peau entre le pouce et l'index, et sourit, béat*). Alors, qu'est-ce que vous voyez ?

— (Embarrassé au possible) *C'est vrai que là, comme ça, on voit plein de couleurs différentes.*

— (*Triomphant*) Ah, voilà ! Qu'est-ce que je vous disais ? Il ne faut pas juger les gens trop vite, sur une simple apparence d'ensemble. Ma peau est blanche, comme de la pâte d'amande. Ensuite, qu'est-ce qu'on voit ? Des micas de pigmentation bleus et argentés, et cette fine couche orange qui les englobe et recouvre tout mon épiderme quand je ne le torture pas ainsi. Au repos, le tout, je le reconnais, fait plus foncé que vous. Mais surtout, c'est beaucoup plus joli, plus nuancé, plus sophistiqué. Et vous venez me dire que je joue du jazz, moi ? Beau comme je suis et avec tout le mal que je me donne depuis cinquante ans pour comprendre la musique, pour en inventer ? Merde alors, vous êtes vraiment chiés, vous les Blancs.

— *Malgré tout ce que vous dites, vous avez souvent joué avec des musiciens blancs, notamment des guitaristes. Vous n'aimez pas les guitaristes noirs ?*

— Marrant, ça, comme question. Hendrix, il était métis, mais bon, métis, c'est noir. J'aurais aimé jouer avec lui. Ça a été à deux doigts. Sinon, bien sûr, les guitaristes de James Brown, on n'a jamais rien fait de mieux. Mais pour la musique que je joue maintenant, les Blancs conviennent mieux. Moins rythmiques, plus carrés, simples, puissants. Robben Ford est le meilleur que j'ai eu. Avec

John McLaughlin, sans doute. Parce qu'il comprend le blues et qu'il a un son à lui. Et puis, je ne suis pas si con. Je sais bien que ce sont avant tout les Blancs qui viennent à mes concerts et qui achètent mes disques.

— *Pour finir, funky, ça vous sied comme qualificatif ?*

— C'est réservé à une élite. Seuls Weather Report, Herbie, James Brown et moi, un peu Prince, en sommes capables. Mais Coleman Hawkins m'a aussi appris à respecter et à honorer une mélodie. « Time After Time » sera un classique grâce à sa mélodie. Comme les Beatles. Je préfère ça à *La Tosca*. Je cherche toujours autre chose. Je ne veux pas que les gens sachent qui je suis.

Ray Charles : Le Fondateur

« The Genius », ainsi que l'avait surnommé Frank Sinatra, pourtant avare de compliments, savait effectivement tout faire, et ce qu'il fit, personne ne l'avait fait avant lui.

Curieusement, pourtant, lorsqu'on nomme les pionniers du rock (Elvis Presley, Little Richard, Chuck Berry, Fats Domino, Bo Diddley, Carl Perkins, Jerry Lee Lewis, Gene Vincent, Eddie Cochran, Buddy Holly, etc.), peut-être parce que la majorité des auteurs sont blancs, Ray Charles a tendance à s'en trouver marginalisé. Demandez pourtant à Aretha Franklin, James Brown, Stevie Wonder, Keith Richards, Steve Winwood, Eric Burdon, Van Morrison, Georgie Fame, Gary Brooker, Joe Cocker, Levon Helm, Elton John, Peter Wolf, Randy Newman, Leon Russell, Rod Stewart, Robert Plant, Paul Rogers, Mick Jones (de Foreigner), James Taylor, Billy Joel, Willie Nelson, Peter Gabriel, (sans parler des défunts Sam Cooke, Marvin Gaye, Steve Marriott ou Richard Manuel) le nom de leur chanteur préféré, de leur inspirateur, et vous verrez combien Ray Charles a marqué le rock et la soul de son immense empreinte. Il est vrai que son éclectisme en a fait un monument de la musique américaine dont le territoire excède le seul monde du rock.

Définitivement privé de la vue à l'âge de six ans par un glaucome consécutif au traumatisme causé par l'épouvantable vision de son petit frère George se noyant dans une lessiveuse sommaire, il allait apprendre la théorie musicale en braille, maîtrisant très vite l'orchestration, le piano, l'orgue, le saxophone, la clarinette et la trompette. Il s'en servira pour fusionner jazz, swing, blues, rhythm'n'blues, gospel et country, excellant dans chacun de ces genres séparément, et inventant la soul music en sexualisant les negro-spirituals les plus trépidants. « I Got A Woman », « Hallelujah I Love Her So », « I Believe To My Soul », « What'd I Say ? », « One Mint Julep », « Drown In My Own Tears », « (The Night Time Is) The Right Time », « Georgia On My Mind », « I Can't Stop Loving You », « Hit The Road, Jack », « Unchain My Heart », « Come Rain Or Come Shine » ne sont que quelques-uns des classiques qui orneront ses albums extrêmement variés, souvent révolutionnaires, et d'une richesse musicale et spirituelle absolue. Ils inspireront toute la musique noire à venir, sans exception. Orphelin à quinze ans, Ray Charles Robinson, né le 23 septembre 1930 à Albany, Géorgie, et élevé en Floride, devient professionnel à Seattle, où il abandonne son patronyme pour éviter la confusion avec le grand boxeur Sugar Ray Robinson. Musicien de blues auprès de Lowell Fulson, de T-Bone Walker, de Big Joe Turner et de Guitar Slim pour lequel il arrange l'immense succès « The Things That I Used To Do », il découvre aussitôt le style de vie brutal et dément des tournées. Héroïnomane, érotomane aussi, bagarreur, irascible, il enregistre pour la première fois en 1948 (« Confession Blues »), remportant quelques petits succès en imitant son idole, Nat King Cole.

Brother Ray forgera son style inimitable lors de légendaires séances d'enregistrement pour le label Atlantic à Atlanta avec Jerry Wexler. Cuivres virtuoses (David « Fathead » Newman, Hank Crawford), chœurs féminins enflammés (les célèbres Raeletts), piano martelé et syncopé, nombreux breaks, dynamique survoltée, arrangements inspirés, le « son Ray Charles » est né, et va conquérir la planète. « I Got A Woman » paraît fin 1954 et coïncide avec les débuts du rock. Parfait exemple de paroles brûlantes sur un rythme de transe liturgique qui ne l'est pas moins, c'est sacrilège, un scandale – et un phénomène. Qui permet à chaque Noir d'entendre sa négritude s'exprimer enfin sans le voile pudique de l'Église baptiste. Chantant le sexe sur de la musique sacrée, The Bishop (« L'Évêque »), The Just Reverend (« Le Juste Révérend »), The High Priest (« Le Grand Prêtre »), à la voix éraillée de chat, déchirante, tragique, traînante, chaude et viscérale, incroyablement expressive, au timing et à la métrique uniques, au jeu de piano (souvent électrique) éblouissant, triomphe en 1959 avec « What'd I Say ? », improvisation invraisemblablement swinguante en concert, où les appels-réponses du gospel transformés en cris de plaisir sensuel confinent au sublime et à l'hystérie pure.

En France, Frank Ténot et Daniel Filipacchi convertissent les amateurs en le diffusant en boucle sur Europe 1 dans *Pour ceux qui aiment le jazz.* En 1960, Frank fait le voyage jusqu'à Washington pour le rencontrer et rapporte un article dithyrambique dans *Jazz Magazine.* L'année suivante, c'est le triomphe au festival de Juan-les-Pins, puis au Palais des Sports, où, pendant quatre soirées, le charismatique Ray Charles devient, à la tête de son big-band, « le roi de Paris ». Au sommet, il quitte soudain Atlantic pour les millions de dollars d'ABC et se diversifie encore. Ballades déchirantes (« Georgia », « You Don't Know Me »), albums de jazz (avec Quincy Jones, l'orchestre de Count Basie, Milt Jackson ou Betty Carter), voisinent avec le stupéfiant *Modern Sounds In Country & Western Music* : pour la première fois un Noir chante – et renouvelle – le genre le plus blanc du pays, avant même l'octroi des droits civiques. Entre-temps, Ténot et Filipacchi ont lancé *Salut les copains,* mais conservent la même passion pour la nouvelle improbable idole qu'adapteront les yéyés : Sylvie Vartan (« C'est tellement bon »), les Chats sauvages (« Est-ce que tu le sais »), Richard Anthony, Johnny Hallyday (« I Got A Woman », « C'est bien lui », « Qui aurait dit ça »)...

Lorsqu'il prendra la présidence d'Europe 1 en 1986, Ténot me demandera logiquement d'interviewer Ray Charles pour *Europe Show.* Je le rencontrai donc dans un hôtel de la porte Maillot, pas très accueillant, avec ses cheveux gris, ses énormes lunettes opaques, ses immenses épaules, sa tête impressionnante au balancement permanent qui vous faisait toujours croire qu'il risquait de vous mettre un coup de boule à la première occasion. Il est irritable, agressif, se montre souvent exaspéré par une question à laquelle il a déjà dû répondre un millier de fois et, je m'en apercevrai par la suite en lisant son autobiographie, *Brother Ray,* répète assez souvent les mêmes phrases préparées. Mais quelle présence !

Je l'avais pourtant tellement admiré en 1978, pour ma première année à Montreux, où il s'était produit, un peu au pied levé, improvisant du jazz et du blues avec Dizzy Gillespie et ses anciens partenaires des années de gloire, Hank Crawford et « Fathead » Newman, revenant ensuite seul au piano faire chavirer la salle du casino. Un moment d'exception, tant depuis sa spectaculaire arrestation à Boston, en 1964, pour détention d'héroïne, qui avait choqué le monde entier et l'avait conduit à un contrôle judiciaire de cinq ans, sa créativité avait décru, malgré de belles rémissions. Certes, en 1980 il crevait l'écran dans le film des *Blues Brothers*, précédait Michael Jackson et Madonna comme ambassadeur de Pepsi Cola, et vampirisait de sa présence « We Are The World », mais ses disques comme ses concerts alternaient depuis longtemps le sublime et le pitoyable. Pris en charge vers la fin de sa carrière par sa compagne Arlette Kotchounian et par le serrurier Jean-Pierre Grosz, ce joueur d'échecs invétéré a toujours joui en France d'un statut exceptionnel. Michel Jonasz (sa chanson « Ray Charles ») et les Victoires de la Musique (il y interprétera « Le Blues du dentiste » avec Henri Salvador) lui ont rendu hommage ; il a chanté Aznavour seul au piano (« For Mama »), Brel (« If You Go Away ») et Nicoletta (« The Sun Died ») ; il s'y est offert en 1989 un ultime tube au Top 50 en duo avec Dee Dee Bridgewater (« Precious Thing », signé Ronnie Bird et Pierre Papadiamandis) ; une version gospel d'« Imagine » a servi de spot pour une banque et il a pu réaliser un fantasme : conduire une voiture sur le lac Salé pour les besoins de la publicité d'un grand constructeur de l'Hexagone. Malade de la hanche, puis du foie, il venait de terminer l'enregistrement d'un album de duos avec nombre de ses admirateurs (Norah Jones, Diana Krall, Elton John, etc.), *Genius Loves Company*, lorsque, après avoir fêté son dix millième concert au Greek Theater de Los Angeles, il était apparu une dernière fois, le 6 mars 2004, au côté de Clint Eastwood pour un gala de charité, soutenu par Stevie Wonder et Quincy Jones. Il s'est ensuite enfermé dans sa maison de Beverly Hills en compagnie de ses onze enfants déclarés. Et s'y est éteint le 10 juin 2004.

Le génie, heureusement, est immortel.

YVES BIGOT : *Être surnommé « le Génie », ça n'est pas trop dur à porter, chaque matin ?*

RAY CHARLES : Bach, Chopin, Sibelius, Art Tatum, Erroll Garner, Charlie Parker, Dizzy Gillespie, sont des génies. Einstein aussi. Certainement pas moi. Je n'ai rien inventé en soi. Je n'ai fait que transformer et amalgamer des styles qui existaient déjà. J'aimais tellement la musique que peu m'importait le genre. La musique est la seule chose qui m'intéresse depuis toujours. La bonne musique. Jouer, chanter, voilà ce qui me motive et m'obsède. Quand il s'agit de musique de qualité, je peux devenir un immense casse-couilles. Je suis perfectionniste et je n'accepte l'avis de personne. Depuis le jour où j'ai décidé d'être moi-même, je suis devenu *le* Ray Charles. Alors, l'avis des autres, vous comprenez... J'ai toujours chanté ce que j'aimais, de la manière dont je le ressentais profondément ce jour-là. Le lendemain, ça devenait peut-être autre chose. C'est l'instant qui compte, il faut s'y investir à fond, tout donner spontanément.

— *Sam Cooke et vous avez inventé la soul music. Comment la définiriez-vous ?*

— Littéralement. La « soul », l'âme, c'est quand on s'approprie une histoire, une chanson, et qu'elle devient tellement vôtre que c'est comme si chaque détail vous était arrivé intimement. C'est comme l'électricité. Ça allume les êtres d'un esprit, d'un fluide, d'une puissance qu'il faut conjurer, implorer, convoquer, et qui ne se matérialise pas sans efforts.

— *Ça, on peut dire que vous ne vous êtes pas ménagé.*

— Chacune de mes expériences m'a appris quelque chose d'essentiel. Je suis né plus pauvre que pauvre dans le Sud ségrégationniste, et j'ai fait le con avec la drogue la plus destructrice pendant si longtemps que seule la police a pu finalement m'en empêcher. Mais je n'aurais pas pu faire autrement, ça a été la meilleure école de la vie qu'on puisse imaginer, et si quelque chose est certain, c'est que je ne regrette absolument rien. Rien, vous m'entendez ?

— *N'êtes-vous pas malgré tout frustré d'être souvent oublié parmi les créateurs du rock ?*

— (*Énervé*) Je ne fais pas partie des précurseurs du rock'n'roll. Sans le dénigrer, car il a beaucoup fait pour abattre les préjugés et les barrières raciales, et certains, comme Little Richard et Bo Diddley, ont fait des disques intéressants. Mais si j'ai connu le succès en même temps qu'Elvis et les autres, ma musique était plus aboutie, plus sophistiquée que le rock de l'époque. Elle parlait de douleur plutôt que de divertissement, et s'adressait à un public plus adulte que les adolescents. La musique est un art, profond, et devrait être traitée comme telle. Malheureusement, les multinationales sont en train de dévorer les indépendants. Mais sans eux, je n'aurais jamais existé, Elvis non plus, d'ailleurs. Le commerce va tout détruire. Les musiciens d'aujourd'hui sont trop limités, ils ne pratiquent pas suffisamment leurs instruments avant d'enregistrer. Les gens en général ne prennent plus le temps d'écouter, ni d'apprendre. Ils regardent la télé toute la journée et pensent que si vous n'êtes pas numéro un, vous n'avez aucun intérêt.

— *Vous avez été une idole pour votre peuple. Mais aujourd'hui, en Europe en tout cas, la majorité de votre public est blanc, comme celui de Miles Davis, de BB King et de la grande majorité des bluesmen. Cela ne vous attriste-t-il pas, d'être ainsi coupé des goûts des vôtres ?*

— C'est mon peuple qui a fait de moi ce que je suis, et je lui serai toujours fidèle et dévoué, parce qu'il est impensable de ne pas être reconnu par sa propre communauté. Ensuite, je ne me suis jamais préoccupé de savoir qui venait m'applaudir, à condition qu'on n'interdise pas aux miens d'être là. Ça, bien sûr, ça n'est pas négociable, ça ne l'a jamais été. Mais la country, la musique noire, le gospel, le rhythm'n'blues, c'est exactement la même chose, la musique du cœur. Ceux qui prétendent le contraire n'y connaissent rien.

— *Justement, il semble que depuis que votre public a changé, vous ne composiez plus qu'épisodiquement. Et désormais, vos succès sont souvent des ballades.*

— Composer ou interpréter, c'est aussi difficile, dès lors qu'on s'y investit corps et âme. Je suis un sentimental. J'aime les jolies mélodies, les histoires un peu tristes, nostalgiques. C'est pour cela que j'ai chanté « Yesterday », « Let It Be » ou « Eleanor Rigby » des Beatles, et des ballades country comme « I Can't Stop Loving You » et « Your Cheatin' Heart ». Sans parler de « Georgia ».

— *En même temps, quel que soit le genre que vous abordiez, on a le sentiment que votre musique est immergée dans le gospel.*

— Vous ne pouvez pas échapper à vos racines. J'avais beaucoup d'Église en moi, et cela s'est ressenti dans ma musique.

— *Albums, tournées, films, publicités, vous n'arrêtez jamais.*

— Si je ne savais pas compter, je croirais avoir la moitié de mon âge. La musique me porte, c'est elle mon souffle, ma force de vie. Et j'en jouerai jusqu'à ce que le Seigneur me rappelle auprès de lui et que tous mes créanciers se soient exécutés.

— *Pardonnez-moi si cela vous choque ou vous semble une critique, mais vous donnez l'impression d'avoir beaucoup de colère en vous.*

— Je suis très indépendant. Bien sûr, mon handicap m'a coupé de beaucoup de choses et de beaucoup de monde quand j'étais enfant, et j'ai dû apprendre à me débrouiller tout seul. La mort de ma mère, quand j'avais quinze ans, m'a fait comprendre que je ne pourrais compter sur personne. Pas même sur Dieu. Je ne crains plus d'être seul, et j'apprécie même plutôt. J'ai été assez spolié comme ça. Les autres me dérangent assez rapidement. Sauf les femmes, bien sûr.

Bob Dylan : Le Messager

« Qu'est-ce qui se passe ? C'était occupé depuis dix minutes. Tu préfères parler à ta meuf ou quoi ? »

Panique en Alabama, ou plus exactement à l'Écran sonore d'Europe 1, studio où j'étais quelques instants auparavant sur le point d'interviewer Bob Dylan par téléphone. – « Non, non, m'sieur, j'vous jure, c'était pas occupé. On a été coupé, je comprends pas. On attendait que vous rappeliez, c'est tout. »

C'est que pour l'obtenir, cette interview qui doit couronner une *Bob Dylan Story* dans le cadre du parrainage de sa tournée de l'été 1981 par Europe 1, il m'a fallu préalablement soumettre au management une soixantaine de pages, rédigées puis traduites en anglais, soit trois jours et trois nuits sans sommeil, rivé à ma machine à écrire, face au jardin de ma maison de Châteaufort, du côté de Saint-Rémy-lès-Chevreuse. Tout ça pour que les PTT, ou ATT, quelque part entre Détroit et la rue François-Ier, ruinent cet instant si longtemps attendu par un quelconque disjonctage électronique.

C'est que je ne possède le numéro de personne. J'ai seulement dû donner celui d'une ligne directe aboutissant au studio. Et attendre. Dire que oui, c'était bien là. M'entendre passer l'homme le plus difficile à interroger de la planète, tant il déteste être questionné. Lui dire bonjour. L'entendre me répondre, de son inimitable voix « de sable et de colle », comme le chanta David Bowie (« Song For Bob Dylan »), invraisemblablement nasale et étirée, comme s'il jouait aussi de l'harmonica avec ses cordes vocales. Puis le bruit métallique d'une liaison qui s'emballe, crachote, cogne comme de l'eau au fond de vieilles tuyauteries, et, assassine, cette sonnerie d'occupation, signifiant à mes oreilles incrédules et affolées que c'était foutu. Shakespeare n'aurait pas concocté pire.

« Je blaguais », reprend, satisfait de son effet, mon correspondant, Lou Kemp, géant fruste, copain d'enfance de Robert Zimmerman à Hibbing, et garde du corps de Dylan en ces mois paranoïaques qui suivent l'assassinat de John Lennon. « Si vous êtes prêt, je vous repasse Bob. »

On n'est jamais prêt à parler à Bob Dylan. L'individu est trop mythique, énigmatique, fuyant, son génie trop écrasant, son venin trop meurtrier, son historique avec les journalistes trop assassin, depuis le fameux Mister Jones qui « sent qu'il se passe quelque chose, mais ne sait pas ce dont il s'agit » jusqu'à cet « Idiot Wind » « qui souffle chaque fois qu'on ouvre la bouche ». Comment s'adresser à quelqu'un qui affirme – et on le croit ! : « Je ne vis pas dans ce monde-là ; ceci n'est pas la vraie vie » ? Le téléphone ne facilite rien : on ne le voit pas, on ne sait jamais si les silences, pesants comme des pénitences, sont l'effet du décalage transatlantique, ou si, lassé, il est déjà parti. Or, pour la radio, il faut assurer le minutage. Obtenir des informations pratiques sur la tournée, les musiciens, l'album à paraître. Éviter qu'il ne raccroche s'il prend mal la moindre question relative à sa stupéfiante conversion au protestantisme le plus vengeur et fondamental, deux ans plus tôt.

Du coup, l'exercice, rendu encore plus périlleux par la menace d'une nouvelle coupure, sans doute terminale, est frustrant au possible. Un fan transi d'admiration et de stress, parlant à son idole, l'être le plus curieux et le plus transcendantal que le rock (le siècle ?) a connu, sans le voir, sans savoir si son mythique interlocuteur est plié en deux de rire ou assommé d'ennui. Une quinzaine de minutes plus tard, alors qu'il est question du formidable concert de Springsteen à la Sports Arena de Los Angeles auquel nous avions assisté tous les deux au mois de novembre précédent, il décroche finalement : « Sure, I was impressed. But listen, Yves, I've gotta go. I have a show to do tonight. » C'est fini. Mais halte-là. Bob Dylan a dit mon prénom. À moi. Il m'a parlé comme si j'importais, comme si j'existais. Miles, Zappa et Lou Reed m'intimideraient encore. Mais je n'aurais plus jamais peur de personne...

C'est que j'avais appris l'anglais grâce aux paroles imprimées sur les pochettes doubles des éditions originales françaises de sa trilogie impériale, *Bringing It All Back Home*, *Highway 61 Revisited* et *Blonde On Blonde*, comme d'autres avaient découvert ses chansons traduites par Pierre Delanoé dans *Hugues Aufray chante Dylan*. Et que pour ma première fugue, c'était tout ce que j'avais emporté avec moi dans les rues noires de la nuit tropézienne. Par la suite, jamais je ne lui faillirais, malgré les concerts panés, les albums ratés, et j'en serais récompensé : avec Dylan, on ne sait jamais quand le génie va frapper. *Blood On The Tracks* sera le chef-d'œuvre à vif des années 1970 après le come-back triomphal de la première tournée nostalgique de l'histoire en 1974 avec le Band, la *Rolling Thunder Revue* un moment de grâce collective inouïe qui s'évaporera dans les affres d'un divorce violent et de la déstabilisation profonde de son fragile équilibre de Gémeaux, visible dans son film hermétique, *Renaldo And Clara*, auto-analyse brutale qui conduira sans doute aux certitudes étranges de sa conversion inattendue. Et il continuera de surprendre, chaque fois qu'on le croyait définitivement perdu. Ce sera le cas avec *Oh Mercy*, les mirifiques inédits de sa discographie parallèle peu à peu officialisée dans les *Bootleg Series*, et ces deux albums extraordinaires, que plus personne n'attendait : le crépusculaire *Time Out Of Mind*, composé au fond d'une ferme du Minnesota, comme *Blood On The Tracks*, alors qu'il vient de manquer de périr d'une médiastinite – comme mon propre père – et cet hymne forcené à l'Amérique oubliée, celle de ses idoles, Charlie Patton, Jimmie Rogers, Woody Guthrie, Hank Williams, John Steinbeck, « Blind Willie McTell » et Elvis, *Love And Theft*, prophétiquement paru le 11 septembre 2001. En concert, aussi, comme ce soir de fin juin 1992, en pleine grève des camionneurs, dans un hangar pourri d'une ZUP de Reims, où il fut tout simplement éblouissant, jouant de la guitare comme jamais, jammant avec le silence et avec ses musiciens comme seul Miles Davis savait le faire ; à Montreux, en solo, en 2001, lorsqu'il enchaîna « Song To Woody » et « Desolation Row » devant un Philippe Rault médusé ; au hall Rhénus de Strasbourg, pour *Libé*, au Zénith, où il fut souvent impérial ces dernières années, bluffant son monde, de Francis Cabrel à Laurent Chalumeau en passant par Bayon et Antoine de Caunes, que ce soit avec un Jim Keltner phénoménal à la batterie ou mon copain Freddy Koella (de Mulhouse, ancien guitariste de Cookie Dingler et de Willy DeVille) prenant tous les soli, avant d'être viré au printemps 2004 à la suite d'une maladie.

Physiquement, j'avais serré la main de Dylan une première fois à Toulouse, cet été 1981, au Novotel, entre concert et dîner. Je l'avais revu brièvement à Santa Monica deux ans plus tard, dans un grand hangar où il répétait. Mais notre première véritable conversation de visu eut lieu dans un stade de Milan, sous la pluie. Et ça n'était pas une interview. Envoyé spécial de *Libération*, j'assistais consciencieusement au passage de Tom Petty, quand, soudain, j'ai senti quelque chose derrière moi. Une présence. Quelque chose de magnétique, d'irradiant. En me retournant, je vis un bonhomme totalement dissimulé sous un parka recouvert d'un ciré en plastique, la tête enfouie dans la capuche. À ma plus grande surprise, *la* voix, rauque, traînante, timbrée, enrhumée, inimitable, me demanda ce que j'en pensais ! Cette fois, plus question de défaillir. Ma bonne amie Joan Baez (oui !) m'avait tout dit – ou en tous les cas ce qu'elle-même savait, ou presque – de ce Mystère, de sa paranoïa totale comme de sa désarmante ingénuité. Quelques minutes plus tard, il disparaissait comme il était venu, quasi miraculeusement, comme le chat du Cheshire.

À Montreux, deux ans plus tard, il manquera de me renverser, débarquant à vélo de son hôtel au casino, comme s'il allait assister à son propre concert. Mais le sommet de la loufoquerie serait atteint dans le grand salon du ministère de la Culture, à l'occasion de la remise de sa médaille de chevalier des Arts et des Lettres par un Jack Lang totalement déstabilisé par tant de nervosité. Sans doute la cérémonie la plus courte de toute l'histoire de la République : une minute quarante-huit, tout plié. Élégant mais engoncé, Dylan se dandine anxieusement d'un pied sur l'autre, comme il le fait chaque fois qu'il est mal à aise, tourne le dos à son bienfaiteur, qui lui donne finalement l'accolade en lui passant l'objet autour du cou. Là, fouillant la poche de son gilet, il en sort un bout de papier qu'il lit dans un français plus qu'hésitant : « Je suis très touché. Je vous remercie du fond de mon cœur. » Puis disparaît dans les flashs des photographes qui ont rarement l'occasion de le voir de si près.

Le plus proche que je me sois senti de lui, pourtant, ce ne fut pas sous les ors de la République, pas plus qu'au Caffe Reggio ou à la terrasse du Dante ou du Figaro, dans Greenwich Village, où il a forgé sa légende ; c'est dans ce North Country froid, dur et ouvert à tous les vents d'où il vient. C'était en juillet 1991 et j'étais parti en Camaro de Bloomington, Indiana, où j'avais passé trois jours chez l'admirable John Mellencamp, pour remonter à travers l'Iowa et le Michigan jusqu'au Minnesota, dans les grandes forêts qui bordent le lac Supérieur et le Canada. Minneapolis où il est devenu Bob Dylan, quittant sa fraternité de l'université pour se produire dans les cafés bohèmes de Dinkytown ; Duluth escarpé et son port industriel encombré, la clinique Saint Mary où il est né, la petite maison de bois jaune où il a vécu ses huit premières années, derrière les rideaux du premier étage ; Hibbing désolée où il a grandi ensuite, son musée des autocars Greyhound et sa mine de fer à ciel ouvert, jadis la plus grande au monde, l'affreuse maison de stuc gris de son adolescence, son sévère lycée de briques brunes et blanches, le cinéma Libby de sa tante où il passait ses journées et désormais devenu un delicatessen, le marchand de musique où il acheta sa première guitare... Finalement, c'est en rodant aux abords de la ville, derrière le cimetière, dans ces chemins de terre rouge qui ne mènent nulle part et où il se promenait avec Echo Helstroem, sa « Fille du Nord », sous ces cieux immenses qui annoncent le temps qu'il fera la semaine prochaine et se souviennent de celui qu'il faisait celle d'avant, que j'ai sans doute approché au plus près son essence, en dénichant une Dillon Road à laquelle il est impossible qu'il ne doive pas son nom, qu'il n'a plus eu ensuite qu'à orthographier en gaélique pour le poétiser à la manière du Gallois Dylan Thomas avec lequel il n'a pas grand-chose d'autre en commun.

Fourth Street n'est pas dans Greenwich Village, mais à Dinkytown, tout comme *Desolation Row* n'est pas à New York, mais à Hibbing, l'ancienne « plus grande petite ville du monde », ingrate origine du plus grand artiste du XXe siècle.

YVES BIGOT : *Depuis la* Rolling Thunder Revue, *on a le sentiment que la scène a plus d'importance pour vous que les enregistrements. Parce que c'est plus spontané ?*

BOB DYLAN : Auparavant, comme tout le monde, je partais en tournée entre deux albums. Et puis là, depuis *Slow Train Coming*, j'ai pris le parti de jouer de manière presque continuelle, surtout aux États-Unis, pour que ma musique puisse évoluer de façon organique, soir après soir. C'est la tournée perpétuelle, comme le mouvement du même nom. La vie, en somme. Les albums, c'est différent. Parfois, je les produis moi-même, comme *Blood On The Tracks* ou *Shot Of Love*, parfois, je demande à des gens d'organiser les choses en studio pour moi : les plannings, le genre de musiciens qui convient en fonction des morceaux... Et puis surtout, j'ai besoin qu'on m'aide à faire le tri parmi mes chansons : il y en a toujours tellement, et je ne sais pas forcément lesquelles correspondent le mieux à une situation donnée. Quelqu'un qui soit responsable de la cohérence, de l'option sonore globale. Quand j'ai une idée suffisamment précise, je m'en passe.

— *Dernièrement, vous avez semblé particulièrement préoccupé de trouver des rythmes différents, notamment en vous intéressant au gospel et au reggae.*

— Je suis toujours à l'affût de nouvelles choses que je puisse ressentir, que je sois capable de jouer. Ça va du hillbilly le plus archaïque au blues en douze mesures le plus classique : l'essentiel est de trouver des grooves qui apportent à la fois du sens et de la variété. Mais je dois d'abord me pénétrer d'un style, ce qui n'est pas gagné, pour être capable de le jouer. Il faut qu'il me corresponde, qu'il ait une résonance profonde en moi.

— *Les comportementalistes affirment que chacun de nous n'a en réalité qu'une seule chose véritable à exprimer, qui le taraude depuis ses dix-sept ans. Vous sentez-vous dans ce cas et quelle serait la constante de votre expression si changeante ?*

— Si j'y étais parvenu, ce serait : être honnête, sincère, vrai, n'avoir jamais menti à personne et surtout pas à moi-même.

— *Vous croyez au destin, à la fatalité, voire à la prédestination ?*

— Groumphh ! Humm ! Oui, pour sûr.

— *Toute votre œuvre, car pour une fois c'en est une, prêche pourtant pour le libre arbitre, la liberté existentielle, la transcendance de toute condition...*

— Les deux ne sont pas incompatibles. Je crois que notre itinéraire est tracé, qui que nous soyons. Mais nous pouvons à n'importe quel moment intervenir pour forcer notre destin. En revanche, je ne suis pas si certain que ça de l'effet que ça aura au bout du compte sur le résultat définitif. On n'échappe pas à qui on est.

— *Vous-même qui avez si souvent mué, souhaité changer, avez-vous le sentiment d'être une autre personne que lorsque vous grandissiez ?*

— Il me semble que c'est vous, les Français, qui dites : « Plus ça change, plus c'est toujours pareil ». Après Kerouac, Ginsberg, Corso et les poètes beat, j'ai beaucoup étudié les symbolistes français : Baudelaire, Rimbaud, Apollinaire. J'espère être un peu leur héritier.

— *On n'acquiert pas de la sagesse, en route ?*

— Je ne puis que l'espérer ! Ha ha !

— *Vous disiez qu'il faut toujours rester vulnérable pour sentir la réalité de l'existence. Est-ce que votre foi récente y a changé quelque chose ?*

— Non, non. J'en suis toujours persuadé. Une des rares choses dont je sois absolument convaincu...

— *Vous avez changé depuis votre film* Renaldo And Clara. *Comme tous les Gémeaux, vous avez passé votre temps à la recherche de votre véritable identité. Là, il semblerait qu'il y ait eu un déclic.*

— Oh, oui. OK. Ça parlait de ça. C'était le but. Une expérience inestimable. Une identité qui entre en conflit avec une autre identité. C'est sûr. Ça résume bien Bob Dylan.

— *Le tourment, voire la violence et même le Mal, seraient les conséquences de cet affrontement.*

— C'est ce que je pense. Vraiment. Lorsqu'un côté l'emporte sur l'autre, ça permet d'être moins en équilibre précaire, plus fort d'une certaine façon, amputé de l'autre. C'est ce qui m'arrive en ce moment. C'est plus facile à vivre.

— *Quand quelqu'un n'est pas qui il voudrait – ou devrait être –, il souffre ?*

— Évidemment. C'est extrêmement dangereux.

— *Ça vous arrive souvent ?*

— Oh, quasiment tous les jours !

— *La tournée* Temple's In Flame *avec Roger McGuinn, Tom Petty et les Heartbreakers, c'est une façon de renouer avec l'esprit bohémien de la* Rolling Thunder Revue *?*

— Non, pas vraiment. Ça n'arrivera plus. Ça ne pouvait malheureusement pas continuer éternellement comme ça. Le monde a changé. Drôlement. La nostalgie, c'est la mort. Mais non, vous avez raison. Tout est possible. Ça pourrait repartir. Ça m'étonnerait et je ne vois vraiment pas pourquoi ni comment, mais pourquoi pas ?

— *« A Hard Rain's Gonna Fall » ?*

— Oh, elle a commencé à tomber il y a longtemps déjà, même si tout le monde ne la voit pas...

Brian Wilson : Le Disjoncté

Tant avait été dit et écrit sur les avatars de Brian Wilson, aîné, leader et source de toute l'inspiration des Beach Boys, sur ses extravagances de pop star californienne droguée et maternée, son introversion et son insécurité maladives, son enfance maltraitée, sa semi-surdité, sa paranoïa légendaire, son état de délabrement et de souffrance psychologiques, sa totale dépendance à l'égard de son psychiatre suspect de charlatanisme, le docteur Eugene Landy, bref sur sa folie. Le voir enfin en chair et en os, vingt-quatre ans après le dernier concert avec les Beach Boys dont il se souvient à Paris (malgré une apparition bien réelle au Palais des Sports au début des années 1980), présentait donc les mêmes enjeux que pour un explorateur himalayen allant à un rendez-vous avec le yeti : aboutissement et appréhension.

L'occasion, en cette fin 1988, était la tournée promotionnelle qui accompagnait la sortie de son premier album solo, si longtemps attendu, tellement fantasmé, forcément décevant. Rencardés par Jacqueline Ledent-Villain, affable chaperonne de tous les artistes WEA en Europe, Bernard Faroux, le placide réalisateur de *Rapido*, l'émission d'Antoine de Caunes dont j'étais le rédacteur en chef, et moi, attendions scientifiquement l'arrivée du phénomène dans une suite largement éclairée de l'hôtel Warwick. Malgré les consignes d'usage, ordre avait en effet été donné au cameraman de tout filmer, de ne pas perdre une miette d'expression, d'insister sur les gros plans et de ne pas laisser passer un geste, un tic, un regard, une quelconque manifestation de cinglerie, inaperçus.

Nous n'avons pas été déçus. Irrégulièrement exhibé sur scène comme un ours de cirque pataud par les autres Beach Boys depuis sa traumatique crise de confiance du printemps 1967, à l'époque où il se fait construire un bac à sable dans sa salle de séjour pour y installer son piano et reçoit ses visiteurs sous une tente mauve, avant d'entrer en pleine démence à force d'anxiété et de LSD, et de saborder son chef-d'œuvre annoncé, *Smile*, l'album fantôme le plus mythique de toute l'histoire du rock, Brian Wilson, un bon mètre quatre-vingt-dix, costaud, amaigri, enfin glabre et finalement séduisant malgré sa bouche tordue, est bien un authentique fêlé : pathétique, enfant terrorisé et géant fragile, perdu dans un monde d'inquiétude, frisant parfois tristement la débilité. Conscient de son état mental précaire, et d'autant plus touchant dans ses efforts de communication et de normalité. Les lambeaux d'esprit qui lui restent lui permettent pourtant encore de mener, un peu péniblement toutefois, une conversation anodine, chaque sujet n'excédant jamais une courte phrase, ponctuée de bégaiements sortant de ses lèvres à moitié paralysées, de tremblements nerveux viscéraux et de coups d'œil affolés dans toutes les directions, quand, au contraire, le regard n'est pas soudain fixe, absent, comme s'il n'y avait plus personne à la maison.

Clairement traumatisé, profondément troublé, en pleine régression comme s'il était dans une chanson d'Alain Souchon, il multiplie alors les lapsus, répond tel un homme politique à autre chose qu'à ce qu'on vient de lui demander, s'applique consciencieusement à répéter des formules apprises par cœur et visiblement retenues à grand-peine, débite des fadaises de psychologue de jacuzzi, pour ne s'animer, mais vraiment, que lorsque le sujet prédate le fameux et fatal disjonctage lysergique de 1967. Là, il redevient soudain ce monument de la musique américaine qui pendant six ans rivalisa sans mal avec son modèle et héros Phil Spector, puis avec les Beatles, avec lesquels il entra délibérément et publiquement en compétition, tout en leur vouant une formidable admiration, d'ailleurs parfaitement réciproque. Entre 1962, date du premier succès national des Beach Boys (« Surfin' »), et « Good Vibrations », hymne du Summer of Love hippie, il définissait ainsi le style de vie hédoniste des Californiens à travers ses tubes parfaits de deux minutes, dissections du rêve adolescent américain rayonnant de l'époque et des arcanes de la Beach Culture de Los Angeles (« Surfin' USA », « Fun Fun Fun », « I Get Around », « California Girls »), allant jusqu'à célébrer les hot rods, les pom-pom girls et les fraternités scolaires, pathos amoureux transi et solitude suicidaire compris sur des faces B exquises (« In My Room », « Don't Worry Baby ») à pleurer d'intimité exposée.

Au passage, après avoir décidé d'abandonner les tournées à la suite de la première de ses innombrables crises d'angoisse, au cours d'un vol Los Angeles-Houston à Noël 1964, pour se consacrer à sa passion, la production, il créait avec *Pet Sounds* le son le plus caressant, le plus analgésique jamais produit par l'homme, l'album qu'on peut réécouter chaque jour depuis sa sortie, contestée, en 1966, sans jamais s'en lasser, comme le fait Paul McCartney, qui y voit comme beaucoup, « le plus grand chef-d'œuvre de l'histoire de la pop music » : aussitôt après l'avoir entendu, il composa « Here, There And Everywhere » et reconnaît qu'il constitua, pour John comme pour lui, « l'influence majeure des Beatles pour *Sgt. Pepper*, à commencer par ces incroyables lignes de basse mélodiques auxquelles personne n'avait songé jusque-là ». C'est là, dans ce disque sortie de chrysalide, que le sens mélodique et harmonique inouï de Brian Wilson, sa pureté, son innocence, sa sensibilité, son anxiété sociale, sa nostalgie constituante convergèrent pour atteindre des sommets d'émotion brute, de fantastique musicalité, sur lesquelles repose depuis sa réputation de génie.

Sitôt sorti de ces souvenirs lumineux, hélas, l'ancien prodige redevient ce pantin légumier que les Beach Boys, soit par affection (son frère Dennis qui le vénérait, et même son autre frère baba-cool, Carl), soit par pure avidité et total manque de scrupules (Alan Jardine et surtout son propre cousin Mike Love, Thénardier avec lequel il est en procès depuis des années pour des histoires de royautés, d'édition et de droits d'auteur), ressortent de leur chapeau chaque fois que leur carrière, régulièrement patraque depuis sa réclusion, a besoin d'un coup de fouet pour relancer la demande de concerts. Ce sera notamment le cas en 1975, lorsque, après avoir épuisé toutes les ressources des archives de Brian, saupoudrées sur presque chacun de leurs albums, ils décidèrent de tout miser sur un très médiatisé « come-back de Brian », qui s'avéra une mascarade, le temps de deux albums finalement médiocres. Ce fut une catastrophe pour les Beach Boys, le monde, lui, ayant du coup l'occasion de constater l'ampleur des dégâts occasionnés au corps du malheureux, jobard poilu à l'abandon, atrocement obèse et complexé, comme à son psychisme, totalement ébranlé et fragmenté. Ce genre d'opération sera pourtant répété régulièrement au cours des années suivantes, cette fois sous l'autorité de l'étrange docteur Landy, en lutte avec les Beach Boys pour le contrôle du pauvre Brian. Jusqu'à notre rencontre, survenant sur les entrefaites surprises du premier numéro un des Beach Boys sans lui et de cet album solo un peu contraint, censé marquer sa renaissance artistique et mentale. Tout ça pour le voir finalement rentrer directement dans un mur de l'hôtel Warwick qu'il avait pris pour la porte, après une poignée de main tremblante et des adieux plutôt chaotiques, porteurs d'un appel qu'il désirait que nous lancions à « George Harrison, des fameux Beatles », avec lequel il souhaitait alors collaborer...

Pauvre bougre. Pauvre génie écervelé, sans doute autant victime des tares familiales (Dennis, le plus talentueux Beach Boy après lui, finira alcoolique et cocaïnomane, et se noiera à Marina del Rey le 31 décembre 1983 ; Carl à la voix d'or décédera lui aussi d'une crise cardiaque en 1998 ; son père Murray, compositeur frustré, était un tyran sadique et pervers) et des pressions du succès (son sens aigu des rivalités de hit-parade, ce besoin désespéré des autres Beach Boys de solliciter sa caution, à défaut de son talent) que des quantités d'acide, d'amphétamines, d'antidépresseurs et de cocaïne qui ont fini par l'amener à se cloîtrer volontairement dans son lit pendant plusieurs années, seulement pour échapper aux contraintes du quotidien et à la rapacité de ses proches. Bon fond, forme déplorable. Que rien ne viendra, hélas, réellement améliorer par la suite, ni son second album refusé et toujours inédit (*Sweet Insanity*), ni son autobiographie (*Wouldn't It Be Nice*) téléguidée par Landy, et pourtant comme Brian, si triste, mais tellement fascinante, et attachante. Jusqu'à ce saut inespéré dans l'espace-temps, qui le verra finalement, après avoir joué pour la première fois l'intégralité de *Pet Sounds* en concert, achever *Smile* en 2004, d'abord sur scène (à l'Olympia, notamment), puis en studio, recousant les fils (é)perdus au long des ans et des albums, de « Heroes And Villains » à « Cabinessence » en passant par l'immortel « Good Vibrations » et à ce « Surf's Up » déchirant, salué en son temps par Leonard Bernstein, qui pourrait bien contenir son épitaphe : « A choke of grief, hard hardened I/Beyond belief, a man to tough to cry » (« Un sanglot de chagrin, pourtant si endurci/Au-delà de la foi, un homme trop dur pour les pleurs »).

YVES BIGOT : *Qu'est-ce qui vous a finalement décidé à enregistrer votre premier album solo après presque trente ans de carrière ?*

BRIAN WILSON : C'est l'idée de mon médecin Eugene Landy. Euh, non. Je voulais dire de mon collaborateur et producteur exécutif Eugene Landy.

— *Ah. Nous y voilà déjà. Quelle est la vraie nature de vos relations ?*

— C'est mon associé. C'est aussi l'être le plus intelligent que j'ai rencontré. Il voulait que je fasse une tournée en solo. Non. Je veux dire un album solo. J'étais d'accord, à condition qu'on puisse le faire à mon rythme. Lentement, mais bien. À mon rythme, je voulais bien.

— *Quelle différence avec un album des Beach Boys ?*

— Avec eux, je n'étais qu'une des cinq voix qui produisaient ces harmonies. Là, je les ai toutes chantées moi-même. Pour mon album. À moi.

— *Pourtant, les disques des Beach Boys n'étaient-ils pas en fait des albums de Brian Wilson chantés par les Beach Boys ?*

— *(Il n'écoute pas et se passe nerveusement la main dans les cheveux, tout en scrutant suspicieusement le plafond pour voir si le ciel ne va pas lui tomber sur la tête)* Pouvez-vous répéter la question, s'il vous plaît ?

— *(Je lui répète la question.)*

— Ils chantaient avec moi sur le disque.

— *Certes. Mais quand ils arrivaient en studio, ils n'avaient plus que ça à faire. Toute la musique était enregistrée, vous étiez responsable de la composition, des arrangements, de la production, vous leur appreniez même à chacun leurs parties...*

— J'ai cessé de tourner avec les Beach Boys en 1964 parce que j'étais persuadé que si j'avais plus de temps libre, je pourrais écrire plus de tubes et faire du groupe une véritable institution. C'est ce que nous étions devenus en 1966.

— *À ce moment-là, ce qui vous hantait, c'était la compétition avec les Beatles, n'est-ce pas ?*

— Ils ont déferlé sur l'Amérique en février 1964 et en deux semaines tout le pays leur appartenait. Mike Love et moi avons eu très peur d'être éclipsés. Parce que non seulement ils étaient excellents, mais en plus chacun d'eux avait une aura très particulière, qui se ressentait lorsqu'on les voyait sur scène. Mais finalement, c'est le contraire qui s'est passé : ils ont dopé le marché, ils ont dopé le rock, ils ont dopé la créativité, ils ont dopé les Beach Boys. Quand ils ont sorti *Rubber Soul*, ça m'a tellement estomaqué que j'ai répliqué avec *Pet Sounds*. C'était le premier disque qui communiquait à la jeunesse de la musique et plus seulement du rock'n'roll sur trois accords. Paul McCartney a été tellement impressionné que ça lui a à son tour inspiré *Sgt. Pepper's Lonely Hearts Club Band*. C'était en 1967, et ensuite la folie s'est installée et tout a décliné.

— *Précisément, est-ce que* Pet Sounds *n'était pas déjà en fait votre premier album solo ?*

— En un sens oui. Mais c'est aussi un album des Beach Boys.

— *« Caroline, No » était même sorti en single sous votre nom ?*

— Oui, mais ça m'avait déplu. C'était bizarre. Pour *Pet Sounds*, j'avais dû oublier tout mon machisme pour créer un album qui communique de l'amour. Il m'a fallu me soumettre à tout ce qu'il y avait de féminin en moi. Nos voix sur ce disque ressemblent à des voix de filles. Sauf celle de Mike, qui est très macho.

— *C'est à cette époque qu'on a commencé à vous considérer comme un génie.*

— On m'a traité de génie avant même que je sache ce que ça voulait dire. Il est vrai que j'ai une approche très ingénue.

— *Quels sont les autres génies du rock ?*

— Phil Spector, Burt Bacharach, Bob Dylan, Paul McCartney. John Lennon aussi. Paul et lui ont écrit les meilleures chansons de l'histoire de l'humanité. Et vous savez quoi ? Je vais travailler avec George Harrison. George des célèbres Beatles, mondialement connus, va écrire avec moi !

— *Et vous savez ce que les autres Beach Boys pensent de votre album ?*

— Ils l'aiment beaucoup. Je suis très fier d'eux. C'est des gars super.

— *Où en êtes-vous de vos relations professionnelles ?*

— J'aimerais continuer avec les Beach Boys et poursuivre aussi mon album solo. Je veux dire ma carrière solo. C'est Eugene Landy et moi qui décidons. Pour eux aussi. Jadis, j'écrivais au moins une chanson par semaine. Maintenant, c'est tous les trois ou quatre mois. Les Beach Boys peuvent se passer de moi, mais c'est moi qui donne de la profondeur à leur musique. Eux me détestent. Sauf Dennis. Dennis me manque. J'aimais tellement ses chansons.

— *Là, justement, ils viennent de décrocher avec « Kokomo » leur premier numéro un depuis « Good Vibrations ». Même si ce n'est pas du même tonneau, ce doit être cruel pour vous de voir qu'ils y sont arrivés sans votre présence.*

— « Kokomo » est une jolie petite chanson, mais je n'ai rien à voir avec. « Good Vibrations », en revanche, c'était quelque chose : j'avais peur que ça ne marche pas, parce que c'était trop créatif. Eh bien, elle a été numéro un quand même !

— *Ces dernières années, les Beach Boys ont subi l'opprobre de la communauté rock en se déclarant ouvertement républicains et en soutenant activement Ronald Reagan. C'est seulement sous l'impulsion de votre cousin Mike Love, ou vous approuvez ?*

— Mike a raison d'être républicain. Je vais voter pour Dukakis. Je suis tous les discours de Dukakos. Je pense que c'est Dukakes qui fera le meilleur président. Dukakus est comme moi. Je suis démocrate depuis toujours.

— (Interloqué, et passant à autre chose) *Qu'est-ce qui vous fascine pareillement dans la voix humaine ?*

— Je suis obsédé par le son de la voix. Et quand on est obsédé par ça comme je le suis, ça vous atteint drôlement le cerveau. Ça rend dingue.

Paul McCartney : Le Séducteur

Ma première vision de Paul McCartney en chair et en os, c'est celle d'un affable barbu s'escrimant sur la manivelle grinçante de la fontaine verte accolée à la maison où j'ai grandi, 4, rue de la Treille à Saint-Tropez, pour en faire couler à grand-peine un insuffisant filet d'eau destiné à rincer le cambouis collé sur ses pieds. Flanqué de sa femme Linda et de Heather, la fille de celle-ci, le Beatle passait un pluvieux voyage de noces à Ramatuelle, dont il se souviendra aigrement longtemps plus tard dans « Où est le soleil ? ». Il loge alors chez les Bengor, 24, rue Saint-Esprit, à côté de chez Marcelle. Le sourire était large et franc, les dents étincelantes, le regard noisette enjoué, la barbe chaude, exactement comme sur la pochette de son futur premier album solo brise-cœurs.

À ce moment d'euphorie conjugale, mais aussi de désarroi, presque de dépression, puisqu'il correspond à l'agonie des Beatles, Paul est le Prince charmant des années 1960, le baladin à la voix d'ange, synonyme d'innocence, d'éphémère bonheur et de douce nostalgie, chantre élégant d'une désespérance discrète typiquement et délicieusement britannique, de cette solitude apaisée que personne mieux que lui ne savait alors énoncer, ni sertir d'impeccables atours néoclassiques : celle de « Yesterday », d'« Eleanor Rigby », de « For No One », de « Here, There And Everywhere », de « Penny Lane », de « She's Leavin' Home » et de « The Fool On The Hill ». C'est aussi le génie musical qui a répondu au pathos élégiaque des Beach Boys de *Pet Sounds* avec la luxuriance exaltée de *Sgt. Pepper's Lonely Hearts Club Band*, son univers magique et surréaliste, ses mélodies inouïes, ses arrangements baroques et ses lignes de basse trampoline. C'est encore l'alter ego de John Lennon, héros conjoint de la contre-culture triomphante, affirmant sans ambages son amour du LSD et sa passion des joints, végétarien et pacifiste militant, disciple du philosophe Bertrand Russell, et auditeur attentif des expériences de musique concrète du compositeur français du « Voyage » et de « Variations pour une porte et un soupir », l'énigmatique Pierre Henry.

Pourtant, dans le groupe, rien ne va plus. L'arrêt des tournées démentes a permis aux Beatles de souffler, de prendre le temps de développer en studio ce qu'on peut réellement nommer leur art, c'est patent. Mais la camaraderie adolescente exubérante et irréductible, cimentée dans la furie, la violence et l'indifférence des clubs de Liverpool et de Hambourg, à l'époque des galères, des amphétamines et du rock hystérique que ce fan absolu de Little Richard braille à pleins poumons, souffre de ne plus être éprouvée à la flamme des agressions quotidiennes, à la pression démente de la Beatlemania. La complicité se dilue à mesure que les ego, flattés par les familles qui se constituent et les entourages qui s'instaurent, se développent indépendamment. Obligés de grandir, John et Paul, et George, et Ringo aussi, trouvent de plus en plus souvent refuge en eux-mêmes, séparément. La mort de leur manager, Brian Epstein, éternellement épris de John, l'arrivée de Yoko Ono qui ne l'est pas moins, mais dont l'emprise sera autrement efficace, la dérive de George vers les rivages du Gange et les forêts de Woodstock où résident Bob Dylan et le Band, vont achever de déstabiliser l'alchimie magistralement établie par le film *Quatre Garçons dans le vent* : John le poète intello torturé et déconneur ; Paul le séducteur boute-en-train, optimiste, fleur bleue et toujours partant ; George le timide humoriste en retrait ; Ringo, le clown triste et solitaire. À la soudaine rébellion de Lennon, qui se radicalise et se détache des autres, mais leader naturel depuis le premier jour, Paul répond en tentant de prendre les rênes d'un groupe qui ne veut plus en être un. Le show *Magical Mystery Tour*, le film *Get Back* qui deviendra la débâcle *Let It Be*, la faramineuse face B symphonique d'« Abbey Road », sont ses tentatives de préserver une unité qui ne concerne plus réellement que lui. À ce moment-là, curieusement et peut-être parce qu'il veut trop en faire, ou parce que lui ne joue que collectif, si sa contribution générale est immense, ses chansons ne sont plus que rarement les phares du groupe, à l'exception de « Hey Jude », « Helter Skelter » ou « Let It Be ». Au contraire, les plus réussies semblent prendre ce tour domestique, feutré, parfois pastoral, toujours intime et enjoué, touchant sans l'air d'y toucher, de sa tétralogie du bonheur simple du *Double Album blanc* : « Martha My Dear » (pour sa chienne), « Blackbird » (pour l'émancipation des Noirs), « I Will » (pour Linda) et « Mother Nature's Son » (à la Donovan). Cette voix-là, ces mots-là, cette chaleur-là nous faisaient croire en la bonté fondamentale de l'homme, de la nature, nous transformant tous en Rousseau (douanier compris), Wordsworth, Shelley, Byron, Yeats et William Blake pour le compte.

Ce jour-là, devant ma porte, il était l'archange m'apportant la Bonne Nouvelle, me baptisant du regard à l'eau de la fontaine de mon enfance.

Je le reverrai à Antibes, à l'occasion d'un pâle concert des Wings, le temps d'une courte conversation initiée par Denny Laine, vague connaissance de son éphémère épisode précédent, les méconnus Balls (avec Trevor Burton des Move et Alan White, futur Yes : un single extra, « Fight For My Country »). La carrière solo de Paul ne sera, à l'instar de ce second groupe qui ne pouvait pas en être un, qu'une longue déception, amère comme l'annonce de son départ des Beatles, le 10 avril 1970, qui m'avait laissé – comme une génération – sans joie et sans appétit pendant une bonne semaine. Quelques inévitables ballades mises à part, seul le malheur semblera encore permettre à sa musique de s'extirper de la routine d'une vie familiale inintéressante pour moins bien lotis que lui : *Ram* une première fois, au plus fort de la guerre des nerfs avec Lennon ; *Band On The Run* ensuite, lorsque Wings se désintégrera le jour même du départ pour Lagos, où l'album est enregistré dans des conditions apocalyptiques ; *Tug Of War* enfin, à la mort de John, auquel il écrira « Here Today », enfin à la hauteur de l'occasion. Comme sa tournée *Back In The US* de 2002, revitalisée, où il retrouvera sa pleine mesure et assumera enfin son âge et son héritage glorieux, à la tête d'un groupe où trône et le pousse le formidable batteur obèse, Abraham Laboriel Jr.. Tristement, Linda a depuis succombé à un long cancer, et sans doute Paulo le frimeur invétéré tient-il à montrer à sa nouvelle élue, Heather Mills, ce dont il est encore capable…

Sinon, rien de plus que des comptines fanées, des bêtises, des tubes sucrés, « Michelle » de circonstance, joliesses résiduelles, « Silly Love Songs », oui. Sans parler de ces horribles pièces pseudo-classiques qu'il tiendra à enregistrer au cours des années 1990, prétention académique encore plus inutile que vaniteuse, à l'exécution desquelles il me sera donné la peine d'assister au Royal Albert Hall en 1997, ou encore ce « Freedom » facile composé pour le concert qu'il organise au Madison Square Garden au bénéfice des familles de pompiers morts dans l'effondrement des Twin Towers.

Mais qu'importe. L'histoire est écrite depuis 1963 et tout ce qui a bien pu se passer au-delà de 1969 n'y changera plus grand-chose, surtout pas cette nouvelle mouture de *Let It Be*, refourbie en 2003 comme un plat qui se mange froid. Le gentil Beatle, le célibataire à la tête dodelinante qui souriait au monde et chantait de jolies bossas comme il hurlait « I'm Down » ou « Long Tall Sally », est une légende inaltérable, dont la grâce fera toujours penser aux filles qu'il prendrait tellement mieux soin d'elles que ne le ferait n'importe lequel d'entre nous autres, trop lourdement humains…

C'est à cela que je pensais, impressionné par l'importance de l'occasion, en arrivant dans l'auberge de campagne de l'East Sussex où nous avions rendez-vous, à quelques kilomètres seulement de son immense ferme de Peasmarsh, un matin de plein soleil de 1986. L'occasion était double, et mineure : la sortie d'un album sans intérêt et la réédition de l'unique tube masqué de Linda, « Seaside Woman ». Philippe Manœuvre et moi furent pourtant emmenés sur les lieux en catimini, et introduits dans différentes pièces pour ne plus avoir – allons savoir pourquoi – à nous recroiser par la suite.

Versant lui-même le thé et le lait et demandant combien de sucres, Paulo fait d'entrée tout ce qu'il peut pour dédramatiser l'événement – la rencontre d'une légende –, mettant effectivement son interlocuteur à l'aise par sa simplicité non-feinte, ses petites blagues prolétaires (rougissant et faisant le geste d'un fier pêcheur montrant la taille de sa prise lorsque je lui demande comment il se fait que Linda et lui soient ensemble depuis si longtemps) et ses clins d'œil incessants, ponctués de « mais c'est comme toi, quand tu », en réponse à des interrogations qui ne peuvent pourtant concerner qu'un Beatle. Jovial, encore juvénile malgré le poivre et le sel non dissimulés de sa chevelure drue, il recherche sans cesse une complicité dont il n'a pourtant nul besoin, n'esquive aucune question, et se laisse volontiers entraîner sur des sentes moins battues qu'à l'ordinaire, comme celles de son étrange et permanent lien avec la France, dont je fus quelques instants le témoin, mais entamé dès septembre 1961, lors de cette fameuse virée parisienne avec John au cours de laquelle ils finirent par adopter la fameuse coupe « à la française » que leur muse, Astrid Kirchherr, inspirée par la mèche ramenée sur le front et arrondie de Jean-Claude Brialy dans *Les Cousins*, avait déjà donnée à Stu Sutcliffe, le Silver Beatle perdu.

Après une bonne heure de fructueux entretien, détendu et enjoué, passage chez Linda. Moins gourde que prévu (« Si on reste ensemble avec Paul, c'est qu'on aime se jeter de la vaisselle à la figure »), végétarienne ardente et photographe émérite à défaut d'être musicienne compétente, bavarde comme toute américaine, elle m'a très vite à la bonne et, après un détour par la cuisine pour y goûter ses spécialités (tartes aux légumes et au soja), me ramène tôt fait à son époux, qui m'embarque à son tour pour une balade dans le parc, où son T-shirt framboise écrasée se détache psychédéliquement sur le vert intense de la pelouse et le bleu dur du ciel de cet été anglais. Au cours de cette promenade d'une vingtaine de minutes, il ne fut plus alors question que de banalités, d'anecdotes inutiles et de politesses, mais son déroulement, badin, éclairait sa raison d'être : Paul McCartney, coleader des Beatles, compositeur des chansons les plus célèbres de l'histoire de l'humanité, personnage historique, veut encore, compulsivement, plaire à chacun.

YVES BIGOT : *Tout au long de votre carrière, resurgissent un certain nombre de clins d'œil au français.*

PAUL McCARTNEY : Je ne l'ai pas appris à l'école. Mais en Angleterre, dans les années 1950, on captait beaucoup de radios françaises. Même si on ne les écoutait pas puisqu'on ne comprenait rien, le fait d'en entendre quelques secondes chaque jour nous familiarisait avec les sonorités de la langue. C'était monocorde, grave, très différent de l'anglais. Ça me fascinait.

— *Vous souvenez-vous de votre premier séjour à Paris ?*

— Et comment ! C'était avec John. Sa tante Mimi lui avait donné cent livres sterling pour ses vingt et un ans, une somme considérable à l'époque. Nous avions décidé d'aller en Espagne et avons fait du stop de Liverpool jusqu'à Paris. Ça nous a tellement plu que nous y sommes restés toutes les vacances. On allait tous les jours boulevard Saint-Germain boire des milk-shakes à la banane. Le jour de notre arrivée, nous avons commandé deux verres de vin dans un café : nous avions tellement entendu parler des vins français et nous n'en avions jamais bu ! Beurk ! C'était de la piquette et nous avons pris ça pour du vinaigre. Vous connaissez la réputation légendaire des Anglais en matière de bon goût ! Mais ce qui nous a hypnotisés, c'était la serveuse. Assez âgée, très ordinaire. Mais elle parlait français, évidemment, et, incroyable pour des Anglais, elle avait du poil sous les bras. John et moi n'avions jamais rien vu d'aussi excitant. – « Tu as vu, c'est tellement sexy ! », répétait-il sans arrêt. On est retourné la voir tous les jours pendant ces deux semaines.

— *Est-ce là que vous est venu : « Michelle, ma belle, sont des mots qui vont très bien ensemble » ?*

— Juliette Gréco était très populaire dans les milieux artistiques à Londres au début des Beatles. On ne pouvait pas aller dans une soirée sans qu'il y ait un type ou une fille dans un coin, l'air sombre, mystérieux et très romantique, habillé en noir de la tête aux pieds et parlant français – ou faisant semblant de le faire. Je les parodiais en imitant Maurice Chevalier sur cette mélodie un peu bossa nova. Et quelqu'un m'a suggéré qu'elle méritait mieux que ça. J'ai donc d'abord écrit les paroles en anglais. Mais je voulais qu'il y ait un peu de français pour en préserver le caractère. Un soir, la femme de mon ami d'enfance Ivan Vaughan, Jane, qui enseigne le français, m'a suggéré Michelle, qui, pour nous, sonnait très français. Elle devenait donc le sujet de la chanson. « Qu'est-ce qui rime avec ça ? – Ma belle. – D'accord. » Puis elle a trouvé la suite, « sont des mots qui vont très bien ensemble ». Je n'arrivais d'ailleurs pas à prononcer correctement « ensemble ». Je disais toujours « ensembe ». Mais elle a insisté pour que je parvienne à articuler « bleuh ».

— *Et « La Marseillaise » en ouverture de « All You Need Is Love » ?*

— La première de ce morceau, qui était notre premier simple après *Sgt. Pepper*, à la rentrée 1967, devait avoir lieu lors d'une retransmission télévisée absolument exceptionnelle dans le monde entier, *Our World*. Nous cherchions donc une introduction assez pompeuse, genre marche militaire. Comme c'était un événement international, révolutionnaire dans l'histoire de la télévision et de la communication, destiné à plus de quatre cents millions de téléspectateurs, nous nous sommes tournés vers notre voisin le plus proche, la France, et nous avons emprunté son hymne national. On aimait ce côté fanfare, marche, conquérant.

— *Enfin, dans « Picasso's Last Words », on entend derrière vous se dérouler un boniment touristique débité en français.*

— J'avais envie de cet aspect collage, concassage, qui correspondait bien dans mon esprit, à cette chanson d'adieu à Pablo Picasso. Je crois me souvenir que nous avons dû enregistrer un répondeur téléphonique du Club Méditerranée ou d'une agence de voyages.

— *On se souvient aussi de cette pochette du EP français collector de « From Me To You » où vous imitez pêle-mêle Hercule Poirot, la bande à Bonnot, le Gendarme de Saint-Tropez et Napoléon. Mais c'est aussi à Paris que vous avez découvert Bob Dylan : c'est le mélange de vos énergies qui va embraser les années 1960.*

— C'était en janvier 1964. En l'espace de quelques jours, alors que nous passions avec Trini Lopez et Sylvie Vartan à l'Olympia, nous avons écrit les chansons du film *Quatre Garçons dans le vent*, appris que « I Want To Hold Your Hand » était numéro un aux États-Unis, où nous ne pensions jamais aller, et nous avons entendu pour la première fois l'album *The Freewheelin' Bob Dylan*, que nous nous repassions tellement souvent dans nos suites de l'hôtel George V que nous l'avons usé. Le mois d'après, nous étions les vedettes de l'*Ed Sullivan Show*, nous avions conquis l'Amérique et nous l'avons rencontré. Ce sont des moments heureux comme ceux-là que j'aime me souvenir. Notre véritable ambition, avec les Beatles, c'était de voyager. Dépasser Liverpool. Et nous avons aussi gagné beaucoup d'argent, pu donner un avis qui compte sur les choses que nous découvrions et qui nous importaient. John et moi faisions une équipe imbattable. Quand on perd quelqu'un d'aussi immense, on ne sait pas quoi penser. Il est irremplaçable. L'amertume des derniers mois est regrettable, mais elle était inévitable : le business et le temps qui passe ont eu raison de nous. Il souffrait alors énormément, de son addiction à l'héroïne, de ses analyses extrêmes, du harassement que lui causaient les résistances à ses engagements politiques. Je lui ai pardonné toutes les vacheries qu'il a pu balancer sur moi à cette époque, au nom de la douleur qui était la sienne.

George Harrison : Le Guérisseur

« Hello Yves, this is George speaking »...

Embarras ! Je ne connaissais pas alors le moindre George anglophone. Mon silence interdit jette aussitôt un froid interrogateur sur la ligne téléphonique.

« George Harrison ! », s'empresse de rajouter l'interlocuteur inattendu. Triple buse. Jamais une rock star ne rappelle, surtout elle-même, surtout directement, quelqu'un qui l'a seulement interviewée une fois, fût-ce la veille. Ou alors, c'est qu'elle est particulièrement mal embouchée et veut censurer une partie de ses propos librement consentis quelques heures auparavant. Réfléchir sa spontanéité, en somme. Ce que le ton léger de « George » démentait a priori. Quelle ne fut donc pas ma stupéfaction de découvrir que « le troisième Beatle » se manifestait tout simplement parce que, ayant remarqué mon arcade gauche tailladée à la suite d'un accident de voiture, en bon samaritain, il me conseillait de consulter son acupuncteur chinois à Paris, lequel avait su faire disparaître pareils stigmates sur son visage désormais glabre de Beatle certes détaché du monde matériel, mais pas de ses pare-brise.

Le plus étonnant, c'est que tout, dans le ton de sa voix nasale, dans ses indications simples, précises et directives, exsudait naturel et bienveillance, réelle préoccupation là où, la plupart du temps, chez les personnages publics même les plus sympathiques, on sent immanquablement derrière la sollicitude le désir de plaire, de copiner, dans le but de promouvoir leur image et/ou d'optimiser une relation potentiellement intéressante. La compassion bouddhique, équivalent oriental de la charité chrétienne originelle, ne serait donc pas seulement une vue de l'esprit, ni une simple grille de lecture, chez cet hindouiste de longue date ?

Après tout, à l'en croire, c'est bien ce mysticisme soudain qui lui a sauvé la vie, quand le succès inouï des Beatles ne lui faisait plus seulement toucher du doigt la vacuité de la gloire mais aussi celle de l'existence. C'est aussi cette fondation qui permettra au timide guitariste, jusque-là écrasé par le génie de Lennon et McCartney, d'acquérir son propre style, traînant, plaintif et doux, et de se découvrir un propos, contemplatif et caressant. Rejeté dans l'ombre après que George Martin l'eut écarté du micro dès leurs premiers pas en studio, jugeant sa voix trop frêle, il lui fallait bien ça pour restaurer sa confiance en lui. Car jusque-là, à la Cavern de Liverpool comme dans les clubs à marins et à soldats américains de la sordide Reeperbahn de Hambourg, dont il fut expulsé la première fois parce qu'il n'avait pas encore dix-huit ans, George partageait également le chant avec ses aînés. Il le faisait toujours, début 1962, lorsque les Beatles passèrent leur fameuse audition chez Decca, à l'issue de laquelle Dick Rowe allait leur conseiller de changer de métier. C'est encore cette foi qui le conduisit accessoirement – après Somerset Maugham (*Le Fil du rasoir*), Herman Hesse (*Siddharta*) et Jack Kerouac (*Les Clochards célestes*), tout de même – à faire découvrir l'Inde à toute la jeunesse occidentale et par là même à inventer sans le savoir, sous l'influence de son nouvel ami Ravi Shankar, la future world music (dès le premier sitar de « Norwegian Wood »), puis le rock humanitaire (son fondateur *Concert For Bangla Desh* de 1971). Pourtant ce ne sont pas ses compositions indianisantes qui vont marquer l'éclosion de sa véritable personnalité, mais le moelleux « While My Guitar Gently Weeps », qui flotte comme un tapis volant. C'est là que sa distanciation, son détachement, son sens de l'ordre et du rythme cosmiques, mais aussi sa sensibilité au détail, aux petites choses dont les grandes sont faites, commenceront à s'exprimer, culminant avec deux des meilleures chansons d'*Abbey Road*, la fragile renaissance de « Here Comes The Sun », et le standard « Something », qui restera son unique face A d'un 45 tours des Beatles. À ce moment-là, 1969, comme John, George se sent à l'étroit dans le groupe, qui ne peut plus absorber les nombreuses et remarquables chansons qu'il écrit désormais, ni assouvir son légitime désir de musicien, jouer pour le simple plaisir de jouer quasiment tous les jours. Brimé par Paul, qui, devant la démission de John et face à l'absence de Brian Epstein et de George Martin, tente de cumuler les rôles de leader, manager et producteur, il quitte le groupe par deux fois au cours des pénibles *Get Back Sessions*, pourtant censées ranimer la flamme des débuts. Impressionné par le Band, invité et courtisé par Dylan à Woodstock, il sera le premier à s'affairer à côté, avec Eric Clapton dans Cream (« Badge »), puis dans les Friends de Delaney and Bonnie, avec son label Zapple, avec le Plastic Ono Band de John, et confirmera sa montée en puissance dès la séparation officielle, bourgeonnant littéralement dans le coffret *All Things Must Pass*.

« My Sweet Lord », son hymne œcuménique, fixera pour longtemps son image d'ermite religieux, avec ses bottes, son chapeau, sa longue barbe, solitaire parmi les nains du jardin de son immense château de Henley-upon-Thames. Surpris par l'autoviolence spartiate de John, par le minimalisme domestique de Paul, n'attendant rien de Ringo que sa bonhomie, les fans lui font un triomphe, adoptant son style étrange et chaleureux : mélodies simples, paroles introspectives, recueillies, et arrangements chargés à coups de doubles batteries, de claviers superposés, de cuivres, de chœurs et de guitares slide à gogo. Un prophète rock orientaliste pour une génération soudain désorientée par la mort de ses icônes (Brian Jones, Jimi Hendrix, Jim Morrison, Janis Joplin) et de ses idéaux (le sanglant festival d'Altamont, le massacre de Sharon Tate par Charles Manson, la séparation des Beatles). Jusqu'à cette fameuse extinction de voix qui transformera sa première tournée en cauchemar, et lui ôtera le goût de l'exercice. C'est le début de son déclin, et de sa véritable réclusion, auxquels ne sont sans doute pas étrangers le départ de sa femme Patti pour son meilleur ami, Eric Clapton, et le long procès intenté par les éditeurs de « He's So Fine », le vieux tube des Chiffons dont la mélodie est semblable à celle de « My Sweet Lord »...

Il adoptera alors le profil le plus bas, ce qui ne l'empêchera pas d'enregistrer régulièrement dans des albums très inégaux de vraies chansons baumes, aux mélodies reposantes, et à l'effet effectivement rédempteur, telle « Learning How To Love You ». Dans les moments de doute, d'anxiété, de vraie solitude, ces chansons-là bercent l'âme et raccrochent à cette vie en rétablissant la réalité du temps, exactement comme la lecture du *Prophète* de Khalil Gibran ou des *Lettres à un ami* de Sénèque...

Ce sera patent lors du *Concert For George* où les siens lui rendront hommage, dans un Royal Albert Hall chaviré, un an exactement après son décès, d'un long et pénible cancer, augmenté d'une tumeur au cerveau, le 29 novembre 2001. Jamais hommage ne fut si sincère, émouvant, discret que celui-là, et encore aujourd'hui je ne peux l'évoquer avec Guillaume Durand, que j'y accompagnais, sans une véritable émotion. L'excellent DVD ne parviendra jamais à rendre la ferveur inouïe ressentie dans la salle, la chaleur, l'humilité, l'empathie qui régnaient ce soir-là, où, à tour de rôle, unie, toute la vieille garde vint interpréter le répertoire d'un des meilleurs amis que la planète aura jamais connu. Des Monthy Python à Ravi Shankar, de Tom Petty et Gary Brooker à Paul et Ringo, de Jeff Lynne à Jim Capaldi, d'Albert Lee à Eric Clapton, qui avait organisé minutieusement tout l'événement, tous furent parfaits, comme s'il était ce soir-là évident qu'il ne pouvait en être autrement. Et lors de son solo de « While My Guitar Gently Weeps », que George lui avait demandé d'interpréter à sa place sur le double album blanc de 1968, « God » m'a quelques instants semblé, en effet, capable d'établir une connexion extraterrestre...

Mais considérer uniquement cet aspect bigot serait faire fi de Liverpool et de l'humour « scouse » que ses Fab Four répandirent aux quatre coins du monde au cours de la désormais mythique décennie 60, qui vit pour la première fois les adolescents des riches pays anglo-saxons imposer – grâce à leur soudain et irrésistible pouvoir d'achat – leur culture propre aux autres générations, et aux autres populations, ravies. Fan des Monthy Python qu'il produisit à travers sa société Handmade Films, aficionado des circuits de formule 1 où il copine avec Jackie Stewart et Jody Sheckter, instigateur des enthousiasmants Traveling Wilburys, facilement ironique, cet ancien bienfaiteur du Rhada Krishna Temple ne s'est jamais montré prosélyte ni pontifiant. Au contraire. Lorsque je le rencontre au Plaza-Athénée, la veille de son appel surprise, en janvier 1988, c'est un homme posé, apaisé, rayonnant de palpable satisfaction – voire de jubilation – devant le succès et la pertinence reconquis de son album *Cloud Nine*, qui sonne le retour aux affaires de sa génération, au moment où le vieux monde, qu'elle a secoué si fort en 1968, bascule vingt ans plus tard vers l'inconnu avec la fin du communisme. Son visage est calme, dispos, rajeuni, son propos empreint et amusé comme ses meilleures chansons, comme son délicieux jeu de guitare. Nick Kent, rencardé par Dave Stewart, affirme que la découverte de l'ecstasy ne serait pas étrangère à ce nouveau bien-être. Qu'importe ! Après tout, le pèlerinage de ce Beatle-là à Haight-Ashbury, en plein « été de l'amour » 67, marquait bien pour le mouvement hippie san-franciscain son adoubement officiel par l'aristocratie rock anglaise, déjà représentée par Brian Jones au festival de Monterey, quelques semaines plus tôt.

Je devais retrouver « George », éternellement enjoué, dans les salons de l'hôtel George V, en août 1997, pour *Libération*, à l'occasion de la sortie de l'album de Ravi Shankar, *Chants Of India*, qu'il avait fidèlement produit. Retrouvailles chaleureuses avec ce fan de *Rapido*, qui arborait le même gilet noir et la même chemise blanche qu'Antoine de Caunes, lors d'un tournage à Londres en décembre 1990, à la veille du dixième anniversaire de l'assassinat de John Lennon. Chaque fois, il fit une preuve de cette faculté à la décontraction, à la dérision et au véritable recul qui en fait le seul être humain qui m'ait jamais donné l'impression d'avoir réellement permis à son âme de supplanter son ego.

YVES BIGOT : *Là où toute votre carrière solo a consisté à vous constituer une identité propre, totalement séparée de votre aventure avec les Beatles, on a l'impression que Paul McCartney, lui, suit l'itinéraire inverse...*

GEORGE HARRISON : Il a décidé d'être les Beatles à lui tout seul. Ça ne m'intéresse pas. Ma devise, c'est : « Ici et maintenant. » Cela dit, c'est bien que notre musique soit transmise à la génération suivante. Mais le plus étrange, c'est que nous étions seulement quatre types qui jouions dans un groupe de rock et qui sommes entrés dans l'Histoire par inadvertance. Il est plus facile de profiter de ce succès maintenant que toutes ces tensions sont apaisées : à l'époque, la pression était énorme, constante, et je me souviens surtout que nous n'avions pas un instant de répit. Il nous a fallu quelques années pour redescendre sur terre, nous stabiliser et retrouver des sensations humaines normales. J'en étais arrivé à un point où ce qu'il y avait de meilleur dans toute mon existence, c'était de pouvoir finalement ouvrir un journal et ne pas me voir dedans.

— *Vous-même avez cependant en deux occasions cédé à la nostalgie : la première était « All Those Years Ago », la chanson que vous avez composée à la mort de John Lennon et ensuite enregistrée avec Linda, Paul et Ringo.*

— Les gens meurent, les gens sont tués... Penser à John me touche de la même façon que le public qui le chérissait. La différence, c'est que je l'ai connu intimement et que j'ai vécu près de lui pendant de nombreuses années, les plus formatrices, et que nous avons ainsi partagé des choses incroyables, que peu d'êtres humains connaissent. Bien sûr, c'est triste qu'il soit mort ainsi. Mais ça n'est pas si grave. Nous perdons tous des proches au cours de cette existence. Moi, je ne parviens pas à penser à la mort comme la plupart le font généralement. Ça n'est que l'enveloppe terrestre qui disparaît. L'âme, elle, poursuit son chemin en empruntant des corps différents, tous périssables. Le corps astral perdure, et se réincarne indéfiniment, ce qui nous permet à tous de nous retrouver. Il n'est pas un moment où nous n'avons pas été, et il n'en sera point où nous cesserons d'exister. J'en ai des preuves. Vraiment. Ça n'est pas juste une petite théorie baba pour écarter la peur et les vrais problèmes : les Védas et la Bhagavad Gita ne badinent pas avec la vie.

— *Vous possédez un livre rare, mais très influent, intitulé* Jesus In India. *Croyez-vous vraiment à cette fable ?*

— Absolument. Il existe ce temple, près de Calcutta, le Juggernaut, où le nom du Christ est gravé depuis des siècles et des siècles. Le système yogi himalayen fonctionne avec de nombreux avatars. Bien sûr, les chrétiens pensent que le Christ est le seul à avoir jamais été en liaison directe avec Dieu. Et que tous les autres, Bouddha, Krishna, sont des imposteurs. Mais c'ést faux. Tout est dans tout. Et le Christ procédait de cette même unité que toutes les entités de la Création qui participent de ce tout, qu'ils habitent des corps physiques ou astraux. C'est comme un réseau d'ordinateurs, tous en prise avec une unique conscience universelle.

— *Vous-même, si l'on en croit l'affirmation de John Lennon, avez été plus célèbre que le Christ...*

— Mais ni John Lennon, ni Bob Dylan, ni moi ne nous prenons pour des dieux ou pour des surhommes. Les mythes et les légendes n'existent que dans l'esprit de ceux qui nous considèrent ainsi. Nous, nous sommes observés, analysés, interrogés à cause de notre métier, un peu bizarre et très attirant, mais c'est tout. En dehors de ça, nous sommes vraiment ordinaires. C'est ce qu'ont démontré les Traveling Wilburys, sans particulièrement chercher à le faire d'ailleurs. Ce groupe est né spontanément, et continuera à vivre – ou pas – de la même façon on ne peut plus naturelle. Warner avait besoin d'une nouvelle chanson, inédite, pour la face B d'un des 45 tours extraits de *Cloud Nine*. Comme j'étais à Los Angeles, j'ai appelé Jeff Lynne, qui avait réalisé mon album. Il a amené Roy Orbison, avec lequel il travaillait chez Tom Petty, précisément là où je devais passer récupérer ma guitare. Comme il nous fallait enregistrer très vite, j'ai demandé à Bob Dylan si nous pouvions utiliser son studio. Et puis ce morceau, « Handle With Care », s'est avéré trop bon pour une simple face B, alors nous avons décidé de continuer tous les cinq à écrire le reste de l'album, sur l'herbe, au bord de la piscine, chez Bob, avant de l'enregistrer en quelques jours, dans le salon, avec la batterie de Jim Keltner installée dans la douche pour profiter de l'écho...

— *La seconde madeleine, ce fut « When We Was Fab », cette autoparodie de la période* Magical Mystery Tour.

— Le but était en effet de créer une profonde nostalgie pour les derniers beaux jours des Beatles, en 1968. L'ambiance s'est franchement dégradée à la fin de cette année-là. La raison pour laquelle nous nous sommes séparés, c'est tout simplement que nous étions trop célèbres. Nous étions obligés de tout partager depuis tant d'années : voiture, hôtel, studio, avion, etc. Nous nous entendions à merveille et c'est cette complicité et notre solidarité qui nous ont permis de survivre aussi longtemps à la folie qui nous entourait en permanence. Mais quand la période psychédélique est survenue, tout s'est mis à basculer, à changer trop vite pour nous et la famille s'est disloquée, notamment sous la pression des journaux qui nous étalaient à la une quotidiennement. À ce moment-là, nous avons ressenti le besoin de respirer et de mettre de la distance entre nous. Ringo est parti une fois, puis moi par deux fois, puis John, et enfin Paul, définitivement. N'importe quel individu aurait fini par craquer comme nous l'avons fait. Mais si notre histoire fascine tellement, c'est qu'elle est magique et prouve que tout est possible. C'est une promesse de bonheur dont les gens ont envie de corriger la fin parce qu'elle fut triste. C'est pourquoi tout le monde fantasme sur notre reformation. Mais les Beatles ne se reformeront pas aussi longtemps que l'un d'entre nous restera mort.

Bill Wyman : Le Pince-Sans-Rire

Au tout début des années 1970, les Rolling Stones sonnèrent les premiers l'exode des rock stars anglaises, fuyant la fiscalité du Royaume-Uni qui taxe alors leurs revenus à quatre-vingt-dix-sept pour cent. Soleil et vols directs Nice-Londres aidant, le 6 avril 1971, ils choisirent la Côte d'Azur : Mick Jagger à Saint-Tropez puis à Biot, Mick Taylor à Cannes, Charlie Watts à La Garde-Freinet, puis dans une ferme des Cévennes, Keith Richards à Villefranche-sur-Mer, Bill Wyman et sa compagne suédoise Astrid à la Bastide Saint-Antoine de Saint-Paul-de-Vence. Seul ce dernier demeure encore à ce jour. C'est là que je le croisais de temps à autre, au fil des ans, sur les remparts fleuris ou à la terrasse d'un des bistrots de la place ombragée en terre battue où se pressent les boulistes de ce village prisé de l'arrière-pays niçois. Je retombai sur lui par hasard, à Londres, en 1985, lors de l'inauguration du Hard Rock Café. Marc Chagall, son voisin à Vence, avec lequel il avait récemment publié un livre des dessins du maître et de ses propres photographies, *Chagall Méditerranée*, venait de mourir, et je profitai de l'occasion pour lui demander d'évoquer son défunt ami pour *Découvertes*, le magazine culturel de Jean-Pierre Elkabbach sur Europe 1. Nous fûmes ensuite rejoints par CharlÉlie Couture, qui faisait partie comme moi du contingent invité par les prospecteurs du futur Hard Rock de Paris, et que les Anglais qui le connaissent de l'époque où il fut artiste d'Island Londres appellent joliment « Sha-La-Lee Culture ». La conversation, axée sur leurs projets de cinéma respectifs, s'interrompit prématurément à la suite du vol plané de deux Bananarama éméchées retombant sur nos bouteilles de San Miguel...

Le mal-aimé des Rolling Stones, bassiste impassible mais frustré de longue date, en éternelle rupture de ban, d'abord avec Keith puis avec Mick, allait plus tard utiliser *Rapido*, l'émission d'Antoine de Caunes, pour exposer ses velléités de sécession sur les antennes de la BBC. La première fois en juin 1990, lorsque les Rolling Stones se produisirent au Parc des Princes. « Nous avons une chance inespérée, affirmait-il alors, celle de pouvoir tirer le rideau sur l'immense succès de cette tournée mondiale et de l'album *Steel Wheels*. Il serait déraisonnable de poursuivre au-delà et de prendre le risque de partir la queue basse comme les Beatles. » Insuffisament reprise par des médias incrédules, cette déclaration rebondissait un an plus tard avec la publication de son autobiographie, *Stone Alone*. Il n'y épargne pas ses partenaires, à l'exception de son compère Charlie, et se fait le champion de Brian Jones, le dandy au casque d'or noyé dans la piscine de la maison qu'il se faisait construire, le 3 juillet 1969, trois semaines après avoir été finalement viré du groupe qu'il avait fondé. Clou de ce rapport scrupuleux, détaillé à l'excès, de la première décennie des Rolling Stones, le compte des conquêtes de chacun, arrêté au 31 décembre 1965 : Bill 238, Brian 160, Mick 30, Keith 5 et Charlie, heureusement marié et vraisemblablement amicalement épargné, aucune ! C'est sur les entrefaites de la petite polémique déclenchée que Bill me demanda de le rejoindre de Monaco, où je passais le week-end chez mon Jiminy Cricket, Isabelle Siri, un samedi après-midi de septembre, à deux pas de chez lui, à la Colombe d'or, hôtel prestigieux où élisaient souvent repaire Yves Montand, Michel Berger, Yves Simon et BHL, entre autres. Il y officialisa cette fois pour de bon, par mon entremise, via *Libération* et la BBC, donc, son départ des Stones. Pourtant infirmé par le débonnaire Charlie Watts à Londres quelques semaines plus tôt à Juan Gelas, le correspondant de *Rapido* : « Bill veut partir, c'est vrai, mais on ne peut pas ; je sais de quoi je parle, à la fin de chaque tournée, c'est toujours moi qui veux m'en aller le premier. Keith ne le laissera pas faire. » Keith, son vieil ennemi, non. Mais Mick oui. « Bill en a marre des Stones ? », me demandera-t-il hors de lui, un peu plus tard. « Pas moi.

On n'a pas besoin de lui. Qu'il aille se faire foutre ! Son bouquin est chiant à mourir. Les gens n'ont-ils donc rien d'autre à lire ? »

Mais à cinquante-quatre ans, le doyen des Rolling Stones, obsédé sexuel et fier de l'être, qui vient de causer un nouveau scandale en épousant deux ans plus tôt une gamine de seize ans, Mandy Smith, vingt-cinq ans après avoir fait la une en pissant sur une pompe à essence, est aussi imperturbable que déterminé. En décalage permanent depuis son arrivée dans le groupe en 1963 en remplacement de Dick Taylor, parti fonder les Pretty Things, William Perks – qui se fera baptiser Wyman en souvenir d'un ami de régiment – a en effet toujours été un « Stone à part », uniquement recruté à l'époque parce qu'il possède un gros ampli dont les autres affamés et impécunieux ont impérativement besoin. Il sera malgré tout indispensable à leur image rebelle, avec sa placidité hautaine, son arrogante immobilité, la fixité de son regard, qui le firent surnommer « le fantôme ». Au début, d'ailleurs, lui, l'aîné, chante, comme Brian, derrière Mick. Mais le complot ourdi par Mick, Keith et le manager Andrew Loog Oldham contre le leadership de Jones, le seul Stone qui aurait pu être soit un Beatle, soit un vrai bluesman (il se produisait à l'origine en solo sous le pseudonyme de James Elmo, en hommage à Elmore James), l'écarte par la même occasion. Dès lors que le duo Jagger-Richard prend les rênes en composant la quasi-totalité du répertoire des Stones, il se tient en retrait, se contentant de former avec Charlie une section rythmique irréprochable. Il sera l'interprète d'un tube involontaire de l'époque perturbée de *Their Satanic Majesties Request*, « In Another Land », qu'il écrit et chante un jour où il se retrouve seul en studio avec Charlie, le pianiste Nicky Hopkins et le guitariste des Small Faces, Steve Marriott. Cela aura beau l'encourager à soumettre ses compositions au groupe, plus rien ne sortira, pas même « Downtown Suzie » qu'il parviendra quand même à leur faire enregistrer. Sa principale revendication, et le casus belli qui l'oppose toujours à Keith remonte à cette époque : il affirme être l'auteur du riff foudroyant de « Jumpin' Jack Flash », ce que nient toujours Jagger et Richards, comme sa découverte, décisive, du groove disco de « Miss You ».

Désabusé, parfois même écarté des enregistrements où les guitaristes le remplacent sans vergogne, il sera le premier Stone à tenter une carrière solitaire, récompensée en 1981 par un tube minimaliste, plein de dérision, en frenglish, « Si si, je suis une rock star », qui aura pour effet de lui aliéner définitivement la considération de Jagger : non seulement « Si si » se classe plus haut que le « Start Me Up » concomitant du groupe dans les hit-parades britanniques, mais surtout, avec ses synthés et sa boîte à rythmes, le tube électro-pop de Bill sonne aux oreilles de Mick, plus « moderne » que celui, pourtant archétypal, des Stones.

Blouson orange, polo blanc, jean délavé et chaussures de tennis, au soleil de Saint-Paul qui le fait transpirer, ce qui le rend hilare (« Regardez ! Ça ne m'arrive jamais sur scène »), Wyman ne fait vraiment pas retraité. Au contraire, il fourmille de projets et justifie sa défection par son désir de trouver le temps nécessaire à les accomplir. Il me livrera également, sans doute inconsciemment, pendant que l'équipe réglait les gamelles de lumière, l'autre raison, moins avouable, de son forfait : le vol de la veille, affirme-t-il, a été effroyable, son avion pris dans un mini-cyclone. Son attachée de presse, qui l'accompagnait, nous décrivait quelques minutes plus tôt le plaisir de survoler la Côte d'Azur par un si beau temps. Renseignement pris par la suite, il y avait bien eu un orage et quelques turbulences, mais rien que d'habituel. Tout simplement, avec l'âge, Bill souffrait du mal de l'air, et redoutait d'avoir à affronter une nouvelle tournée mondiale de deux ans. Mais ces déductions ne viendraient que plus tard, et seraient confirmées par Keith Richards en 1994, à la sortie du premier album des Rolling Stones sans Bill, *Voodoo Lounge*.

Pour l'heure, ce résident de la Côte d'Azur fait honneur à un genre littéraire de la région, méconnu au point de ne plus figurer dans la plupart des dictionnaires, la *tapinose*, mais qui correspond pour les Anglais à leur façon de penser, de rire et, parfois, de vivre : le fameux « understatement », art de la litote, cet amoindrissement structurel qu'on appelle plus simplement l'humour britannique. Impitoyable d'ironie à froid, d'excellente humeur, il fait par ailleurs honneur à sa réputation d'extrême pingrerie en ne payant pas son coup, alors que nous tournons en plein cagnard, à deux pas du bar, dans le minuscule jardin en terrasses que surplombe le restaurant. Mais s'il n'oublie pas de faire la promotion de ses différents ouvrages (dernier en date, *Street Fighting Years*, avec les photos de Stephen Barnard) et de son restaurant Sticky Fingers (1A Philimore Gardens, Londres W8, Tél. : 71-938-53-38), sur le modèle du Hard Rock Café, c'est clair : les Glimmer Twins (Mick et Keith) lui en ont fait baver pendant presque trente ans, et il tient avant tout à faire savoir combien désormais il n'en a plus rien à faire. Objet de trop de brimades, souvent menacé d'être viré, il s'offre maintenant le plaisir de partir de son propre chef et de sillonner quand l'envie lui vient les clubs et les festivals à la tête de ses rétros Rhythm Kings. Ça n'est même plus de la vengeance, c'est seulement la satisfaction de sentir enfin le poids de son indispensable contribution à l'identité du plus endurant des « plus grands groupes de rock'n'roll du monde ».

YVES BIGOT : *Le moment doit être jouissif pour vous. À l'ère de la mythification du rock classique, du Rock'n'roll Hall of Fame, des coffrets anthologie et des livres souvenirs, les dinosaures comme les Rolling Stones ont plus que jamais besoin de préserver leur formation originelle pour perpétuer l'illusion...*

BILL WYMAN : Ça n'est pas la question. En 1963, on n'imaginait pas cette aventure perdurant plus de deux ou trois ans. Ça n'a jamais changé. Sauf qu'alors, et jusqu'à un certain stade, ce n'était pas grave de repousser tous nos autres projets. On aurait le loisir de les réaliser plus tard. Aujourd'hui, il ne me reste plus tellement de temps pour faire ce qui m'importe encore avant de mourir. Comme Charlie Watts, qui déteste le rock et la vie des tournées, et qui s'éclate enfin avec son groupe de jazz. Mais désormais, nous sommes tous remplaçables. Sauf Mick, sans doute. Si Charlie s'en va, il leur suffit de prendre un autre batteur, comme ils peuvent prendre un autre bassiste à ma place. Bien sûr, ce ne sera plus tout à fait le même groupe, ni le même son. Mais est-ce que le grand public s'en soucie ? Absolument pas. Jusque-là, nous avions toujours fait très attention à ne pas briser l'âme des Rolling Stones, mais ça semble avoir changé...

— *C'était pour ça que vous n'aviez pas chanté « Si si, je suis une rock star » sur la tournée* Still Life *lors de la Coupe du Monde 1982 ?*

— J'avais refusé, en effet. Ça n'était pas la musique des Stones. Nous ne jouons pas mes titres solo, ni ceux de Ron Wood, ni ceux de Mick. Ça n'aurait aucun sens.

— *Il reste que votre capital pression est important. Après* Stone Alone *qui s'arrête à la mort de Brian, vous préparez le tome deux...*

— Mais il ne sortira pas avant très longtemps. Évidemment, comme le précédent, je pourrais m'en servir pour régler mes comptes. Mais je n'ai envisagé cette entreprise que parce que tous les livres existants sur les Rolling Stones étaient incomplets ou inexacts. Nous discutons rarement les projets personnels au sein du groupe, mais au départ les autres pensaient qu'en effet, avec ma manie archiviste, j'étais le plus qualifié pour le faire. Sans doute ont-ils été déçus. Mais j'ai seulement dit, ou rétabli, la vérité. À quoi bon autrement ?

Alors c'est vrai, je veux partir, et ils me demandent de rester. Donc vous avez sans doute raison. Mais le plus important à mes yeux, c'est que personne n'a contesté ce que j'avais écrit : Allen Klein, notre ancien manager, l'homme le plus vindicatif de l'univers, ne m'a pas fait de procès, pas plus que son prédécesseur, Andrew Loog Oldham, que j'ai toujours détesté, et qui m'a fait savoir qu'il trouvait mon analyse de la situation équitable. Et Shirley Watts, la femme de Charlie, m'a assuré que je n'avais rien trahi, ni personne.

— *Vous y réhabilitez Brian Jones. On ne vous savait pas si proches...*

— Nous ne l'étions pas au départ. Il était le leader et Keith ne le quittait jamais d'un pas. Mais ensuite, quand Mick et Keith l'ont laissé tomber pour s'emparer des destinées du groupe, nous faisions les quatre cents coups ensemble, toujours à traîner dans les clubs, à draguer mannequins et groupies. On a écrit tant de stupidités à son sujet. Surtout concernant sa mort. Il y a quelques années, j'ai rencontré l'une de ses filles illégitimes, dont tout le monde ignorait l'existence. Elle m'a dit être épileptique, alors que sa mère ne l'est pas. Lorsqu'elle m'en a décrit les symptômes, j'ai soudain réalisé que c'étaient exactement les mêmes qui affligeaient Brian. J'ai interrogé Suki Poitier, sa dernière fiancée, qui m'a confirmé qu'à la fin il avait effectivement l'habitude de devenir soudain enragé sans raison, de s'évanouir sans prévenir et de se relever ensuite comme si de rien n'était et sans se souvenir de rien. Pour moi, malgré le cognac et les barbituriques qu'il consommait en permanence, c'est pareille crise qui a dû le saisir dans sa piscine. Comme personne n'était là pour le secourir, il est mort noyé. Mais comme il exagérait toujours tout, et cumulait les frasques et les accidents, personne n'en a été surpris, hélas ! Il n'était ni ange, ni démon. Juste la première et la plus célèbre victime de l'impitoyable politique interne des Rolling Stones.

Mick Jagger : La Diva

Longtemps avant de voyager à ses côtés, en première (j'ai été surclassé), sur un vol d'Air France Paris-Montréal, où il allait rejoindre les répétitions des Stones pour leur tournée mondiale de l'été 2002, j'avais observé Mick en catimini lorsque les Rolling Stones enregistraient *Exile On Main Street* dans le palais tout blanc loué 10 000 £ par mois par Keith Richards au-dessus de Villefranche-sur-Mer à l'été 1971. De loin. Aristocrate distant, pressé, allant et venant, souvent cheveux au vent sur sa Honda 350 émeraude sur la corniche. J'avais déjà, de la même façon, assisté à son mariage avec la Nicaraguayenne Bianca Perez Moreno de Macias, ex-femme d'Eddie Barclay, célébré en trois temps à Saint-Tropez, le 12 mai de cette année-là : à la mairie, bondée en fin d'après-midi, par le maire et futur cépoun, Marius Astézan, excédé ; à la chapelle Sainte-Anne, point culminant de la commune, par l'abbé Lucien Baud qui m'y avait donné quelques années plus tôt la communion (solennelle), et qui a bien cru s'étouffer en découvrant la tenue de la mariée, enceinte de plusieurs mois, seins libres et largement offerts, à peine contenus par son tailleur blanc de chez Saint Laurent, seulement clippé au nombril ; enfin au Café des Arts, place des Lices, où l'ancienne Héraclès connut une des plus mémorables nuits de débauche de sa riche existence, en présence de la jet-set rock de l'époque (soixante-quinze invités officiels dont deux Beatles et leurs femmes, deux Stones et un troisième qui le serait bientôt, un Who, Clapton, Steve Stills, deux Santana, les témoins Nathalie Delon et Roger Vadim, le chanteur Terry Reid, les choristes black Doris Troy et P.P. Arnold avec lesquelles Jagger se lancera dans un medley de vieux tubes soul au milieu de la nuit, un cousin de la reine, etc.).

Je l'avais aussi croisé à plusieurs reprises, au pied de la Citadelle, sortant de l'hôtel Byblos tout juste construit, puis un peu plus tard dans les rues escarpées et pavées de Biot, où il s'installa, à la Bastide du Roi, une fois marié. Moins grand que prévu, toujours speed, marchant vite, sautillant, recherchant le cool ultime dans l'agitation. Dix ans plus tard, il y aura cette descente au studio Pathé Marconi de Boulogne-Billancourt, en compagnie de Claude Nobs, à deux heures du matin après un concert de Blondie, pour voir le groupe enregistrer, suivie d'une spaghetti-party chez Régine, puis encore cette photo, prise à l'hôtel Warwick, lors d'un cocktail organisé par la maison de disques pour la sortie de l'album en question, *Tatoo You*. Et chaque fois, cette même adrénaline, cette même tension morbide faite de peur et d'excitation, cette essence même de rock'n'roll, danger et hystérie, mort et sexe, qui l'accompagnent partout où il se déplace depuis plus de trente ans, et qu'on ne retrouve ainsi qu'auprès des plus intenses – et destructifs – d'entre ses héros. L'année suivante, à l'hippodrome d'Auteuil, c'était la conférence de presse nerveuse et musclée pour annoncer la tournée européenne des Stones, au cours de laquelle Mick se livrait avec les journalistes à l'une de ses joutes oratoires comme il les aime tant : ping-pong de vannes, provocations, tances, mimiques, aigreur et séduction. À l'en croire, en plein Mundial espagnol, le succès des concerts – à Auteuil avec Téléphone et J. Geils Band, comme en pleine canicule, au stade Vicente Calderon de Madrid, où l'orage éclatera en même temps que le riff de « Start Me Up » – fut assombri par l'élimination de l'équipe d'Angleterre, écartée des demi-finales sans avoir perdu une rencontre.

Je le reverrai quelque temps plus tard, lorsque Jane Rose, manager personnel des Stones, demandera à une de mes amies, Marielle Robinson, de lui trouver un appartement à Paris. Barbu, il résidait alors avenue de New York et circulait incognito au volant d'une R16 blanche, faisant quotidiennement son jogging au bois de Boulogne et entretenant sa forme de commentateur de la saison de cricket pour la BBC au Squash de Paris. C'est dans le froid de ce début 1985 qu'il accepta de parrainer le troisième anniversaire de l'émission que je présentais toutes les nuits sur Europe 1, *Rock à l'œil.* Son premier album solo, *She's The Boss,* est sur le point de sortir, et il croit alors dur comme fer à l'obsolescence des Stones, ce que le producteur Rupert Hine, qu'il hébergeait à ce moment-là, me confirmera dans les termes les plus définitifs. Les rapports de Mick avec Keith Richards se sont détériorés à l'extrême : il considère désormais son « jumeau d'une mère différente » comme un homme usé, dépassé, largué par l'âge, l'habitude et la drogue. Ce dernier enregistre *Dirty Work* depuis des mois à New York, seulement entouré de Ron Wood et du batteur Steve Jordan, utilisant différentes doublures comme Bobby Womack et Tom Waits pour le chant. Jagger sommera finalement les Stones de le rejoindre à Paris pour finir l'album, mais se trouve aussitôt dégoûté par l'atmosphère délabrée dans laquelle se prélassent ses partenaires : il n'a jamais aimé Bill Wyman, ne supporte plus les excès opiacés de Wood, méprise le laisser-aller de Keith, qui se rebiffe en le surnommant « Brenda », et se fâche même avec le brave Charlie, qui l'expédie au tapis d'un uppercut après s'être fait insulter une fois de trop. C'est qu'à cette époque, s'il est vrai que l'alchimie interne des Stones n'a jamais été aussi nocive, Jagger est persuadé que le temps – qui n'attend personne, n'est-ce pas ? – est de son côté, et pas de celui du groupe : impressionné par le succès massif des stars solo de l'ère vidéo en pleine expansion MTV, il estime que son salut passe par l'abandon d'un véhicule démodé – les Stones –, d'un style poussiéreux – le r'n'b – et que son avenir réside au côté des triomphateurs du moment, les David Bowie, Michael Jackson, Tina Turner, Madonna et Prince qui ont tous su moderniser la musique noire pour la génération qui n'a pas eu à lutter pour les droits civiques tout en jouant, comme lui, sur une forte ambiguïté sexuelle.

Pourtant, dans les couloirs de CBS à Neuilly, qu'il traverse à la hussarde comme un prince ses dépendances, Mick, en costume vert pomme ample, foulard rouge et tennis blanches, mâchonnant des cacahuètes salées, est incroyablement décontracté, extrêmement vif, à l'aise et prompt à la camaraderie, s'exprimant dans un français charmant, truffé d'anglicismes mais à la syntaxe parfaitement branchée. Éternel jeune homme, enthousiaste, prompt à l'autodérision pour affirmer la modernité qui consiste à se moquer de soi-même avant de le faire des autres, il conquiert sitôt qu'il habite son personnage, éternellement en représentation. Tellement sympathique et convaincant qu'on en vient à trouver à son album des qualités qu'il n'a pas nécessairement. Mais une touche de Jeff Beck par-ci, une ballade par-là, la caution mode des producteurs Bill Laswell et Nile Rogers sont autant d'alibis qui entretiennent l'illusion. En fait, ce Jagger solo, entrevu tellement dévastateur entouré par Ry Cooder, Jack Nitzsche et le groupe Traffic dans « Memo From Turner », la chanson nerveuse du film *Performance*, dont il était la vedette quinze ans plus tôt, ne tiendra ses promesses que pendant vingt minutes, cet été-là, à *Live Aid*, insolent et obscène Titi tout de jaune vêtu, face à une Tina Turner éclatante. Showman oui, visionnaire non, plus maintenant, pas tout seul, sera donc le verdict public.

Qui se renouvellera encore plus cruellement trois ans plus tard pour *Primitive Cool*, qui se voulait l'album de la maturité de ce père de famille, sur le point d'être grand-père, reconverti businessman yuppie. À l'hôtel Raphaël, il est cette fois mal réveillé (à trois heures de l'après-midi), en retard, et reste froid et boudeur dans sa chambre, jetant sans arrêt des coups d'œil sur sa montre, tête de lard et capricieux, comme il se doit, donnant une interview pressée, stressée, volontairement superficielle. La tournée solo qu'il entreprendra en avril 1988 au Japon ne fera rien pour sauver cette nouvelle carrière qui n'aura jamais fonctionné et rendra plus pathétique et évident encore son besoin de retrouver les Stones. C'est ce qu'il fera à contrecœur, porté par la vague rock classique encouragée par l'essor du compact, des compilations, anthologies et autobiographies qui marquent l'entrée du rock dans l'histoire – et le déclin. *Steel Wheels*, l'album, sera OK, la tournée nettement moins, alourdie par la présence de chœurs, de cuivres et de claviers sans grande saveur. Mais le principal problème, c'est Mick lui-même, qui dirige parfaitement le show, mais dont la voix, jadis véritable venin, arrogant et vengeur, commence à s'altérer et souffre parfois d'un manque de justesse et de souffle inquiétant. Catastrophique lors de l'ouverture européenne au stade de Feyenoord, à Rotterdam, il s'est heureusement amélioré au moment de passer dans un Parc des

Princes en délire. L'album live, *Flashpoint*, sera malgré tout une disgrâce, même s'il contient une pépite inespérée, « High Wire », le single studio antimarchands d'armes, paru – et inévitablement censuré – en pleine guerre du Golfe, preuve qu'avec un peu de concentration et une raison d'être Mick et les Stones sont encore capables de pugnacité. Ça n'empêchera pas la star d'être odieuse, à la Géode, en novembre 1991, pour la sortie du film de la tournée, *The Rolling Stones At The Max*, lorsque, indisposé par les questions répétées d'une journaliste de France Inter sur sa famille lors de la conférence de presse, puis par l'insistance des miennes concernant l'avenir de Bill Wyman dans le groupe, il abrégera de mauvaise grâce un tournage de *Rapido* qu'il avait pourtant lui-même sollicité, alors que la directrice des programmes de la BBC, la célèbre Janet Street-Porter (elle aura sa marionnette dans *Spitting Image*, les Guignols anglais) m'avait fait savoir qu'elle ne voulait pas de ce « has-been ». Dont la carrière solo ne démarrera jamais, pas plus qu'il ne parviendra à s'imposer, malgré des efforts démesurés, au cinéma, alors qu'avec les Stones il retrouvera – sur scène en tout cas – toute sa superbe, en particulier lors de la tournée de 1995, à l'occasion d'une série de concerts magistraux, à l'Hippodrome d'Auteuil, auxquels j'assisterais en accompagnateur privilégié de la première partie, Bon Jovi. En 2003, lors de cette série de shows dans toutes les salles de Paris, que France 2 parrainera, il se débrouillera pour tirer son épingle du jeu, de Bercy à l'Olympia en passant par le Stade de France, où les Stones avaient déjà précédé Johnny en 1997.

Mais pourquoi Sir Mick Jagger, anobli en 2002 par la Reine au plus grand mépris de son compère Keith, sublime ange démoniaque qui incarna plus encore que Lennon, Dylan ou Jim Morrison, l'archétype de la rock star triomphante, arrogante, invulnérable, pétulante de morgue flamboyante et de jeunesse en apparence inaltérable, parolier mordant et cinglant de chef-d'œuvre comme l'hymne anticonsumériste No Logo « Satisfaction », les romantiques et vénéneux « Paint It Black » et « Stray Cat Blues », les insolents « Play With Fire » et « Mother's Little Helper », les salaces « Let's Spend The Night Together » et « Honky Tonk Women », l'incendiaire « Sympathy For The Devil », l'apocalyptique « Gimmie Shelter », les tendres « Ruby Tuesday » et « Wild

Horses », le décadent « You Can't Always Get What You Want », capable de danser aussi bien que James Brown, de chanter avec la même crédibilité du blues de Chicago, de la soul, du r'n'b, du rock'n'roll à la Chuck Berry que de la country, du gospel ou des ballades élisabéthaines, cherche-t-il encore aussi désespérément à vouloir rester jeune à tout prix, là où l'Histoire, à laquelle il appartient de droit et qui lui doit tant, ne lui demandait que de rester lui-même, tout simplement le phénoménal, glorieux et inaccessible chanteur des fantastiques Rolling Stones ?

YVES BIGOT : *Avez-vous le sentiment d'avoir vieilli ?*

MICK JAGGER : Quand j'ai commencé avec les Rolling Stones, je ne savais rien : ni des femmes, ni de la vie, ni de la musique. J'avais à peine dix-neuf ans, et j'étais très naïf à cet âge-là. Depuis 1963, le monde a bien changé, et moi avec. Mais s'il est vrai qu'aujourd'hui, surtout dans mes propres disques, je fais plus souvent preuve de maturité et de pondération, il faut se souvenir qu'à vingt ans j'avais déjà écrit « As Tears Go By », une chanson nostalgique où je regarde par la fenêtre des enfants jouer en regrettant l'innocence qui était la mienne lorsque j'en faisais autant. Et il serait idiot de vouloir continuer à faire comme si j'avais dix-huit ans. Mais je le serais tout autant de vouloir jouer au vieux sage. La marge est réduite entre les chansons adolescentes et les réflexions plus matures. Mais les gens sont très étranges. Par exemple, quand les Rolling Stones sortent un nouveau disque, ils râlent en disant : « C'est toujours pareil. » Pourtant, quand j'innove en faisant des albums solo différents, les mêmes se plaignent encore : « On n'aime pas ça, on voudrait qu'il fasse ce qu'il fait d'habitude avec les Rolling Stones. » Le public est décidément très conservateur. Il lui faut un temps d'adaptation. Souvenez-vous, à la sortie d'*Exile On Main Street*, on s'était fait descendre sur toute la planète : « C'est trop long, c'est dégueulasse, le son est pourri. » Maintenant, on nous reproche de ne plus être capables d'égaler ce que tous considèrent désormais comme notre immense chef-d'œuvre.

— *Vous vous revendiquez donc comme le grand innovateur des Stones, là où Keith Richards, lui, en serait le conservateur.*

— Oui, mais sa force, c'est qu'il connaît un très grand nombre de styles de musique différents, qu'il maîtrise parfaitement. Immanquablement, nous sommes tous un peu coincés dans notre époque. Je ne partage absolument pas son amour du reggae, par exemple, mais notre mélange de country, de blues, de rhythm'n'blues fait des Rolling Stones le premier groupe de hard-rock du monde depuis vingt-cinq ans.

— *Vos différents duos, « State Of Shock » avec les Jacksons ou « Dancing In The Street » avec David Bowie, sont l'empreinte de cette volonté de modernisme, par opposition à l'archaïsme supposé des Stones.*

— C'est surtout l'opportunité de changer d'air et de style. On ne peut rester éternellement confiné dans sa famille. Là aussi, les gens aiment qu'on soit enfermé quelque part et qu'on n'en sorte jamais. Il faut prendre des risques, quitte à être déçu ou à se tromper. Sinon, c'est la sclérose.

— Live Aid, *dont vous avez chanté la bande-annonce avec Bowie, c'est l'antithèse humanitaire du nihilisme définitif de « Sympathy For The Devil », d'une certaine façon.*

— Picasso disait que tous les artistes devraient être des hommes politiques et réciproquement. Mais cela demande une grande connaissance des dossiers et des sujets qu'on aborde. Car le plus souvent, lorsque des artistes se mêlent de questions politiques, ils racontent n'importe quoi parce qu'ils ne savent pas de quoi il retourne en réalité. C'est préjudiciable. Bob Geldof, lui, possède le sujet de l'agroéconomie africaine aussi bien que la majorité des hommes politiques anglais. Il avait donc une légitimité pour réclamer voix au chapitre et je n'ai pas hésité une seconde pour lui apporter mon soutien. Mais, en général, il est dangereux pour nous de vouloir utiliser la surface médiatique qui est la nôtre pour exprimer nos humeurs sur la situation mondiale lorsqu'on en ignore les tenants et les aboutissants.

— *À la toute fin des années 1960, pourtant, juste avant Altamont, avec des morceaux comme « Street Fighting Man » et « Gimmie Shelter », les Rolling Stones étaient quasiment un groupe insurrectionnel...*

— Les Rolling Stones se rebellaient contre l'ennui et le conformisme mortels de l'Angleterre d'après guerre. Nous voulions quelque chose de nouveau, de brillant, d'artistique, quelque chose qui nous lie à la bohème de Paris, de New York, de Londres, à cet univers mystérieux et attirant. C'est pour ça que le blues m'attirait plus que le rock, il était plus élitiste, plus branché, moins bagarreur, moins prolo. Les Stones ont fait peur parce qu'ils étaient avant-gardistes, pas parce qu'ils étaient politisés. Mais, du coup, ils ont beaucoup plus contribué à l'évolution des mœurs et des mentalités que la majorité des marxistes et des leaders politiques. Rien de ce que nous faisions n'était laissé au hasard, surtout pas nos vêtements : c'était l'expression d'une attitude, d'un désir de changement, de créer une culture populaire, immédiate. Mais nous n'en avions pas conscience : l'intellectualisation est arrivée tout juste après nous, avec son cortège d'explications de textes et de questions alambiquées qui ne font pas avancer grand-chose, mais qui tuent souvent la spontanéité.

Keith Richards : Le Dandy

J'avais seize ans quand les Rolling Stones, au sommet de leur gloire et de leur art, enregistraient leur légendaire *Exile On Main Street* à Nellcôte, grande et luxueuse propriété à la romaine aux jardins luxuriants surplombant la baie de Villefranche-sur-Mer, son joli petit port encaissé et ses cuirassés de la marine nationale. Restaurée par un architecte italien, elle avait été construite par un amiral anglais à la retraite du nom de Byrd, qui s'est suicidé en se jetant depuis le toit sur les rochers du port privatif en contrebas, et elle servit de camp de base à la Gestapo pendant les dernières années de guerre, sa cave à vins (où Charlie Watts installera sa batterie) ayant semble-t-il même été utilisée comme chambre de torture.

Traînant là-bas tout l'été avec différentes connaissances locales (Dominique Petit, Jean-Michel Commecy, Léon Orlandi, Laurent Camilla, Christian Geldreich, Pierre Lescure, alors à RMC, sans parler du bien plus « officiel » photographe Dominique Tarlé, qui signera *Exile*, un ouvrage somptueux et définitif sur ces quelques mois), j'ai pu y observer de près, sans réellement m'en émouvoir en raison de mon âge tendre et de ma maturation lente, le « rock'n'roll circus » dans toute sa splendide et vénéneuse réalité : nuits blanches, blondes décoiffées et peu vêtues, nourriture gâchée et répandue, guitares de tous bois et de tous métaux, poudres blanches et roses de toutes provenances et à différents modes d'ingestion, dealers marseillais et italiens aux mallettes noires, crises de manque et psychodrames permanents. Un véritable zoo humain d'une petite trentaine de personnes, visiteurs prestigieux (John et Yoko, Clapton, Ertegun), chef cordon bleu et chien inclus, d'où naissait un son incroyable, creuset de musiques américaines revues à l'aune d'un impeccable dandysme anglais. Le véritable *Beggars Banquet*, cette « Scène rock'n'rollienne » fondatrice que revendiquait le titre d'un de leurs disques précédents, quand Brian Jones, l'instigateur magique, maudit et déjà dépossédé, était encore de ce monde. Mick Jagger, Charlie Watts, Bill Wyman, mais aussi Mick Taylor le remplaçant effacé à la guitare magique, le pianiste Nicky Hopkins au toucher de fée, Ian Stewart le « sixième Stone » à tout faire, véritable nounou du groupe, le petit prince de la country soul Gram Parsons (soupçonné d'être à l'origine de « Dead Flowers », mais aussi de « Sweet Virginia ») et ses compatriotes américains Bobby Keyes et Jim Price aux cuivres, ainsi que le producteur Jimmy Miller, faisaient naître là, quotidiennement, dans une cave humide transformée en studio précaire, sans cesse interrompus par des pannes de courant et dans un bordel magnifique, le chef-d'œuvre d'un homme dont la dégaine somptueuse, bottes et pantalons mexicains, chemises de soie maculées de sueur, clope au bec, chaloupant comme un gorille en chasse, aurait alors fait passer Miles Davis pour un clerc de notaire bourguignon. Ce maître absolu du cool, ce concentré pur de rock'n'roll existentiel, ce radar vivant transsubstantiant blues rural du Mississippi et blues électrique de Chicago, gospel, rhythm'n'blues, country music, rock'n'roll, boogie, stomp, rumba cubaine et hargne de petit prolo anglais aux oreilles décollées, s'appelle Keith Richard(s) et il restera à jamais le modèle de tout ce qui se revendique d'une rock'n'roll attitude sur la planète, guitariste ou non.

Au mariage de Mick, à Saint-Tropez, quelque temps plus tôt, Keith s'était distingué. Après avoir fait le coup de poing – et jeté un cendrier sur un employé de la mairie – lors de la cérémonie, il apparaissait pour la soirée en uniforme nazi, croix gammée comprise, pour bientôt s'écrouler, complètement défoncé, dans un coin du Café des Arts, entre une bouteille de champagne et une assiette de homard à la mayonnaise, ignorant tout d'une fête qui le dégoûte (il traitera Bianca Jagger d'espèce de « Yoko Ono ») et se transformant soudain en candidat possible à la succession de Brian Jones dans l'ordre de mortalité au sein du groupe. Au petit matin, hagard, il rejoindra Clapton et sa jeune fiancée aristo de dix-neuf ans, Alice Ormsby-Gore, au Byblos pour un rituel opiacé, pendant que sa compagne italienne Anita Pallenberg emmènera leur fils Marlon lire une aventure de Tintin, *L'Île noire*, à l'ombre des remparts de la Citadelle.

Exile On Main Street sera le dernier très grand disque des Stones, avant que les années 1970 ne deviennent réellement elles-mêmes, la décadence de l'âge d'or que furent les Sixties. En 1974, sous une magnifique pochette de Guy Peellaert, dessinateur belge du mythique recueil *Rock Dreams*, le groupe qui incarna à la perfection le rhythm'n'blues blanc sec, l'esprit de rébellion de sa jeunesse contre une Angleterre coincée entre la gloire fanée de son Empire déclinant et son rigide système de classes dans des morceaux d'une somptueuse irrévérence comme « Satisfaction », « Get Off Of My Cloud », « 19th Nervous Breakdown », « Play With Fire », « Mother's Little Helper », « Have You Seen Your Mother Baby, Standing In The Shadow ? » « Paint It Black » et « Let's Spend The Night Together », commence à s'autoparodier, les talents de mimétisme de Jagger le poussant à imiter David Bowie se prenant pour les Stones : « It's Only Rock And Roll », certes, mais jusque-là, lorsque Keith récitait l'*Évangile* selon Chuck Berry, c'était avec plus de passion. On n'entendra plus jamais de solo comme celui, insensé, assassin, grinçant, tranchant comme une lame de rasoir, de la samba apocalyptique « Sympathy For The Devil », ni de longue ballade romantique et déchirée comme « Wild Horses », que Keith offrira aux Flying Burrito Brothers de son nouvel ami et inspirateur Gram Parsons, compagnon de shoot et de guitare, qui lui livrera en échange le secret de ce country blues habité qu'ils jouaient tous les deux dans le grand salon princier de Nellcôte, au soleil de l'après-midi, juste après leur petit déjeuner. La réalité, c'est que, peu à peu, l'héroïne thaïlandaise commence à laminer la créativité de Richard, qui fait définitivement ajouter un « s » à son nom, et passera le plus clair de la décennie à venir dans les vapes. Certes, il y aura de belles rémissions, notamment l'album *Some Girls*, en 1978, où les Stones, soudain requinqués par Jagger, répondent à droite au disco (« Miss You ») et à gauche aux punks (« Respectable », « Shattered »), signent leur dernier classique (« Beast Of Burden »), avec le punch de ces vieux boxeurs inusables qui ont l'habitude de renvoyer des générations de prétendants à leurs chères salles d'entraînement. N'empêche. Le roi du contretemps, de ce déséquilibre miraculeux dont la précarité même constitue l'essence du rock, du riff si contagieux qu'on ne l'oublie jamais tant il devient constituant, perdait de sa superbe et prêtait à sourire dès lors qu'il chantait de son filet de voix totalement fêlé et inadéquat des vulgarités du genre « Tits'n'Ass » : jadis, son inexpertise vocale était touchante, que ce soit le blues primitif de « You Got The Silver » ou le rock clinquant de « Happy », son unique tube de chanteur, enregistré à Nellcôte en ce fameux été d'initiation qui se terminera en coup de vent, les flics de Menton au cul de la famille Richards.

Bien qu'ayant recroisé Keith à plusieurs reprises depuis, à Londres, comme à Beaulieu où il menaça le capitaine du port avec le revolver en plastique de son fils Marlon parce qu'il lui demandait d'amarrer ailleurs son yacht, le bien-nommé Mandrax, ma première impression de lui restait si forte que je ne trouverais jamais le courage de l'aborder : un mélange de respect absolu, de crainte comme face à un fauve, d'appréhension devant cette tension électrique toujours associée à l'héroïne. Je n'allais donc plus lui parler jusqu'à la sortie de son premier album solo, au printemps 1988, lorsque Marc Graffeuille, son chef de produit chez Virgin, arrangea une interview au Warwick, un samedi après-midi, vers quatorze heures trente, que je dus interrompre en catastrophe au bout de vingt minutes : j'étais à l'antenne sur Europe 1, à cinq cents mètres de là, de l'autre côté des Champs-Élysées, à quinze heures précises !

En dix-sept ans, depuis notre dernière conversation, l'homme a connu les tribunaux, la prison, la désintoxication, les transfusions sanguines dans les cliniques suisses déguisées en hôtels de remise en forme au bord du lac Léman, la paranoïa, la désagrégation de sa relation avec la mère de ses enfants, la bombe blonde Anita Pallenberg, qu'il avait arrachée à Brian Jones au cours d'un combat à mort pour l'âme des Stones, le décès en bas âge de leur troisième enfant, et pire que tout, sans doute, pour cet homme qui respire la musique, l'agonie d'un groupe auquel il a été contre vents et marées d'une absolue fidélité, et qu'il a toujours fait passer avant tout, sa santé comme sa vie privée. Affable, on ne peut plus relax, honnête et accueillant, Keith jubile en se dandinant, ainsi qu'il ne peut s'en empêcher, sur le rebord de son lit : *Talk Is Cheap* est mieux accueilli par les fans, et se vend déjà aussi bien que les deux albums de Jagger, qu'il allume sans pitié dans « You Don't Move Me » – « Ce qui te rend si avide/Est ce qui fait de toi un minable. »

Heureusement pour moi, quelques mois après cette rencontre tronquée, son assistante, Jane Rose, appelait le bureau de *Rapido* : Keith était à New York, venait de rater son avion pour rejoindre les Stones finalement réconciliés à la Barbade, et n'avait rien à faire le lendemain. Étions-nous intéressés par l'exclusivité ? Tu parles !

C'est donc chez lui, sur une terrasse de la Cinquième Avenue dominée par l'Empire State Building qu'il nous reçut toute une après-midi, avec son labrador Créole, le polo gris roulé sur l'épaule droite, un verre de bourbon sur glace à la main, guitare sèche en bandoulière, se passant incessamment les doigts dans les cheveux et se balançant comme un équilibriste sur sa chaise, extrêmement bavard, ouvert et chaleureux comme un chevalier, sûr de son fait comme un orfèvre, spécialiste de la maîtrise du chaos, éternel garant de l'esprit du rock et de l'intégrité des Stones dont il a su préserver la pérennité avec l'âge, comme le firent tous ces grands bluesmen qui l'ont tant inspiré.

YVES BIGOT : *Malgré les sollicitations, le succès planétaire, l'argent, les tentations, vous n'avez jamais failli aux Rolling Stones. Comment avez-vous réussi ce prodige ?*

KEITH RICHARDS : Jusqu'à « Brown Sugar », en 1971, Mick Jagger n'avait pas écrit la moindre musique pour les Stones. Il ne jouait pas d'instrument et ne connaissait aucune progression harmonique. J'arrivais avec la chanson et le gimmick principal, comme le fameux riff de guitare de « Satisfaction ». Ensuite, il finissait ou adaptait la mélodie à son phrasé pour que le tout lui colle à la peau. Et bien sûr, il écrivait la plupart de nos paroles. Parfois, il lui arrivait de me laisser chanter un morceau, soit parce qu'il pensait qu'il me convenait mieux, soit tout simplement parce qu'il avait essayé de le faire et n'était pas satisfait. Rarement lui ai-je demandé de me laisser chanter à sa place ! Mais je ne me suis jamais senti à l'étroit dans ce groupe. J'ai la conviction que nous avons toujours été dans le coup, et qu'aucune autre configuration n'est plus efficace et avantageuse pour ses membres. Ça n'est pas l'analyse de Mick, qui a pensé pendant un moment que sans nous il allait pouvoir rajeunir et se tirer la bourre avec les vidéostars des années 1980. Mais pour faire un album solo, il faut une véritable motivation intérieure, une conviction, pas seulement une stratégie de positionnement médiatique. Il n'avait pas à s'abaisser ainsi : il est le chanteur et le coleader des Rolling Stones et à ce titre-là sa place dans l'histoire est assurée à jamais. Pourquoi entrer dans ce jeu des hit-parades et de l'argent qui ne préoccupe que les attachés de presse, les journaux à gros tirage et les comptables des maisons de disques ?

— *D'un autre côté, le risque, c'est de faire toujours la même chose.*

— Le blues est la source de tout, et c'est l'origine de la musique des Rolling Stones. Il est inaltérable, indémodable, et rien ne peut donc être plus moderne. Tellement mâle, viril, puissant, assuré et bienveillant en même temps. Je me souviens de l'effet que m'ont fait Muddy Waters, John Lee Hooker, Jimmy Reed, Howlin' Wolf, Robert Johnson, BB King, Bobby Blue Bland, Bo Diddley, les premières fois où je les ai entendus. Il y avait là une spontanéité, un grondement, un mystère, dans cette musique, qui la rendait vraiment étrangère, attirante, fascinante. Je ressentais un plaisir physique pur, inégalé, à l'entendre. Comme si moi aussi, malgré notre éloignement, culturel et géographique, j'avais des racines africaines, réceptives à cette pulsation, ces timbres, ces notes travaillées. Et tous ces bluesmen étaient arrogants, sauvages, rayonnants : je rêvais de leur ressembler, d'être aussi cool. Quand je les ai rencontrés, ils se sont révélés très calmes, sereins, humbles, au fait de leur être. Chuck Berry aussi, ça m'a foudroyé : je ne voulais plus rien savoir d'autre. Toute la musique américaine me séduisait : blues, rhythm'n'blues, jazz, swing, rock'n'roll. Mais le blues, c'est la fondation absolue.

— *Précisément, vous avez longtemps été très critiqué pour avoir pillé la musique noire américaine.*

— Je crois sincèrement que les vieux bluesmen nous respectent. Ils savent ce que nous leur devons, mais ils réalisent aussi combien nous avons participé à leur résurgence. En reprenant leurs morceaux, en les présentant à notre public en première partie de nos tournées, nous leur avons souvent permis de sortir de l'oubli, de réenregistrer, de passer à la télévision, de gagner enfin leur vie décemment, d'entrer dans les livres, la mémoire du monde. Leur temps était révolu, ils ne trouvaient plus que de petits engagements, régionaux, comme à leurs débuts. Et d'un seul coup, toute une génération les a redécouverts, en a fait des héros, ce qui était parfaitement mérité. Et cela va très au-delà du blues. Voyez les Meters, que nous avons emmenés en tournée au début des années 1970 et qui sont devenus les Neville Brothers maintenant. Quelle tribu incroyable. Cet Aaron ! Il ressemble à un pet foireux, mais quand il ouvre la bouche, on croirait entendre un ange du paradis. Ces gens-là sont bénis.

— *Le rock'n'roll n'oublie peut-être jamais, mais il met longtemps à se souvenir !*

— Dans ce métier, les choses sont telles qu'on peut faire le meilleur disque de la terre, et l'industrie l'enterrera quand même. Moi-même, si j'en suis là, c'est parce qu'à un moment le public anglais en a eu marre d'entendre toujours la même variété préprogrammée et que les Beatles ont ouvert une porte dans laquelle nous nous sommes engouffrés. C'est au public de décider de ne pas se laisser gaver de cette soupe qu'on lui administre et qui sert à sonoriser les ascenseurs. Sans son intervention, et s'il ne se prend pas en main, ce qui arrive de temps en temps, le phénomène est irréversible : plus il y a de fric dans un business, plus le maquillage remplace la substance. La seule chose qu'un musicien puisse faire, c'est proposer une alternative, quelque chose de nouveau. On fait de notre mieux, en espérant que la persévérance paiera. Après, c'est aux gens de savoir ce qu'ils veulent : ce qui se passe, ou ce qu'on leur vend.

— *Le secret du rock, c'est quoi ?*

— Cette zone d'ombre, où rien n'est vraiment défini, ce mystère qui fait que ni les musiciens ni le public ne savent vraiment ce qui va arriver. C'est là que la vie naît, que le rock fermente.

— *Et la raison de votre survie ?*

— J'ai observé que quand je devrais normalement péter les plombs, que tout le monde s'affole, un calme olympien m'envahit naturellement, qui me sauve. C'est dans mon métabolisme. Ça doit être ça, être « cool ».

Eric Clapton : le survivant

J'avais beau l'avoir vu répéter avec George Harrison et Dave Mason dans la villa de Christian Geldreich à La Turbie lorsque Derek and the Dominoes se préparaient à se produire au festival finalement avorté de Biot pendant l'été 1971, ma première conversation avec Eric Clapton date du début des années 1980, quand sa carrière était incertaine au point qu'il en était venu à douter de sa propre musique. Axelle chez WEA m'avait chargé de lui rapporter à Londres un blouson en cuir qu'il avait acheté à Paris quelques semaines plus tôt, aussitôt déchiré, et qui venait d'être rapiécé pour lui dans une galerie des Champs-Élysées. Brève et courtoise, l'entrevue fut celle d'un homme préoccupé, tourmenté, pas très sûr d'un propos promotionnel qui ne satisfaisait visiblement pas ses aspirations, auquel il se résignait à contrecœur.

Rien à voir avec le guitar hero flamboyant à la coupe afro et aux fringues orientales, ces *Disraeli Gears* de King's Road dont Jean-Patrick Capdevielle, encore journaliste, était devenu le confident, après avoir échangé sa veste – décidément – avec lui dans un café de la rue François-Ier, à l'occasion de la première interview de Cream à Europe 1, en 1966. C'est Jean-Patrick qui lui présentera Charlotte Martin, grand mannequin blond qui sera la compagne d'Eric pendant les trois années suivantes et finira par épouser Jimmy Page. Ce Clapton-là n'était plus qu'un souvenir distant, même si personne ne pouvait entrer au Royal Albert Hall sans penser à ce concert d'adieu, à l'automne 1968, à la fin duquel la foule anglaise, chavirée, avait entonné « God Save the Cream ». Ironie du sort, c'était justement celui qu'elle avait ainsi déifié trois ans plus tôt en couvrant les murs de Londres de graffiti proclamant « Clapton is God », qui mettait fin, ce soir-là, à deux années d'un blues-rock psychédélique incandescent qui avait conquis l'Amérique en franchissant le mur du son grâce à une amplification tonitruante, au service d'improvisations quelquefois brillantes, souvent excessives, comme le style de vie du trio, sous tension permanente. Slowhand (son premier surnom, datant de l'époque des Yardbirds, bien plus ironique : « la branlette »), venait d'entendre *Music From Big Pink*, le premier album du Band, et sa vision de la musique en avait été changée. Lui qui avait révolutionné la guitare électrique avec sa Les Paul Standard en un seul album auprès de John Mayall, *Bluesbreakers*, rêvait soudain de devenir chanteur, d'écrire des chansons, de s'enraciner, et plus seulement de transcender les foules avec ses longs soli-fleuves vrillés jusqu'au bout de la nuit et de l'électricité. Un soir, pour voir, il s'arrêtait de jouer en plein milieu d'un morceau, pour constater avec effroi que ses partenaires – les remarquables Jack Bruce et Ginger Baker, ne nous y trompons pas – continuaient de leur côté comme si de rien n'était : Cream avait définitivement mal tourné.

L'homme que j'avais devant moi, discret, introverti, parlant lentement et avec circonspection, était effectivement un autre : l'héroïnomane repenti, l'alcoolique qui venait de réchapper d'extrême justesse à la perforation d'un ulcère, avait survécu à toutes les guerres chimiques des années 1960 et 1970 et cherchait désormais un semblant d'équilibre et de sérénité dans la pratique compulsive de la pêche à la ligne. Pas celui que j'avais vu au Parc des Expositions, le 2 décembre 1974, bien éméché, laissant choristes et musiciens assurer l'essentiel du boulot d'une tournée qui marquait pourtant son grand come-back reggae et country-blues sur la lancée du succès surprise de sa version du « I Shot The Sheriff » d'un Bob Marley encore quasiment inconnu. Le 24 avril 1983, sous un quelconque chapiteau de la porte de Pantin, je le trouverais effectivement bien meilleur et pas seulement parce que ma compagne Dominique rentrant de trois semaines de reportage au Brésil, nous étions venus là directement de Roissy, célébrer notre mystère, nos retrouvailles, au milieu de la foule à l'écoute de versions tout à fait désignées de « Presence Of The Lord » ou de « Have You Ever Loved A Woman ? »

Mais c'est au festival de Montreux, en juillet 1986, que « God » ressuscitera proprement, en quatuor avec un Phil Collins impérial à la batterie, dans l'ambiance club du casino, avec sa scène avancée entourée de public sur trois côtés. Un concert phénoménal que je commentai en direct, alternativement sur Europe 1 et sur la Radio suisse romande avec Gérard Sutter, dans un état de surexcitation totale, quoique naturelle. Pour cette véritable renaissance, le guitariste se réappropriait pour la première fois les classiques de Cream (« Sunshine Of Your Love », « Badge », « Crossroads »), y compris ceux de Jack Bruce (« White Room »), et retrouvait enfin la volubile fluidité à l'origine de son déiste sobriquet.

Une seconde interview se déroulera au Plaza-Athénée, au printemps 1990, au cours de laquelle je lui offrirais *Beloved*, fable historique du futur prix Nobel de littérature Toni Morrison, essentielle pour Eric Patrick Clapton, cet enfant abandonné par sa mère célibataire de tout juste seize ans, Patricia Clapton, élevé par sa grand-mère Rose Clapp (du nom de son second mari, Jack Clapp) en étant persuadé que celle-ci est sa mère, et qui trouvera empathie et consolation dans le blues et la culture noire du Sud esclavagiste et ségrégationniste.

À Milan, au Principe de Savoia, j'assistai à la conférence de presse précédant la tournée au Japon avec « son ami de trente ans », George Harrison, scellée le jour où celui-ci lui laissa jouer le solo de « While My Guitar Gently Weeps » sur le *Double Album blanc* des Beatles, et forgée à l'épreuve du plus fameux ménage à trois de l'histoire pourtant fournie et tumultueuse des rock stars adultères. À l'issue d'une cour pitoyable de plusieurs années qui donnera naissance à sa plus célèbre chanson, « Layla », adaptée d'un conte persan du XIIe siècle (*Le Majnun de Kaÿs*), Clapton, transformé en moderne Abelard, finira quand même par épouser son Héloïse, qui n'était autre que la femme de George, Patti Boyd Harrison. Elle l'aura quand même rejeté suffisamment longtemps pour plonger le pauv'guitariste dans l'héroïne avec la même effrayante intensité qu'il avait épousé le blues, quittant les Yardbirds pendant l'enregistrement de leur premier tube, « For Your Love », dès 1965 parce qu'il estimait la chanson trop commerciale. Là, il disparaît alors quasiment de la scène musicale et s'enferme dans son manoir du Surrey, vendant ses guitares pour se payer ses quatre grammes de poudre quotidiens, finissant même par mendier l'aide du système sanitaire anglais. En désespoir de cause, il sera sauvé par le traitement révolutionnaire du docteur Meg Patterson, à base d'électro-acupuncture.

C'est pourtant le mannequin italien Lory Del Santo qui lui donnera un fils, et convertira cet élégant de longue date aux couturiers italiens, Armani et Versace. Ce qui explique ma présence à Milan, à l'automne 1991, où il accompagne sa dernière conquête pour les collections, Carla Bruni (il en aura beaucoup d'autres : Tatum O'Neal, Michelle Pfeiffer, Cher, Naomi Campbell, Uma Thurman, Sharon Stone, Sheryl Crow et même, dit-on, Lady Di). Là, la conférence de presse tourne vite à l'échange personnalisé entre nous. Six mois plus tôt seulement, il a perdu ce fils unique, Connor, quatre ans et demi, tombé accidentellement par la fenêtre de l'appartement de sa mère, au cinquante-troisième étage d'un immeuble new-yorkais. Ce coup du sort, cette horreur qui aurait pu être fatale, semble paradoxalement l'avoir libéré de la terreur de la mort et de la solitude. Et a mis la parole au premier rang de la thérapie. Clapton, âme transparente et douloureusement sincère, est ce jour-là en veine de confidences. À la fin de l'exercice, il traverse la salle, me tire par la manche et m'entraîne à l'écart pour m'assener cette terrifiante confession : « Depuis la mort de mon fils, je me sens tellement mieux dans ma peau. Il ne pourra plus jamais rien m'arriver de pire. Je prends la vie du bon côté, pour ce qu'elle est, avec pas mal de plaisir et énormément d'humour. »

Il est vrai qu'à y regarder attentivement la Faucheuse a toujours été omniprésente autour de cet autre Roy Orbison, marqué du sceau du malheur depuis l'enfance. Disparus prématurément, ses amis, de Brian Jones à Jimi Hendrix, ses mentors, de Freddie King à John Lennon, ses compagnons de route, de Keith Relf à Richard Manuel et Rick Danko, ses pairs, de Duane Allman à Stevie Ray Vaughan, ses musiciens, de Jesse Ed Davis à Carl Radle. Début février 1993, à Los Angeles, les Grammy Awards couronnent à six reprises cet homme parfaitement mis, barbe impeccablement coupée, lunettes de P-DG, qui semble, enfin apaisé, avoir conquis sa névrose abandonnique. Embarrassé de pareille reconnaissance pour un disque atypique qu'il n'était pas sûr de devoir publier (*Unplugged*, avec une seconde version de « Tears In Heaven », la bossa nova crève-cœur écrite pour Connor, se vendra à quinze millions d'exemplaires), Clapton sourit, s'excuse, s'amuse, profite. Comme l'industrie, chacun se réjouit avec lui, preuve qu'on peut connaître le blues, le vivre, et y survivre, dignement.

L'année suivante, une biographie du spécialiste Christopher Standford, révèle que son père biologique était un soldat canadien, Edward Fryer, pianiste de boogie-woogie enrôlé volontaire pour le Débarquement, qui ne connut que brièvement Patricia, et ne sut jamais rien de l'existence d'Eric. Décédé d'un cancer à Toronto en 1985 après une carrière de graphiste et de musicien, il sera le sujet de « My Father's Eyes », au côté d'une chanson insoutenable pour tout parent, « Circus », contant l'ultime journée passée avec Connor, au cirque. C'est encore à Milan que je l'interviewe à nouveau en février 1998, pour la sortie de cet album moyen, *Pilgrim*, sous l'influence de Curtis Mayfield, cette fois-ci pour... *L'Équipe Magazine* ! Mais il n'a aucune envie de s'étendre sur le single de Cream, « Anyone For Tennis », trente ans plus tôt, préfère le cricket et me confie surtout son envie de retraite et sa lassitude momentanée vis-à-vis de la musique.

Le 29 novembre 2002, pour le concert d'adieu à son (beau) frère George Harrison au Royal Albert Hall, il donnait à l'ensemble de la planète rock la plus grande leçon de dignité possible, organisant pendant trois semaines les répétitions et ne prenant jamais la vedette, seulement quelques soli réellement divins, que ce soit à la sèche au sein de l'ensemble de Ravi Shankar ou dans un « While My Guitar Gently Weeps » extraordinaire d'émotion, à la recherche d'une ultime connexion, céleste.

YVES BIGOT : *Cette mort qui vous traque vous paraît-elle le tribut à payer pour votre maîtrise absolue du blues, comme son mythique pacte avec le Diable l'aurait été pour votre idole Robert Johnson ?*

ERIC CLAPTON : Je ne crois pas que ce soit exactement un prix à payer. Ce qui est certain, c'est que ça rend fataliste. Moi-même, au cours de mon existence, j'ai pris de telles surdoses d'héroïne que, logiquement, j'aurais dû mourir à plusieurs reprises. Ça relativise sacrément les choses. Les affaires de cœur apparaissent soudain bien frivoles. Depuis la mort de Conor, je vis au jour le jour, je n'en fais plus qu'à ma tête : fini les compromis, les concessions, les albums mitigés...

— Layla And Other Assorted Love Songs, *pour beaucoup le sommet de votre art, est aussi l'album du désespoir, de l'héroïne, de l'autodestruction...*

— C'est pourquoi je ne trouve pas le courage de le réécouter. La drogue, c'est bien simple... c'est comme dans *Autour de minuit*, ce film où Dexter Gordon tente d'expliquer ce qui se passe en lui lorsqu'il improvise. Un musicien, un vrai, doit puiser au tréfonds de lui-même pour y trouver la musique, l'inspiration, et les choses qu'il remue ce faisant ne sont pas toutes agréables, ni faciles à contrôler. C'est comme charcuter une blessure. Le succès, les applaudissements, les compliments n'y changent rien. Le tourment est à vif, et persistant. Bien sûr, c'est toujours à ce moment de totale vulnérabilité qu'il se trouve une femme, un escroc ou un dealer qui vous propose de vous donner ce qui pourra atténuer passagèrement cette souffrance. Comme elle est intolérable, il est humain de céder à la tentation. D'où le fort taux de mortalité dans la profession. Et de divorces. C'est à cause de ça et aussi de la solitude définitive qui nous environne en permanence.

— *Orphelin, pauvre, anglais. Cela suffisait-il à vous conférer pareille compréhension de la peine de l'homme noir du Mississippi ?*

— Je ne sais pas pourquoi, mais déjà, quand j'étais gamin, aucune autre musique ne me touchait comme le blues. Peut-être parce que j'étais bâtard et orphelin, oui, je me sentais toujours seul et abandonné. Ça m'a sans doute donné un lien privilégié avec l'expérience des Noirs américains, même s'il est plus existentiel que social. Mais c'est vrai que j'en connais long sur le mépris et la discrimination. La musique est le dernier langage métaphysique du monde occidental. Très tôt, j'ai compris que si le blues me bouleversait ainsi, c'est parce qu'il transcende le temps et l'espace. J'ai d'abord entendu Josh White, puis Sonny Terry et Brownie McGhee. Mais le morceau qui m'a vraiment converti, ce fut « Hey Hey » par Big Bill Broonzy que j'ai repris sur *Unplugged.* Puis Robert Johnson, bien sûr. Je n'avais jamais entendu de cri humain aussi puissant, aussi prenant. J'avais l'impression qu'il découvrait des sentiments d'une telle intensité qu'ils en devenaient insoutenables. Et qu'il s'adressait à moi directement, qu'il me parlait de moi. Le blues est ma véritable musique. Quand je m'en éloigne, je joue au jugé. Alors qu'avec lui je peux totalement m'abandonner et trouver mon chemin dans la nuit, comme si j'avais un radar, ou des yeux de chat. C'est une sensation mystique, qui me plonge au plus profond de moi, me révèle qui je suis. Aujourd'hui, si le blues se meurt, c'est parce que la profondeur n'intéresse plus personne. On préfère Madonna. Les paillettes. La facilité. La légèreté. Pourtant on n'apprend rien, on ne progresse pas, on ne s'enracine pas, on ne survit pas, sans connaître, étudier, assimiler le passé. Ça n'est qu'en regardant en arrière qu'on peut comprendre d'où viennent les choses, et espérer pressentir là où elles ont une chance d'aller. Demain, à ce rythme, il n'y aura plus personne pour jouer le blues.

— *Vous-même, ne vous êtes-vous pas renié en cédant aux sirènes du marché sur certains de vos albums, et à la tentation académique quand vous avez donné un* Concerto pour guitare *au Royal Albert Hall ?*

— Simple désir de dépaysement. Les musiciens classiques ont un sens du rythme très différent de celui auquel je suis habitué, et qui ne va pas dans le sens du dynamisme ni de la spontanéité. Mais la musique classique n'a rien pour moi d'une musique « supérieure ». Si vous voulez entendre quelque chose de vraiment sérieux, essayez Howlin' Wolf. Parce que là, il se passe réellement des choses graves. Ça vous remue au fond de l'être. BB King, Freddie King, Muddy Waters, Little Walter, Bobby Blue Bland, Otis Rush, Buddy Guy... Mozart est un talent monstre, mais si facile à écouter. Beethoven aussi. Alors que le blues, le vrai... c'est terrible.

— *Il vous a pourtant apporté gloire, fortune, jusqu'à une ironique déification...*

— Cette histoire de « Clapton est Dieu » m'a démoli. J'ai failli y croire. Puis en crever en tentant de supprimer le mythe. Je ne me suis jamais fait au succès. La musique que je joue est obscure et régionale. Sa consommation de masse n'est absolument pas naturelle.

— *Comme ne l'était pas votre amitié avec George Harrison, qui semblait inaltérable.*

— C'est mon frère. Comme s'il avait toujours fait partie de la famille. Peut-être justement parce que je n'en ai pas. C'est rare, effectivement, de conserver un ami aussi longtemps dans ce métier. Mais après tout ce que nous avons vécu ensemble, y compris cette aventure avec cette femme que nous avons tous les deux épousée, dont nous avons tous les deux divorcé, et qui reste pourtant notre amie elle aussi, le lien apparaît indéfectible. Je l'ai accompagné dans cette tournée au Japon pour lui redonner le goût de retrouver ce public qu'il redoutait plus que tout, mais qui l'aime tant et qui le réclame partout où je vais. Je comprenais son appréhension. C'est tellement dur d'être encore quelqu'un quand on a été un Beatle. C'est comme se retrouver simple pauvre homme quand on a cru être Dieu, même si ça n'était que pour un instant.

Jimmy Page : L'Alchimiste

Lorsque Jimmy Page arrive, sur le côté droit de la scène de l'auditorium Stravinski, à Montreux, je lui cède aussitôt l'une des deux chaises VIP installées là. Resté debout derrière lui, je le vois applaudir chaleureusement – en connaisseur ! – chacun des soli de Chris Spedding, guitariste et chef d'orchestre de cet hommage aux dernières légendes du label Sun, Little Milton, Sonny Burgess et Billy Lee Riley. Quelques minutes plus tôt, il donnait avec Robert Plant un set absolument inédit, presque entièrement consacré aux classiques (« Good Rockin' Tonight », « How Many More Years », « My Baby Left Me », « Baby, Let's Play House », auxquels ils ajoutèrent « Candy Store Rock » de Led Zep) produits dans les années 1950 par Sam Philips dans son minuscule studio du 706 Union Avenue à Memphis et que le jeune Page étudiait en apprenant ses premiers accords. Ce soir, son bassiste a cassé une corde très tôt, et Jimmy est un peu déçu de sa performance, ce qui ne l'empêche nullement de s'éclater de celles des autres. Sur le formidable album *Good Rockin' Tonight – The Legacy Of Sun Records*, publié en fin d'année, où ils côtoient McCartney, Dylan, Clapton et Johnny Hallyday, Page & Plant interpréteront « My Bucket's Got A Hole In It » de Sonny Burgess, dans leur style enlevé et frénétique.

Nous avions été invités, Virginie et moi, par l'instigateur de cette soirée, notre ami Philippe Rault, ancien journaliste de *Rock&Folk*, producteur de blues, de Willy DeVille et de Chris Spedding, installé de longue date aux États-Unis, d'abord à La Nouvelle-Orléans, puis à Los Angeles, et grand habitué de Montreux. C'est d'ailleurs chez Claude Nobs, au chalet le Picotin, que j'avais rencontré

Jimmy à plusieurs reprises tout au long des années 1980, toujours accompagné d'une beauté blonde, et fasciné par les vidéos des passages au festival de ses héros, BB King, John Lee Hooker, Buddy Guy, Otis Rush, etc.

Mais ça n'est qu'en mai 2003 que j'allais formellement l'interviewer, au Plaza-Athénée, pour *Le Journal du Dimanche*, à la demande de Carlos Gomez. Jimmy Page ! Certes, il est là pour promouvoir le formidable DVD de cinq heures et le phénoménal triple CD live *How The West Was Won*, qui restaureront, s'il en était besoin, la réputation scénique de Led Zeppelin pour ceux qui ne possédaient pas leurs enregistrements pirates et se laissaient abuser par la torpeur de leur seul disque live officiel – raté – *The Song Remains The Same*, bande originale du prétentieux film du même nom, qui leur vaudra la haine des punks, Elvis Costello en tête. Aimable, amical, le cheveu noir, le regard bleu, il demande de sa voix aigrelette des nouvelles de tout le monde (Nobs, Rault, Nick Kent). Ancien partenaire du modèle français Charlotte Martin, avec laquelle il conçut au printemps 1970 leur fille Scarlet dans le fameux cottage de Bron-Yr-Aur (pays de Galles) en même temps qu'assez de chansons pour remplir les quatre albums à venir, désormais père des trois jeunes enfants de sa compagne brésilienne, Jimena, Page se réjouit visiblement, entre deux cafés, de sa nouvelle respectabilité.

Je le retrouverai quelques mois plus tard, à la Plaine Saint-Denis, invité tout de noir vêtu de *Trafic*, en compagnie de Stevie Winwood, tout heureux de discuter en coulisse de tout et de rien, et de retrouver son vieil ami Nick Kent, journaliste de l'émission.

Pour Guillaume Durand comme pour moi, la même problématique : par où commencer ? Gâchette réputée à Londres dès ses dix-neuf ans, James Patrick Page a joué depuis 1963 sur les disques de tout le monde, à raison de trois séances de trois heures par jour, six jours par semaine, devenant à partir de 1965 producteur à demeure d'Immediate, label d'Andrew Loog Oldham, manager des Stones. Jugez du peu : les Stones, justement (« Heart Of Stone »), les Kinks (« You Really Got Me » notamment), les Them (« Baby Please Don't Go »), les Who (« I Can't Explain », « Bald-Headed Woman »), Lulu (« Shout »), Tom Jones (« It's Not Unusual »), les Nashville Teens (« Tobacco Road »), Nico (Christa Paffgen), Burt

Bacharach (la musique de *Casino Royal*), Donovan (« Hurdy Gurdy Man »), Joe Cocker (« With A Little Help From My Friends »), mais aussi Johnny Hallyday (« À tout casser », « Psychédélique »), Eddy Mitchell, Michel Polnareff (« La poupée qui fait non »), Françoise Hardy, pour ne citer que les plus notoires.

Parallèlement, il rejoignait les Yardbirds comme bassiste en mai 1966, avant de succéder à son copain Jeff Beck comme soliste, leur cohabitation à deux guitares ne durant que quelques semaines. C'est pendant cette période que Jimmy commence à jouer son premier morceau épique, « Dazed And Confused », avec un archet promené sur les cordes de la Telecaster que lui a offerte Eric Clapton. Déterminé à créer le groupe de hard-rock ultime destiné à rivaliser avec le tout récent Jeff Beck Group, il s'acoquine avec son compère de studio John Paul Jones, et réussit un coup de maître en dénichant à West Bromwich deux jeunes hippies au talent hors du commun dans un groupe West Coast : Robert Plant et John Bonham. Il transforme alors ses New Yardbirds en Led Zeppelin, nom que Keith Moon destinait à l'origine au groupe qu'il avait l'intention de former avec Jeff Beck, John Entwistle et Nicky Hopkins après l'enregistrement de « Beck's Bolero », auquel Page et John Paul Jones participaient également...

Pilote de Led Zep, glorieux monstre des années 1970, « plus grand groupe de rock'n'roll du monde » succédant aux Beatles, aux Stones et aux Who, son hard-rock hystérique, surpuissant, gorgé de testostérone, suant le blues, mâtiné de folk britannique et de musique orientale, l'élégant Page est aussi responsable de son mythe sulfureux : misogynie, débauche, sadomasochisme, magie noire (fasciné par le mage sataniste Aleister Crowley, il achètera sa maison au bord du Loch Ness, Boleskine, et fera graver dans le vinyle de *Led Zeppelin III* sa devise : « Do what thou wilt »), violence, alcool, héroïne, plagiats (de bluesmen, mais aussi de guitaristes de folk et du groupe de Topanga Canyon, Spirit, dont il jouait « Fresh Garbage » et s'inspirera pour l'introduction de « Stairway To Heaven », proche du « Taurus » de Randy California).

Virtuose et pionnier de la guitare – on se souvient de son modèle à deux manches –, auteur sur sa Les Paul de quelques-uns des riffs les plus percutants et mémorables de l'histoire (« Heartbreaker »,

« Communication Breakdown », « Whole Lotta Love », « Immigrant Song », « Black Dog », « Kashmir », « Achille's Last Stand »), compositeur, producteur, leader incontesté, il incarne la rock star anglaise typique de sa génération, passée par les art schools, inspirée autant par les maîtres du rockabilly (Scotty Moore, James Burton, Cliff Gallup, Chet Atkins) que par ceux du blues, rivalisant en cardigan, cheveux au vent et guitare hurlante, au titre de guitar hero ultime avec Clapton, Beck et Hendrix.

Il peinera à se remettre de la fin du groupe, multipliant les semi-échecs, avec Paul Rogers (The Firm), David Coverdale, les Black Crowes, jusqu'au retour fulgurant avec Plant, en 1994, pour un *No Quarter* aventureux et sans concession, suivi d'une tournée mondiale et d'un album méconnu, au titre parlant, *Walking Into Clarksdale* (ville du Mississippi, d'où sont originaires nombre de légendes du blues). Jusqu'à ce concert à Montreux, puis ces rééditions de Led Zep, préalable à une anthologie de ses enregistrements avec ses pairs et à une possible collaboration avec son grand rival, Jeff Beck.

Vingt-quatre ans après l'arrêt de Led Zeppelin, l'influence de Page et de ses acolytes est partout : d'Aerosmith à Guns N'Roses, de Nirvana aux White Stripes en passant par Jeff Buckley et Korn, des génériques de *Top Of The Pops* et de *Tout le monde en parle* à la pub Cadillac, sans oublier les samples utilisés par De La Soul, les Beastie Boys et le « Come With Me » de Puff Daddy recyclant le riff de « Kashmir » avec la complicité du guitariste pour les besoins du film *Godzilla.* Dans son soliloque de fan de rock, *31 Songs*, l'écrivain Nick Hornby l'affirme : « Quand on cesse d'écouter Led Zeppelin, c'est sa jeunesse qu'on enterre. »

YVES BIGOT : *Il m'apparaît que le soin que vous avez apporté à ce DVD et à ces concerts de juin 1972 à Los Angeles vise à légitimer l'héritage de Led Zeppelin.*

JIMMY PAGE : C'est exactement ça. Une revanche sur une histoire mal racontée, car mal documentée jusque-là. Ça me rongeait. Le secret de Led Zeppelin, c'est que nous ne jouions jamais un seul morceau deux fois de la même façon. Parfois, c'est vrai, la différence était minime, mais elle pouvait aussi être énorme. La seule certitude, d'un soir sur l'autre, c'était le changement. Tout pouvait dépendre de l'ambiance, du public, de l'état d'esprit de chacun d'entre nous. La spontanéité était totale, les parties improvisées toujours inattendues. Nous avions ce don du ciel, une télépathie qui nous permettait de communiquer musicalement de manière surnaturelle. Le DVD montre d'ailleurs en plusieurs occasions différentes, et en particulier au Royal Albert Hall, l'état de concentration extrême dans lequel nous nous plongions. J'étais ulcéré qu'un groupe qui a passé toute sa carrière sur scène à ce niveau d'excellence pendant onze ans ne possède jusque-là qu'un pauvre document filmé et un album live correspondant, tournés en 1973, publiés seulement trois ans plus tard. Et indignes de son histoire. Alors que toute notre politique consistait justement à nous produire sur scène. C'est la raison pour laquelle nous refusions de sortir des 45 tours, et de passer à la télévision. Nous avons compris, dès après le premier album, que le format ne nous convenait pas. Comment synchroniser un play-back quand on a pour nature d'improviser ?

— *Il est vrai que la fin des années 1960 et le début des années 1970 voyaient triompher les groupes capables de longues improvisations, comme Jefferson Airplane, le Grateful Dead, Quicksilver, les Allman Brothers, Lynyrd Skynyrd, Deep Purple, King Crimson, Yes, pour ne citer que les plus brillants.*

— C'est vrai. Beaucoup des autres groupes qui jammaient à la même époque le faisaient toujours sur les mêmes accords, pendant que la section rythmique suivait comme elle pouvait, et étiraient leurs morceaux pour satisfaire la demande du public. Mais la plupart n'avaient pas la même notion de structure, de dynamique que Led Zeppelin. Par exemple, lorsque Robert ne chantait pas, nos riffs s'enchaînaient, se répondaient, se surpassaient, c'était comme conduire une voiture de course, avec des changements de vitesse fréquents, des freinages en catastrophe et des virages exécutés à la limite de l'adhérence. Ce genre de risques, bien sûr, ne peut être pris qu'avec des musiciens exceptionnels. Et Robert pouvait rentrer au moment qui lui convenait, et chanter ce qu'il voulait, sachant qu'il serait automatiquement suivi.

— *Ce qui est patent, au vu de ces concerts, c'est combien Led Zeppelin était empreint du blues, mais pas seulement...*

— Je venais des Yardbirds, qui était un groupe de blues, devenu psychédélique au passage. Donc le blues était la fondation de Led Zeppelin. Mais je m'intéressais aussi à beaucoup d'autres musiques : le folk, les enregistrements ruraux, les musiques du monde entier, le rockabilly avec lequel j'avais grandi. Cela aussi a contribué à nous différencier des puristes, comme Eric, qui à cette époque-là ne vivait que pour le blues et en était le maître absolu. Jeff, lui, ne rêvait que de soli de guitares à tout va.

— *Comment expliquez-vous cette incroyable prolifération de grands guitaristes dans l'Angleterre des années 1960 ?*

— Et le plus étonnant, c'est qu'Eric, Jeff et moi avons tous grandi dans un périmètre très réduit, à côté de Londres. Je pense qu'il y a deux facteurs. D'abord, nous aimions passionnément cette musique américaine, blues, rockabilly, rock'n'roll, dont nous étions tous collectionneurs, et aussi, parce que nous avons tous appris à développer notre imagination, notre personnalité, comme d'ailleurs les Beatles, les Stones, et au moins un ou deux membres de chaque groupe qui a compté dans les années 1960, dans les Art Schools, ces Beaux-Arts populaires qui étaient le fleuron du système éducatif anglais d'après-guerre.

— *Depuis la mort de John Bonham, le 24 septembre 1980, vous avez toujours admirablement résisté à la tentation de reformer durablement Led Zeppelin. Qu'est-ce qui vous retient ainsi ?*

— Quand nous avons perdu John, que pouvions-nous faire ? Prendre un autre batteur et lui dire de l'imiter ? Ça n'aurait pas marché pour nous. Nous savions ce que nous avions perdu, et c'est une magie qui ne se recapture pas comme ça. L'une des principales vertus des concerts que nous venons de publier, c'est de pouvoir montrer au monde quel phénoménal batteur John Bonham était.

Le batteur est toujours le moteur d'un groupe, et il n'en a pas existé de meilleur, de plus puissant, qui avait compris qu'il ne fallait pas se contenter de taper fort avec ses bras, mais de frapper sèchement avec la seule force de ses poignets. En regardant ce DVD, chacun comprendra qu'il était irremplaçable.

— *Il n'empêche qu'après la semi-reformation que constituent Page & Plant, et le succès déjà faramineux de ces concerts inédits, la tentation – et les propositions – doit être grande.*

— Le pire, c'est que des promoteurs, aux États-Unis, se sont même permis d'annoncer une tournée sans même nous en parler. Mais nous avons tous les trois des carrières à mener, et nous n'en avons jamais parlé entre nous. Et avec Robert, quand nous avons décidé de rejouer certains de ces morceaux, c'était avec une approche volontairement différente, fraîche. C'est l'avantage de ce répertoire. On peut sans cesse le modifier. Si, un jour, nous pouvions nous retrouver tous les trois, dans une même pièce avec nos instruments, et jouer sincèrement, sans arrière-pensée, en nous regardant droit dans les yeux, pourquoi pas ? Mais en tout cas, sûrement pas pour la fortune qu'on nous propose régulièrement dans le but d'exploiter ce nom.

— *En revanche, vous avez été accusés de ne pas correctement créditer les bluesmen dont vous avez transformé les morceaux. Willie Dixon est parvenu à se faire reconnaître coauteur de « Whole Lotta Love », inspiré de son « I Need Love », et Memphis Minnie de « When The Levee Breaks », mais « How Many More Times » est aussi décalqué sur le « How Many More Years » de Howlin' Wolf, par exemple...*

— Pour « Levee », c'est moi qui ai sorti ce riff, et ça ne fonctionnait pas jusqu'à ce que John Bonham trouve ce son et ce tempo qui lui a donné sa force. Ensuite, Robert s'est mis à chanter un fragment de « When The Levee Breaks ». Et nous avons fini par créditer Memphis Minnie. Quand la musique est aussi improvisée qu'elle l'était, le risque existe de retomber sur un riff enfoui dans la mémoire, sans qu'on y prête attention, ou, pour Robert, de s'appuyer sur des paroles de blues, souvent récurrentes, sans le faire exprès, ni s'en apercevoir.

— *Vous avez aussi la réputation d'être le groupe le plus sexiste de l'histoire.*

— Le responsable des paroles s'appelle Robert Plant. Dans « Whole Lotta Love », par exemple, c'est lui qui se prend pour un surhomme. Moi, avec ma guitare, je n'insultais pas les femmes, je les séduisais. Il y a d'ailleurs un passage où elle imite le plus amoureux des actes. Et je me serais contenté d'un peu de leur amour, je n'avais pas besoin d'en obtenir autant que le prétend la chanson...

— *Led Zeppelin était également célèbre pour son aura mystique et sulfureuse, et les frasques insensées qu'on lui associe.*

— Le style de vie dément n'était que le prolongement social de l'énergie sauvage déployée en concert. L'intensité était telle qu'en sortant de scène l'adrénaline était si vive qu'on était prêt à tout, y compris n'importe quoi, pourvu qu'on aille jamais se coucher. On se sentait indestructible, prêt à exploser. On s'éclatait sur scène, et on s'éclatait après. C'était pour ça qu'on jouait dans un groupe de rock : pour s'éclater sans retenue, sans interdit. Je ne pensais pas vivre longtemps au-delà de trente ans, quarante au mieux...

Ray Davies : L'Inadapté

Quand je suis arrivé de ma Côte d'Azur à Paris à dix-huit ans, le choc, culturel, affectif, climatique, a été pour le moins violent. Trop grand, trop gris, trop froid, à tous les titres. Et pour grande qu'était ma détermination de m'adapter à ce monde nouveau et dual, ces grands ensembles et ces paillettes, ce béton et ces néons, cette indifférence et cette promiscuité, ces frimas et cette frime, je ne pouvais m'empêcher de retourner chaque soir dans mes rêves, au fond de l'étroit couloir près de la fenêtre aux carreaux fêlés de la maison de Cœuilly où Mychèle et Yves Abraham m'avaient généreusement recueilli, en me pelotonnant sous mes couvertures pour me protéger des courants d'air comme de la solitude, et chercher comment retrouver ce monde antérieur, lumineux, chaleureux d'où je venais, désormais si loin de la pluie glaçante, des HLM crasseuses de Champigny-sur-Marne et de la cohue hostile du RER.

Les Kinks, avec leur cynisme consommé, qui avait de longue date remplacé la brutalité de leurs débuts, mais aussi les historiettes sentimentales et amusées de Ray Davies, sa profonde tristesse fondamentale, sa nostalgie d'un bonheur initial enfui, ses remords, déjà, d'une vie imparfaite, son mal-être constituant d'inadapté social, d'éternel « misfit », décryptaient pour moi ce *Meilleur des mondes* auquel je me cognais, rage et désespoir ravalés, tout en me rappelant mes « Sunny Afternoon » et mes « Waterloo Sunset » à moi, paradis aussi perdus que l'Empire britannique et la *Village Green Preservation Society*.

Sortie en ces premiers mois traumatiques de la rentrée 1973, la bâtarde trilogie *Preservation Act*, où Ray se transforme en abominable M. Flash pour se protéger d'une existence infernale, m'apportait, malgré ses insuffisances mélodiques, le réconfort espéré face au flot des blouses grises, ces « People in Grey », fourmis qui emmuraient ma nouvelle existence, piteuse, frileuse et déracinée.

En souvenir de ces difficiles moments d'initiation à la vie banlieusarde Seventies, et de ces joyaux de trois minutes qui traquaient tous un rayon de soleil dans la grisaille, une trace de sourire, même amer, je poursuivais Ray Davies depuis longtemps déjà lorsqu'il finit par me consentir une interview, un samedi après-midi au soleil diffus de l'hiver 1985. Accompagné par mon ami niçois Dominique Petit, alors représentant pour sa maison de disques, j'arrivai dans les bureaux désertés d'Ariola, en bord de Seine, où nous fûmes accueillis par Larry Page, aux Kinks ce que Brian Epstein fut aux Beatles et Andrew Loog Oldham aux Rolling Stones : un manager étouffant, un stratège ambitieux et un homme d'affaires avisé. Après un entretien qui ressemblait fort à un ultime barrage, ce gentleman très City m'introduisit finalement dans l'immense bureau vitré du P-DG, où l'un des plus brillants, des plus judicieux et des plus émotifs auteurs rock m'attendait nerveusement, jouant sans cesse de la longue écharpe rouge enroulée autour de son cou. Visage en forme de losange, fossettes marquées, long nez aquilin, petits yeux bleus et éternel sourire jovial et moqueur, découvrant le fameux passage du bonheur entre ses grandes incisives largement écartées, qu'il refusa toujours de faire rectifier, au grand dam de tous ceux qui furent un jour en charge de sa carrière. Courtois, un rien pédagogue, légèrement méfiant, toujours ironique, de sa voix éthérée et suspicieuse, il laisse percer son amertume, sa frustration – légitime – de n'être pas devenu un des monstres du rock classique, à la manière de Pete Townshend, qu'il a si souvent précédé dans les idées et dans le temps, mais plus rarement sur le devant de la scène. C'est que les Kinks, victimes de leurs langues trop bien pendues, des bagarres incessantes opposant Ray et son petit frère Dave, ou celui-ci et le batteur Mick Avory, de leur violence sur et en dehors de la scène, ainsi que d'une interdiction de jouer aux États-Unis pendant cinq ans à la suite d'une prise de bec entre Ray et un syndicaliste de la télévision américaine, occupent la plus mauvaise place du rock anglais des années 1960, la quatrième, au pied du podium, exclus de la trinité royale : Beatles, Stones, Who.

Par ailleurs, Ray revendique haut et fort son statut d'artisan, d'incompris qui n'a eu comme tort que d'avoir raison trop tôt et de n'avoir jamais sacrifié ni à la mode ni à la communication de masse.

Situationniste, Raymond Douglas Davies est un cas, « le dernier des indépendants », comme il se définit lui-même dans son autobiographie fictionnée et désabusée, *X-Ray*, qualification qui se trouve être le titre de l'album des Pretenders paru au même moment. Cette coïncidence serait anodine s'il n'avait épousé Chrissie Hynde, qui lui a donné une fille deux ans plus tôt, et Ray aux Pretenders deux de leurs plus gros tubes, « Stop Your Sobbing » et « I Go To Sleep ». Mais ce jeu de miroir entre l'auteur et sa propre vie est au cœur même de son expression : il a toujours, dans presque chacune de ses chansons, chroniqué son quotidien, amoureux, familial (« Arthur » était son oncle, les différents *Muswell Hillbillies* ses familiers), relationnel, anecdotique (« David Watts » était un major à la retraite, amoureux de son frère Dave), géographique (il écrivit « See My Friends » après un séjour en Inde, bien avant les Beatles), voire même juridique (*Lola v. Powerman And The Money-Go-Round* relate ses propres démêlés avec l'industrie). Pourtant le réduire – et les Kinks avec lui – aux deux aspects déjà évoqués, violent et romantique, serait à la fois faux et injuste. Ce serait snober l'humour, anglais jusqu'au bout des talons aiguilles, de « Lola », « qui parle comme un homme et marche comme une femme », camp comme l'était déjà l'ambigu « See My Friends », et de ses délicieux portraits, acerbes et affectueux, des différents archétypes du Londres triomphant de Carnaby Street, de Soho et de King's Road (« A Well Respected Man », « Dedicated Follower Of Fashion », « Session Man », « Dandy », « Mr. Pleasant »), ultime bacchanale sublime du Déclin de l'Empire britannique, qui deviendra lui, l'obsession du Ray Davies conceptuel de la fin des années 1960, celui des opéras rock avant l'heure (et avant *Tommy*), que furent *The Village Green Preservation Society* et *Arthur*. Ce serait oublier aussi que, dès les premières semaines de 1964, cet ancien coureur de 100 mètres, footballeur dingue d'Arsenal, qui résidera toute sa vie dans son quartier de Muswell Hill, à Fortis Green, dans le nord ouvrier de Londres, avait virtuellement inventé le hard-rock avec le riff de cinq notes, lourd, dru et assassin et le son casserole de « You Really Got Me » (da-da-dadada), fondant ainsi un genre auquel son groupe ne sera fidèle que le temps du follow-up aux accords inversés, « All Day And All Of The Night ». Déjà, ils se feront doubler par leur producteur Shel Talmy, qui offrira le style qu'ils avaient inventé aux Who (« I Can't Explain » est une copie à peine déguisée), puis aux Troggs, et finalement à Led Zeppelin, via leur guitariste supplétif en studio, Jimmy Page (qui ne joue *pas* le solo de « You Really Got Me »). C'est pourtant le hard, et les prouesses guitaristiques de Dave Davies, l'éternel frère ennemi, qui permettront aux Kinks de survivre outre-Atlantique pendant toute une décennie, après la dépression nerveuse de Ray sur scène, au stade de White City en juillet 1973, où abandonné par sa femme Rasa Didzpetris, Lituanienne épousée en décembre 1964 et ingrédient secret des harmonies vocales célestes des Kinks, il annonçait : « Ceci était notre dernier concert. Les Kinks sont morts. Je suis mort. » Il survivra, mais aura définitivement laissé ses illusions dans son coma, déprimé de nature et misanthrope à contrecœur, comme le sera plus tard Morrissey.

Deux ans après notre première rencontre, alors que les Kinks ont abandonné le lucratif circuit des stades américains et se sont relocalisés en Europe, où ils exploitent leur studio Konk au détriment de leur succès, je retrouve Ray, qui n'a toujours pas son permis de conduire, un soir d'orage, dans un salon de l'hôtel Vernet, près de l'Étoile. Les Kinks viennent de sortir un album intitulé *Think Visual*, entièrement concerné, comme les disques de Bob Dylan, de Lou Reed, de Neil Young ou de Joni Mitchell à l'époque, par la communication, l'image, le clip, la Société du spectacle, en somme. Mauvais temps pour les auteurs : si leur réflexion est la bonne, si leur inquiétude est légitime, si leurs avertissements sont fondés, les Cassandre n'ont jamais été populaires, ni très fun. Résultat : bide assuré. Les jeunes gens en colère sont devenus des vieux cons, les révolutionnaires à leur tour dépassés passent pour des réacs. Tous s'en remettront. Pas Ray Davies, trop sincèrement « Working Class Hero » pour abandonner le combat, pour contourner l'obstacle, pour passer à autre chose, même si après David Bowie, la new wave (The Jam, The Pretenders, Elvis Costello), la britpop (Blur, Oasis, Supergrass) se réclamera à son tour de ses exceptionnelles prouesses Sixties. Pendant ce temps, dans ses recueils de nouvelles (*Waterloo Sunset*) comme sur scène, le dernier des indépendants s'acharne, seul ou presque (les Kinks n'ont plus joué ensemble depuis 1994), magnifiquement, jusque dans l'indifférence. « Thank you for the days, those endless days, those sacred days, you gave me »...

YVES BIGOT : *Vous êtes un spécialiste de la nostalgie. Avez-vous déjà celle du rock ?*

RAY DAVIES : Je me suis engagé dans le rock parce que c'était la liberté. Pour échapper au cycle prédestiné : école, lycée, mariage, usine, travail, mort. Et puis, au cours des années 1970, la musique est devenue une industrie et les musiciens sont redevenus des travailleurs. Les multinationales ont repris le dessus. Le monde entier est ciblé par les publicitaires. Même les catastrophes, la famine, la guerre, sont objets de promotion et je trouve ça dégoûtant. J'ai toujours été passionné par la dissection des rouages de la machine. Je veux comprendre comment, et pourquoi, cela atteint l'homme de la rue, le quidam. C'est une lutte sans fin. Aujourd'hui, le consommateur est devenu le produit. C'est le principe de l'offre et de la demande. On fait de la pub pour quelque chose qu'on a à vendre pour être certain de l'écouler de manière à alimenter la chaîne infinie de la production, sans se préoccuper des besoins réels des êtres. C'est amusant à observer, d'autant que j'en fais partie.

— *Pour la génération du rock des années 1960, c'est effectivement un grave constat d'échec. Ses leaders, Bob Dylan, John Lennon, Mick Jagger prônaient tous l'individualisme, le doute, le refus des valeurs aliénantes du capitalisme et de la consommation...*

— L'acceptation de cette situation est celle de la nouvelle génération, qui se sait directement destinée au chômage. Elle ne se rebelle pas parce qu'elle ne sait même pas qu'elle peut. Les jeunes groupes ne demandent qu'à être marquetés. Eux-mêmes se considèrent comme des produits. J'essaie de stigmatiser l'humour de cet état des choses, pour qu'au moins ça soit distrayant. L'humour et la tragédie, c'est la même chose. Le monde se résume à ça : télévision, publicité, promotion. Point. Dylan, Springsteen, Lou Reed, Pete Townshend ou moi parlons tous du même sujet, chacun à sa façon. Je ne sais pas tout, je ne connais pas l'avenir, je suis aussi confus que je l'ai toujours été.

— *Dès 1968, vous attiriez l'attention sur les dangers de la représentation et de l'image dans « People Take Pictures Of Each Other », où, comme les Indiens, vous aviez peur qu'on vous vole votre âme. Les vidéo-clips, les spots de pub télé pour les disques sont des artefacts qui doivent vous horripiler.*

— Mon seul regret, c'est que les clips tuent l'imaginaire en imposant leurs propres images au lieu de laisser la chanson susciter un univers personnel et différent pour chacun. La musique permet de pénétrer dans l'intimité de celui qui la joue ou de celui qui l'a écrite. C'est la raison pour laquelle elle est aussi attirante. Elle stimule, elle fait rêver, elle emmène quelque part. Lui nier cette qualité, c'est la brader, la castrer, la vider. Le rock n'a même pas cinquante ans. Je pense que le cinéma aura le mieux dépeint la première moitié du siècle, et le rock la seconde.

— *Vos personnages sont parfois vulnérables, comme vous, mais aussi souvent des durs de durs, qui ont mis la vie à leur botte.*

— Je suis toujours inspiré par les gens qui construisent des barrières autour d'eux pour se protéger. Ils sont dans le vrai : ça n'est jamais bon de laisser percevoir ses véritables sentiments intimes ; les autres sont toujours tentés d'en profiter et de s'en servir contre vous. Comment font les strip-teaseuses, les prostituées, les travestis ? Certains s'en moquent, mais la plupart compensent la nudité qu'ils affichent professionnellement par un mur qui empêche quiconque de voir leurs sentiments. C'est à la dure que j'ai appris à me comporter ainsi moi-même. Au début, j'étais innocent, ouvert, confiant. Et puis le business, particulièrement celui de la musique, qui n'est concerné que par l'argent, le profit, m'a forcé à accepter qu'il en soit ainsi. C'est ça, ou la mort.

— *L'acceptation, le renoncement, n'est-ce pas justement ce qu'il y a de plus triste, de plus pathétique dans la perte de la jeunesse ?*

— Je crois fermement que chacun récolte ce qu'il a semé, et qu'en cela il y a une justice, même si elle n'est pas immanente. J'ai aussi appris à ne pas avoir d'espérances exagérées. Ça évite bien des déconvenues. Mais c'est vrai, la principale qualité de la jeunesse, c'est l'inconscience, l'absence de peur qui renverse les montagnes. C'est le seul moyen de briser les règles préétablies. C'est encore plus dur aujourd'hui qu'à notre époque. Le monde a changé brutalement en 1973, et pas seulement le mien. Je suis orphelin de celui dans lequel j'avais grandi et qui a disparu, emportant une partie de mon identité et de celle de mes proches. Cette nouvelle société sans classes vantée par les corporations industrielles et financières n'est qu'un moyen de priver chacun d'identité culturelle propre pour faciliter le profit par les grands nombres et l'uniformisation de la marchandise. La tyrannie de la médiocrité à bon marché. Sans ennemi commun, il ne peut y avoir de mobilisation. Or, désormais, l'ennemi n'a plus de visage et se présente comme étant le progrès et le bien-être. Alors on laisse faire, et la société sans classes tue les rêves et génère ses millions d'exclus...

— *À ce propos, vous donnez le sentiment que vous pourriez à n'importe quel moment rentrer dans le rang, redevenir l'un de vos fans, ou de vos personnages.*

— Merci du compliment. Quand j'ai commencé avec les Kinks, j'étais conscient d'une chose : je sais qui je suis, il faut faire avec même si ça n'est pas glorieux, et je ne changerai pas. Ça marche aujourd'hui – et cet aujourd'hui s'est prolongé depuis une vingtaine d'années –, mais je dois toujours être prêt à affronter le jour où ça ne marchera plus, où je serai rejeté. C'est ce qui m'a permis de conserver le contact avec la réalité. Rien ne sera grave. C'était le message de « Waterloo Sunset » : même si j'y suis triste de voir disparaître un monde que j'aimais et qui ne sera plus jamais le même, la poésie, c'est se consoler de savoir que demain verra un autre coucher de soleil et qu'il y en aura encore, bien longtemps après ma mort. La vérité de la musique est ce qui compte avant tout, pas l'intérêt que le public y trouve. Les meilleurs maîtres sont ceux qui vous permettent de vous découvrir vous-même.

— *Qu'attendez-vous de la vie ?*

— Le Grand Soir, ou tout simplement le prochain soir. Ce soir ?

Pete Townshend : L'Innocent

« À mon âge, avec ma notoriété, ma fortune, la pérennité et la régularité de mes revenus, personne au monde ne peut rien contre moi. J'ai le pouvoir absolu de faire ce qui me chante et d'envoyer foutre qui je veux. Je suis un homme », s'exclame à quarante-quatre ans l'auteur de l'hymne de « My Generation », qui proclamait avec les Who en plein cœur du Swinging London, hypertendu par les amphétamines purple hearts : « J'espère mourir avant d'être vieux ! »

Il plastronnait. La faute à la police des mœurs anglaise, qui l'accusera de visiter plusieurs sites pédophiles, affaire dont il sortira finalement blanchi (il se serait en fait livré à des recherches en vue d'un ouvrage sur sa propre enfance molestée), mais qui n'est pas passée loin de faire de lui un nouveau Jerry Lee Lewis, dont la carrière fut brisée lorsque la presse anglaise découvrit qu'il avait épousé sa jeune cousine de treize ans. Autre temps (quarante-cinq ans plus tard) autres mœurs, mais quand même, cet obsédé de la pureté à la Gérard Manset de « Lumières » aura eu chaud.

Dès 1989, Pete Townshend a les cheveux gris, la barbe poivre et sel, souffre d'acouphènes, porte des costumes stricts de Bond Street, supervise l'adaptation théâtrale de *Tommy* qui triomphe à Broadway comme sur Shaftesbury Avenue, dirige une collection chez l'éditeur Faber & Faber, gère son alcoolisme chronique en même temps que l'héritage des Who – le plus violent de tous les groupes anglais –, reçoit dans un hôtel particulier proche de Baker Street, et pourtant, blagueur, provocateur, les yeux pétillants de malice mais toujours prêts à s'humidifier, a gardé son âme d'enfant.

Tout à l'heure, sous la pluie anglaise, dans le square attenant à ses bureaux, il s'adressera à Antoine de Caunes par caméra interposée, le sermonnant sur sa syntaxe volontairement déficiente pour la version de *Rapido* sur la BBC : « And by the way, this is English as *she* should be spoken. » Jean-Denis Bredin n'aurait pas fait plus « vieille France » !

Nous nous étions connus en novembre 1985 pour la sortie de la traduction de son bouleversant recueil de nouvelles, *Horse's Neck*, sur la page de garde duquel il avait inscrit à mon attention, sans que je lui demande rien, « Merci du coup de main ». Nous nous reverrions à trois reprises, et, chaque fois, il sera aussi parfait gentleman, drôle et attentionné, amer aussi, ne sachant dissimuler derrière un cynisme de façade une sensibilité extrême et une désillusion profonde, quoique toujours contrôlée. L'opposé absolu du guitariste possédé, multipliant les bonds et les moulinets de flamenquiste électrocuté qui l'ont rendu mythique à la tête des Who, que je vis dans un de leurs derniers moments de gloire, au Parc des Expositions de la porte de Versailles en 1974, avant la mort du plus fantastique (et fantasque) batteur que le rock connaîtra jamais, Keith Moon, tellement explosif qu'il obligeait Townshend à construire le répertoire du groupe en fonction de ses barouds de toms et de double grosse caisse.

Esprit particulièrement lucide, auteur de vignettes irrésistibles qui ont défini la jeunesse anglaise des années 1960 comme Chuck Berry l'avait fait pour celle de l'Amérique et de la décennie précédente, mais aussi d'allégories qui exprimeraient l'inconscient collectif de ses contemporains, Townshend fut un des rarissimes « dinosaures » à être épargné par la rébellion punk, devenant même un véritable gourou pour certains, comme Paul Weller des Jam.

Éditorialiste épisodique dans la presse anglaise (*NME*, *Melody Maker*) et américaine (*Rolling Stone*, *Creem*), Townshend, avec sa conscience générationnelle aiguë, est sans doute le meilleur théoricien que le rock a connu. C'est ce qui en a fait pareil porte-parole, lui qui, à l'origine, avec son impossible tarin, ses oreilles décollées et sa silhouette efflanquée, cherchait si désespérément à s'intégrer qu'il transformait le groupe qu'il avait fondé dès 1959 avec le querelleur prolo Roger Daltrey et le placide John Entwistle en porte-voix du mouvement mod qui s'emparait de l'Angleterre. Des premiers accords nerveux de « I Can't Explain », dérivés de ceux des Kinks, au fracas libérateur de « Anyway Anyhow Anywhere », de la rage exultante de « My Generation » aux angoisses identitaires de « Substitute » (qui suis-je ?), « I'm A Boy » (que vaux-je ?) ou « Pictures Of Lily » (qui baise-je ?), Townshend explore depuis 1965 la psyché fragile et à vif de ceux qu'il souhaite pour semblables, exprimant chaque aspect de leur malaise, ce « suis-je désiré ? » de leur « teenage wasteland » qu'ils cachent dans la grégarité mod ainsi idéalement résumée : « The Kids Are Alright ». Son talent résidera dans sa capacité à décliner toutes les facettes de ce mal-être, du trivial (la masturbation, l'infidélité, les animaux) à l'universel (la religion, la politique, la révolution). Mais comme en atteste sa carrière solo, fort inégale, Townshend et sa voix fragile, quoique émouvante, avaient besoin d'un véhicule d'une puissance phénoménale pour transmettre ses formidables déclarations, d'unité comme d'individualité. Généralement considérés comme « le meilleur groupe de rock du monde sur scène », les Who étaient sa machine de guerre, comme John Lennon, autre élève des Beaux-Arts, rêvait que les Beatles fussent la sienne. Par la furie des caisses de Moon, le tonnerre de la basse d'Entwistle, la rage de Daltrey et son apparence de guerrier viking sous ses longues boucles blondes et sa veste à franges indienne en daim de Sauveur bon sauvage hippie, le message de Townshend, soudain guitariste libéré et polémiste avéré, devenait effectivement celui d'une génération nourrie des idéaux des années cinquante (les existentialistes, les poètes beat, les situationnistes), qui conquerra le monde en forgeant la légende des Sixties, cet âge d'or du rock – et pas seulement.

Inévitablement, il s'essoufflera en même temps que le mouvement, vaincu par l'âge, l'abondance, la crise, l'effritement, l'atomisation. Lorsque Keith Moon meurt en 1978, les Who sont déjà obsolètes. Ayant bouclé la boucle avec *Quadrophenia,* qui revient sur l'épopée mod et ses anxiétés adolescentes, Townshend, trente ans en 1975, n'arrive plus à mettre le doigt sur le pouls de ses contemporains, passés à autre chose, pas plus qu'il ne parvient à prendre celui des punks qui l'épargnent, mais lui prennent son royaume. Il se débat encore avec panache, en même temps qu'il admet l'évidence de son échec, disant son désarroi (« Who Are You ») et son problème (« Music Must Change »). Il s'entêtera pourtant à poursuivre l'aventure, arrivant en 1989 à ce paradoxe : faire tourner sous la bannière des Who un orchestre d'une quinzaine de musiciens jouant leur musique tout en stipulant qu'il ne s'agit que d'une leçon d'histoire, d'une exploitation nécessaire de la nostalgie, et qu'en aucun cas les Who n'ont encore de vie créatrice.

Toute sa carrière solo connaîtra ce dilemme : comment rester pertinent, parler au nom d'une communauté, quand on est aux prises avec l'apathie de l'époque, une sévère addiction au cognac, un mariage longue durée mais qui bat de l'aile et des convictions religieuses qui éloignent du quotidien (depuis 1968, Pete est un disciple de Meher Baba, gourou indien qui inspirera largement son écriture, et pas seulement « Baba O'Riley »). Tiraillé entre tubes légers (« Let My Love Open The Door », « Face The Face »), archives (la série *Scoop*), relecture (une flopée de live, en solo ou avec les Who), ambition qui fait « pschiitt » (*White City*, *Iron Man*, *Psychoderelict*), remords (ses diverses collaborations avec Roger Daltrey) et tentation (les Who, régulièrement refourbis encore aujourd'hui), Townshend fait désormais figure de retraité se contentant de commenter sa propre histoire et l'évolution d'un genre qu'il a contribué à mythifier et qui lui échappe depuis, quelle que soit la justesse de son jugement sur ce décalage insurmontable.

La dernière visite que lui fit *Rapido*, début 1990, dans le studio où il retravaillait les titres de *Lifehouse*, le projet qui devait suivre *Tommy* et qu'il n'acheva jamais, fut particulièrement enrichissante. Désabusé, enjoué, il devenait soudain tremblant de rage et d'émotion lorsque le rap fut évoqué. « Bien sûr, ce sont les rappeurs qui font aujourd'hui ce que nous faisions, et ils le font avec une facilité, une spontanéité, une candeur et une sincérité que nous n'avons jamais eues. Pourquoi ? Tout simplement parce qu'ils sont *meilleurs*. »

Nous qui savons ce qu'il entend par là, petits blancs européens nés juste après la guerre dont nous espérions qu'elle serait la dernière, et qui souffrons justement tant de ne pas connaître cette capacité d'expression directe, simple, communicante, qui vient naturellement aux Noirs qui ont inventé ces musiques auxquelles nous nous sommes identifiés, nous qui pensons à la mort parce que nous n'avons pas (plus ?) le sens du peuple, de la tribu, de la communauté, de la solidarité, et qui l'avons recherché là comme planche de salut et de sens à nos vies, ne pouvons que lui être reconnaissants d'avoir su, comme Dylan et les Beatles, et les Stones, et les Doors et Neil Young et Springsteen et tant d'autres, nous dire qui nous étions pour que nous puissions, même un instant, savoir d'où nous venions, et envisager où nous allions. « Behind Blue Eyes ».

YVES BIGOT : *Qu'est-ce qui rend impossible aujourd'hui au rock – et donc aux Who – de faire autre chose que de s'autorecycler indéfiniment ?*

PETE TOWNSHEND : La différence entre rock et pop s'accentue chaque jour, avec cette curieuse constatation que, depuis le début des années 1980, la pop s'est renforcée et que c'est le rock qui s'est fossilisé. La pop, par définition légère et inconsistante, a trouvé un moyen de se mêler à son tour de l'état des choses, là où le rock mettait depuis toujours un point d'honneur à traiter de l'état des choses dans sa matière même. Pourtant, aujourd'hui, les musiciens pop s'attaquent aux problèmes politiques, écologiques et sociaux autrement. Le meilleur exemple reste *Live Aid*, où l'équilibre entre purs et durs et représentants de la variété populaire était parfait, et où les seconds se sont montrés aussi efficaces que les premiers. Pourtant l'événement était capital pour les porte-parole rock : pour une fois, les promesses que leur nature intrinsèque implique d'importance étaient tenues, et de quelle façon ! Mais maintenant, les adolescents qui écoutent de la musique sont tellement bombardés de nouvelles des problèmes du monde entier grâce à une infrastructure médiatique foisonnante et un journalisme si performant que, pour eux, les chansons doivent d'abord être superficielles et divertissantes. Ça ne veut pas dire que les auteurs et les compositeurs n'ont pas de conscience sociale, mais leur public en est tellement saturé qu'il n'y réagit pas aussi bien qu'auparavant, à quelques alibis près. Bien que les artistes aient toujours affirmé que leur rôle est de refléter la société et de la faire réagir à leurs œuvres, le rock, lui, avait toujours atteint ce but sans prétention artistique, seulement par la célébration communautaire qu'il déclenche et suscite. Ce qui confère un pareil pouvoir à la musique, c'est qu'elle offre une focale, sociale et politique, aux individus, et leur permet de se retrouver quasi tribalement, dans les concerts en particulier. Or désormais, je me sens terriblement insécure. Au sens social, pas jungien ou freudien. Je ne vois aucun rôle pour moi, ni pour quiconque, dans la société. Pourtant chacun devrait savoir quelle est sa place, sa responsabilité, la contribution qui est la sienne, dans la société à laquelle il appartient. Sinon, rien ne tient. Que la douleur, qui est toujours la raison de toute expression en ce qui me concerne.

— *Et notamment celle du blues.*

— La voix extraordinaire d'un bluesman comme John Lee Hooker est celle de quelqu'un qui ne sait ni lire ni écrire. Ça vient d'ailleurs. Le blues est *le* moment de la libération des Noirs aux États-Unis. C'est l'émancipation, la révolution. Ce qui rend le rock si important, capital, c'est justement qu'il vient du blues. De cette fantastique solitude. Comment comprendre quoi que ce soit à Michael Jackson, Prince, U2, Springsteen ou à la vidéo de Madonna pour Pepsi-Cola avec son Christ noir et ses croix en flammes sans en comprendre le contexte, sans connaissance des raisons pour lesquelles les choses sont telles qu'elles sont, sans les Beatles, les Stones, les Who, Dylan, Chuck Berry, BB King, Jimmy Reed, Louis Jordan, les Soul Stirrers, le gospel, l'esclavage.

— *Ce qui pose le problème de la culture, alors que le rock est justement celle de la jeunesse, donc de l'inexpérience.*

— La forme suit la fonction, disent les architectes. C'est vrai pour le rock. La fonction du tube de trois minutes est très simple, et très noble. C'est l'enfant en moi qui s'adresse à l'enfant en vous. L'erreur que commettent tous ceux qui sont obsédés par l'idée que le rock ne peut être autre chose qu'adolescent, c'est qu'ils confondent l'adolescence et l'enfance. L'adolescence est cruciale, mais parce que c'est le moment où l'on décide quelle proportion d'enfance on gardera avec soi pour le reste de l'existence. *Tommy*, c'est cette innocence, cette naïveté, c'est ma propre histoire. *Quadrophenia* aussi, tout comme *Iron Man*. Mais avec le temps, je me suis aperçu que la structure d'une histoire complète me plaçait dans les meilleures conditions possibles pour continuer à écrire des chansons de trois minutes qui expriment au mieux le pathos de ce que je ne suis plus. Je considère le rock comme une forme d'art, un mouvement esthétique et de pensée qui dépasse de très loin le seul cadre de la musique, du tube générationnel de trois minutes, et devient une idéologie, une façon de vivre, comme le Bauhaus. Le rock fait partie de l'identité de l'Amérique. L'Europe y participe de manière étonnante, décisive aussi, parce qu'elle a toujours été sensible à l'art, elle a toujours su l'identifier. Je ne sais pas combien de temps ça continuera, mais je suis tellement fier d'y avoir participé, de l'avoir créé en partie. Entendre une chanson qui te donne le sentiment que quelqu'un pense comme toi, te ressemble, connaît les mêmes peurs, mais reste optimiste, est fort, mais pas violent, est confiant, mais sans arrogance, peut s'éclater, mais sans oublier ceux qui pleurent, c'est ça, la grandeur du rock. Et ça me rend triste pour les gens qui ne peuvent pas comprendre ça. La littérature m'intéresse mais parce qu'elle a l'avantage de présenter plus de sujets possibles que le rock. Elle est plus étendue. Plus facile, plus simple, moins essentielle, donc.

— *Voilà qui va faire bondir !*

— Et alors. Qu'est-ce qu'ils en savent, ceux-là ? Je rencontre des gens qui me disent avec condescendance : « Ça a dû être intéressant, le rock. » Ça veut dire quoi, intéressant ? Le rock, il n'y a rien d'autre. Amenez-moi Harold Pinter, et je lui démontrerai que ce que je fais est bien plus artistique que lui. Il joue avec les dialogues, la conversation. Moi, je m'occupe de l'enfant en chacun. C'est plus important, sacré, plus proche de Dieu. Pas de comparaison possible entre Little Richard et Balzac. Little Richard est le maître. Je suis un fanatique du rock, un fondamentaliste.

Roger McGuinn : L'Oyseau blessé

« Il n'y a que les Byrds pour me faire un effet pareil », devait me dire Nick Kent, mythique journaliste anglais, à qui je venais, trois jours plus tôt, de rapporter de New York le coffret *Columbia Legacy* de quatre compacts serti de mirifiques inédits de son groupe préféré, et qui, l'écoutant en boucle, n'avait pas fermé l'œil depuis.

Moi itou. Sans doute parce que ces Beatles américains, donc maudits, n'ont jamais, au-delà de leur première année triomphale, rencontré le succès qu'appelaient leur son carillonnant, leurs guitares magiques, leur basse tourbillonnante, leurs harmonies pulpeuses, leurs voix spleen (McGuinn, Gene Clark, David Crosby, puis Gram Parsons et même Chris Hillman), leurs chansons lumineuses et tristes à la fois, comme un sourire à travers les larmes, ils occupent depuis une place tout à fait spéciale dans la mythologie rock, donc le cœur des fans. Celle de héros sans médailles, d'amoureux sans amour, de cœurs purs bafoués. Seul le Velvet Underground partage pareil statut, entre culte et légende, pour cause d'équivalent et tout aussi scandaleux insuccès.

C'est qu'en dehors du folk-rock (chanter Dylan à la manière des groupes anglais), style que lancera à elle seule leur version électrique de « Mr. Tambourine Man », numéro un mondial au printemps 1965, leurs différentes innovations, souvent révolutionnaires, toujours inspirées, furent toutes trop en avance sur les modes pour profiter autrement qu'à leur mythe, et enrichir leurs multiples épitaphes possibles : le rock-jazz psychédélique de « Eight Miles High », au solo inspiré par John Coltrane et Miles Davis, que relaiera le cynique « So You Wanna Be A Rock'n'Roll Star », avec

Charles Lloyd au sax et Hugh Masekela à la trompette ; le raga-rock merveilleux de l'album *Younger Than Yesterday*, où la musique indienne rencontre l'acid rock californien ; le country-rock de *Sweetheart Of The Rodeo*, sous influence de Gram Parsons, qui inspirera le virage country de Dylan et les carrières de toute une génération de cow-boys rock, des Eagles à Dwight Yoakam, d'Emmylou Harris à Garth Brooks, de Nashville à Bakersfield. Comme si ça ne suffisait pas, le malheur rôde et frappe, emportant êtres (Gram Parsons des suites d'une overdose, Clarence White dans un accident, Gene Clark de malheur, Michael Clarke de cirrhose) et opportunités : c'est d'entrée la reprise discourtoise de la reprise de « All I Really Want To Do » par Cher, opportuniste, indélicate ; puis « Eight Miles High », stupidement censuré par les radios américaines, les privant d'un troisième numéro un consécutif après « Turn, Turn, Turn » ; enfin, le rendez-vous historique avec Dylan pour enregistrer avec lui son album *John Wesley Harding*, manqué à cause de la vengeance d'un manager évincé et revanchard. À quoi il faut ajouter une volatilité extrême, les aller-retour incessants du génie tourmenté Gene Clark, les conflits et la rivalité entre McGuinn et Crosby concernant la loyauté de ce dernier, toujours enclin à la promiscuité avec Buffalo Springfield (il chante sur « Rock'n'roll Woman » et remplacera Neil Young au festival de Monterey) et Jefferson Airplane (à qui il offrira finalement le ménage-à-trois hippie « Triad », rejeté par McGuinn), la sécession Flying Burrito Brothers (fondé par Parsons et Hillman, soit cinquante pour cent des Byrds de 1968), les innombrables réunions manquées, ratées, différées, autrement nommées (McGuinn, Clark & Hillman)...

Cette gloire avortée, ces échecs répétés, cette guigne imméritée, ont contribué à faire des Byrds, champions sans couronne, le groupe le plus copié, imité, pillé, de la planète : si une musique si parfaite, complète, euphorisante ne leur apporte pas la fortune, elle nous l'apportera peut-être, ont conclu, génération après génération, tous ceux qui, pour un tube ou pour la vie, se sont épris de voler ainsi à leur tour : Sonny and Cher, Simon and Garfunkel, les Turtles, Manfred Mann, les Mamas and Papas, Love, l'Airplane, Moby Grape, dès le décollage ; les Eagles, les Doobie Brothers,

Blue Öyster Cult, Big Star, Tom Petty, les Smiths, par la suite ; REM, Crowded House, les Stone Roses, Ride, Teenage Fan Club, Soul Asylum, les Lemonheads, plus tard ; Polnareff, Laurent Voulzy, Étienne Daho, jusqu'ici, tous séduits par ce son de guitare inouï, véritable baume d'harmonie dans un monde déchiré.

Je les avais vus jeter leurs derniers feux glorieux, barbus et droits, bibliques, au MIDEM 1971, devant un public guindé, qui n'en croyait ni ses yeux ni ses oreilles, et s'en moquait généralement. Cette dernière formation (McGuinn, Clarence White, Skip Battin, Gene Parsons), la meilleure en concert, semblait bien partie pour reconquérir les lauriers cent fois mérités. Las, elle disparaîtra dix-huit mois plus tard, face à la perspective de reformation du quintet originel, dont l'échec piteux convaincra McGuinn, unique fil rouge, leader et garant d'excellence, de laisser les Oyseaux au nid et de tenter à son tour sa chance en solo. Mais pour lui, la chance n'a jamais été bonne maîtresse. Et sa longue amitié avec Dylan, jamais démentie en dépit des hauts et des bas, ne lui a pas permis d'accéder au statut qui lui revenait de droit. Il y avait pourtant eu l'admiration, puis la cour, Dylan se pointant au Ciro, sur Sunset, pour chanter avec les Byrds leur version réellement « jingle-jangle » de « Mr. Tambourine Man ». Puis les cafouillages de 1968 : le rendez-vous manqué en studio à Nashville, que Dylan prendra pour un crime de lèse-majesté ; « The Ballad Of Easy Rider », dont Dylan, pressé par Dennis Hopper, fournira une seule phrase à Peter Fonda (« The river flows, it flows to the sea/Wherever that river goes, that's where I want to be »), avec pour instruction de la donner à McGuinn pour qu'il la termine (« il doit en être capable »), et pour ordre qu'il la signe seul, parce qu'on ne mélange pas les torchons et les serviettes ; l'inversion dyslexique d'une phrase du refrain de « You Ain't Going Nowhere » par les Byrds, qui suscitera cette cinglante réponse, à l'occasion de *Bob Dylan's Greatest Hits, vol. 2* : « Pick up your money and pack up your tent, McGuinn, *you* ain't going nowhere. » Puis la réconciliation, grâce à l'ultime tube des Byrds. « Y a-t-il une chanson que vous auriez voulu écrire ? », demande alors le magazine *Rolling Stone* à Dylan. « "Chesnut Mare", répond-il sans hésiter ; là, McGuinn m'a bluffé. » Il l'invitera dans la foulée à jouer du banjo et de la guitare sur la bande originale de *Pat Garrett & Billy The Kid*, que Mister D. compose, et se fendra en retour d'un solo d'harmonica sur « I'm So Restless », formidable premier album de McGuinn solo, qui ne connaîtra toujours pas, lui non plus, le succès mérité. Il y aura ensuite la mythique *Rolling Thunder Revue*, et cette version de « Knockin' On Heaven's Door » en duo que les collectionneurs se sont longtemps arrachée grâce aux pirates et au EP promo du film *Renaldo And Clara* où on les entend l'interpréter (depuis disponible sur l'album de Dylan *The Bootleg Series Volume 5*, consacré à cette aventure magique).

Chrétien pratiquant depuis la conversion qui l'a conduit à changer de prénom, Jim devenant Roger en 1967, McGuinn était aussi chez Dylan, assis avec lui sur les marches de sa maison de Malibu, le soir où ce dernier connaîtra la révélation qui conduira à sa propre conversion au christianisme. Et, en 1987, il constitue le bonus surprise de la tournée *Temple's In Flame*, réunissant Bob Dylan et Tom Petty. Commençant généralement avant l'heure, pendant que le public s'installe encore, accompagné par les Heartbreakers, il essuie magnifiquement les plâtres d'un concert souvent lamentable, Dylan ivre et Petty déconcentré. C'est alors, dans une caravane, sous la pluie battante d'un stade milanais, que je lui parlai pour la première fois, pour mon reportage de *Libération*. Quelques jours plus tard, je le rencontrai de nouveau, à Paris, rue de Berri, par l'intermédiaire de Tom Petty. Grand, costaud, un peu gauche, à la fois affable et sur la défensive, car se sentant agressé par mon enthousiasme sans doute excessif à ses yeux pour l'état de sa carrière sinistrée, en jeans, santiags, chemise à carreaux et gilet de cow-boy, le modèle de Peter Fonda – Captain America – pour son personnage de *Easy Rider*, répète, pour la cent millième fois, la triste et glorieuse histoire des Byrds, groupe existentiel par excellence, maître dans l'art de transcender le malheur, de sublimer le chagrin...

Mais c'est un vendredi soir de l'hiver 1991, assez tard, au premier étage du Fouquet's, que Philippe Desindes, alors directeur de RCA, me permettra de dîner avec l'une des rares légendes encore vivantes à laquelle j'avais sincèrement envie de dire mon affection. Le regard était toujours aussi bon, mais un peu vague, le sourire généreux mais navré, la parole claire, nasale, mais inquiète, dérangée, le pas volontaire quoique parfois mal assuré. Et la consigne : ne pas le fatiguer, ne pas le troubler, le laisser souffler, faire ce que sa femme-manager Camilla dirait. *Back From Rio*, son premier disque depuis dix ans, ne trahissait pourtant nullement cette fragilité, retrouvant les mélodies lumineuses, les guitares chantantes, l'émotion à fleur de peau et l'énergie exubérante de ses plus beaux jours, ce sens de la solidarité et de la convivialité qui caractérisait les années 1960. Mais voilà. Roger McGuinn, à la guitare Rickenbacker douze cordes électrique pionnière dont le seul écho vif-argent est virtuellement synonyme de perfection sonique pop, à la voix meurtrie de miel et de lait, a trop donné et subi du destin pour ne pas sentir la gêne l'envahir à l'idée de toujours devoir ressasser le passé, qu'il dépoussière depuis en postant sur son site Internet virtuellement chaque semaine une *Postcard From The Folk Den*, préservation du patrimoine de la musique traditionnelle américaine, pendant que le reste du monde du rock continue de triompher avec le son enivrant qu'il inventa un beau jour californien de 1964.

YVES BIGOT : *Comment avez-vous passé ces onze années au cours desquelles vous n'avez plus enregistré ?*

ROGER MCGUINN : Après l'échec de l'aventure McGuinn-Clark-Hillman, ma femme Camilla et moi avons décidé de faire le point et d'oublier les vicissitudes de ma carrière. De quoi avions-nous réellement besoin pour survivre et être heureux ? Pas grand-chose, en vérité. Nous avons donc réduit nos frais au maximum, pris une petite maison sur la plage en Floride, à Saint Petersburg, loin du business de la musique, acheté un motor-home bon marché, dans lequel il y avait seulement notre lit, une gazinière et un réfrigérateur. J'y ai jeté quelques-unes de mes guitares, et nous sommes partis en tournée là-dedans. On a sillonné le pays en prenant notre temps, en profitant de la vie et du paysage, comme je ne l'avais jamais fait. Je jouais dans de petits clubs où je voyais les visages des gens et où ils pouvaient taper dans leurs mains et chanter avec moi à leur guise. Après toutes ces années de folie et de tournées avec des musiciens de rock, j'avais eu envie de suivre le conseil que m'avait prodigué Ramblin' Jack Elliott pendant la *Rolling Thunder Revue* : retrouver une dimension humaine, un contact véritable. Il m'a fallu m'habituer à ne plus vivre à Malibu, à ne plus conduire le dernier modèle Mercedes et à tout faire moi-même. Mais dès que cet ajustement a été réalisé, c'est devenu très agréable.

— *Pendant toute cette période, vous n'avez rien publié. Seul John Fogerty et vous avez eu le courage d'une aussi longue abstinence.*

— Les seules compagnies intéressées étaient de petits labels, à la distribution limitée. Chez eux, mes chansons auraient été comme des enfants que j'aurais envoyés à l'orphelinat. J'ai préféré ne pas céder à cette tentation, un peu vaine, et attendre des jours meilleurs, sans garantie qu'ils reviennent. Ainsi, je n'étais dépendant de personne. À la fin des années soixante-dix, je ne travaillais plus que pour nourrir mes comptables et mes avocats : j'étais devenu leur employé, quasiment leur esclave, alors que c'étaient eux qui étaient censés s'occuper de moi et de mes affaires. Il aura fallu une dizaine d'années pour que les maisons de disques s'aperçoivent que j'étais toujours en parfait état et se disent que puisque mon style connaissait un pareil succès par REM et par Tom Petty, pourquoi ne pas me redonner ma chance ? J'étais en tournée avec Crowded House, avec qui je venais d'enregistrer les *Byrdhouse Sessions*, quand les premières propositions sont arrivées.

— *Ça ne vous a pas rendu trop amer de voir tant de gens faire fortune, et tant de unes, en copiant votre son de telle façon, pendant que vous végétiez ?*

— Pas du tout. Tom Petty est un frère pour moi. Je suis très fier de son succès. Ça m'amuse, bien sûr, quand j'entends des gens dire que je le copie ! Mais c'est la vie. Moi, par exemple, je ne réalisais pas que John Coltrane s'était autant inspiré de Dexter Gordon...

— *Et on a bien dû accuser les Byrds de populariser un peu trop Bob Dylan, en leur temps...*

— J'avais déjà rencontré Bob à New York, quand nous jouions tous les deux à Gerde's Folk City, dans le Village. Et il est venu nous voir en répétition à Los Angeles, en 1965, peu avant l'enregistrement de « Mr. Tambourine Man », pour nous donner sa bénédiction. « On peut danser sur votre version » était, de sa part, à cette époque où il était l'équivalent moderne de Shakespeare, le plus formidable compliment, presque une sanctification. Et « All I Really Want To Do » lui a tellement plu qu'il n'avait pas reconnu que c'était l'une de ses chansons ! Mais le sommet de notre relation personnelle, ce fut au cours de la *Rolling Thunder Revue*. L'atmosphère y était très chaleureuse, décontractée, bohémienne. C'était la réalisation de nos rêves à tous les deux, même si ça n'a duré que quelques trop courtes semaines.

— *Les Byrds n'existent plus depuis près de vingt ans, et pourtant, on ne les a jamais tant loués, ni autant entendus. Selon vous, quelle a été leur contribution à l'histoire du rock ?*

— Nous avons mélangé folk et rock'n'roll, presque par accident. Je jouais du folk à Greenwich Village quand j'ai entendu les Beatles pour la première fois : j'ai tellement aimé ce qu'ils faisaient que j'ai voulu combiner les deux. Quand Gene Clark a entendu ce que j'essayais de faire, il s'est aussitôt précipité pour écrire des chansons avec moi. Ensuite, David Crosby a absolument tenu à superposer sa voix aux nôtres, pour créer ces harmonies très particulières : les Byrds sont nés comme ça, spontanément. Un an plus tard, nous étions copains avec Dylan et les Beatles ! Nous échangions des plans de guitares, et faisions la fiesta ensemble, tantôt en Californie, tantôt à Londres. C'est David Crosby qui a branché George Harrison sur Ravi Shankar et qui lui a montré ses premiers accords de sitar sur sa douze cordes. Nous avons souffert de pas mal d'incompréhension parce que nous voulions toujours innover, ne jamais refaire deux fois la même chose. Ça nous a desservi en termes de succès immédiat, mais c'est ce qui fait notre valeur aujourd'hui, notre pérennité. D'ailleurs, ce sont les Beatles qui nous ont toujours servi de modèle. Ils nous disaient souvent, avec affection : « Attention, si vous voulez durer, ne laissez jamais personne vous étiqueter, vous enfermer dans un genre, vous réduire. »

David Crosby : Le Miraculé

Lorsqu'il fait son entrée, d'une démarche de pachyderme, dans le hall rococo du Plaza-Athénée, ce qui m'impressionne, c'est sa corpulence. Il a l'énormité d'un lanceur de marteau : épaules et bras de bûcheron, qui lui vaudront un rôle de pirate dans *Hook*, ventre pneumatique, cul démesuré ; l'enflure généralisée, cou distendu, double menton de dindon, peau criblée de taches blanches. Un air de Louis XIV, malgré tout, grâce à la moustache de phoque, arrondie, et cette tignasse versaillaise, entre blond et gris, aux airs de postiche. Le tout compensé par une taille de deuxième ligne, qui donne rétrospectivement du poids (sic) à la métaphore rebelle de la photo sépia de l'album *Déjà Vu*, avec les deux autres costauds de Buffalo Springfield (Stills et Young), le gringalet anglais des Hollies (Nash) et leurs compères d'alors.

Est-ce cette robustesse foncière qui a permis à Crosby, bavard porte-parole de la génération Woodstock, de survivre aux abus incroyables qu'il s'est infligés tout au long d'une existence joyeusement dédiée à l'exploration, voire à l'inventaire, des paradis artificiels connus de l'homme ? Possible, même si, aujourd'hui, l'effort le plus banal (il revient de visiter l'expo Gauguin au musée d'Orsay avec sa femme Jan) l'épuise au point de le faire souffler comme l'éléphant de mer qu'il est devenu. Et si, du coup, il évoque plus Claude Bez que Gengis Khan, je ne peux m'empêcher de lui témoigner une réelle admiration, celle qu'on doit au survivant de pareilles expériences chimiques internes, qui avait le culot – et la franchise – de déclarer, à peine sauvé, lors d'une conférence devant les bleubites d'un quelconque cours de créativité d'une université américaine : « Pas une fois, tout au long de mon existence, je n'ai joué une note de musique, je ne suis monté sur une scène sans être complètement défoncé. »

Là, lorsqu'il revient, guitare Martin à la main, après dix minutes de repos accordées pour permettre à son pouls de retrouver un rythme humain, il n'a visiblement pas récupéré : son imposant postérieur dérape sur le bord du fauteuil, qui bascule : voilà le patapouf à deux doigts de se retrouver les quatre fers en l'air. Pas ébranlé, il se reprendra peu à peu. Après trois ou quatre faux départs où il se mélange les phalanges, il finit par sortir une version impeccable de « Tracks In The Dust », sa meilleure chanson depuis des lustres, toute interrogation existentielle au regard mouillé, comme c'est sa marque de fabrique, la résonance des accords ouverts en soulignant l'universalité. Pendant que l'équipe de *Rapido* capte sa performance, Bill Siddons, manager, s'enquiert de savoir si j'accepterais de traduire en français *Long Time Gone*, l'autobiographie sans fard que son client a publiée quelques mois auparavant. À cette occasion, il est vrai, je m'étais fendu de deux pages dans *Libération*, avec accroche à la une. Déjà la légende, considérable, méritait l'intérêt. Émaillé de ses infidélités répétées aux Byrds comme à CSNY, de ses frasques sexuelles comme le ménage à trois avec Joni Mitchell et Graham Nash dans le chalet de Laurel Canyon qui orne la pochette légendaire du premier album de Crosby, Stills and Nash, application dans la vie de son « Triad » qu'interpréta Grace Slick, laquelle refusait pourtant d'enlever le bas de son maillot de bain sur son schooner, son récit est en lui-même passionnant. Mais ce sont la transparence et la précision avec lesquelles le Cros chronique sa longue et inexorable déchéance qui méritent le respect – et l'étude.

Hirsute, obèse, crasseux, perdant ses dents, couvert de brûlures et d'hématomes, clochardisé, se nourrissant exclusivement de pizzas et de crèmes glacées, viré pour le compte par ses derniers partenaires exténués, définitivement abandonné par ses amis cent fois trahis, criblé de dettes, affligé d'une compagne partageant son hébétude, descendant les doigts dans le nez son demi-gramme quotidien d'héroïne et ses sept grammes de cocaïne free-base (par inhalation de vapeurs chaudes à travers un tuyau de verre coudé), traqué par le FBI, Crosby finissait, à l'issue de tribulations dignes d'un aventurier de la boule perdue, par se rendre à la police de West Palm Beach, en Floride. Il venait de constater que son voilier bien-aimé, sur lequel il s'était si souvent réfugié, le *Mayan*, était désormais en aussi mauvais état que lui, et ne lui permettrait pas de gagner clandestinement le Costa Rica...

Incarcéré au pénitencier de Dallas, où il avait déjà purgé quatre mois de détention début 1985, risquant cette fois jusqu'à cinq ans ferme, confiné au cachot sans la moindre assistance médicale, il terminait là lamentablement un voyage au bout de l'oubli de sept ans, ponctué par le chapelet de ses multiples arrestations. Le magazine *Spin*, concurrent de *Rolling Stone*, n'hésite alors pas à titrer : « La mort de David Crosby ». « Si vous vous demandez comment on peut être aussi con et quand même survivre, lisez ceci », prévient d'ailleurs ce dernier dans la préface de *Long Time Gone*. Finalement libéré sur parole le 22 août 1986 du quartier de haute sécurité de la prison de Huntsville, Texas, où il a été transféré, après onze mois de détention, l'ingrédient secret des harmonies de CSN, chaînon manquant entre les Everly Brothers et Le Mystère des Voix bulgares, n'épargne rien au lecteur : ni l'odeur, ni la lâcheté, ni les mesquineries, ni la torture, morale et physique, ni l'avilissement d'un brillant esprit libertaire, ni les rapports policiers et médicaux qui accompagnent son interminable descente aux enfers.

Fin février 1989, quelques heures avant que n'éclate l'« affaire Allah » de Véronique Sanson, première femme de son compère Stills sur laquelle il ne tarit pas d'éloges, malgré l'épuisement de la machine, l'esprit reste rabelaisien, truculent, excessif, remarquablement alerte, l'œil coquin. L'Obélix baba-cool fera preuve de cet humour vitriolique, de cette sincérité impudique, de cet engagement politique forcené confinant à la paranoïa militante, de cette manie d'avoir un avis définitif sur tout avec une verve semble-t-il intarissable qui ont fait de lui quelque chose comme un John Lennon californien.

C'est sa curiosité insatiable qui fera de cette tête de lard hippie un catalyseur et un innovateur avéré. Ses goûts éclectiques, sa culture musicale tous azimuts pousseront les Byrds – et par ricochet leurs rivaux et contemporains, à commencer par les Beatles, Jefferson Airplane, Love et les Doors – à toutes les audaces, fusionnant tour à tour folk et rock (il fut le premier à jouer « Hey Joe »), puis leur adjoignant jazz (« Eight Miles High », chef-d'œuvre free et psychédélique) et ragas indiennes (l'album *Younger Than Yesterday*), avant de se forger son propre style dès le spleen de « Everybody's Been Burned », raffinant ses accords en open tuning caractéristiques auprès de Joni Mitchell, juste à temps pour les premiers classiques de Crosby, Stills and Nash, dont le sombre « Long Time Gone », écrit après l'assassinat de Bobby Kennedy et le médiéval « Guinevere » qu'enregistrera Miles Davis. C'est encore lui qui se prendra de passion pour les chœurs savants et les mélodies paysannes de Philip Koutev, dont il se procura les enregistrements à Paris au milieu des années 1960, bien avant que le label anglais 4 AD ne les baptise Le Mystère des Voix bulgares, et qui, combinées à la passion de Stephen Stills pour les chants grégoriens, donneront naissance aux harmonies à trois voix qui feront leur gloire.

Ce séducteur et hédoniste invétéré, qui lança aussi, bien avant *Easy Rider* (Dennis Hopper calqua son personnage sur le sien), la mode des vestes indiennes en daim à franges, fanatique de science-fiction, spécialiste de la chanson d'évasion, créa par ailleurs, avec Stills et Nash, Paul Kantner et Grace Slick de Jefferson Airplane, Jerry Garcia, Mickey Hart et Phil Lesh du Grateful Dead et David Freiberg de Quicksilver, une espèce de club de hippies technologiques et ultrapolitisés qui envisagèrent sérieusement de consacrer leur fortune à l'étude de la possibilité de quitter la Terre, menacée par la peste nucléaire, pour aller fonder de nouvelles communautés, pacifiques, dans l'espace. La chanson « Wooden Ships », son premier album solo, le mirifique *If Only I Could Remember My Name*, et le Jefferson Starship originel de *Blows Against The Empire* constituent les reliques discographiques d'un rêve écolo-lysergique qui sera brusquement stoppé par la mort, dans un accident de la circulation, alors qu'elle emmenait leur chat chez le vétérinaire, de sa compagne Christine Hinton, traumatisme qu'il ne parviendra à surmonter qu'après avoir fait son deuil en fouillant pendant quinze ans les tréfonds de l'horreur personnelle.

Mais l'aventure démente de ce pionnier des mœurs ne s'arrête pas à sa rédemption. En novembre 1994, alors qu'il vient de subir une greffe du foie et s'apprête à devenir père pour la deuxième fois (d'un jeune Django), voilà que lui survient un enfant né sous X, James Raymond, musicien de trente-six ans avec lequel il s'empresse de fonder un nouveau groupe, CPR, qui enregistrera plusieurs albums, notamment un excellent *Live At The Wiltern*. Mais il y a mieux. En 1999, la chanteuse Melissa Etheridge et sa compagne, la cinéaste Julia Cypher, lui demanderont de devenir le père génétique de leurs deux enfants successifs, Beckett et Bailey, ce à quoi Crosby s'emploiera avec enthousiasme – et l'accord de sa femme Jan. *Rolling Stone* peut alors titrer : « Famille du XXIe siècle ».

YVES BIGOT : *Vous vous en êtes finalement vachement bien tiré.*

DAVID CROSBY : Je n'y croyais pas. Je pensais que la drogue aurait ma peau, ce qui a failli arriver plusieurs fois : overdoses d'héroïne. J'avais essayé à maintes reprises de mettre un terme à ma dépendance en me faisant hospitaliser et en suivant des cures de désintoxication, mais ça n'avait rien donné. J'étais convaincu que je ne serais pas capable de m'en sortir. J'attendais donc la fin, sans plus me soucier de rien d'autre que du quotidien, qui se résumait à trouver la prochaine dose. Mes amis, Grace Slick et Paul Kantner, Jackson Browne, Graham Nash, Neil Young, ont fait tout ce qu'ils ont pu pour m'aider, mais c'était inutile. Quand on est dans cet état, on nie l'évidence en permanence. On refuse la réalité. Ce qui est bon pour les autres n'est pas valable pour vous. C'est même le principal symptôme. Si tous les alcooliques et tous les junkies marchaient sur Washington, leur bannière proclamerait : « Vous ne comprenez pas, notre cas est différent. » J'ai vu mourir beaucoup de mes amis qui prenaient la même chose que moi, mais ça ne me servait pas de leçon. On ne laisse rien interférer avec son obsession. On se croit toujours plus malin, et la douleur fait se sentir aussi indestructible que la réussite.

— *Le rock, la drogue et la jeunesse sont si intimement liés qu'il est difficile de la condamner sans passer pour un trouble-fête, un ringard, et pourtant c'est indispensable.*

— Chaque drogue est différente. Quand j'ai commencé à fumer de l'herbe, puis à prendre des hallucinogènes, du LSD, ça me plaisait beaucoup et ça m'a fait énormément de bien. Évidemment, pas question non plus d'en prendre tous les jours. Mais c'étaient les années 1960, et nous augmentions le champ de notre conscience, c'était génial. Ça ne faisait vraiment de mal à personne et j'étais persuadé qu'être stoned aiderait à améliorer l'humanité. Le problème, c'est qu'ensuite, pas toujours, mais souvent, on passe à la cocaïne. Déjà, il s'agit de tout autre chose. Elle est mortelle, parce que c'est elle qui te contrôle. Et te conduit à l'héroïne, qui m'a détruit. Après la mort de Christine, je me suis mis à en prendre pour atténuer la douleur. Et là, le problème, c'est qu'on pense que c'est passager, un simple analgésique. Pas du tout : on est accroché, peu à peu, sans s'en rendre compte, et très vite, on est foutu. Mais bon, ça n'est pas à moi de faire la leçon. Je ne peux que témoigner.

— *Pas terrible, comme exemple, pour le peuple éclairé de Woodstock ?*

— J'ai trahi ma génération en cédant aux drogues dures. Je ne sais pas si je pourrai me le faire jamais pardonner, mais les gens que je rencontre, en concert, dans la rue, me montrent de l'affection, m'encouragent. J'ai l'impression qu'ils sont vraiment heureux que j'aie survécu.

— *Le bouquin, c'était de la thérapie ?*

— Bien sûr. Au début, j'ai voulu l'écrire parce que c'était une bonne histoire. Mais ensuite, ça m'a aidé. J'ai été obligé de regarder en face toutes les choses, tout le mal que j'avais fait. Il le faut. Pour pouvoir s'en débarrasser. On ne peut pas poursuivre sa vie en portant des tonnes de bagages de culpabilité et de remords. Depuis, j'essaie de rattraper le temps perdu. Ces aventures m'ont rendu humble. Tu peux avoir l'ego le plus enflé de la terre, quand tu es en taule, les barreaux s'en foutent.

— *Quel goût a la vie, maintenant ?*

— Excellent. Tous ceux qui ont côtoyé la mort, les soldats, les malades, les accidentés, disent la même chose. La vie prend une tout autre saveur ensuite. Quand j'ai retrouvé pour la première fois mon ami Jerry Garcia, du Grateful Dead, qui a connu les mêmes problèmes que moi, qui s'en était sorti aussi et qui est également diabétique, c'était extrêmement émouvant. Nous nous sommes serrés dans les bras l'un de l'autre pendant plus de cinq minutes avant de pouvoir prononcer une parole, tellement nous étions bouleversés de nous retrouver, vivants.

— *Artistiquement, cette fois, quelle est la raison de la longévité de cette génération californienne qu'on avait crue décimée à la fin des années 1970 ?*

— En fait ça va bien au-delà de Crosby, Stills, Nash and Young, Joni Mitchell, Jackson Browne et le Dead : c'est aussi Paul Simon, James Taylor, Bob Dylan. Et il n'y a qu'une explication, c'est que nous écrivons de vraies chansons. Sincères. Honnêtes. Qui viennent droit du cœur, et parlent de ce qui se passe vraiment. Qui nous concernent. Ça n'est pas du théâtre ni du guignol pour les mômes de treize ans. Nous nous adressons à autre chose. Nous essayons d'être des artistes, et nous travaillons dur pour rester au meilleur niveau possible. Les mélodies, les harmonies, la musique, des paroles qui disent la vérité du monde et de notre âme. D'autres nous rejoignent régulièrement : Randy Newman, Tracy Chapman, Sting, que j'adore. « They Dance Alone » m'a fait pleurer.

— *Le problème, c'est que les hippies sont devenus des rock stars. Ils ont fait la révolution, et ils l'ont gagnée, mais seulement pour eux. Du coup, rien n'a avancé.*

— La façon dont ça fonctionne est la suivante. On veut changer les choses, et on a envie que ça aille vite, et jusqu'au bout. Mais, comme Cousteau l'a si bien expliqué, c'est une question d'inertie : la société est un lourd paquebot qui ne peut pas virer comme un Gondolys. Elle veut poursuivre dans la direction dans laquelle elle est lancée, et l'infléchir prend énormément de temps et d'énergie. Nous voulions arrêter la guerre au Vietnam en un an, il en a fallu dix. Nous voulions éradiquer le nucléaire, et aujourd'hui, aux États-

Unis, le programme de développement des centrales atomiques est gelé. Les gens commencent à prendre conscience de l'interdépendance des phénomènes écologiques et peut-être bientôt arriverons-nous à quelque chose dans ce domaine. Déjà, la plupart ont compris que nous n'affabulions pas. Doucement, tout doucement, ça avance. Le rôle d'un homme politique, c'est de ne rien faire. Du tout. Si ce n'est s'enrichir, flatter, et gesticuler pour faire croire qu'il a la situation en main. Le problème est là. Faire pression sur ces types-là en convainquant leurs électeurs. Parce que spontanément, eux, ça ne les gratte pas, que les rues des grandes villes soient remplies de sans-abri. Dans un pays aussi riche que les États-Unis, c'est impardonnable.

Paul Simon : L'Explorateur

Le tonnerre de percussions afro-brésiliennes qu'il fit retentir en 1991, de la Wembley Arena et de Bercy jusqu'à Central Park, c'était le déferlement du tiers-monde, de sa faim, sa dette, sa masse, sa peau, sa formidable énergie (celle du désespoir et des tribalismes forcenés), sur le monde occidental, ses certitudes, ses refuges, ses œillères, celles de l'eurocentrisme et de son impérialisme désormais balisé, le rock.

Tantôt foudroyant comme une catastrophe naturelle, tantôt exutoire comme une explosion de vie, mais toujours inexorable, comme un train fou ou un cyclone, ce grain menaçant, inlassablement relancé par quatre percussionnistes brésiliens, diablotins hirsutes et déments sortis de la boîte de Pandore des polyrythmies amazoniennes galopantes, témoigne combien Paul Simon était bien, comme l'indiquait le nom de cette tournée, *Born at the Right Time*, « né au bon moment » : pour saisir ce glissement du zoo vers la jungle, de l'organisation vers la nature, de la société à la tribu, d'Apollon à Dionysos. Du Val-Fourré à Bagdad, de South Central Los Angeles à Soweto, c'est ce même séisme qui secoue la société à deux vitesses engendrée par le monétarisme arrogant de Wall Street et de ses succursales de Tokyo, de Londres ou de Paris, la paupérisation de populations entières, à l'intérieur même des contrées impérialistes, et la décolonisation, de mauvaise grâce, de cultures perverties par tellement de « vos ancêtres les Gaulois » qu'elles ont fini par nous prendre au mot et se naturaliser de facto, pour la plus grande horreur des « préférences nationales » et autres « seuils de tolérance ». C'est ce même tremblement de terre, venu du tréfonds des inconscients collectifs et des abominables réalités économiques de la géopolitique, qui ébranle la fondation même de l'âme européenne, et, depuis quelques siècles, américaine, faisant symboliquement du rap et de la world music, les héritiers d'un rock désormais tellement polymorphe que ses propres apôtres ne le reconnaissent plus toujours, comme c'est le cas de tout vrai prophète.

Ce phénomène de substitution progressive, « trop lent pour être véritablement excitant et trop rapide pour rester encore confortable », selon la formule du romancier hippie Tom Robbins, personne n'était mieux placé que Paul Simon pour l'analyser. À cinquante ans sonnés, ce juif new-yorkais, de grand-père russe et de mère originaire des Carpates, a en effet tout juste eu le temps d'assister au phénomène correspondant, à l'intérieur même des États-Unis, au cours des années 1950 : comment une culture déracinée (africaine), niée (l'esclavage, auquel il convient d'ajouter l'éducation et la religion, blanches), opprimée (les droits civiques ne datent que de 1963), marginalisée (la dépendance économique, l'éducation, encore), se transformait finalement, par alliance avec les laissés-pour-compte de la classe (race ?) dominante (les hillbillies et white trashes, venus d'Europe chercher fortune ou protection contre les persécutions religieuses) ainsi qu'avec quelques intellectuels volontairement déclassés par pur vague à l'âme (les poètes de la beat generation), en explosion totalement débridée, partie d'un périmètre restreint (la plaine du Delta, le long du Mississippi) à la conquête de la planète en l'espace de quelques mois, une fois la fusion optimalisée. À la recherche d'un nouveau et semblable syncrétisme musical, Paul Simon a donc entrepris de remonter, tel un saumon alchimiste, aux sources de sa propre tradition, voir s'il serait possible de recréer, une fois au large, les mêmes effets à partir de causes transposables, bien que cette fois largement disséminées.

Je venais de quitter Europe 1 après dix-sept ans d'assez bons, et toujours loyaux services, pour aller diriger la programmation musicale de France Inter, m'octroyant entre les deux, les deux seules vraies semaines de vacances de ce que d'autres appelleraient « ma carrière ». À peine arrivé à Salvador de Bahia, le 30 juillet 1990, avec Dominique Dreyfus, agrégée de portugais, comme moi pigiste à *Libération* et alors ma femme, nous fûmes pris en charge par un couple d'antiquaires de l'ancienne capitale du Brésil, Oswaldo et Alberto. En traversant les rues pavées et bosselées de la vieille ville dans leur voiture propulsée à l'alcool de sucre de canne dont la combustion nauséabonde nous soulève le cœur, alerte ! : un déploiement tout à fait déplacé de semi-remorques, de câbles et de matériel vidéo détonne trop pour ne pas exciter notre curiosité. Très vite, Dom identifie Ruy Guerra, le réalisateur des *Fusils* et de *Erendira*, qui se prépare à tourner les premiers plans du clip de *The Rhythm Of The Saints*, le futur album que Paul Simon avait largement enregistré au cours des deux années précédentes, entre Rio et Bahia, avec l'aide du principal producteur local, Mazola. Le soir même, nous voilà ainsi en reportage improvisé, Largo do Pelourinho, place triangulaire pavée et redoutablement pentue, où se tenait jadis le marché aux esclaves de la Marseille brésilienne. Du premier étage du Banzo, ancien bordel devenu taverne, mais toujours tenu par un Français, nous assistons à trois heures de prises fastidieuses, à l'issue desquelles, faisant la queue parmi les touristes américains médusés, les rastas locaux et les gamins hilares, je prétexterai un autographe pour approcher Paul Saint-Simon, ethnomusicologue timide et emprunté, mais toujours professionnellement souriant, accompagné de son fils au look de « headbanger » et d'une compagne dont je ne me souviens pas si elle ressemblait plutôt à Carrie Fisher, la Princesse Leïa recyclée romancière à succès, sa femme précédente, ou à la chanteuse Edie Brickell, qu'il allait bientôt épouser.

Le lendemain midi, c'est en haut des marches de l'église Santissima Sacramento do Passo, immortalisée dans *La Parole donnée*, Palme d'or à Cannes en 1962, que nous rejoignons la troupe, juchés avec notre unique appareil photo sur les grilles du perron : cette fois, Paul Simon est accompagné, comme dans la chanson en question, « The Obvious Child », par la vingtaine de percussionnistes du meilleur afoxé bahianais, le plus afrocentriste d'Amérique du Sud, Olodum. Plus tard dans l'après-midi, après avoir fait la chasse dans les ruelles avoisinantes à toutes les pellicules « preto y branco » disponibles, nous revoilà devant la porte de la même église, parvenant finalement à nous introduire au premier étage de la maison voisine, qui servait de loge à l'équipe technique. Ce seront alors des scènes un peu tendues, mais marrantes, en compagnie d'un gamin des rues choisi la veille parmi ces mômes craspouilles et débrouillards, éternellement dégoulinants de jus de pastèque qui courent après les touristes pour leur vendre ces bracelets porte-bonheur en tissus multicolores du « Senhor do Bonfim » et partir aussitôt en courant, affaire faite ou pas, en se foutant de leur gueule de gros cons de gringos. Celui-là, surnommé Cebolinha (« p'tit oignon »), cabot et fier comme seuls les pauvres savent l'être, vole sans peine la vedette à Simon, notamment dans le break, où tous deux miment le rebondissement des percussions : l'Américain avec application, le homeless brésilien tout en mangeant son cornet glacé, avec autant de dextérité que de dédain pour cet exercice, trop facile pour lui. Il nous faudra encore courir les studios de télé pour racheter le reportage tourné par l'antenne locale de TV Globo afin de compléter pour *Rapido* un sujet que nous comptions réaliser à Rio avec Mazola, le groupe amazonien Uakti et Milton Nascimento sur l'enregistrement de cet album dont ce dernier suggéra l'idée à Paul Simon sur un parking de Los Angeles quelques années plus tôt. Puis contacter les photographes présents, plus doués que nous. Enfin envoyer le reportage à *Libération*, où Serge Loupien, toujours aussi bonasse et amical, ne comprendra cependant pas bien pourquoi je suis pareillement énervé, alors que je l'appelle depuis le téléphone de la maison où je me trouve, en pleine jungle, quarante kilomètres au nord de Salvador, entre les singes qui passent d'un cocotier à l'autre et les colibris qui manquent de me crever un œil à chaque piqué, perché que je suis au sommet du château d'eau où les PTT de l'État de Bahia ont jugé bon d'installer la seule ligne du hameau...

Je ne reverrai Paul Simon que quelques semaines plus tard, timide et précis, fervent mais froid, à Paris, où il garde pas mal d'amis de l'époque où il ne logeait pas au Raphaël, ni à la Trémoille, mais sous le Pont-Neuf, avant qu'un producteur avisé ne remixe « The Sounds Of Silence » avec guitare électrique et batterie pour profiter de la mode folk-rock lancée par les Byrds. C'est à cette époque qu'il avait rencontré Los Incas, qui resurgiront au moment d'« El Condor Pasa ». Par la suite, il y reviendra enregistrer, avec Stéphane Grappelli, et plus récemment, les anciens musiciens de Manu Dibango, Vincent Nguini et Armand Sébal-Lecco.

Enfin, il y aura une rencontre fortuite à New York, l'été suivant, sur le trottoir, devant ses bureaux, dans ce Brill Building que son sens de l'histoire lui commandait de racheter, lui l'auteur-compositeur le plus scrupuleux d'une ville qui a pourtant aussi donné naissance à Lou Reed. Poignée de main rapide et sourire de savant, dix ans avant l'enregistrement du DVD de la tournée *You're The One* lors d'un joli concert à l'Olympia où le poète officiel de l'aliénation new-yorkaise, fan de doo-wop et des Everly Brothers, qui seront les modèles de Tom & Jerry (bientôt rebaptisés Simon and Garfunkel), revisitera somptueusement un répertoire folk rock inaltérable, que le grand public préférera pourtant toujours entendre avec son alter ego d'un demi-siècle et d'un âge d'or, comme ce duo aux querelles incessantes et irrésolues le mythifièrent une bonne fois pour toutes à Central Park en 1981, à l'hippodrome d'Auteuil en 1982 et, dernièrement, à Bercy, le 19 juillet 2004, avec la présence rédemptrice des précieux Everly, preuve que Paul Simon, Lauréat des années 1960, cultive la mémoire comme carburant de sa propre longévité, « Still Crazy After All These Years »...

YVES BIGOT : *Vous donnez très sérieusement des cours d'écriture de chansons à l'université de New York ; vous prenez régulièrement, et depuis toujours, de vrais risques pour faire évoluer votre musique ; qu'est-ce qui vous fait croire que tout cela est aussi important ?*

PAUL SIMON : Ça ne me servirait à rien de me plaindre ou de rechigner. Que je le veuille ou non, je suis destiné à écrire. Parfois facilement, parfois au prix de beaucoup de tourment. Mais c'est mon choix, et je dois m'y plier. Ou tout remettre en question. Faire de la musique, pour moi, s'accompagne d'un grand nombre de responsabilités. Être un créateur, c'est être exposé, et c'est aussi être éternellement insatisfait. Pourtant, s'arrêter, ce serait abandonner le plaisir et un certain nombre de privilèges que la société accorde à un artiste, lorsqu'il est reconnu un minimum. Bob Dylan a été le premier à écrire sur le monde et la vie, avec intelligence et une maîtrise du langage. C'est lui qui m'a encouragé à m'y mettre sérieusement. Habituellement, je m'asseyais et j'improvisais à la guitare jusqu'à ce qu'une mélodie vienne. Ensuite, je devais trouver des fragments de paroles qui y collent, puis développer la mélodie et finir de compléter le texte. Pour *Graceland*, ce fut en quelque sorte pareil, sauf que ma guitare était remplacée par une rythmique entière – que j'ai laissée improviser elle aussi avant de la mettre en forme, de manière à pouvoir y superposer ensuite mes mélodies –, et déjà enregistrée avant que je n'attaque les paroles. Pour ces dernières, c'est dur à expliquer : quand je m'y attelle, des phrases, des idées remontent de mon subconscient et me viennent sans que je comprenne pourquoi. Si elles sonnent bien ou sont intéressantes, je les conserve et je m'attache à les analyser de manière à pouvoir organiser la chanson à partir de cette base-là. Certaines sont de véritables histoires, avec un début et une fin ; d'autres, comme dans *The Rhythm Of The Saints*, sont plutôt des images ou des sensations, sans intrigue. C'est un processus complexe : il faut savoir apprendre à dépasser le stade où l'on s'autocensure. Car le plus souvent, surtout après une longue interruption, les premières pensées sont loufoques ou sans intérêt. Il faut attendre un certain temps et que les choses qui sont à l'intérieur remontent à la surface en nombre suffisant pour que des fragments intéressants apparaissent enfin. Avec l'expérience, on apprend à se mettre dans les meilleures conditions pour attendre et conditionner le flux, puis les identifier. Ça n'est qu'une fois ce long processus terminé qu'il faut à nouveau faire intervenir son sens critique pour trier le grain de l'ivraie. Et avoir le courage d'écarter une chanson qui ne fonctionne pas. C'est pénible, car, quelle que soit sa qualité, la somme de travail impliquée reste la même. On rechigne naturellement à la rayer d'un coup, ou à la récrire, après tant d'investissement. Ça fout en rogne. Mais la qualité est à ce prix.

— *À cause de leur ressemblance physique, et de leurs lunettes, c'est Moon Martin qu'on a surnommé le « Woody Allen du rock ». Mais en réalité, c'est vous qui méritez le sobriquet.*

— C'est un sacré compliment. Je suis un de ses plus grands fans. Nous avons les mêmes origines, nous sommes new-yorkais, nous avons tous les deux fait une psychanalyse. De plus, il m'a donné un rôle dans *Annie Hall.* En revanche, moi, mes racines sont rock'n'roll : avec Art Garfunkel, nous avons appris à chanter en imitant les Everly Brothers. Woody, lui, déteste absolument ça : il joue du jazz Dixieland à la clarinette.

— Graceland *est déjà un album historique, la pierre d'angle qui entérine la naissance de la world music.*

— On ne peut jamais prédire le succès, et lorsqu'on déclenche pareil phénomène, on nage dans l'irrationnel. Mais la world music existait depuis toujours. L'une des grandes qualités ignorées du mouvement folk des années soixante, et même auparavant, était de s'intéresser à toutes les cultures. Déjà *Bridge Over Troubled Water,* mon dernier album avec Garfunkel, tendait vers cette direction, avec le gospel, « El Condor Pasa » et « Cecilia ». Ensuite, pour mon premier album solo, je suis allé à Kingston enregistrer avec des musiciens de reggae et j'ai fait appel à Airto Moreira, le percussionniste brésilien, pour « Me And Julio Down By The Schoolyard ». La grande variation planétaire sur thème rock était en marche ! Mais, *Graceland* est la première fois où j'ai réellement réussi à fondre mon style et une autre musique en quelque chose de nouveau plutôt que seulement l'emprunter le temps d'une chanson.

— Le Rythme des saints, *c'est un titre lourd de signification.*

— Il évoque avant tout le syncrétisme des dieux yorubas et des saints catholiques par les esclaves noirs contraints d'adopter les croyances de leurs nouveaux maîtres. Les tambours qu'ils utilisaient dans leurs cérémonies restaient leur seul lien revendiqué avec l'Afrique. C'est ça, le rythme des saints...

— *Le rock'n'roll, en somme.*

— Oui et non, car il a aussi d'autres origines. Mais oui, bien sûr. Il procède des rituels africains : la transe, l'hypnose, l'exaltation, la célébration. La religion, oui.

Frank Zappa : Le Subversif

Miles Davis et Bob Dylan à part, difficile de faire plus intimidant. Buvant du saint-émilion avec délectation au milieu d'un véritable capharnaüm de scores et de partitions, de cassettes et de magnétophones en tout genre, étalés sur toutes les tables et les fauteuils de sa chambre, l'homme qui déclarait : « Les journalistes sont des gens qui ne savent pas écrire qui écrivent pour des gens qui ne savent pas lire » m'observe du coin de son œil pétillant et ne me répond que par monosyllabes timbrées d'ironie. À ce jeu improvisé digne du ni oui ni non, ce bel esprit n'a aucun mal à me ridiculiser. D'autant que je ne suis pas près de me remettre de l'entrée en matière qu'il vient de m'imposer. Son garde du corps, un géant noir au crâne rasé, véritable sosie du Lothar de Mandrake, m'attrape à la sortie de l'ascenseur et, me bloquant les épaules par-derrière avec ses mains grandes comme des battoirs, me pilote, tel un chariot ou une poussette, dans les couloirs invraisemblablement étroits de l'Hôtel de la rue des Beaux-Arts. À la manière d'un condamné, il me propulse implacablement vers son magicien sarcastique de patron. Là, très vite, je suis dépassé, incapable de réagir, décontenancé et pris en défaut par la courtoisie amusée de mon moqueur. Les questions me manquent, m'échappent, se banalisent. J'en bafouille, j'en rougis, j'en perds le fil et la repartie. Commets l'erreur de mentionner son ancien violoniste français Jean-Luc Ponty, avec lequel l'auteur de « King Kong » est en froid – et réciproquement. Le fiasco, heureusement, ne s'éternisera pas. Peu à peu, comme si un quelconque test invisible avait été passé, ce Louis XIII californien déroutant à la mouche et à la moustache humoristiques commence à se dégeler, complète ses phrases, et ira jusqu'à y inclure les réponses aux questions qu'il avait délibérément esquivées au début de l'entretien. Le souffle me revient peu à peu, je trouve enfin le cœur d'avaler mon verre, reprends un peu mes esprits. L'honneur sera sauf, ce qui ne sera pas vraiment le cas de l'entretien.

Sur sa table de massage dans les loges de béton de Bercy, puis dans une salle de classe au Printemps de Bourges après sa conférence de presse que j'animais, quelques années plus tard, cela se passera mieux, jamais idéalement. L'individu a l'esprit trop vif, taquin, aime trop manier le paradoxe, désarçonner ses interlocuteurs, jouer de son incontestable supériorité intellectuelle, de son incroyable intelligence analytique, de sa clarté de jugement, de sa capacité à démonter tous les systèmes. Jusqu'à cet après-midi du printemps 1991, au Dorchester, en bordure de Hyde Park, où Zappa, mandaté par les gouvernements tchécoslovaques, hongrois et lituaniens, séjourne en attendant de rencontrer Jacques Attali, président de la BERD, dans l'espoir de créer un fonds pour financer la culture de ces pays où l'État s'en chargeait auparavant, et depuis à l'abandon. En compagnie de sa femme Gail, un Zappa amaigri par son cancer de la prostate, au visage marqué par la souffrance et la chimiothérapie, faible au point de ne pouvoir se déplacer péniblement dans sa chambre qu'en s'appuyant de chaise en chaise, facilement essoufflé, mais à l'esprit parfaitement alerte et à l'humour vitriolique intact, accepte de jouer avec moi à une version très édulcorée du morbide mais fascinant jeu inventé par Bayon avec Serge Gainsbourg pour *Libération* : l'interview post-mortem annoncée (*Gainsbourg, mort ou vices*, Grasset, 1992). Elle sera divertie par une comique chasse au fantôme des lieux, que le couple Zappa affirme avoir aperçu dans la matinée et souhaite absolument que nous le filmions...

Cette fois pourtant, sans doute parce que ses enjeux personnels excluent l'ironie, ce drôle de sang-mêlé (sicilien, arabe, grec et français), sans rien perdre de son humour corrosif et de sa verve naturelle, ne biaise plus et vise la postérité.

Compositeur américain : voilà comment voulait être connu ce libre-penseur californien, cet esprit clairvoyant, ce satiriste militant contre la bêtise et la corruption, formidable guitariste, véritable chef d'orchestre, provocateur de vocation, féru de musique contemporaine et grand amateur de doo-wop et de rhythm'n'blues, qui sera, en poster, assis sur des cabinets le pantalon autour des chevilles, l'un des héros de la contre-culture freak, mais aussi le porte-parole des musiciens de rock face au Congrès de Washington lorsque la censure du PMRC menacera, et le conseiller culturel et économique de son fan Vaclav Havel, devenu président de Tchécoslovaquie après la Révolution de velours. À la tête des Mothers of Invention à leur plus parodique en 1974 au Palais des Sports, à Bercy en 1983, au Printemps de Bourges 1988 où il joua le « Boléro » de Ravel et quatre titres des Beatles dont il avait modifié les paroles pour stigmatiser l'imposture des télévangélistes, sans oublier « Stairway To Heaven », le classique de Led Zeppelin, jamais je n'ai vu Zappa donner un concert ennuyeux. À l'IRCAM, où Pierre Boulez dirigea en 1982 en présence de Jack Lang et de Mme Claude Pompidou deux de ses pièces contemporaines, il était déçu, irrité : la performance de l'orchestre n'était pas à son goût. Il réussit pourtant ce que nous espérions, ses quelques fans disséminés dans cette petite salle : se faire ovationner indifféremment par tous, cheveux longs et costumes de comptables. C'était tout ce qu'on lui demandait. Leur montrer, à ces snobs ignorants, que les nôtres pouvaient faire ce qu'ils faisaient, mais qu'eux, jamais, ne sauraient balancer des brûlots comme « Who Are The Brain Police ? » ou « Trouble Comin' Everyday ».

Pléthorique, l'œuvre de Zappa s'en trouve dépréciée. Pourtant, sa trilogie maîtresse – et fondatrice – avec les Mothers of Invention est un formidable manifeste fusion, mêlant rock, doo-wop, musique contemporaine, comédie, bruitage, satire politique, credo antiraciste, bande dessinée : *Freak Out !*, le premier double album de l'histoire du rock, contient déjà toute la démesure de la démarche à venir, développée dans *Absolutely Free* puis dans ce *Sgt. Pepper* flippé, dont il parodie la pochette, le désopilant *We're Only In It For The Money*. Par la suite, suivant l'humeur, les besoins ou la demande, Zappa développera les différents aspects de sa riche personnalité et de son incroyable versatilité de musicien. Du tube accidentel « Valley Girl » à l'expérimental *The Grand Wazoo*, de l'Ensemble moderne de Francfort à Pink Floyd et à John Lennon avec lesquels il jamma, de « Willie The Pimp » chanté sur *Hot Rats* par son vieux compagnon Captain Beefheart à la production de Grand Funk Railroad, de ses découvertes de Tim Buckley et d'Alice Cooper sur son label Bizarre à son film loufoque et psychédélique où il faisait jouer son rôle par Ringo Starr, *200 Motels*, il a toujours prôné l'universalité, défendu la marginalité, cherché les mélanges, combattu l'hypocrisie, la bêtise, le mensonge, le sectarisme, le racisme, le monétarisme, y compris dans le monde du rock lui-même, se servant, comme Lenny Bruce, de la provocation, de la dérision, de la caricature, de son humour corrosif et de la virtuosité comme la base de son militantisme. Qui n'était pas dans son cas un vain mot : démocrate depuis toujours, mais déçu par les échecs successifs du parti de l'âne au cours des années 1980 et par sa dérive droitière, il étudiait encore, son agonie commencée, la possibilité de se présenter sérieusement à la présidence des États-Unis. Coluche, Stravinski et Hendrix condensés en un seul et unique mousquetaire...

Yves Bigot : *Dans les nombreux domaines auxquels vous avez touché, vous êtes toujours apparu, quels que soient vos efforts, comme un marginal.*

Frank Zappa : Les gens normaux devraient remercier ceux qu'ils considèrent « anormaux », car ce sont eux qui prennent le risque de faire dévier les choses dans une direction nouvelle qui profitera plus tard à ceux qui sont trop couards pour les expérimenter. Mais en attendant, ce qui bloque le progrès de la civilisation, c'est que les gens qui se considèrent normaux empoisonnent la vie de ceux qu'ils appellent « anormaux », ou marginaux, comme vous dites. L'humanité devrait coopérer, au lieu de juger. Chaque fois qu'un citoyen normal qui joue au tennis, boit du Perrier et promène son chien, empêche quelqu'un qu'il redoute parce qu'il ne lui ressemble pas de faire ce qu'il veut comme il l'entend, il prend le risque de retarder la guérison du sida ou l'invention d'une nouvelle forme d'énergie qui résoudrait la moitié des problèmes de la planète. Parce que ces idées-là, géniales, novatrices, sont toujours le fruit de gens atypiques, asociaux, jamais de premiers de la classe modelés sur leurs voisins. Respectez les autres, ils sont votre avenir.

— *Voilà une philosophie qui prend encore plus d'ampleur lorsqu'on l'applique à l'ex-bloc communiste. Vous qui étiez un de leurs héros pendant ce qu'on peut appeler la dictature, vous attendiez-vous à pareil effondrement ?*

— Je pensais que quelque chose finirait par se passer, mais je n'imaginais pas que ça irait aussi vite. Quand Gorbatchev a commencé à ouvrir les vannes, il était évident que les autres pays de l'Est allaient suivre. Mais si la première surprise a été que les changements soient aussi rapides, la seconde a été que les États-Unis réagissent aussi peu. La chute du mur de Berlin a tout juste réveillé George Bush de sa torpeur. Alors que ma femme et moi ne quittions plus la télé des yeux et pleurions d'émotion tous les soirs.

— *Qu'apportait votre musique à ces populations verrouillées ?*

— Je crois que l'esprit qu'ils saisissaient dans les albums les touchait plus encore que les sujets des chansons, qu'ils ne comprenaient pas tous. Cette idée que quelqu'un pouvait avoir une totale liberté d'expérimenter musicalement devait être extrêmement séduisante pour n'importe qui vivant sous un régime totalitaire. C'était un rayon d'espoir de savoir que quelque part, quelqu'un pouvait faire ce qui lui passait par la tête, sans le payer aussitôt de sa liberté.

— *Pour le public rock, finalement, votre plus grande normalité, ç'aura été d'être un guitar hero.*

— Je ne joue pourtant de la guitare que lorsque je le dois, sur scène ou en studio. Et contrairement à la plupart des guitaristes qui n'ont qu'une idée, c'est de jouer de plus en plus aigu jusqu'à en exploser pour tenir la dragée haute à leur chanteur castrat, je me complais souvent dans les registres graves, sans lesquels il n'est pas de fondement musical. Tout dépend bien sûr de la musique que je joue. Mes différents publics sont quasiment irréconciliables, selon qu'il s'agit de rock ou de l'album avec le London Symphony Orchestra. Moi, j'entends les notes dans ma tête en permanence. Il est plus facile de les traduire quand c'est de la guitare que lorsqu'il s'agit de musique orchestrale, où il me faut écrire des scores, trouver les musiciens, répéter avec eux, et le plus important, les payer.

— *Dans une perspective de pérénité, ne craignez-vous pas que votre abondante production n'altère finalement votre œuvre en substituant quantité à qualité ?*

— L'une des raisons de ma prolixité, c'est que j'ai beaucoup d'idées ; l'autre, c'est que les gens qui aiment ce que je fais m'en réclament sans cesse plus. Maintenant que j'ai passé cinquante ans, et avec la maladie, je ralentis. Mais je représente ma vie différemment de ces romanciers qui choisissent de ne publier qu'une fois tous les vingt-cinq ans, et de tout mettre dans trois ouvrages. En ce qui me concerne, beaucoup de ce que j'écris est politique, donc lié à des événements de l'actualité, et n'a de sens qu'immédiat, comme élément de réaction à des situations. Ensuite, je n'ai aucun contrôle sur ce que les gens font de ma production, que ce soit aujourd'hui ou demain. Ça leur appartient.

— *Dès votre premier album, vous déclariez, citant Edgar Varèse : « Le compositeur moderne refuse de mourir. » Vous avez toujours envisagé votre musique, vos musiques, en tant que « compositions ».*

— J'ai commencé à composer quand j'avais quatorze ans, mais personne ne s'intéressait à ce genre de musique. J'envoyais mes partitions à des orchestres et à des formations de chambre, mais personne n'en voulait. C'est pour ça que j'ai monté un groupe de rock. Je n'ai pu entendre jouer ce que j'écrivais que grâce à cela. Sans ça, personne n'aurait jamais entendu parler de moi. Je serais toujours dans une chambre de bonne, entouré de montagnes de papier qui ne serviraient à rien.

— *Si vos musiciens, vos orchestres, vos styles, vos publics n'ont jamais cessé de changer, en revanche, vous êtes avec Pete Townshend et Paul McCartney un exemple de longévité dans le mariage. Quel fut votre secret ?*

— D'abord, il faut trouver la femme adéquate. Ensuite, c'est une question de maintien : on passe un bon accord et on s'y tient. Ça n'est pas si facile. Il n'y a pas de mode d'emploi. Il faut y mettre du sien. Ce qui aide le plus, ce sont les enfants. Nous en avons quatre, et ça nous a toujours évité l'ennui. Quand Moon Unit, Dweezil, Ahmet, Diva, débarquent à la maison avec tous leurs copains, la vie est intéressante et gratifiante, je vous le garantis.

— *Vos fils jouent du heavy metal. Avez-vous tenté de les dissuader ?*

— Certainement pas. Mais lorsqu'ils sont rentrés de leur première tournée, ils étaient épuisés, malades, vidés. Je leur ai dit : « Vous voyez, j'ai fait ça pendant vingt-cinq ans, imaginez le résultat ; ne faites pas la même bêtise. » D'autant qu'hélas les vingt-cinq prochaines années du rock seront sacrément moins passionnantes que les vingt-cinq précédentes. Le rock est mort le jour où les publicitaires se sont aperçus qu'en prenant une minute de pseudo-rock on pouvait s'en servir pour vendre un produit. Avant ça, dans les années 1960, la musique était l'expression de musiciens qui exposaient naturellement leurs émotions et leur univers. C'était plus qu'un simple rythme de danse. Aujourd'hui, tout est devenu technique, efficace, poli, stérile. C'est en ça que le rap est salutaire : ce qui y est décrit, notamment le racisme et les violences policières, est exact. Mais ça n'est qu'une question de temps. MC Hammer a enclenché le processus de dévitalisation...

— *Qu'est-ce qui vous a permis de ne jamais toucher à la drogue ?*

— Seulement l'observation de ce que ça a fait aux autres membres du groupe : les voir perdre leur santé, leurs facultés, leur vie, leur famille. Il n'est pas de dissuasif plus efficace.

— *Quelle aura été votre devise ?*

— Le roi est nu.

Lou Reed : L'Acariâtre

Interviewer Lou Reed n'est jamais une expérience agréable. Il aime trop faire régner la terreur tous azimuts autour de lui et installer une paranoïa si intense qu'elle en devient presque physiquement palpable pour qu'on retire de l'expérience, au mieux, plus que du soulagement lorsqu'elle se termine.

La première fois, pour moi, c'était à l'Hôtel de la rue des Beaux-Arts, rendu célèbre par Oscar Wilde et Jim Morrison, et il venait de virer avec perte et fracas un journaliste de *Best* qui avait eu la mauvaise idée de l'accuser d'avoir trahi la cause homosexuelle en épousant (en secondes noces) Sylvia, un boudin asiatique qui lui servira de manager longtemps encore après leur séparation.

« Les pédés, moi, je les encule », hurlait encore de rage, au moment où l'on m'introduisit dans la chambre qui lui servait de ring, cette victime de l'Amérique du *Meilleur des mondes* qui fut soumis à dix-sept ans à un inhumain traitement par électrochocs justement destiné à « soigner » son homosexualité. Là, un attaché de presse revêche m'indiquait un chronomètre géant, et m'annonçait que j'aurais droit à quinze minutes, pas une seconde de plus. Par je ne sais quelle chance inouïe, au bout de cinq minutes tendues et laconiques, l'une de mes remarques concernant l'album alors promu, *The Blue Mask,* suscita un intérêt soudain de la part de l'acariâtre. « Arrêtez la pendule », ordonna-t-il aussitôt au valet de service, « et notez le nom de cette personne ; ce n'est pas un critique de rock, c'est un journaliste ». Pendant une dizaine de minutes, il me cuisina alors sur le type de personnes que j'étais amené à interviewer dans l'exercice de mon métier, insistant sur le fait que tous, mais alors tous ces gens-là, étaient plus intéressants que les rock stars qui n'avaient rien à dire, les pauvres, puisqu'elles ne s'adressaient qu'à des rock critics. Bilan mitigé en ce qui me concernait, si l'on considère qu'à mon tableau de chasse figuraient alors, en 1983, des trophées hétéroclites, incluant un président des États-Unis (Jimmy Carter), de la République française (François Mitterrand), la reine et le roi du folk (Joan Baez et Bob Dylan), de Motown (Diana Ross), de vieilles gloires de Hollywood (Gloria Swanson, Kirk Douglas), un économiste de renom (John Galbraith), un éléphant (si !), et de nombreuses stars de football (dont Franz Beckenbauer et Michel Platini) ! Rasséréné, Lou (is) poursuivait en direction de son va-chercher : « Notez bien le nom de ce gentleman ; chaque fois que je viendrai à Paris, il devra absolument en être, car il est le seul à avoir su appréhender la schizophrénie de cette œuvre. » Mes confrères avaient sans doute eu le tort de s'intéresser plutôt à celle de son auteur...

Ce privilège n'allait toutefois pas m'épargner, dès le chrono reparti, l'inévitable et interminable tirade sur les mérites de l'amplification de sa guitare électrique par rapport à l'enregistrement en prise directe dans la console... zzzzzz. Et être singularisé par Lou Reed ne s'est pas révélé avantageux longtemps : comme il n'est jamais content, lorsqu'il désigne quelqu'un, c'est forcément pour l'opprobre. Du coup, quelque temps plus tard, RCA ayant changé de staff, mon nom figurant seul en face de celui de Lou Reed sur la fiche de son chef de produit, celui-ci en déduisit aussitôt que j'étais particulièrement tricard. Il faudra l'intervention d'un correspondant français travaillant à RCA New York pour rétablir le courant, trois ans plus tard, au téléphone pour une conversation qui tournera mal parce qu'il n'appréciera pas une rapide comparaison avec Dylan. Par la suite, il y eut encore une galère insensée, lors d'un tournage pour *Rapido* au Plaza-Athénée, lorsque Lou fut absolument persuadé, à la vue d'un projecteur vacillant à au moins trois mètres de lui, que notre équipe avait cherché à l'assassiner. Inutile de préciser l'ambiance polaire de l'interview qui s'ensuivit et qui avait malheureusement pour sujet son remarquable album *New York*, commentaire acerbe et chirurgical des rapports et des enjeux entre personnes et communautés de la mégalopole pourrissante, déglinguée et viciée, à la fin des années 1980, conçu comme un roman picaresque. C'est seulement alors que l'on retrouva la lucidité froide, le regard laser, l'analyse aiguë, la description ciselée, le constat impitoyable, qui firent de Lou Reed l'auteur iconoclaste des albums historiques et fondateurs du Velvet Underground, qui instituait, dans le sillage des spectacles multimédias et sulfureux d'Andy Warhol et de ses « superstars » de la Factory, le rock décadent. De *Uptight* en *Exploding Plastic Inevitable*, c'est lui, à la tête de cette formation stridente et romantique que la presse décrit alors comme un croisement de Bob Dylan et du Marquis de Sade, qui donnera sa véritable moelle à l'univers warholien, en en fixant les passions, les manies, les archétypes, les déchirements, la décadence. Sous sa légendaire pochette à la banane pelable, *Andy Warhol Presents The Velvet Underground And Nico* reste une véritable pierre d'angle de cette contre-culture new-yorkaise qui mêle les genres, repousse les barrières et crée l'événement permanent. Brian Jones, Brian Epstein qui songe un moment à manager le groupe, Dylan, qui séduira tour à tour Edie Sedgwick et Nico, ont beau tourner autour, le Velvet sombrera pourtant peu à peu face à l'indifférence publique, perdant d'abord Nico, pièce rapportée, mais essentielle de fragilité glaciale, puis John Cale, savant contrepoint avant-gardiste indispensable aux riffs nerveux de Lou Reed. C'est dans l'amertume de cet échec inique qu'il faut sans doute chercher les racines de son besoin brutal de revanche sur les autres, de cette méchante supériorité sans cesse brandie comme un poing vengeur sous le nez de ceux-là même qui l'admirent et le soutiennent. La rédemption Seventies de *Transformer*, via David Bowie, qui phagocytera l'aspect le plus spectaculaire et le plus scandaleux des chansons de son modèle, n'y avait rien changé, pas plus que le triomphe de la tournée *Rock'n'roll Animal* à laquelle j'avais assisté à l'Olympia en 1974 (c'était un *Musicorama* Europe 1, dont j'assurais l'enregistrement !) Vingt ans plus tard, c'est encore cette intransigeance inutile et exagérée qui conduira à une nouvelle rupture avec Cale en 1993, après la tournée qui aurait dû remettre les pendules à l'heure avec vingt-cinq ans de retard, et le Velvet Underground au Panthéon autant qu'à l'Olympia et en première partie de U2.

C'est qu'au printemps 1991, à l'initiative de Christian Fevret et des *Inrockuptibles*, il y eut déjà cette reformation impromptue du Velvet Underground à la Fondation Cartier de Jouy-en-Josas, pour l'inauguration de l'exposition Warhol. Au départ, Lou et John Cale devaient seulement interpréter des extraits de *Songs For Drella*, le spectacle qu'ils avaient composé en hommage à Andy décédé. La présence de la batteuse Maureen Tucker n'était pas une surprise. En revanche, celle de Sterling Morrison, en froid avec Reed depuis des années, changeait tout. Incertaine jusqu'à la dernière seconde, la réunion eut donc lieu, sous les caméras de *Lunettes noires pour nuit blanches*, le temps de trois chansons chaotiques, mais qui chavirèrent les cœurs fanés. Vanessa Paradis, méchamment rabrouée par Lou Reed, qui se tapait comme d'une guigne de sa version de « Walk On The Wild Side », ce qui ne l'empêchera nullement d'enregistrer aussi « I'm Waiting For My Man », ne lui en tiendra pas rigueur, affirmant à son propos comme à celui de Gainsbourg : « Souvent les gens les plus désagréables, les plus cyniques, les plus froids, sont aussi les plus sensibles, les plus fragiles et les plus émouvants. »

C'est sans doute pourquoi, malgré ces vexations successives et son caractère de cochon, on recommencera, au Royal Monceau cette fois, pour le funèbre *Magic And Loss* : là, ce sera le bruit de l'eau coulant dans la baignoire de la chambre du dessus qui tapera sur les nerfs fragiles de ce paranoïaque invétéré et le rendra encore une fois inutilement odieux.

Finalement, c'est au bar du Casino de Paris, début 1992, qu'il sera le moins crispant, tout en restant coupant, sec et fat, pour Paris Première cette fois, au lendemain de son adoubement comme chevalier des Arts et des Lettres par Jack Lang. L'émotion, la fierté étaient encore présentes, visibles, tangibles chez ce petit garçon trop gâté au faciès de chimpanzé junkie, enfin premier de sa classe. La reconnaissance académique, la pompe, l'officialisation de son talent, d'un authentique statut d'artiste, voilà donc ce qu'il cherchait, ce qui lui manquait tant, à lui, le mutant des années 1970 travesties et héroïnomanes, chroniqueur glacé du cirque warholien, play-boy noir du Velvet Underground, vivisecteur des comportements marginaux, paradoxalement devenu conscience politique des années sida, dans son éternel blouson de cuir et son jean que ses fesses maigrichonnes et son pas hésitant n'arrivent plus à remplir, attestant d'une existence digne des romans de son héros Hubert Selby.

Depuis, heureusement marié à la musicienne d'avant-garde Laurie Anderson (« O Superman »), Lou Reed cherche à cultiver au maximum cette connexion arty, collaborant avec Bob Wilson, Wim Wenders, adaptant Edgar Poe, publiant encore de très bons albums (*Set The Twilight Reeling*, *Ecstasy*), d'autres en revanche assez mauvais et prétentieux, et recyclant sans répit son œuvre fondatrice, sans doute conscient, au fond, qu'aucune vanité n'arrivera jamais à la cheville de « Sweet Jane », de « Venus In Furs » ou de « I'll Be Your Mirror ».

YVES BIGOT : *Comment vous est venue cette idée de rock littéraire ?*

LOU REED : J'étudiais la littérature à l'université de Syracuse et simultanément je jouais dans les bars et dans des soirées avec un groupe de rock. Au moment du bac, j'ai décidé de réunir mes deux passions. Je voulais ouvrir les horizons du rock, en élargir les thèmes, m'en servir comme s'il s'agissait d'un roman. C'était mon obsession et j'y suis parvenu. Enregistrer des disques de rock pour adultes. Mon problème, c'est que, la plupart du temps, les gens n'en connaissent que quelques-uns, souvent anciens. Ils devraient écouter les autres, vérifier ce que j'y dit : c'est certifié. Il a fallu vingt-cinq ans aux gens pour comprendre, accepter et reconnaître le Velvet Underground. J'espère que pour moi, qui en écrivais tous les morceaux, il faudra moins longtemps. S'il est vrai, ainsi qu'on me le rapporte sans cesse, que le Velvet exerce une pareille influence sur les autres musiciens et sur les jeunes groupes d'aujourd'hui, alors c'est extrêmement flatteur.

— *Votre recueil de textes,* Between Thought And Expression, *c'est à ce titre une sorte de consécration, de finalité ?*

— Je tenais absolument à ce que ce ne soit pas une compilation de paroles de chansons ornée de dessins et d'autographes. Je voulais un vrai livre, une collection de paroles choisies qui constitue un véritable récit qui vous emmène à travers le temps, des années 1960 à aujourd'hui. Depuis toujours, j'essaie d'écrire des paroles qui aillent avec la musique mais qui puissent aussi tenir la route par elles-mêmes, comme des poèmes. Ensuite seulement, je les mets en musique. Car ce qui est génial, c'est de combiner les deux : le son et le sens. J'adore le son, l'effet qu'il me fait. Isolés, les textes prennent des connotations différentes : parfois ils sont plus drôles ; le plus souvent, ils sont beaucoup plus durs, agressifs, sans la musique pour les faire passer.

— *Vous leur avez adjoint deux interviews que vous aviez réalisées ces dernières années, l'une pour le* Village Voice, *l'autre pour* Musician. *Quel rapport ?*

— À l'origine, j'avais accepté ces interviews parce qu'elles me donnaient l'occasion de parler à deux personnes que j'admire vraiment : Hubert Selby et Vaclav Havel. C'était passionnant de les rencontrer, mais j'ai compris combien il est dur pour les nerfs de faire des interviews. Trop dur en tout cas pour que j'en fasse beaucoup d'autres. J'en ai conçu un respect nouveau pour les journalistes. Toujours est-il que mes interlocuteurs ne m'ont pas déçu. Bien sûr, j'étais soucieux d'apprendre d'eux sur l'écriture. Donc toutes mes questions s'y rapportaient.

— *Havel était un fan du Velvet Underground, il est vrai.*

— Il est fascinant de constater combien, en Tchécoslovaquie, le rock comptait. Mes chansons sont d'évidence implicitement à propos de la liberté d'expression et dans le régime d'incroyable répression dans lequel vivaient ces gens, elles ont été comprises ainsi. Elles les ont aidés. Pas la politique régressive et répressive de Reagan et Bush.

— *Amnesty International, Greenpeace, Farm Aid, la lutte anti-Apartheid avec* Sun City. *Après avoir été l'apôtre de la décadence et des plaisirs vénéneux, vous vous êtes transformé, comme Serge Gainsbourg chez nous, en défenseur des libertés, de la veuve et de l'orphelin.*

— Il y a tant de causes, d'organisations, de charités qu'il est compréhensible que les personnes les mieux intentionnées s'y perdent et se demandent à laquelle contribuer, ou même si c'est la peine de contribuer, vu la profusion des malheurs terrestres. N'en choisissez qu'une, une seule, à laquelle vous allez vous consacrer. Si chacun, quel qu'il soit, quels que soient son métier, sa fortune, sa situation, faisait ça, ce serait formidable. Moi, parce que je suis célèbre, je me sers de cette célébrité pour les autres. Il faut bien que la notoriété soit utile à autre chose qu'à obtenir sans délai une bonne table dans un restaurant.

— *Votre trilogie,* New York, Songs For Drella, Magic And Loss, *révèle votre obsession de la mort, et à travers elle, de la survie.*

— Déjà, en vieillissant, on perd de plus en plus de proches. Mais de nos jours, l'époque fait que c'est une douleur qui se rapproche, qui nous cerne. La perte d'amis, de membres de la famille, ne peut être compensée qu'à travers une magie, quelque chose qui permette de résister à la douleur, au manque. L'amitié et l'amour sont les choses les plus importantes. En ce qui concerne *New York*, c'est vrai que j'ai écrit ce disque comme une reconnaissance du fait que cette ville faisait partie de ma vie comme si elle était une personne. Dont la présence m'influence, me transforme, me produit, chaque jour. Je suis new-yorkais comme je suis américain, homme, auteur. Et quoi que je fasse, ça n'y changera rien. Je suis arrivé à la moitié de ma vie avec elle. Ça ne partira plus.

— *Vous ne faites rien pour vous rendre populaire.*

— J'écrirais même si ça n'intéressait personne. Ensuite, personne ne me permettrait de faire de disque, c'est là le problème. Mais j'écrirais et je jouerais de toute façon. Mais sans but, sans argent et sans public, je ne sais si ça durerait bien longtemps. J'estime avoir beaucoup de chance d'être dans ma situation. J'écris bien mieux aujourd'hui qu'auparavant, j'enregistre mieux, ce qui est un art en soi, et j'ai la conviction de travailler dans un nouveau domaine artistique : le CD d'une heure, paroles poétiques, thèmes adultes, liés dans un narratif, avec de la belle musique et un son remarquable. Ce qui m'intéresse, c'est d'avancer, pas de me répéter, sauf si la répétition elle-même constituait un progrès, comme dans *Metal Machine Music*, ha, ha...

The Doors : La Prière américaine

« Ces jours-ci, pour devenir une vraie superstar aux États-Unis, il faut être soit un homme politique, soit un assassin », ânonnait le Jim Morrison déboussolé de 1969, totalement défoncé et harassé par la chasse que lui livraient la CIA ainsi que les tribunaux de New Haven et de Miami, qui l'accusaient respectivement d'incitation à l'émeute (« Qu'est-ce que vous foutez là à brailler dans un concert de rock ? Vous feriez mieux d'aller foutre le feu aux usines ») et à la débauche (il aurait exhibé ses parties génitales au public après avoir simulé la masturbation). Déjà, dans le film promotionnel – on ne disait plus soundie, ni scopitone, et pas encore vidéo-clip – de « The Unknown Soldier » (« Le Soldat inconnu »), il avait fait filmer en détail son exécution/crucifixion, à la Saint-Sébastien. Convaincu, selon l'adage du poète anglais William Blake, que « le palais de la sagesse se trouve au bout de la route de l'excès », féru des symbolistes français (Rimbaud, Baudelaire, Apollinaire, Mallarmé) comme des penseurs germanophones (Nietzsche, Huysmans, Brecht), ce fils d'amiral de la marine américaine, qui se prétendait orphelin, faux schizophrène mais vrai allumé, sex symbol s'estimant trop terrestrement adulé pour ses aspirations littéraires, philosophiques et politiques frustrées, bluesman empirique et enfant gâté, victime d'un immense complexe christique, s'imaginait trop fort prophète condamné pour ne pas logiquement finir poète maudit.

« J'ai le sentiment d'être éternellement dérangé, étrangement extralucide, sans savoir si c'est vraiment la réalité, comme prisonnier d'une nausée constituante », essayait-il d'expliquer, chaman psychédélique fasciné par la culture amérindienne niée et écrasée, barbu empâté par l'alcool, en fuite sous le nom de James Douglas (ses prénoms) dans le Paris de ses rêves, au printemps 1971, à la recherche de l'Esprit, de la Culture et de la Révolution (et sans doute d'un refuge à l'abri de l'Administration Nixon, qui l'avait, comme John Lennon, dans le collimateur). De l'hôtel George V, où il rejoignit tout d'abord sa rousse épouse légitime Pamela Courson, au quatrième étage du 17 de la rue Beautreillis où elle le retrouvera mort, dans sa baignoire, au petit matin du samedi 3 juillet, en passant par l'Hôtel de la rue des Beaux-Arts où mourut Oscar Wilde, et les toilettes du club à la mode de l'époque, le Rock'n'roll Circus, rue de Seine, où il succomba vraisemblablement d'une overdose d'héroïne chinoise rose dans des circonstances troubles et toujours non élucidées malgré la centaine d'ouvrages consacrés depuis à ce sujet. Il côtoya, avec son sac en plastique de La Samaritaine qui ne le quittait jamais, au Flore, aux Deux Magots, place des Vosges, quai d'Anjou, rue Saint-Antoine, au Bar Alexandre, dans les cafés du Marais et les bistrots de la Bastille, l'intelligentsia marginale, contre-culturelle, d'alors : Agnès Varda, Dani, Zozo (Élisabeth Larivière) et son ami, le guitariste Philippe Dalecky, Marianne Faithfull, Bernardo Bertolucci, Étienne Roda-Gil, Jean-Patrick Capdevielle, les journalistes Hervé Muller, Lionel Rotcage et Bernard Lenoir, sans parler d'une ribambelle de dealers chics et de jeunes michetons fréquentés par Pamela et son amant milliardaire, le sulfureux comte Jean de Breteuil, douteux ami des Stones et de la famille Getty...

S'il les impressionna par sa soif de découverte, son désir d'apprendre, son humilité en contradiction avec son image tonitruante de Roi Lézard exhibitionniste, au regard de ses frasques et de ses sautes d'humeur, aucun ne put réellement s'étonner de sa fin tragique, programmée par sa propre psyché, comme celles de Spartacus, de Jésus, de Danton, de Trotsky, du Che, ou plus tard de Lennon et de Cobain.

Il sera enterré à l'âge de vingt-sept ans, le mercredi 7 juillet au Père Lachaise, vers onze heures, selon le vœu qu'il avait exprimé à son ami d'UCLA Alain Ronay, avec lequel il avait rendu visite à

Molière, Chopin, Debussy, Oscar Wilde et Édith Piaf quelques semaines plus tôt : le croque-mort s'appelait Bigot (sans relation).

« Il est numéro un, il est bandant, et il est mort », titrait le magazine *Rolling Stone*, dix ans après son trépas, alors que la tombe de Morrison (numéro 5, allée 2, sixième division) était devenue l'une des sépultures les plus visitées de la planète et que les oreilles de tout le monde occidental résonnaient encore de son épitaphe œdipienne, délicatement psalmodiée sous le roulement assourdissant des pales d'hélicoptère de la bande-son d'*Apocalypse Now* : « This is the end, beautiful friend, the end » (« C'est la fin, mon bel ami, la fin »). Oliver Stone, spécialiste es Vietnam (*Platoon*, *Né un 4 juillet*, *Heaven And Earth*) lui aussi, lui consacrera plus tard un assez mauvais film (*The Doors*), au moment où sa descendance, de Ian Curtis (Joy Division) à Bono (U2), de Ian McCullough (Echo and the Bunnymen) à Billy Idol en passant par The Cult, Pearl Jam et toute une nouvelle génération de fans adorateurs, a fait de Jimbo une icône américaine crépusculaire, figure romantique damnée que seul dépasse en rayonnement son négatif solaire aux aspirations noires et blanches exactement inversées : Elvis Presley.

Comme ce dernier, les rumeurs de disparition volontaire et d'apparitions miraculeuses dans les lieux les plus exotiques (Paris, Tanger, Tahiti) continuent de circuler, collant au personnage une dimension romantique supplémentaire à chercher du côté d'exilés fameux tels que Rimbaud, Gauguin, Lawrence d'Arabie ou J.D. Salinger.

Mais si Jim Morrison, incarnation emblématique jusqu'à la caricature des dionysiaques années 1960, est aujourd'hui pareil symbole pour une jeunesse qui ne l'a jamais connu, ça n'est pas uniquement pour ses recueils de poèmes, excessifs mais fortement évocateurs (*The Lord And The New Creatures*, *An American Prayer*, plus les posthumes *Wilderness* et *The American Night*), ni pour ses films expérimentaux (*Feast Of Friends* et *HWY*), excellemment notés au département cinéma de l'UCLA. C'est d'évidence avant tout pour son éphémère physique apollinien d'ange dévoyé, Lucifer sous acide, Jésus qui baise, top model à jamais fixé par la caméra, éclaboussant de beauté lumineuse et insolente, brûlante chair à posters et à couvertures de magazines. C'est aussi pour son style de vie hédoniste à l'extrême, « brûlant la chandelle par les deux bouts, et essayant en plus de l'allumer au milieu », comme si demain n'existait pas, comme si la jeunesse était éternelle, comme si l'esprit primait réellement la matière, comme si Rimbaud adolescent lui avait dicté son comportement : « Le poète se fait voyant par un long, immense et raisonné dérèglement de tous les sens. » C'est encore pour la vision passionnée et passionnante qu'exprimait cet étudiant vorace et brillant, imprégnée de culture et de révolte, sous toutes leurs déclinaisons les plus existentielles : poésie, philosophie, humanisme, rébellion, désespoir, suicide... C'est finalement pour sa voix, posée, puissante, grave, claire, douce, caressante, à la diction absolument parfaite, chargée de l'érotisme conjugué du corps et de l'esprit, de la culture, qui domine la musique des Doors. De l'atmosphère envoûtante de « Riders On The Storm » à la violence euphorique de « Roadhouse Blues », Jim Morrison est un chanteur exceptionnel, doté d'un organe profond et d'un pouvoir évocateur proche de la magie. Au point de rendre musicale sa récitation des textes d'*American Prayer*, unique legs solo enregistré peu avant son départ pour Paris, mis en forme et publié après sa mort par les trois Doors restants.

Mais c'est aussi grâce à ces derniers et à leur formidable musicalité, même s'ils n'ont rien entrepris de bien remarquable depuis l'immense vide que Morrison semble avoir laissé en eux, tel un trou noir aspirant toute velléité. Catharsis d'un éphèbe excité et ambitieux, lettré et débordant de testostérone (Jim), d'un sentencieux organiste de blues chicagoan de formation classique amateur de bop (Ray Manzarek), d'un guitariste de flamenco aux tendances hindouistes (Robbie Krieger) et d'un acteur débutant également jazzman à ses heures (John Densmore), ce quatuor, improbable ailleurs qu'en Californie au cœur des Sixties, allait accoucher d'un son véritablement orgiaque et d'une musique mathématique et extrêmement mélodique, où la démesure, le sens permanent du danger et de la rupture seraient au service d'une inspiration à la mesure des tremblements de civilisation qu'elle était destinée à accompagner, voire, dans l'idéal de son instigateur, à provoquer.

Leur leader étant définitivement (malgré les plaintes de différentes familles qui craignent encore qu'il ne trouble le repos de leurs proches) installé à Paris, les trois survivants sont régulièrement amenés à en faire le morbide pèlerinage, historique et promotionnel, chaque fois que l'actualité discographique le demande, comme des apôtres qui vendraient l'Évangile au porte à porte, ce qu'ils étaient encore amenés à faire pour ce qui eût été le soixantième anniversaire de Jim, le 8 décembre 2003 à la tête des nostalgiques Doors of the 21st Century.

Je les rencontrai ainsi à l'hôtel Meurice une première fois au début des années 1980, lorsqu'ils publiaient le premier des désormais innombrables albums live posthumes de leur « band from Venice », où un Jim en pleine gloire reprend le « Gloria » garage de l'autre Morrison (Van), qui lui avait fait croire en ses propres chances de devenir une rock star. Je les retrouverai au printemps 1991 à l'occasion d'une émission de cinquante-deux minutes que je produisais et commentais pour M6, pour la sortie du film impossible – mais raté quand même – d'Oliver Stone. Manzarek, au ton doctoral et ironique, toujours impassible derrière ses lunettes octogonales, évangéliste du culte de son mentor décliné tout au long de son mémoire, *Light My Fire* ; Krieger, assez gravement malade, déplumé et mal à l'aise, hésitant et désabusé ; John Densmore – le seul à avoir collaboré au film, ému et studieux, comme son autobiographie, *Riders On The Storm, ma vie avec Jim Morrison et les Doors* ; disséminés dans Los Angeles, tous trois y ressassaient des souvenirs vieux de vingt-cinq ans avec sincérité, regrets, amertume, et toujours un ton de reproche envers celui qui les a laissé tomber pour ce qu'il envisageait sans doute, tel Baudelaire, comme un monde meilleur.

Réalisé par Pascal Mercier et avec l'aide inestimable de Frank Spotnitz, scénariste de *Millenium*, à LA, de Louise Kerrachi et d'Isabelle Siri à Paris, *Le Monde tout de suite : l'histoire de Jim Morrison* condensait ce que les autres, ses proches, pouvaient encore dire, vingt ans après sa disparition, de l'âme des Doors, que James Douglas Morrison avait ainsi nommés en référence aux *Portes de la perception* du prix Nobel Aldous Huxley, remarquable romancier et grand expérimentateur de LSD : « Il existe deux mondes : celui des choses connues et celui des choses inconnues. Entre, il y a les Portes. »

Ray Manzarek : Nous nous étions connus à la section cinéma de l'UCLA, dont nous sommes tous deux diplômés. Un jour de juillet 1965, nous nous sommes retrouvés par hasard sur la plage de Venice. Je lui ai demandé ce qu'il devenait, et il m'a avoué qu'il écrivait des chansons. Il savait que j'étais musicien : je jouais dans un groupe de blues avec mes frères. Je lui ai donc demandé de me chanter quelque chose. Alors, dans un murmure, mais avec un sens du rythme et un phrasé exceptionnels, il m'a chantonné ces vers saisissants de « Moonlight Drive » : « Let's swim to the moon/Let's climb through the tide/Penetrate the evening/That the city sleeps to hide... » (« Nageons jusqu'à la lune/Escaladons la marée/Pour pénétrer le soir/Que la ville protège de son sommeil... »). Sur-le-champ, je lui ai proposé de monter un groupe. C'était ce qu'il espérait. Ma première pensée a été pour les millions de dollars que je savais que nous allions gagner. Il était tellement évident que les filles seraient folles de ce Jim Morrison.

Robbie Krieger : Jim souhaitait le succès. Il rêvait des Beatles, avec des filles tombant du ciel directement dans ses bras.

Paul Kantner (*Leader de Jefferson Airplane, avec qui les Doors effectuèrent leur tournée européenne de 1968*) : À cette époque, les groupes dépassaient de très loin le seul cadre de la musique. On ne s'escrimait pas à composer des chansons bizarres pour le seul plaisir de la loufoquerie. On écrivait ce qui nous venait naturellement, et qui n'était rien d'autre que le miroir du chaos dans lequel nous vivions. Tout notre environnement était communautaire, tribal. Jim comparait ça à une expérience mystique. Mais c'était exactement ça que nous attendions de la religion, et qu'elle ne nous offrait pas.

Robbie Krieger : Parfois, j'amenais une chanson terminée, parfois c'était Jim. Mais toujours, nous les arrangions et les transformions tous les quatre, ce qui explique qu'elles étaient presque toujours signées par les Doors de manière indissociée, à l'exception de « Light My Fire », que j'avais écrit seul, et de « Touch Me », qui s'appelait d'ailleurs à l'origine « Hit Me », avant que Jim n'en change le titre parce qu'il craignait que quelqu'un ne le prenne au pied de la lettre (« Cogne-moi », ou « Flingue-moi »). L'album dont elle est extraite, *The Soft Parade*, est notre faux pas majeur : trop arrangé, inutilement surchargé de cordes et de cuivres. Les fans ne l'aiment pas, et ils ont raison.

RAY MANZAREK : En revanche, le suivant, *Morrison Hotel*, fut tout à fait brillant. Jim était dans un sale état, physique et psychologique, après ses différentes arrestations, mais il s'est vraiment donné du mal. Malheureusement, il est retombé dans l'alcool aussitôt après cette embellie. Nous avons fait une ultime tentative à ce moment-là. Nous nous sommes réunis tous les quatre de façon un peu théâtrale pour faire le point. J'ai avalé ma salive et je me suis jeté à l'eau. « Jim, je lui ai dit, tu bois trop, tu sais. Ça te détruit ». Il nous a dévisagé, puis d'une petite voix faible, il nous a dit : « Je sais, les gars. Je sais. Vous avez raison. » Quelqu'un lui a alors demandé pourquoi il ne se modérait pas. Avec une tristesse infinie, il a répondu : « Mais j'essaie... » C'est à cet instant qu'on a su que c'était fini. Il aura pourtant encore un éclair fulgurant, le temps d'écrire *L.A. Woman*, puis de chanter admirablement cet album, avant de sombrer définitivement. Dès sa sortie du studio, il s'est envolé pour Paris et, quatre mois plus tard, il était mort.

DANNY SUGERMAN (*protégé de Jim Morrison, manager des Doors et coauteur avec Jerry Hopkins de la biographie* Personne ne sortira d'ici vivant, *monumental best-seller*) : Jim était exactement le genre de gars à qui il suffisait de dire « Ne fais pas ça » pour qu'il s'y mette aussitôt.

BRUCE BOTNICK (*ingénieur du son de tous les albums des Doors*) : *L.A. Woman*, que j'ai produit après le forfait de Paul Rothschild, a été enregistré dans la joie. On savait pourtant que ce serait le dernier disque avec Jim : tout le monde en avait marre de lui et de son comportement, et lui aussi en avait assez. Il le leur avait annoncé au préalable : « Les gars, je vous aime vraiment, mais je n'en peux plus. On fait encore celui-là, et puis salut. »

ROBBIE KRIEGER : Il semble que Jim souffrait depuis l'enfance de rhumatismes articulaires. Si c'est vraiment le cas, cela peut expliquer son comportement suicidaire. Souvent le cœur de ceux qui souffrent de cette affection lâche avant trente ans. Si Jim le savait, à quoi bon...

JIM MORRISON (*Une page entière de l'un de ses carnets, rédigée après une visite à l'Hôpital américain de Neuilly où on lui prescrira des antispasmodiques contre sa toux compulsive*) : « God help me » (« Au secours, mon Dieu »).

JOHN DENSMORE : Jim était hanté par des démons depuis sa naissance. Certes, il n'était pas cliniquement dément. Mais entre son dérangement initial, l'éducation militaire qui lui a été prodiguée, son enfance chahutée par les innombrables déménagements consécutifs aux changements d'affectation de son père, il n'avait pas une base très saine pour résister aux pressions du succès, de l'argent, de la politique, des litres de LSD et des kilos d'autres drogues qu'il avait consommées en l'espace de six ans. Il ne faut pourtant pas le confiner à l'image d'Épinal qu'en donne *Personne ne sortira d'ici vivant*. Bien sûr, Jim faisait les quatre cents coups, mais ça n'était pas tout, loin de là. Il lui arrivait aussi d'être apaisé, les lendemains de gueule de bois. C'est dans ces moments de sérénité qu'il écrivait ses poèmes et qu'il enregistrait avec nous. Ça n'était pas un grand chanteur, au début. Il n'avait jamais chanté avant les Doors. Mais il avait ce don incroyable, qui lui permettait de toujours s'inventer, cette vision qui habitait ses paroles, sa voix, et même son visage et son corps. Là-dessus, il clamse. Quels meilleurs ingrédients pour un mythe ? Maintenant, il a vingt-sept ans pour l'éternité.

JIM MORRISON (*Note retrouvée dans un de ses carnets abandonnés sur la table,* Tape Noon, *après sa mort, par Pamela Courson*) : « Last words, last words, out » (« Derniers mots, derniers mots, sortie »).

THE GRATEFUL DEAD : LA COMMUNE

Plus que tout autre groupe, le Grateful Dead, ainsi nommé en référence au *Livre des morts égyptien*, est l'objet d'un culte qui perdure encore, quarante ans après ses débuts dans les cafés de Palo Alto, à l'ombre de l'université de Stanford. Ses disciples, les fameux Deadheads, les suivent, les enregistrent, dansent et s'ébattent, s'échangent souvenirs, pirates, bijoux, cristaux et autres amulettes aux quatre coins des États-Unis, et parfois de la planète.

Son leader, le charismatique et pourtant assez ingrat Jerry Garcia, débonnaire Captain Trips, rivalise avec Bob Dylan et Mick Jagger en nombre d'apparitions en couverture du magazine *Rolling Stone*. C'est dire l'immense phénomène (sous)culturel que représente cette tribu unique, fonctionnant comme une véritable communauté fouriériste, et dont la musique n'a jamais cessé d'être le noyau, toujours changeant.

« Je regardais autour de moi, les visages étaient déformés, des bulles de lumière éclataient, l'écran au bout de la pièce diffusait trois ou quatre films simultanément et les flashs s'accéléraient. L'orchestre jouait mais je n'entendais pas vraiment la musique. Pourtant, tout le monde dansait. Quelqu'un riait et me dit que je ne faisais qu'entamer ma première expérience du LSD. » Ces initiations décrites par Tom Wolfe dans *The Electric Kool-Aid Acid Test*, organisées à partir de novembre 1965 par Ken Kesey et ses Merry Pranksters, de retour d'une traversée de l'Amérique à bord de leur bus bleu Furthur conduit par le héros de *Sur la route*, Neal Cassady, vont constituer le creuset de la révolution des mœurs d'une génération qui répond aux trois commandements du docteur Timothy

Leary (« Tune In, Turn On, Drop Out ») et recherche une alternative à la vie telle qu'on la pratiquait jusqu'alors.

« Les acid tests furent le détonateur du psychédélisme. Le multimédia, l'acid rock – le son des Beatles de *Sgt. Pepper* et l'électricité vibrante de Jefferson Airplane, des Mothers of Invention, tout cela découle de ce qu'y faisait le Dead. C'était l'onde du futur, complètement nouvelle et étrangement délirante. » La jeunesse de la Baie a entrepris de faire plus que changer le monde et les temps : le but même de l'existence, demandant effrontément : « Can you pass the acid test ? »

Le Dead, qui se contente à l'origine d'en fournir la bande son, va en devenir l'emblème, le symbole. Très vite, les acid tests vont se transformer en « bals » (dances) délirants dans les multiples ballrooms Art déco de la ville (Matrix, Carousel, Avalon, Fillmore, Winterland) puis en happenings et concerts gratuits dans les parcs et les rues de la cité la plus cool du pays, jusqu'au fameux « Été de l'amour » 1967. Le Golden Gate semble alors ouvert sur l'Âge d'or de l'ère du Verseau dont les guitares électriques chantent l'avènement. Mais si c'est Jefferson Airplane qui triomphe dans les hitparades avec ses hymnes (« Somebody To Love », « White Rabbit ») et son album *Surrealistic Pillow,* produit par Garcia, si c'est Janis Joplin qui fait la une de *Time*, si c'est Country Joe qui fait scander « F.U.C.K. » contre la guerre du Vietnam à cinq cent mille enfants de la Love Generation à Woodstock, si le Quicksilver de John Cipollina peut prétendre au titre de roi de l'acid rock, le véritable OVNI hippie, freak, incorruptible parce que, insaisissable, sans ambition et financé par le fabricant de LSD Owsley Stanley III, celui qui survivra à l'utopie, c'est le Dead, dont le nom même est un pied de nez à la vie.

De toutes les communes qui s'agrègent dans les maisons victoriennes tarabiscotées (et classées), la plus active, la plus rayonnante de bonhomme dinguerie est sise au 710 Ashbury Street. Une bonne vingtaine de personnes s'entassent dans ses trois étages, dont les cinq membres du Dead : Garcia, guitariste et banjoïste émérite, ancien soldat beatnik amputé d'un majeur ; Bob Weir, second guitariste, gueule d'amour juvénile, semble s'être trompé d'adresse en cherchant un stade de football ; Phil Lesh, trompettiste d'orchestre et compositeur d'avant-garde recyclé bassiste ; Bill Kreutzmann batteur de rock athlétique, déjà divorcé, amateur de bagnoles et de plongée sous-marine ; Pigpen (Ron McKernan), biker graisseux, fan de blues et de r'n'b, chanteur, harmoniciste et organiste, ours aussi timide que rarement léché, loup solitaire installé dans une pièce isolée sous la cage d'escalier.

Cet aréopage va, par son exemple débraillé, souriant, je-m'en-foutiste, proposer rien de moins que la révolution rock. Très vite *Rolling Stone*, lancé là par le critique de jazz Ralph Gleason, fait de Garcia le porte-parole de toute cette communauté, gourou écouté au même titre que Lennon et Dylan. Du « Trip Festival » au « Gathering Of The Tribes », les « Human Be-in » et les « Love-in » se succèdent : les bonnes vibrations sont fournies par le Good Ol' Grateful Dead, ainsi que le surnomment les badges que l'on s'arrache à Haight-Ashbury, soudain capitale existentielle du monde occidental.

Son premier album n'a pourtant rien de spectaculaire, malgré le contrat ahurissant arraché à Warner, qui lui garantit un contrôle absolu, artistique et financier. De tous les grands groupes il aura cette particularité d'être le plus rétif à la capture en studio de sa magie mercurielle, éphémère, ce qui explique le nombre phénoménal de ses enregistrements en public, dont le sommet reste l'intouchable chef-d'œuvre lysergique *Live Dead* de 1969. Entre-temps, un deuxième batteur, fou de percussions exotiques, Mickey Hart, l'a rejoint, doublon rendu possible par l'état second dans lequel le groupe improvise, et sa destination, la « Dark Star » la plus planante de la stratosphère.

À quelques splendides exceptions près (*Workingman's Dead* et *American Beauty*, influencés par les vocaux de Crosby, Stills and Nash et les narratifs sépia du Band, le mystique *Blues For Allah*), aucun producteur, aucune autorité n'aura de prise sur l'indomptable esprit du Grateful Dead, famille autarcique à l'idiosyncrasie impénétrable et au comportement libertaire. Sans cesse plus nombreux, les Deadheads n'ont cure de ses défaillances dans les grandes occasions (Monterey, Woodstock, Altamont), de ses disques décevants, de ses passages à vide (lorsque l'alcool détruit Pigpen, puis l'héroïne hébète Garcia), de ses drames (ses trois claviéristes successifs meurent tragiquement). Ils le suivent jusqu'au pied des Pyramides, arrivant chaque soir depuis quatre décennies la veille des concerts et formant un véritable village bon enfant, dont le souvenir inspirera à Don Henley des Eagles la plus belle image de sa meilleure chanson en solo, « The Boys Of Summer ».

À ce jeu, le Dead deviendra involontairement le groupe le plus populaire des États-Unis, pulvérisant tous les records de fréquentation en tournée. Et lorsque en 1987 j'achète à New York le single de leur tube générationnel quadra « Touch Of Grey », ses membres décident de ne plus jamais apparaître dans leurs clips, leur soudaine notoriété individuelle perturbant leur tranquillité.

Fonctionnant tribalement, télépathiquement, à la manière d'une formation de jazz, se moquant éperdument du qu'en-dira-t-on et du combien-en-vendra-t-on, ne répondant qu'à ses propres instincts, doté de sa logique incomparable, le Dead, pot-pourri inimitable de toutes les musiques américaines (folk, bluegrass, country, ragtime, blues, r'n'b, rock'n'roll, Dylan, sa propre forme de jazz et de musique concrète) est parvenu à maintenir, jusqu'à la mort de Jerry Garcia, le 9 août 1995, une totale indépendance, économique (il monta sa propre maison de disques, et possède encore son réseau de distribution parallèle) comme sociale (la libre consommation de drogue), à l'écart du reste du monde, ne répondant à aucune autre règle que celle de son bon vouloir collectif, tout en emportant ses auditeurs, les bons soirs, là où ils ne pensaient jamais aller, comme le proclame leur slogan : « There's nothing like a Grateful Dead Concert. »

Et pourtant, j'en ai vu. De toutes les couleurs. Au Palais des Sports pour deux *Musicorama* en septembre 1974, marqués par la longue séquence de musique électronique, très contestée (mais à mon goût d'admirateur de Pierre Henry) au cours de laquelle Phil Lesh était rejoint par son ami le claviériste Ned Lagin avec qui il enregistrerait l'album *Seastones* ; le 13 janvier 1980 (j'ai gardé le T-shirt) pour un concert de charité au Coliseum de Oakland, avec les Beach Boys, Jefferson Starship, Joan Baez, et Santana, au cours duquel ce dernier et John Cipollina rejoignirent le Dead sur scène pour deux rappels, avant un « Amazing Grace » a cappella réunissant tous les participants ; pour trois de leurs quatre concerts légendaires au Rainbow de Londres en mars 1981, avec la longue section réservée aux deux batteurs et à la musique de l'espace pour laquelle ils sont rejoints par Phil et Jerry ; à l'Hippodrome de Pantin, un peu mollassons, le 18 octobre de la même année, Jerry amoindri par les opiacés. J'avais failli les rencontrer à San Francisco à cette période, lorsque Mickey Hart vivait avec Joan Baez et que Garcia, Weir, Lesh et lui l'accompagnaient sur un album qui ne vit jamais le jour, mais dont je possède trois titres sur une cassette qu'elle m'a confiée (« Jackaroe », « Lady Di And I » et « Marriott USA »), puis au Fillmore en décembre 1988 où Jerry Garcia était venu voir les Gipsy Kings que je suivais pour *Rolling Stone* ! Mon unique interview avec trois d'entre eux se déroulera finalement un samedi après-midi d'octobre 1990, avant le premier de leurs excellents concerts au Zénith, dans un Novotel du côté du Bourget, d'abord avec Jerry Garcia, barbu, empâté, épuisé par son addiction à l'héroïne, mais bon vivant, chaleureux comme je l'imaginais avec ses yeux pétillants de bonté et d'intelligence, puis avec Bob Weir, au léger strabisme et au regard un peu perdu depuis une méningite, accompagné d'un Mickey Hart éclatant de santé, s'instituant historien du groupe, et de l'époque qui le vit naître.

YVES BIGOT : *Comment expliquez-vous cette difficulté constituante du Dead à s'exprimer complètement en studio, au point que vos meilleurs albums sont, à de rares exceptions près, tous enregistrés en concert, de* Live Dead *à* Reckoning, *en passant le fameux* Skull & Roses *et* Europe 72 *?*

JERRY GARCIA : C'est un mystère pour nous aussi. En studio, tout doit être parfait, et nous semblons être trop spontanés, seulement capables de suivre notre inspiration au gré du vent et sous le regard du public. Notre musique a besoin d'espace, d'amplitude et de communication, et quand nous nous retrouvons coincés entre quatre murs, devant des ingénieurs et une console, tout devient soudainement stérile. Pourtant, nous avons réussi à nous concentrer suffisamment pendant quelques semaines, en 1970, le temps de

Workingman's Dead et d'*American Beauty*. Mais ce devait être parce que nous apprenions à chanter en harmonie, comme Crosby, Stills and Nash, dont le premier album nous avait beaucoup impressionnés. Nous n'avons plus jamais réussi à retrouver cette magie-là, même si j'aime assez *From The Mars Hotel* aussi. Mais de manière générale, je déteste nos disques.

— *Ce groupe est une véritable démocratie, et on a le sentiment que selon les années, les périodes, même si vous en êtes le capitaine, l'un ou l'autre peut prendre les rênes.*

Jerry Garcia : Je ne suis pas un leader, et je ne cherche jamais à convaincre personne. Ça a déjà été fait par d'autres, et c'est très déplaisant. Dangereux. La musique comme les expériences psychédéliques m'ont enseigné la peur et la haine du pouvoir. La seule chose qui me rend heureux, c'est la musique. C'est pourquoi j'en joue quotidiennement, que ce soit au sein du Dead, de mon propre groupe, jadis avec les New Riders of the Purple Sage, également avec des amis comme David Crosby et Graham Nash, Merl Saunders et David Grissman. N'importe quelle musique. Du Django Reinhardt, mon guitariste préféré, comme du bluegrass ou du country blues. Mais vous avez raison. À nos débuts, Pigpen était notre leader. C'était lui le chanteur et nous n'étions qu'un groupe de blues. Même si nous étions déjà partis dans nombre d'autres directions, sa mort nous a volé une partie de notre âme. Il était notre ciment, notre focale, et nous n'avions plus qu'à assurer derrière lui. Il savait haranguer et motiver un public comme personne. Mais heureusement, quand il le faut, Bobby Weir devient le leader, grâce à ses rocks simples et à ses chansons mélodiques, qui ne doivent pas masquer le fait qu'il est un guitariste remarquable et très aventureux. Mickey Hart prend de plus en plus l'initiative et c'est très bien. Phil Lesh l'a souvent fait dans le passé et j'aimerais qu'il remonte au front dans les temps qui viennent. Il pratique la basse comme s'il avait inventé l'instrument et que personne n'en avait joué avant lui. Le type même de musicien qui vous oblige à toujours donner le meilleur de vous-même. Cela dit, tout le monde donne son avis sur tout en permanence, et cela explique peut-être pourquoi nos albums sonnent trop comme des compromis.

— *À ce propos, comment se fait-il que l'album de la tournée où vous accompagniez récemment Bob Dylan,* Dylan & The Dead, *soit d'aussi piètre qualité, alors que les pirates, eux, montrent au contraire qu'il y eut des moments exceptionnels ?*

BOB WEIR : C'est un mystère, et l'une des plus grandes déceptions de ma vie. C'est Bob qui a choisi chacune des prises de ses chansons, et j'ai l'impression qu'il s'est acharné à sélectionner systématiquement les plus mauvaises. Nous avons enregistré tous nos concerts, et avec les bandes que nous possédons, il y a de quoi faire un album fantastique. Alors que là, franchement, c'est la honte.

MICKEY HART : Bob nous a même demandé de devenir un membre du Dead à part entière, et nous étions très enthousiastes, car nous sommes tous de grands admirateurs, Jerry le premier. Mais l'un d'entre nous s'y est opposé, et c'est notre règle de ne nous engager qu'à l'unanimité.

— *Le Grateful Dead est décidément un groupe sans pareil. Qu'est-ce qui vous différencie foncièrement des autres ?*

BOB WEIR : Les gens jouent de la musique pour diverses raisons. Je chasse l'esprit, pas la perfection. Ce que j'espère, c'est altérer les consciences. Nous ne faisons pas du divertissement. Nous nous adressons au cerveau, au système nerveux central, au fin fond même de l'être.

MICKEY HART : Rien de ce que nous jouons n'est formaté, réfléchi. Tout est spontané, différent chaque fois. C'est pour cela que les Deadheads nous suivent chaque soir de toutes nos tournées. Ils ne savent jamais à quoi s'attendre. Au pire comme au meilleur.

JERRY GARCIA : Quand je décolle vraiment, la musique a sa façon de me surprendre en m'emportant d'elle-même, sans que j'aie à faire le moindre effort. Je n'entre pas sur scène dans un esprit messianique. J'espère seulement que ma guitare sera correctement accordée. Je suis très immature. J'ai choisi de rester adolescent et de ne pas tomber dans la routine. Je crois que toute notre aventure en résulte. Je n'attends jamais rien de rien. Ainsi, il est impossible d'être déçu par quoi que ce soit. Si on pense se ramasser systématiquement, quoi qu'il arrive se présente toujours comme une bonne nouvelle. Nous refusons d'être des leaders. Nous ne voulons pas encourager un fascisme inconscient. Le pouvoir est quelque chose d'épouvantable, d'insidieux et d'odieux.

Pink Floyd : le psychédrame

Silhouette longiligne aux longs cheveux raides qui lui battent les épaules, le placide bassiste scande hypnotiquement, fanatiquement, la menaçante pulsation de la musique sidérale qui secoue la tendre et tiède nuit méditerranéenne. Relayé par l'orgue haschischin, d'où émerge une forêt de câbles semblables à d'antédiluviennes antennes de crustacés, soutenu par le martèlement implacable des toms, il s'approche maintenant, maillet à la main, de l'immense gong suspendu à l'arrière de la scène, et dont les reflets d'or scintillent au gré de la brise qui souffle dans la carrière de pierres blanches du Moulin Blanc. Lorsqu'il le punit de toutes ses forces, dans un vacarme de lames aiguës qui se répand comme une vague s'étale, c'est toute la colline qui résonne pendant d'interminables et effrayantes secondes du fracas de Pink Floyd, groupe psychédélique anglais que la France vient d'adopter grâce à la bande originale planante de *More*, film culte junkie de Barbet Schroeder.

Son effet assuré, Roger Waters s'avance vers son micro carré, susurrant avec monotonie, mais de plus en plus d'insistance son mantra sidéral : « Set The Controls For The Heart Of The Sun ». Obsédant, insidieux, le morceau se fondra bientôt dans une cacophonie oppressante et expressionniste d'où émergera, élégiaque, la mélopée circulaire de « A Saucerful Of Secrets » et son final liturgique, les vocalises amples de David Gilmour s'élevant majestueusement telle une offrande d'appoggiatures, par-dessus les pins maritimes, découpés dans le ciel comme autant de fantômes plantés au-dessus de leurs têtes.

Nous sommes le 8 août 1970 et le Floyd vient de ravir aux

Beatles à peine séparés la première place des référendums de *Best* et *Rock&Folk*. C'est encore un quatuor parfaitement soudé et équilibré, dont les membres anonymes et discrets se remettent peu à peu, en se perdant dans la démesure instrumentale et la science-fiction de leur opéra de l'espace, flirtant avec la musique sérielle et contemporaine de Stockhausen et Sibelius à Pierre Henry et La Monte Young, du départ de leur génie fondateur Syd Barrett, dandy excentrique héritier d'Edgar Poe et de James Joyce, perdu depuis l'été 1967 dans les abysses interstellaires d'une stupeur lysergique dont il ne s'extraira plus jamais : « Shine On, You Crazy Diamond ».

Gilmour, originaire de Cambridge comme Waters et Barrett, a succédé à ce dernier. Trois ans plus tôt, ils faisaient déjà tous les deux la manche sur le port de Saint-Tropez, chantant les Beatles et les Stones aux terrasses des cafés, avant d'en être expulsés par la police. Pendant l'été 1966, cet Adonis anglais, qui étudie le français, tourne avec son groupe Flowers sur les plages du Débarquement. A-t-il ou non été alors l'amant de BB ? Lui a beau prétendre n'avoir été que l'ami de Mijanou Bardot, la sœur de Brigitte, il n'en reste pas moins que c'est bien Gunther Sachs, l'amant de l'actrice, qui lui a cassé la gueule un soir à Deauville. Véritable Apollon aux très longs cheveux blonds et aux traits de bébé (sic), on le reverra l'année suivante au sein de Crew, participant avec Soft Machine aux happenings d'Arrabal à La Foux, et déambulant dans les rues du village de pêcheurs où il s'imprégnera de l'atmosphère mythologique qui habitera toute la période « Pink Floyd à Pompéi » et dont il poursuivra ensuite la recherche marémotrice et minérale dans les îles grecques. C'est pourtant encore à Saint-Tropez qu'il s'installera, non loin de la plage des Salins, pendant cet été 1970. Il se matérialisera souvent, sous son chapeau de feutre mou aux larges bords, accompagné de Waters, de Rick Wright, de Nick Mason et de leurs blondes compagnes, hantant les remparts de la Ponche de leur présence bohémienne et presque extraterrestre, avec leurs kaftans, leurs dentelles et leurs soies bariolées, leur flegme anglais et leur décontraction de visiteurs « venus d'ailleurs », intrus parmi les touristes indifférents, les effluves d'anchoïades, de pistou et de Grand Marnier. À l'automne, ils donneront en ville un nouveau concert, impromptu cette fois, devant un maigre public incrédule, et cloué.

Au printemps 1974, devenu réalisateur à Europe 1, j'inventerai avec mon patron Yves Abraham, responsable des *Musicorama*, l'écho renversé qui servira à l'infamante (pour l'époque) tournée *Gini Pink Floyd.* Au Palais des Sports, encerclé par les CRS, le concert sera assez aseptisé, léthargique, d'abord consacré à deux nouveaux morceaux qui ne seront jamais enregistrés sous cette forme, « Raving And Drooling » et « You Gotta Be Crazy » (on les retrouvera quelques années plus tard sur l'album concept *Animals* sous les titres respectifs de « Sheep » et « Dogs »). Ensuite, la totalité de *Dark Side Of The Moon*, le *Sgt. Pepper* pour chaîne hi-fi des yuppies qui s'annoncent, avec ses effets spéciaux, ses petits bouts de film, son Spitfire qui traverse la salle sur un filin et explose derrière la scène dans un barouf de tous les diables. Février 1977 aux Abattoirs de la Villette, c'est pire : le cochon gonflable survole mollement le public, la stérilité est presque totale, le stalinisme de Waters a desséché la musique éthérée des trois autres. Il est depuis *Dark Side* l'unique parolier et, leader incontesté, met en scène sa vision politique, ses névroses, son histoire traumatique, et jusqu'à ses scènes de ménage dans *The Wall*, album conceptuel qui fera date, sera adapté au cinéma par Alan Parker avec Bob Geldof dans le rôle de Pink, et finalement au théâtre, à Broadway.

J'interviewe Roger Waters une première fois en 1983 pour la sortie du reliquat *The Final Cut*, qui a vu le Floyd se désagréger sous ses accès de mégalomanie. Après avoir viré Wright au cours de l'extravagante tournée *The Wall*, il se débarrasse de son meilleur ami, Nick Mason, et entre en conflit avec Gilmour, qui exige que son nom soit retiré des crédits de production. Au téléphone depuis le studio où il enregistre son premier album solo, *The Pros And Cons Of Hitch-Hiking*, il revendique alors sa primauté avec élégance. L'année suivante, pour la sortie, il sera plus véhément. Il considère Pink Floyd obsolète, et, sur scène, en revendique l'héritage pour lui seul. En vain, malgré sa tentative d'esquiver le problème Gilmour en s'offrant les services d'Eric Clapton. Persuadé que l'échec de son propre album est uniquement dû à la crainte de la maison de disques de développer sa carrière au détriment de celle du groupe, Waters écrit en décembre 1985 à EMI et à Columbia (pour l'Amérique), leur signifiant la fin du Floyd, « créativement mort ». En juin 1987, lorsqu'il me reçoit à Londres pour la sortie de son *Radio KAOS*, cet intellectuel émotif, paranoïaque aigu, est tout simplement hors de lui. Ayant appris la décision de ses anciens partenaires de continuer sans lui, il a saisi dès l'automne précédent la Haute Cour de justice de Londres pour leur interdire d'utiliser le nom de Pink Floyd. D'abord suivi par les magistrats, il vient de perdre en appel, obtenant seulement l'usufruit et la paternité de *The Wall*, ainsi que, selon les sources, entre 25 et 40 % des royautés à venir du groupe sans lui. Bien sûr, il refuse de le confirmer, traitant aussitôt les autres d'« enculés ». Avant d'élaborer.

ROGER WATERS : Un groupe n'est plus un groupe quand il n'exprime plus la créativité conjuguée de ses membres. Pour moi, cette complémentarité n'existe plus. Pink Floyd, à mes yeux, n'existe plus. David et Nick ont décidé d'enregistrer et de tourner sous ce nom, sans aucune légitimité. Leur démarche n'a rien à voir avec la musique ou un quelconque désir d'expression. Il s'agit d'autre chose, que je ne veux pas nommer moi-même...

YVES BIGOT : *Mais qu'est-ce qui vous permet de penser que votre seule absence suffit à rendre le groupe caduc ?*

ROGER WATERS : Rien. Je ne pense pas non plus que Pink Floyd devrait exister sans David ou sans Nick. Ou bien c'est un groupe ou bien ça ne l'est pas. Là, c'est comme si George et Ringo décidaient qu'à eux deux ils étaient les Beatles. Il est déjà arrivé à des groupes de survivre au départ de membres extrêmement importants. Pink Floyd en était le premier exemple après Syd Barrett. Ou Genesis sans Peter Gabriel. Dans ce cas, pourtant, ça ne s'applique pas. Au cours des années 1970, la plupart de nos disques ont été très bien conçus et réalisés. J'en suis extrêmement fier. D'ailleurs, leur propos est le mien. C'est pourquoi il me tarde d'entendre leur prétendu album. Où David Gilmour a-t-il appris à écrire des paroles, à manier des concepts ? Et qu'est-ce que c'est que cette mascarade qui consiste à rappeler Rick Wright, qu'ils m'avaient demandé de virer ?

[Ce que Waters n'avait pas prévu, en effet, c'était le coup de sang de Gilmour. Fin 1986, celui-ci parvient à convaincre le débonnaire Nick Mason, devenu entre-temps concessionnaire Ferrari et pilote aux 24 Heures du Mans, de le rejoindre sur sa péniche *Astoria*, à Richmond, pour tenter de transformer ce qui aurait dû être son troisième album solo en disque de Pink Floyd. Lorsque *A Momentary Lapse Of Reason* paraît finalement, en septembre 1987, à Montréal où débute leur tournée mondiale, ce dernier se montre serein, malgré la pression médiatique entretenue par les déclarations de son ex-meilleur ami.]

NICK MASON : Roger a raison, le groupe ne pouvait plus continuer ainsi. Il n'écoutait personne, n'acceptait aucun avis, aucune contribution. C'est son départ qui a tout relancé, en rendant possible une nouvelle formule, dominée par Dave, stimulé par ce défi inattendu. Je continue de communiquer avec Roger et je suis sûr que ce qui l'énerve le plus, c'est qu'il ne nous croyait pas capables de continuer sans lui.

[À la surprise générale, l'album et les concerts font un carton, retournant peu à peu l'opinion : le public a tranché, accordant à Gilmour et Mason le droit d'être encore Pink Floyd. Ainsi qu'à Wright, qui les a rejoints, et chante timidement, comme aux plus beaux jours, le magnifique « Echoes ». Rencontré dans les coulisses du Forum, alors qu'il lui est déconseillé de parler à la presse, ce dernier, timide dandy grisonnant inquiet derrière son pauvre sourire de chien battu, essuie une larme furtive.]

RICK WRIGHT : Je ne pensais plus jamais retrouver ce groupe, qui était le mien, ni jouer cette musique, ou aucune autre, devant un public aussi nombreux et enthousiaste. J'étais le paria. Mais aujourd'hui, malgré la précarité de mon statut, je suis heureux comme un miraculé.

[Lorsque le 9 juin 1988, ces trois-là donnent une conférence de presse au Trianon Palace pour annoncer leurs concerts somptuaires sur le parvis du château de Versailles, filmés pour *The Delicate Sound Of Thunder*, ils ont définitivement bataille gagnée. Et lorsque je rejoins Gilmour quelques minutes plus tard dans le parc, il biche littéralement, dans son français succulent, même si désormais, son physique de jeune premier s'est empâté au point de le faire plutôt ressembler au Marlon Brando des années 1970 qu'à l'Adonis connu à Saint-Tropez.]

YVES BIGOT : *Quand Roger Waters vous a annoncé son intention de mettre fin au groupe, qu'est-ce qui vous a convaincu de continuer quand même ?*

DAVID GILMOUR : Son égoïsme. Sous prétexte qu'il n'en avait plus envie, il décidait de mon avenir. Mais je me suis battu pendant quinze ans pour que Pink Floyd parvienne à la notoriété et à la réputation qui sont les siennes. Roger n'a pas le droit d'oblitérer mes efforts, ni ceux de Nick Mason, simplement parce que son ego s'est hypertrophié et qu'il pense avoir tout fait lui-même. C'est oublier que je suis le principal chanteur, que les gens nous identifient avant tout à ma voix et au son de ma guitare, et que j'ai coproduit nos albums. À mon âge, je n'ai pas envie de perdre cet acquis et de repartir à zéro. C'est trop dur, c'est injuste et je n'ai pas à le faire. D'ailleurs, je n'ai eu aucun mal à convaincre Nick de la justesse de ma position.

YVES BIGOT : *Le retour opportun de Rick Wright vous a conféré la légitimité dont vous aviez besoin. Après tout, deux des quatre membres fondateurs, plus vous qui êtes là depuis 1968, pour un juge comme pour les fans, ça n'est pas si mal...*

DAVID GILMOUR : Rick avait quitté le groupe tristement en 1980 parce qu'il ne s'entendait plus avec Roger. Ce dernier n'étant plus là, il n'y avait pas d'obstacle à son retour. Tous ces albums qui ont fait notre réputation, comme *Dark Side Of The Moon* ou *Wish You Were Here*, étaient le fruit de l'étroite collaboration de quatre musiciens et de trois compositeurs : Roger, Rick et moi. D'ailleurs Rick a apporté de très intéressants morceaux. Et s'il n'est encore qu'un salarié et pas à nouveau un membre à part entière de Pink Floyd, pour des raisons juridiques et économiques complexes, en revanche, nous nous entendons mieux que jamais. Je suis persuadé que nous sommes capables de faire beaucoup mieux que ce disque-là : les conditions psychologiques épouvantables dans lesquelles nous l'avons enregistré n'étaient pas propices à l'épanouissement. Libéré de cette menace, le prochain n'aura pas de mal à être meilleur. L'esprit du groupe a été rallumé par le départ de Roger et son assurance que nous ne valions pas un clou sans lui. Ça n'est pas ce que le public pense. L'échec de Waters, c'est qu'il espérait que si Pink Floyd n'existait plus, la maison de disques prendrait ses propres albums plus à cœur. Ça n'était pas une bonne raison pour le faire, et du coup on peut espérer que c'est pour cela que ça n'a pas marché...

[Peu après que *Rapido* eut filmé le Floyd en tournée à Moscou, Waters annonçait à l'Intercontinental de Paris son concert *The Wall* sur la Potsadamerplatz, destiné à célébrer la chute de celui de Berlin, que franchissaient depuis le 9 novembre 1989 les futurs SDF de l'Est, à la recherche de bananes, de vidéos porno et de ce rock qu'ils entendaient de l'autre côté, sans pouvoir y communier en personne. Je lui apporte un message de son ami Étienne Roda-Gil, avec lequel il a composé *Ça ira, ça ira*, opéra sur la Révolution française désavoué par les autorités responsables du Bicentenaire, qu'il ne sera pas parvenu à publier avant la mort de ses deux meilleurs amis français, Philippe Constantin (à l'enterrement duquel il assistera fidèlement, à Monségur), et Étienne, donc.

Ce jour-là, Waters est particulièrement amène avec moi, mais plus amer que jamais. Sa carrière solo n'a toujours pas décollé, et il joue gros sur ce banco avec son passé. L'occasion est d'ailleurs belle – les retrouvailles de l'Europe, la fin de la guerre froide, l'éloignement de l'holocauste nucléaire, pas moins – d'enterrer la hache de guerre. Mais non.]

ROGER WATERS : Plutôt crever. Philosophiquement, politiquement, physiquement, musicalement, nous n'avons plus rien à voir ensemble. Il ne me reste pas une once de respect pour ces types-là. L'avenir et le bien-être de la planète ne passent pas par une réconciliation entre David Gilmour et moi, que je sache...

[Roger ne le sait pas encore, mais *The Wall Live*, malgré son affiche mirifique (Joni Mitchell, Marianne Faithfull, Sinéad O'Connor, Van Morrison, The Band, Bryan Adams) sera une déception de plus. En revanche, il offrira sans doute à ses rivaux le thème de leur prochain album, numéro un au printemps 1994 : *The Division Bell*, la Cloche de la discorde.

Ils resteront là-dessus, une bonne fois pour toutes.]

Neil Young : L'Ultraterrestre

« Hi, I'm Neil ! » Plus cool, décontracté, « laidback » comme ils disent en Californie, tu dors. Là, le grand trappeur canadien apparaît sincèrement désolé et un peu décontenancé. Confus. Parti à ma recherche dans les salons du Royal Monceau, il vient par son irruption intempestive d'interrompre un précédent tournage de *Rapido* avec Siouxsie Sioux.

Ébouriffé mais rasé de près pour mieux souligner ses fameuses rouflaquettes, dépenaillé dans son éternel jean patché quoique déchiré grunge, T-shirt noir sous une sorte de long poncho élimé de chaman, Converse noires et blanches, voûté et goguenard, l'épouvantail se confond en excuses comme un gamin étourdi pris en faute, puis repart nonchalamment retrouver au bar son manager cerbère, Elliott Roberts, en attendant son tour.

Le soir même, à l'Élysée-Montmartre, seul avec sa guitare, son porte-harmonica et un vieux piano droit, il rendra dignité et raison d'être à la génération rock massivement présente (dont Bayon, Jean-Louis Murat, Laurence Romance, Nick Kent, Christian Palligiano, Bernard Faroux, Gilles Verlant, Jean-Louis Calderon, grand reporter à la Cinq, qui mourra écrasé par un char dans les rues de Bucarest quelques jours plus tard). D'un « Ohio » dédié « au petit soldat de la paix debout face aux chars de la place Tiananmen », à « Keep On Rockin' In The Free World », hymne non officiel de ces jours d'effondrement de l'ordre géopolitique postmoderne, nous assistons à la véritable renaissance d'un des artistes les plus énigmatiques, timides et changeants qui soient.

Quelques semaines auparavant, il ressuscitait avec l'album *Free-*

dom, après une décennie d'errance, consécutive à la naissance de son deuxième fils, Ben, autiste et quadraplégique. L'aîné, Zeke, qu'il avait eu avec l'actrice Carrie Snodgrass, souffrait déjà d'un léger handicap cérébral. Deux enfants ainsi atteints, de deux compagnes différentes : comment ne pas se sentir maudit, marqué, responsable ? Épileptique, et pas junkie comme certains se sont longtemps complu à le croire, le franc-tireur de Crosby, Stills, Nash and Young se réfugiera alors dans son ranch de La Honda, avec sa seconde femme, Pegi, fondatrice de l'association The Bridge, qui s'occupe des jeunes handicapés de la baie de San Francisco. Pour ne pas se laisser submerger par le malheur et l'adversité, ne pas en confronter publiquement l'horreur, surmonter les dix heures quotidiennes de training nécessaires à donner une chance à Ben, il abandonnera soudainement le style introspectif et confessionnel, souvent onirique, qui en avait fait le héros beat des années 1970, chantre du spleen, de la désolation, de l'inquiétude, grâce à lui partagés, acceptés, consolés, arrachant au passage à Bob Dylan ce rare compliment : « Quand j'entends "Heart Of Gold", ça me perturbe parce que c'est moi. » Tout au long des années 1980, le vieux grizzly signera une série d'albums de genre, butinant de techno en rockabilly, de country en jump-blues, au point que David Geffen lui intentera un procès inédit, au titre de la « non-représentativité de ses enregistrements ». Endossant masque après masque, il évite de livrer une expression intime, exorcisant un atroce sentiment de culpabilité en se calfeutrant dans une attitude de survie qui l'égarera au point de soutenir un temps Reagan, qu'il vilipendait pourtant quelques années plus tôt (*Hawks And Doves*, *Re-Actor*), comme déjà, avec nettement plus de bonheur, Nixon (« Ohio », « Campaigner », « War Song »).

C'est vers le début de cette terrible période que je l'interviewai, en octobre 1982, à Bordeaux, au Sofitel du Lac, après un des concerts de sa première tournée française. Accompagné dans sa loge par son bassiste, également canadien, Bruce Palmer, vétéran de Buffalo Springfield, Young, encore survolté lorsque je lui colle le micro de mon Nagra sous le nez, qu'il a saupoudré de cocaïne comme de sucre-glace, laisse fuser son humour particulier, un peu désabusé, taquin et tendre, parfois hermétique.

Rasséréné par la naissance d'un troisième enfant, une fille, Amber, parfaitement normale cette fois, il referait donc surface avec panache sept ans plus tard, en pleine déconfiture du communisme, au moment où on avait le plus besoin de lui, de son indécrottable indépendance, de sa marginalité exemplaire, de ses incessants changements de tempérament (un jour sereinement acoustique, le lendemain électrocuté, qui mélodiste populaire de *Harvest*, qui bruitiste apocalyptique de *Arc*), de son éternelle et élastique fidélité. À Buffalo Springfield, qu'il continue de réunir pour la convivialité entre Canadiens (Bruce Palmer et Dewey Martin), pour l'explosive fraternité avec Stephen Stills, et auquel il consacrera un coffret souvenir et un hymne tardif, « Buffalo Springfield Again ». À Crazy Horse, son groupe fétiche, avec lequel il a enregistré ses meilleurs albums, et auquel il a dédié le plus hanté, *Tonight's The Night*, à la mort de leur guitariste Danny Whitten. À David Crosby, auquel il avait promis un album de CSNY s'il se débarrassait de son addiction au crack. À Crosby, Stills and Nash, dont il est au fil du temps devenu le leader, et qu'il continue aujourd'hui encore à emmener sur la route retrouver l'esprit chaleureux, familial, aventureux de leurs complexes relations. À l'idéal californien des années 1960, qui inspire tous ses albums, même s'il n'a jamais craint l'avenir, ni la modernité, bien au contraire, jusqu'au projet multimédia altermondialiste *Greendale* de 2003, exposé en exclusivité, avant sortie, dans un Palais des Congrès médusé. À nous autres, aussi, à qui les berceuses confortantes de *Harvest Moon* et de *Silver And Gold* seront adressées, et qui survivions déjà, dans les années 1970, quand notre univers s'écroulait mais que nous ne voulions pas le croire, en nous prenant pour lui, ses chevaux et son chien Art, au bois des Roches, le long de la Mérantaise, dans la forêt de Châteaufort.

Nous l'avions vu porte de Pantin, avec Crazy Horse, nous donner le tournis avec un « Like A Hurricane » hendrixien, et des chansons inédites, comme à tous ses concerts, qu'on retrouvera pour certaines éparpillées sur des albums subséquents, ou sur les pirates que nous nous échangions, dénichés aux Puces, à Camden Market, à Village Oldies à New York ou chez les disquaires spécialisés de Haight-Ashbury ou de Santa Monica.

Et puis il y eut la guerre du Golfe, et la vieille paranoïa nous rattrapa, avec l'interruption des programmes normaux de radio et de télévision, le direct permanent de CNN et les exagérations entretenues par tous les pouvoirs, soucieux d'asseoir sur la peur collective leur légitimité chancelante. C'est l'exact moment que Neil, figure décalée de père et d'étranger, familière et mystérieuse à la fois, choisit pour reprendre la route avec Crazy Horse, et, de « Cortez The Killer » circonstancié (« la haine n'était qu'une légende/et la guerre inconnue ») en reprise hallucinée de « Blowin' In The Wind », hymne de rechange de l'Amérique des droits civiques, exorciser avec ses fidèles aux visages extasiés la menace d'un ultime éclatement sur une non-question qui se posa pourtant à ce moment-là et à laquelle aucun de nous n'eut vraiment le cœur de répondre : même si c'était pour la bonne cause ou la liberté, un État mérite-t-il qu'on se batte, qu'on tue et qu'on meure ? Dans la tourmente de la guitare de Neil Young d'où émergeait parfois sa voix frêle et haut perchée, telle une torche dans les ténèbres, on s'en foutait soudainement : le salut dans la prière, pour une fois, était palpable, communion inespérée. Après le 11 septembre 2001, Neil reprendra similairement la route, cette fois en compagnie de Crosby, Stills and Nash incroyablement revitalisés, pour proposer le baume nostalgique d'une époque plus généreuse aux plaies à vif d'une Amérique incrédule. « People my age don't do the things I do », s'étonnait-il dans *Mirror Ball*, accompagné par Pearl Jam. Et pour le Téléthon traumatique *America : A Tribute To Heroes* que je commentais en périlleux direct sur France 2 (nul ne possédait d'information sur ce qui allait se dérouler), il donnera la plus prenante – et pertinente – performance d'unc nuit paranoïaque à aucune autre semblable, modifiant un seul mot d'« Imagine » (« I wonder if *I* can »), humilité le transportant au cœur de centaines de millions de téléspectateurs traumatisés, en Amérique et ailleurs, en pleine détresse et attente de congrégation.

C'est que Young, rock et folk de Hank à Hendrix, fan de Dylan et des Rolling Stones, premier blanc furtivement signé par Motown, n'a pas le glamour, la morgue, la splendeur toxique et arrogante, l'attitude hautaine d'une rock star. En revanche, il le reconnaît, « il m'arrive des choses qui semblent n'arriver qu'à moi, comme si j'étais désigné ». C'est sans doute pour cela qu'il nous touche pareillement : sa vulnérabilité, son humanité, son errance. Jamais dogmatique mais toujours engagé, solitaire solidaire, vagabond mais seulement migrateur, il est trop timide, sincère pour impressionner, nous ressemble trop pour rester distant. Dépourvu de toute dimension hollywoodienne, c'est un compagnon de voyage, chroniquant à sa façon, bordélique et émouvante, scientifiquement empirique, fatalement romantique de dernier pionnier fasciné par la civilisation précolombienne, les derniers feux de l'Amérique sauvage de Thoreau et de Whitman, qualités qui en font le favori des romanciers (Tom Robbins, Thomas McGuane) et des cinéastes (Paul Schrader) américains qui traquent comme lui les dernières traînées de chaleur et d'humanité de la fin du millénaire. Sans pour autant rester coincé dans son époque, ce « Hippie Dream » qu'il épouse et qu'il moque à la fois. Souvent suspicieux de son association avec Crosby, Stills and Nash pour cette raison précise – la stagnation qui accompagne la gloire – il faisait scandale en 1974 en dénonçant sur le fascinant *On The Beach* l'hédonisme irréfléchi des stars californiennes, épousant quasiment les sentiments de Charles Manson dans « Walk On ». Remis à sa place par Lynyrd Skynyrd avec « Sweet Home Alabama », sa sincérité lui fera, seul parmi sa génération, applaudir les punks, capital sympathie que son drame familial l'empêchera longtemps de matérialiser au-delà de *Rust Never Sleeps* en 1979.

En revanche, avec le sauvage *Ragged Glory*, il sera le parrain du grunge, musicalement comme vestimentairement, sa re(con)naissance entamée dès la fin des années 1980 par la vague noisy britannique (The Jesus and Mary Chain, My Bloody Valentine, Teenage Fan Club, Ride, jusqu'à Oasis) comme américaine (Hüsker Dü, Pixies, Dinosaur Jr.), parachevée par les tournées avec Sonic Youth et Pearl Jam, et macabrement couronnée par la note de suicide de Kurt Cobain, reprenant cet axiome de « Hey Hey My My » : « It's better to burn out/Than it is to rust » (Mieux vaut en finir/Que dépérir).

Yves Bigot : *Est-il juste de dater votre renaissance à la sortie d'*Eldorado, *ce EP rare dans lequel vous atteignez une violence incroyable ?*

Neil Young : C'est exact. C'est ce que j'ai fait de plus sauvage depuis longtemps. Avant ça, c'étaient les Blue Notes et les Shocking Pinks, des identités biaisées. En ne publiant que ces cinq titres, à seulement cinq mille exemplaires, uniquement au Japon, en Australie et en Nouvelle-Zélande, le plus discrètement possible, j'évitais qu'on se dise : « Oh, maintenant, il fait du speed metal, c'est sa nouvelle toquade ». Parce que là, c'était vraiment moi. Autant que *After The Goldrush* ou *Harvest.* Mais c'est protégé. Comme le témoignage de mon retour à la case départ, à ma véritable identité. Ça n'a pas été simple, et ça m'a pris du temps. Ça fait du bien. Mais ça ne vient pas sur commande. Il fallait passer le cap. La fin d'une désincarnation. C'est la raison de cette tournée en solo actuelle. Retrouver mes sensations, réapprendre qui je suis, sentir mes mains sur le manche de ma guitare, les cordes vibrant sous mes doigts, me réhabituer à être moi-même en public, me tester, pour trouver la confiance nécessaire à affronter la fin du millénaire.

— *Vous vous étiez perdu à ce point ?*

— Ça n'est sans doute que dans dix ans, en considérant quarante ans de musique, que mes années 1980 prendront un sens pour les autres. J'ai passé ma vie à détruire systématiquement les attentes de mes fans. C'est pour ça que je suis toujours vivant. Je n'ai cure de la nostalgie. Ça ne sert à rien, de s'attacher à des choses qui ne peuvent durer. Le temps me manque. De plus en plus. J'ai tellement de chansons qui me viennent et que je n'arrive pas à enregistrer.

— *Qu'est-ce qui vous donne le courage de vous métamorphoser tout le temps ainsi ?*

— C'est ma nature qui appelle un changement constant. Seulement pour éviter de m'ennuyer et d'ennuyer les autres. Que voulez-vous, quand je me lève le matin, il y a cette petite voix qui me dit : « Neil, voilà ce qu'il te faut absolument faire aujourd'hui. » Je n'ai jamais su lui résister, même si je sais que ça n'intéressera personne d'autre que moi. Si je cessais de l'écouter, je n'aurais plus d'âme.

Si j'ai envie de jouer quelque chose, que ce soit du folk, de la country, du blues, du r'n'b ou du rock, je le fais. Je suis très fier de m'être offert autant de possibilités de permutation. Les gens ont fini par admettre que je passe de l'une à l'autre de mes différentes formations selon l'humeur ou les nécessités du moment. Ça m'évite de me lasser de moi-même. Souvent, avec Crazy Horse, on veut faire tomber les murailles, comme à Jéricho. Traverser le béton. Mais on ne peut pas être possédé par la guitare comme ça chez soi. Il faut du monde, et l'énergie de tous, musiciens et public. Ainsi pendant la guerre du Golfe, la relation entre le conflit, les tensions émotionnelles qu'il déclenchait chez les spectateurs et la musique elle-même était telle qu'elle créait une configuration exceptionnelle. L'album *Arc-Weld* et sa vidéo sont le reflet de cette période de l'histoire où il était impossible de ne pas entendre les bombes exploser à Bagdad et à Jérusalem, à travers la radio, la télévision, les micros des reporters et les liaisons satellites, jusque dans nos cauchemars. Chacun aux États-Unis était impliqué dans cette situation à chaque instant de sa vie, souvent personnellement, mais aussi par solidarité avec les populations disloquées, déchirées, américaines comme irakiennes. Le public venait à ces concerts pour se retrouver, se sentir solidaire, conjurer la peur, l'angoisse, s'unir, se protéger d'une menace. La guerre, le public et Crazy Horse ne faisaient plus qu'un. C'est pour ça que la route est si accaparante, la vie de tournée aussi dangereusement indispensable. C'est comme retrouver le paradis.

— *Le public, votre public, passe quand même aussi souvent à côté de votre humour.*

— Ça oui. Je trouve mes chansons vraiment drôles. Même quand le sujet est grave, je me laisse toujours emporter jusqu'à un point où ça devient rigolo, à force d'être sérieux. Et puis à la fin, je retrouve le ton du départ. Mais la majorité ne s'en aperçoit pas et pense que c'est l'enfer du début à la fin. Les gens se complaisent dans la gravité. Les vieux groupes de rock ne sont plus drôles. Ils font la gueule, comme s'ils se savaient tellement mortels qu'ils vivent déjà leurs derniers jours. Or les gens ont besoin de se marrer un peu. Et ils les ont déjà vus quand ils étaient vraiment bons.

Moi, j'essaie seulement de prendre du bon temps sans m'accrocher à rien. C'est pour ça que les punks ont fait tellement de bien : il faut se moquer de cette nouvelle société établie qu'est devenu le rock.

— *Pour les Américains, qui n'ont pas eu leurs vrais Beatles, Crosby, Stills, Nash and Young en incarnaient la vision adulte, repliée, survivante, années 1970. Malgré votre position de chromosome rajouté et vos fréquentes déclarations d'indépendance, vous y revenez régulièrement.*

— Je leur dois ma notoriété. Et ils m'ont permis de continuer à jouer avec Crazy Horse tout en étant avec eux. Tout le monde se focalise sur nos supposées disputes continuelles. Mais quand nous sommes réunis tous les quatre, l'atmosphère devient tellement intense. On ne peut pas imaginer quatre personnalités plus différentes ni plus motivées. Alors, forcément, parfois, c'est chaud. Chacun a son point de vue, et le défend férocement. C'est un groupe unique pour ça. Génial. Mais jusqu'à présent, tous les quatre, nous avons surtout excellé en concert. Sur disque, je n'avais joué que sur une partie de l'album *Déjà Vu*. Nos meilleurs moments sont sans doute « Ohio » et « Almost Cut My Hair ». L'album *American Dream*, je l'avais promis à David Crosby. Je lui avais dit que s'il s'arrêtait enfin de déconner avec la drogue et se mettait au travail, je prendrais un an de ma vie pour qu'il y ait un autre album de CSNY. Le résultat n'a pas été à la hauteur de mes espérances. Ils sont très concentrés sur ce qu'ils font, alors que moi, je suis tellement dispersé. Mais nous avons vécu tellement de choses ensemble. Je leur devais bien ça, et je le referai à l'avenir. Mais il n'était pas question de partir en tournée avec eux. Si les deux patapoufs le veulent, il faudra qu'ils fassent l'effort d'être assez costauds pour supporter cette vie-là. Graham Nash et moi l'avons toujours été. Notre public attend énormément de nous. Nous devons lui communiquer notre énergie, lui montrer notre force et notre foi en la vie. Justement parce qu'elle a fait de nous des emblèmes, nous nous devrions d'être un exemple pour notre génération qui a déjà un pied dans la tombe. Si on n'est pas capables de lui communiquer que les vingt prochaines années valent la peine d'être vécues, à quoi bon continuer ?

— *« It's better to burn out than to fade away », donc ?*

— Ça fait un plus grand éclair dans le ciel.

Robbie Robertson : Le Cinéphile

Le visage est incroyable, inhabituel, étrange : pommettes hautes, front haut, yeux incurvés vers le haut, regard perçant, bouche en demi-lune, teint uni, cheveux noirs et brillants. Un play-boy surnaturel. C'est que Jame Robert Robertson, Canadien éperdu de mythe américain, Nordique hypnotisé par le Sud historique et l'Ancien Temps, est un sang-mêlé particulièrement rare : mi-Juif (son père joueur professionnel, mort avant sa naissance), mi-Indien (sa mère, une Mohawk orfèvre en bijouterie). Il attendra pourtant trente ans de carrière, et son premier album solo, avant de revendiquer ses racines ethniques, entretenues chaque été de son enfance par des visites à ses oncles et tantes de la réserve des Six Nations, mais jusque-là étouffées par sa fascination absolue pour l'Amérique d'*Autant en emporte le vent*, du blues et des « medicine shows ». Quelques années plus tard, il irait au bout de cette tardive redécouverte en composant la musique de *The Native Americans*, série de dix émissions consacrées à la culture indienne à l'occasion de sa reconnaissance officielle par le président Clinton.

Mais si le physique de Robbie Robertson est remarquable, sa voix parlée est encore plus extraordinaire : chaude, sablonneuse, légèrement nasale, certainement mâle, le timbre qu'on attend – paradoxe ! – d'un cow-boy, sûr de sa force et de son existence, entre Clint Eastwood et Marlboro, sensation accentuée par la raucité inévitablement causée par son impressionnante consommation de cigarettes. Un peu trop fine, cependant, trop transparente et mal assurée, pour en faire un chanteur. En tout cas pas un chanteur pour The Band, où il ne suppléa qu'à deux reprises le phénoménal trio vocal constitué de Levon Helm, de Rick Danko et de Richard Manuel. Mais qui en dit long sur la personnalité de cet enfant des rues de Toronto qui à quinze ans ne rêvait déjà que de jouer dans un groupe de rock'n'roll et de découvrir Storyville, le quartier chaud de La Nouvelle-Orléans où sont nés jazz et ragtime et où ont fleuri blues et rhythm'n'blues, avant de remonter le Mississippi jusqu'à Memphis, puis Saint-Louis, et, finalement, Chicago et les Grands Lacs, à sa porte.

Grand et mince, extrêmement raffiné, poli et cultivé, jouant volontiers les intellectuels avec sa chemise blanche impeccablement amidonnée et son gilet de daim, Robbie Robertson se souvient encore un an plus tard, hôtel de la Trémoille, soit en mars 1988, de notre premier rendez-vous au Plaza-Athénée. Entre-temps, son premier album, produit par Daniel Lanois, a accouché d'un tube atypique, « Somewhere Down The Crazy River », où un rimshot du batteur français Manu Katché et l'atmosphère de western déjanté à la *Bagdad Café* font merveille : pendant quatre minutes, Robertson a réussi ce que le grand public attendait en vain de l'intransigeant Tom Waits. Mais si Robbie a attendu si longtemps pour explorer la culture de ses ancêtres Peaux Rouges, c'est qu'auparavant il était trop occupé à confectionner celle de sa génération.

Qualifié de « guitariste mathématique » par Bob Dylan, dont il devint le confident à la tête des Hawks, il participe à l'aventure électrique de 1965 et 1966, qui produisit la tournée la plus fondamentalement révolutionnaire de l'histoire du rock, au cours de laquelle ils finiront par triompher d'un public folk militant, bien-pensant et outragé qui les conspue, mais auquel ils infligent sans broncher un rock existentiel incandescent et totalement halluciné, sans précédent. « Nous cherchions à inventer le feu », commente vingt-deux ans plus tard le soliste anxieux. Après l'accident de moto qui brisa ce trip suicidaire en plein été 1966, Dylan réunissait le futur Band près de chez lui, à Woodstock, pour un travail de thérapie musicale, de renaissance écologique et spirituelle à la recherche de l'esprit de l'Amérique non dite, qui donnera naissance aux mythiques, cryptiques, érotiques, *Basement Tapes*, longtemps piratées et toujours sujet de fascination (voir *La République invisible* de Greil Marcus, entre autres). Un an avant leur publication, partielle et rétroactive, en 1975, Dylan aura à nouveau fait appel à ses compagnons pour le premier des grands come-back déjà nostalgiques qui deviendront bientôt le quotidien d'un genre dont l'âge d'or est passé au tournant des années 1970.

Autour du Band et de Big Pink, la fameuse maison rose du ranch que louent Richard Manuel, Rick Danko et Garth Hudson à West Saugerties (2188 Stoll Road), entourée de bois et d'une grande mare, se cristallisera une communauté musicale, campagnarde, authentique, où les excès rock'n'rolliens ne seront pas absents, comprenant Bob Dylan, Van Morrison, John Sebastian, Paul Butterfield, Happy Traum, Carly Simon, et que visiteront Dr John, John Martyn, Muddy Waters... et jusqu'à George Harrison.

Robertson, qui habite le village avec sa future femme Dominique, une journaliste française rencontrée sur la tournée Dylan, compose à Woodstock ses premières chansons sépias, à l'odeur de feu de bois, de cabanes en rondin, de poisson-chat grillé, de magnolias, de travaux des champs et de la forêt, de réunions paroissiales et d'un âge disparu, qui rendront à l'Amérique troublée de la fin des années 1960, déchirée par la guerre du Vietnam, la révolution sexuelle et le psychédélisme, un sens de ses racines, de son passé, de son essence. Véritable creuset de toutes les musiques américaines, gospel et country en tête, rock'n'roll, rhythm'n'blues ensuite, soul, blues et jazz et même un soupçon de classique, la musique du Band, à défaut de réconcilier le pays et sa jeunesse, réconciliera la jeunesse américaine et l'histoire de son pays. Groupe communautaire, où la contribution de chacun est également primordiale, ce qui en renforce l'aspect familial, le Band représente alors ce que l'Amérique des pionniers promettait d'être, une nouvelle frontière, une terre promise où la liberté n'exclut pas l'entraide. *Time* lui consacre sa couverture en janvier 1970, juste après la sortie de son deuxième album, photo patibulaire noir et blanc sur fond boisé. Moustachu, bientôt barbu, Robertson, qui vit comme un reclus et redoute la scène maintenant qu'il a développé un trac maladif qu'il chroniquera dans « Stage Fright », y ressemble à un rabbin.

Je n'avais malheureusement pas vu le Band en concert à l'île de Wight avec Dylan, ni même à l'Olympia, dans une salle à moitié vide, mais seulement au stade de Wembley, le 14 septembre 1974, à la même affiche que Joni Mitchell et Crosby, Stills, Nash and Young. Mais le son était brouillé, et mon attention ailleurs (j'allais partir faire mes trois jours à Tarascon quelques heures plus tard). Heureusement, il y a *The Last Waltz*, le film, aujourd'hui historique, que Martin Scorsese a consacré à leur concert d'adieu, au Winterland de San Francisco, pour Thanksgiving 1976. C'est d'ailleurs lui qui permit à Robbie de passer de la musique au cinéma, que ce soit comme acteur, ou compositeur et producteur de bandes originales, avant qu'il ne trouve finalement dans ses origines l'inspiration nécessaire à sortir de sa semi-retraite poudrée, dorée et hollywoodienne.

Rien d'étonnant à cet attrait pour le cinéma. Déjà, en tant qu'auteur et compositeur de quatre-vingt-dix pour cent du matériel du Band, Robbie Robertson était passé totalement maître dans l'art de conter, de rendre réels et vivants ses personnages, de relater leurs petites histoires et de les situer dans la grande, tout en faisant revivre et en restituant, musicalement, la ferveur et l'espace du monde rural, ce Sud disparu, où naquirent blues, rock et country, entre Tennessee, Géorgie, Arkansas, Mississippi, Texas et Louisiane, dont il aperçut les derniers feux, adolescent, lors de ses tournées avec son compatriote Ronnie Hawkins à la fin des années 1950. Nul autre que lui n'a su rendre avec plus de vérité ce pathos du cœur véritable de l'Amérique, bande sonore imaginaire de *Louons maintenant les grands hommes* de James Agee, et dont les chantres en littérature furent Flannery O'Connor, William Faulkner et Mark Twain. Logiquement, les curateurs du Rock'n'roll Hall of Fame ont fait appel à lui pour être le directeur musical de la manifestation annuelle qui salue les légendes inaltérables du rock, du blues et du r'n'b, musiques qu'il joue comme il respire.

YVES BIGOT : *Vos chansons pour le Band étaient presque toutes des sagas, peuplées de personnages forts, faites de descriptions historiques très visuelles. Le cinéma avait-il déjà une influence importante sur votre écriture ?*

Robbie Robertson : J'ai toujours adoré le cinéma. L'aspect qui m'a fasciné, c'était cette capacité de raconter des histoires avec une puissance telle qu'après avoir vu un film ça m'avait touché si profondément que parfois je savais aussitôt que je ne l'oublierais jamais plus de toute ma vie. C'est cet effet que j'ai essayé de retrouver dans ma musique. Et après *The Last Waltz*, c'est comme si je m'étais inscrit à l'IDHEC. Je voulais tout apprendre, tout comprendre : comment écrire un scénario, produire un film, jouer la comédie, composer une bande originale. Je m'y suis attelé avec *Carny*, que j'ai écrit, produit, réalisé, et dans lequel j'ai joué avec Jodie Foster et Gary Busey. J'ai eu la chance de travailler avec Alex North, un spécialiste de la documentation musicale au cinéma, qui a été mon guide : il avait collaboré à *Spartacus*, *Un tramway nommé Désir*, *Viva Zapata*... Puis mon ami Martin Scorsese m'a demandé de l'aide pour la musique de *Raging Bull*, ce qui a vraiment déclenché ma passion pour cette activité : comment des images prennent un autre sens, une autre dimension, en fonction de la musique qu'on leur adjoint, la façon dont on joue avec les émotions des gens selon les moindres nuances musicales qu'on imprime à chaque scène. Ensuite, nous avons fait *King Of Comedy* et *La Couleur de l'argent*. C'est pour ce dernier que j'ai commencé à écrire avec Eric Clapton, par téléphone !

— *Longtemps, les relations entre Hollywood et le rock ont été suspicieuses et tendues. Comment avez-vous été accepté ?*

— Le Band avait joué au festival de Woodstock et Martin était cadreur sur le film. C'est comme cela que nous nous sommes connus. Ensuite, Jon Taplin, notre road manager, s'est retrouvé producteur de *Mean Streets* et de *Taxi Driver*, ce qui nous a permis de nous fréquenter. J'ai suivi sa carrière et je me suis aperçu qu'il savait utiliser la musique comme aucun autre réalisateur : il avait compris quelque chose que les autres n'avaient pas encore perçu. Au moment de faire *The Last Waltz*, je n'ai pensé à personne d'autre. Ça l'a branché aussitôt et il a fait un boulot exceptionnel.

— *C'est devenu le film rock de référence. Vous en espériez autant ?*

— Oui, pour la simple raison qu'il avait vraiment une raison d'être. C'était la fin d'un cycle, d'une ère musicale, d'une époque, la fin du Band qui l'avait traversée, et tous les gens qui y ont participé étaient les meilleurs dans leur genre, à commencer par l'équipe de Scorsese. La crème du rock et de la musique populaire américaine était là, dans toute sa diversité, de Muddy Waters à Neil Diamond, de Dr John à Van Morrison, de Neil Young à Joni Mitchell, d'Eric Clapton à Bob Dylan. Il fallait tout saisir sur-le-champ, il n'y avait pas de seconde chance. Tous les ingrédients étaient réunis pour quelque chose de magique, mais sans garantie : ça passe ou ça casse. Conclure la carrière du Band sur un événement aussi musical et aussi classieux était parfait. Ça n'était pas un film souvenir, un Polaroid de tournée : je déteste ces films-là. Nous voulions un final qui possède autant d'âme et de sens que la musique que nous avons jouée ensemble pendant toutes ces années. Ce groupe était unique : il n'y en a jamais eu de semblable, ni avant ni après.

— *Vous n'avez pas poursuivi l'expérience de* Carny.

— Cette idée de cirque itinérant m'attirait énormément. J'avais travaillé dans une foire quand j'étais gosse, et j'avais écrit pas mal de chansons là-dessus pour le Band. Cette histoire était donc une transition naturelle pour moi. Ça n'est pas comme si j'avais soudainement décidé de devenir acteur. Ça n'est pas dans mon tempérament : j'ai trop de respect pour les vrais. Ça n'était qu'une façon d'étendre mon rayon : je connaissais ce personnage, je le possédais, je pouvais l'incarner et raconter une histoire à travers lui, une histoire plus longue et plus complète que celles que je racontais dans mes chansons. Je n'ai pas continué par honnêteté : je ne saurais pas incarner un laitier maniaque sexuel. Et si je ne suis pas un personnage, je ne sais pas le jouer parce que ça n'est tout simplement pas mon métier. Quand on fait quelque chose, il faut pouvoir y mettre tout son cœur.

— *C'est si différent de la scène ?*

— Sur scène, il y a plus de distance avec le public. Même si on dit des choses intimes, on ne les fait pas physiquement. Alors que devant une équipe de tournage et des caméras, on doit se comporter de manière souvent très embarrassante : crier, pleurer, se jeter par terre, faire l'amour. Imaginez ça sur scène !

— *Quel regard cela vous donne-t-il sur vos collègues qui se lancent au cinéma ?*

— Vous voulez dire Sting et tout ça ? J'ai le sentiment que, comme pour moi, leur musique reste leur plus importante contribution à l'art de ce siècle.

— *Votre imaginaire a été marqué par les films américains de la grande époque de Hollywood ?*

— Humphrey Bogart m'a beaucoup frappé. C'est sa faute si je fume cigarette sur cigarette depuis tant d'années. Quand j'étais gamin, c'était ce qu'il y avait de plus cool : si Humphrey et Bette Davis fument autant, je dois le faire. C'était évident. Le cinéma français aussi a suscité beaucoup de fumeurs. Quand je grandissais, c'étaient les débuts de James Dean, de Marlon Brando, de Montgomery Clift et de toute cette nouvelle génération d'acteurs. C'était excitant d'assister à ce changement d'époque, de style. Le rock'n'-roll naissait en même temps. Je n'aurais jamais voulu grandir à une autre époque : elle était magique.

Joni Mitchell : L'Artiste

Sur la pochette intérieure de son album *For The Roses* (1972), elle apparaissait nue, de dos, sur les rochers battus par les flots bleus, ses longs cheveux blonds couvrant la moitié de son dos, telle une Aphrodite scandinave s'apprêtant à regagner l'écume originelle. Certes, certains pouvaient trouver ses fesses trop plates, trop larges, ses cheveux trop raides, comme, de face, ses dents trop longues, sa bouche trop large, ses lèvres trop fines, et pourtant, la chevaline Joni Mitchell était notre égérie pleine de grâce, notre mystique « Lady Of The Island », comme Joan Baez avait été notre Madone, Marianne Faithfull notre Bardot et Grace Slick notre Marie-Madeleine...

C'est qu'à partir de *Blue*, son quatrième album, le premier d'une série de chefs-d'œuvre qui culminera au cœur des années 1970 avec *Court And Spark*, *Hissing Of The Summer Lawns* et *Hejira*, l'auteur de classiques folk comme « Both Sides Now », « Big Yellow Taxi » et « Woodstock » détaillera, chroniquera, disséquera, nommera, bercera, avec tendresse mais acuité, nos états d'âme, nos émois, nos espoirs et nos petites histoires, comme seuls Neil Young, Jackson Browne, Leonard Cohen et Bob Dylan en auront été capables, arrachant à ce dernier ce compliment ultime et phallocrate : « Joni ? Elle écrit comme un homme ! »

Seul auteur féminin absolument majeur de sa génération, assez loin devant les Carole King, Laura Nyro et autres Carly Simon ou Rickie Lee Jones, elle reste, par la justesse et la précision de sa perception, à l'instar du *Mystery Man* qui l'embarquera avec lui sur la bohémienne *Rolling Thunder Revue*, la référence pour toute aspirante. Comme il est chaque année depuis Phil Ochs et Donovan un « nouveau Dylan », surgissent régulièrement de « nouvelles Mitchell », de Suzanne Vega à Tori Amos, de Björk à Liz Phair, de Jewel à Lauryn Hill, le modèle arrachant même à Chrissie Hynde, la rockeuse boudeuse, ce cri du cœur : « Joni où es-tu, nous avons tant besoin de toi ! »

C'est que si elle « écrit comme un homme », c'est « qu'elle ne craque pas comme une petite fille », mais s'exprime comme aucune femme ne l'a jamais fait avant elle : des affaires du cœur, de l'art, de la société, de l'humanité, avec une précision diamantaire, une délicieuse acuité, et d'un point de vue nouveau, différent, exclusivement féminin, dévoilant tout un imaginaire jusque-là ignoré, où l'hiver, la glace, la neige, l'eau, la glisse, le voyage, la dérive remplacent les habituelles métaphores sexuelles masculines.

Oui, mais voilà, comme George Sand avant elle, si Joni Mitchell est une artiste décisive, elle est aussi une muse, la plus célèbre et la plus brillante des *Ladies Of The Canyon*, qu'elle ne laissera à personne d'autre le soin de dépeindre, même s'ils viendront tous à sa porte, à ses pieds, chercher chez elle (en elle ?), cannibaliser donc, l'âme sœur qui partagera (soulagera ?) un instant leur (style de) vie, leur tourment, leurs affres de (ré)créateurs. Anthropophages notoirement répertoriés et assumés : Neil Young se produisait à dix-huit ans dans le même café folk et ne tarit pas d'éloges sur la beauté de ses pommettes, ni de ses tenues de soie et de satin, de son jeu de Martin D-18 et de la crudité de son expression ; David Crosby, rencontré dans un club de Floride, produisit son premier album, vécut quelques mois avec elle, et se sentit le cœur lourd lorsqu'elle lui préféra plus tard son meilleur ami, Graham Nash, mais écrivit encore « Yvette In English » avec elle en 1993 ; Stephen Stills, tour à tour son bassiste et son guitariste, pour lequel elle composa « Trouble Child », déclarait à l'époque : « C'est une braqueuse d'amour, n'importe qui s'approche d'elle à moins de dix mètres lui succombe aussitôt » ; Graham Nash, auquel elle viendra présenter ses chansons à l'issue d'un concert des Hollies au Canada, chroniquera leur parfaite romance hippie dans « Our House », « Sleep Song » et nombre d'autres chansons cocoon de son remarquable *Songs For Beginners*, auxquelles elle répondra notamment dans « Hey Willy » ; James Taylor, « My Old Man », qu'elle accompagnera sublimement de l'écho de son vibrato dans « Long Ago And Faraway » ; Leonard Cohen, canadien et orfèvre comme elle des plaisirs d'amour et de leurs dégâts ; le batteur du L.A. Express, le groupe qui l'accompagna longtemps sur scène, John Guerin...

Ils sont si nombreux, la scène de Los Angeles, sise entre le Troubadour où tous ces auteurs-compositeurs se mesurent, rivalisent et se répondent quasiment chaque soir, et les pentes de Laurel Canyon où ils résident à l'écart, dans des chalets de bois cachés parmi les herbes hautes et les plantes grasses au bout de chemins de terre, si incestueuse, que le magazine *Rolling Stone* ira jusqu'à publier la carte du Tendre de Joni Mitchell, véritable arbre généalogique narquois de ses liaisons, fructueuses de chansons comme de ragots. À la fin des années 1990, elle retrouvera une fille dont elle avait accouché sous X, Kilauren, qui lui inspirera un ultime très grand album, *Turbulent Indigo*, avant de déclarer forfait, dégoûtée par l'industrie du disque, à l'issue d'un double album de ses classiques accompagnés par un grand orchestre et de se consacrer, sans doute définitivement cette fois, à la peinture.

Quand elle me reçoit, dans sa bonbonnière de l'Hôtel de la rue des Beaux-Arts, au lendemain de la réélection de François Mitterrand, elle est pourtant finalement mariée. À Larry Klein, noiraud bassiste moustachu désormais coproducteur de ses albums, qui y perdront leur légèreté opiacée, leur fraîcheur proustienne, leur préciosité recueillie. Les motets utérins de *Blue*, la limpidité océanique et la chaleur sereine de *Court And Spark*, la plénitude critique de *Hissing Of The Summer Lawns*, la fluidité mystique d'*Hejira* ont fait place à une musique plus synthétique, plus linéaire, plus rigide, plus amère aussi, comme l'époque. Peu m'importe alors, personnellement, la présence de l'époux et de ses copains musiciens, qui complotent dans un coin de la pièce : de toute façon, j'arrive annoncé comme étant l'« ami de Joan Baez », à qui Joni tient absolument à téléphoner illico au château de Canisy, dans le Cotentin. Après quoi, amicale, décontractée à l'extrême, directe et simple, d'évidence généreuse, instinctivement maternelle, l'auteur de « Free Man In Paris » et de « In France They Kiss On Main Street » nous sert le thé en me posant mille questions sur tout avant que nous n'en arrivions enfin à la raison professionnelle de ma présence. Alors, elle fume Camel sur Camel, rit tout le temps, de tout et de rien, d'elle souvent, découvrant volontiers sa large dentition, qui n'enlève rien à la grâce surnaturelle de son sourire. Grande, voûtée, sans doute une séquelle de la polio mal guérie qui lui interdit désormais les longues tournées, nu-pieds et en saharienne, à peine maquillée pour une Californienne, coiffée de son éternel béret bohème et les doigts chargés d'or et d'émeraudes, elle se révèle d'une parfaite candeur. Cérébrale, érudite, cette seconde Joan Anderson (Mitchell était le nom de son premier mari, Chuck, un folksinger canadien) qui ne se contente pas de peindre les pochettes de ses albums et de ceux de ses amis, n'est pas seulement un auteur phénoménal, mais aussi une chanteuse remarquable, à la voix parlée sourde et pathétique, mais capable de couvrir des registres très variés, d'une pureté saccharine à un vibrato grave inégalé, et surtout une musicienne incomparable. C'est aussi une guitariste hors pair, qui révolutionnera le folk avec un jeu rythmique au swing inédit et ses accordages en open tuning, véritable âme de la musique californienne. C'est cette maîtrise musicale, cette richesse harmonique, son sens de l'aventure, largement égal à ses qualités littéraires, qui lui ont permis, au fil de son évolution de s'entourer des meilleurs musiciens de son époque, du folk au rock, de la fusion au jazz (Crosby, Stills, Young, Robbie Robertson, Tom Scott et le L.A. Express, les Crusaders, Larry Carlton, Jaco Pastorius, Wayne Shorter, Pat Metheny, Chaka Khan, James Taylor, Don Henley, Lionel Richie, Willie Nelson, Peter Gabriel) et lui ont valu l'admiration de tous, de Jimi Hendrix à Prince en passant par Keith Richards, jusqu'à Charlie Mingus, qui lui confiait, peu avant sa mort, une poignée de ses mélodies pour qu'elle les sertisse de paroles. Hommage d'un militant noir, d'un des monstres du jazz, d'un des compositeurs du siècle, à un des meilleurs musiciens de la génération rock, blanc. Point.

YVES BIGOT : *Un jour, en réponse aux sarcasmes qu'inspirait votre vie sentimentale, vous avez déclaré : « J'ai le sentiment de n'être mariée qu'à ce type qui s'appellerait "mon art". »*

JONI MITCHELL : Il est du devoir des artistes de servir d'interprètes à leurs contemporains. Nous avons le luxe de disposer du temps. Notre métier n'a pas de véritable contrainte, et c'est notre rôle de rester éveillé tard dans la nuit pour réfléchir au destin du monde. Ce temps-là nous permet de deviner par avance à quoi va ressembler l'avenir. Il n'y a aucune magie là-dedans, pas de boule cristal : ça n'est que du bon sens et de la réflexion, car les graines de demain sont déjà plantées. Il suffit de développer la sensibilité nécessaire à les identifier. Je crois au pouvoir des mots, de la parole qui inspire. Je suis convaincue que les arts de la scène, musique et théâtre, sont capables de ralentir les êtres et de toucher leur âme au point de les faire réfléchir, comme dans *La République* de Platon. Il en va ainsi de la responsabilité des artistes de tester les lois qui nous régissent pour vérifier si elles sont bien justes. Avec l'âge, je ne m'intéresse plus seulement aux affaires de l'esprit, mais à celles de la planète. Je suis devenue témoin de mon époque, journaliste. Plus jeune, je cherchais l'âme sœur. Ma quête était : qu'est-ce que l'amour, et qu'est-ce qu'il n'est pas ? Quand je me suis mariée, ma focale a changé.

— *Vous y avez sacrifié votre popularité.*

— S'il y a une chose que je ne désire absolument pas, c'est plus de célébrité et d'argent. Je reçois suffisamment d'attention comme ça. Quand vous avez un disque qui marche fort, l'inconvénient, c'est que la plupart des gens que vous voyez, public compris, ne sont pas vraiment là pour vous, mais pour s'approcher de quelque chose qui brille, qui les valorise. Et ils vous laisseront tomber pour la prochaine attraction. Voilà pourquoi au fond, seul l'art compte.

— *Vous êtes la seule à rivaliser avec les grands songwriters masculins, les Dylan, Neil Young, Lou Reed, Paul Simon, etc. En êtes-vous fière pour votre genre ?*

— Je ne suis pas féministe. J'aime la compagnie des hommes, et j'ai toujours su me débrouiller avec eux, quitte à les bousculer, sans avoir à appeler d'autres femelles au secours. Je ne suis pas très militante, sans doute parce que ça ne me coûte pas tellement de dire à un mec : « Putain, qu'est-ce que c'est que ce bordel que tu m'as foutu là, merde ! ». Mais, surtout, j'ai pu juger, à la dure, combien les femmes sont plus renfermées, moins généreuses, moins prêtes à rendre à César ce qui appartient à César. De la même façon, je ne suis pas nihiliste, parce que j'ai foi dans la capacité de guérison du cœur.

— *Du folk aride de vos débuts à vos collaborations avec Charlie Mingus, Pat Metheny, Wayne Shorter ou les Tambours du Burundi, quelle évolution...*

— Nous sommes tous des troubadours. Toute la musique vient du folk, qu'elle soit blues, jazz, rock. J'ai commencé en m'accompagnant à la guitare. Quand j'ai voulu étoffer ma musique, j'ai joué avec The Section, qu'utilisaient déjà Carole King et James Taylor. Mais mon sens rythmique et harmonique était difficile pour eux. Russ Kunkel, le batteur, m'a conseillé de recruter des musiciens de jazz. Mon jeu de guitare avait fait évoluer mon harmonie dans un style très personnel, assez original. En le transcrivant, on s'apercevait que c'était très mathématique, comme une équation, en raison des inversions créées par la guitare. Comme je joue uniquement à l'instinct, je ne me rendais compte de rien, mais c'est cela qui m'a entraînée vers le jazz malgré moi.

— *Au passage, vous avez été extrêmement impliquée dans l'aventure de Crosby, Stills, Nash and Young.*

— C'est moi qui les ai présentés les uns aux autres. J'avais rencontré Neil à Winnipeg le premier, puis David à Miami et enfin Graham à Ottawa. David Crosby a produit mon premier album, parce qu'il était fasciné par ma façon d'accorder ma guitare en open tuning, comme les jazzmen. Stephen est venu y jouer de la basse sur « Night In The City ». Nous étions tous très intimes. Et nous nous retrouvions souvent chez moi pour jouer ensemble, nous montrer nos chansons. C'était fascinant et incroyablement émouvant de les voir découvrir le son qu'ils faisaient en chantant en harmonie tous les trois. Ça donnait la chair de poule. La première fois qu'ils ont chanté ensemble, c'était chez moi. David et Stephen avaient commencé à enregistrer des maquettes tous les deux, et se sont lancés dans « Helplessly Hoping ». Graham, qui accompagnait Cass Elliott, les a écoutés un peu, puis s'est mis à ajouter une harmonie haute, incroyable. Dès cette minute-là, ils ont été inouïs. À cette époque, j'étais plus populaire qu'eux, et quand nous tournions ensemble, ils auraient logiquement dû faire ma première partie. Mais comme je jouais en solo, qu'ils faisaient beaucoup plus de bruit et qu'en plus c'étaient des mecs, j'acceptais de passer d'abord. Neil est le seul qui a eu la courtoisie de le reconnaître et de me le faire savoir. Mais il fait beaucoup de choses que personne d'autre que lui ne fait. En fait, la seule fois où je me suis vraiment sentie abandonnée, ça a été pour Woodstock. J'avais une émission de télé importante à New York la veille, le *Dick Cavett Show*, et je ne suis pas partie avec eux. Le lendemain, la zone était déclarée sinistrée, toutes les routes d'accès étaient bouchées et personne n'a songé à louer un hélicoptère pour m'y emmener. J'ai été obligée de rester cloîtrée dans ma chambre à suivre les informations à la télé, en rageant d'avoir raté ça. À leur retour, ils étaient comme des dingues. C'est de frustration que j'ai écrit la chanson qu'ils ont enregistrée aussitôt. J'avais vraiment le sentiment d'être la nana larguée par la bande de copains en goguette...

— *Votre chalet de Laurel Canyon est devenu légendaire, pas seulement parce qu'on le voit, avec ce vieux divan sur lequel sont assis Crosby, Stills and Nash sur la pochette de leur premier album, ni grâce à la chanson* Our House *qui en décrit le bonheur bucolique, mais aussi parce que étant une femme votre nid semblait servir de refuge à tous les drôles d'oiseaux qui planaient alors loin au-dessus du comté de Los Angeles.*

— À moi, comme à tant d'autres de ma génération, la Californie est apparue comme un paradis. On pouvait y conduire dès l'âge de quinze ans, et à la télé, comme au cinéma, on en voyait le ciel bleu, les palmiers, les plages. À Brooklyn, où j'ai grandi, les seules plantes, c'étaient les malheureuses touffes d'herbe qui parvenaient à se glisser entre les dalles des trottoirs. Alors qu'à Lookout Mountain Drive où j'habite les oiseaux entrent et sortent librement de la maison toute la journée. C'est le négatif exact de la grisaille new-yorkaise. Nous y avons tous été attirés comme des aimants, de New York, de Chicago, du Canada, et nous nous y sommes retrouvés, à peu près à la même époque, au milieu des années 1960, pour y partager les mêmes rêves un peu fous.

Leonard Cohen : Le Pèlerin

C'était en 1983, à l'occasion de son passage à *Découvertes*, l'émission d'Europe 1 grâce à laquelle Jean-Pierre Elkabbach sortait de sa traversée du désert consécutive à l'élection de François Mitterrand. Jacques Marbehant, attaché de presse de CBS, avait obtenu qu'avant l'interview du Canadien errant quelqu'un trace son portrait pour le situer dans l'esprit des auditeurs lambda : moi. Je me pointai donc au studio 7 à dix-huit heures quinze, parmi la foule des invités politiques et de leur entourage, quelques lignes griffonnées à la main, et, assez impressionné, dévidai mon compliment en direct, sentant bien vers la fin que j'avais causé une petite sensation. À la fin de l'émission, Leonard me prendra à part pendant une dizaine de minutes inattendues. Quelque temps plus tard, il me demanderait de rédiger un petit fascicule biographique le concernant, illustré de photos de son amie Dominique Issermann et destiné à accompagner son album *Various Positions*.

Bien sûr, je me souvenais de son entrée princière, à cheval comme un gardian camarguais, sur la scène du festival d'Aix-en-Provence, la même année où il s'était produit à celui de l'île de Wight, entre Doors et Who. En 1970, il incarne l'Étranger, le poète médiéval, héritier de Villon et de Rutebeuf, troubadour frileux venant avec sa petite troupe chanter les mythes éternels, comme si le monde et les temps n'avaient pas changé dans ses chansons à lui, peuplées de personnages historiques, célèbre comme « Joan Of Arc » ou anonyme comme « Le Partisan », qui le deviennent tous à travers la ferveur de ses mots et la solennité apaisante de sa voix caverneuse, de profundis, telles « Suzanne » ou les « Sisters Of Mercy ». Un visiteur, venu d'une époque révolue, réincarné poète folk sentencieux, religieux, jetant une chape de tristesse et de renonciation, comme un baume appliqué sur les brûlures de la génération survoltée des barricades et de l'acid rock.

En vérité, Leonard Cohen était loin d'être un inconnu quand parut son premier album. Adolescent, il publiait déjà ses premiers recueils de poèmes (*Let Us Compare Mythologies*, en 1956), qui en firent le principal espoir de la littérature canadienne avant même le succès de ses deux romans, *The Favourite Game* et *les Perdants magnifiques*, chroniques drôles et cruelles de la vie du ghetto juif montréalais. Bien des années plus tard, le poète destroy québécois Lucien Francœur se transformera en tour operator pour m'en faire la visite guidée, du salon de la vraie Suzanne à l'université McGill. Cohen, comme Lucien, a toujours été passionné par la musique autant que par les mots. Très jeune, il apprend la guitare et les chansons syndicales des militants de la renaissance folk des années 1950 dans un camp de vacances, puis chante dans un groupe de country, les Buckskin Boys, et tente finalement sa chance, en vain, à Nashville, sur les traces de son héros, Hank Williams. Le goût de la chanson, la « Tower Of Song », ne le quittera jamais, et en 1968, porté par la mode folk-rock et l'enregistrement de quelques-unes de ses chansons par Judy Collins, il publie *The Songs Of Leonard Cohen*, à la pochette spartiate, état civil où il introduit à la suite de Bob Dylan, Phil Ochs et Paul Simon, mais sans trace de surréalisme ni de militantisme, la poésie classique dans le contexte « rock » de l'époque. Le succès sera immédiat, et total. Joan Baez reprend « Suzanne », Joe Cocker donne au cours de sa tournée *Mad Dogs And Englishmen* une version déchirée de « Bird On The Wire », que sacraliseront plus tard Aaron Neville et Johnny Cash. Graeme Allwright, éducateur néo-zélandais, le popularisera en France grâce à ses nombreuses adaptations et un tube, « Lover, Lover, Lover ». Après un passage historique à l'Olympia quatre ans plus tôt, Cohen fera scandale à Paris en se produisant à la Fête de l'Humanité et en allant dans la foulée dîner à l'Élysée avec Valéry Giscard d'Estaing, fraîchement élu. Jeunes filles en émoi, intellectuels, jusqu'aux hommes politiques sont pour une fois d'accord : l'homme touche par son universalité murmurée, sa maîtrise des images, l'acuité de ses confessions. Un épisode tragi-comique auprès de Phil Spector, *Death Of A Ladies' Man*, accouchera par la suite d'un album atypique, surchargé, aux textes remarquables, y compris le priapique « Don't Go Home With Your Hard-On » (« Ne rentre pas chez toi avec une érection pareille ») où il est rejoint au refrain par Bob Dylan et Allen Ginsberg. Les séances d'enregistrement auront pourtant été moins conviviales qu'il y paraît, Spector l'enfermant à double tour dans le studio, et le menaçant sans cesse de son revolver...

Lorsque nous faisons connaissance, il a abandonné toute tentation rock. Sa musique a pris la coloration slave de ses origines (son père biélorusse, sa mère lituanienne), son expression s'est diversifiée entre poèmes, films, comédies musicales, albums et tournées sporadiques, perdue dans un monde où sa place se réduit chaque jour. Pourtant, déjà, les premiers groupes new wave ont commencé à lui rendre hommage, mais l'Amérique, elle, lui a depuis longtemps tourné le dos, comme le grand public, qui vient encore seulement salle Pleyel, en pèlerinage, réentendre les classiques *Sur la route* des années sac à dos qui parlent d'adieu et de stations, de la chair déchirée par la guerre ou la passion, de cierges et de salut, d'oiseaux migrateurs épuisés et de petites maisons bleues adossées à la colline. Nous nous verrons assez régulièrement au cours des années 1980. Ses fils Adam et Lorca, qui ont été élevés entre Nashville et le Vaucluse, étudient à Paris, et il leur rend fréquemment visite. Nous nous rencontrons au hasard des concerts (ceux de son ami et vieux compagnon, Bob Dylan, qu'il prend pour l'artiste le plus important de ce siècle, mais aussi de Téléphone ou d'Orchestral Manœuvres in the Dark !), et, formellement, à l'hôtel Scribe, près de l'Opéra, pour des entretiens qui chroniquent – dans un excellent français, capital pour la radio – son œuvre et l'actualité. Au moment de la crise israélo-libanaise, début 1988, il s'irritera un peu de nous voir, Joan Baez et moi, membres virulents d'Amnesty International, critiquer l'attitude israélienne, nous reprochant de saisir cette occasion d'évacuer notre culpabilité. Toujours avec cette douceur, ce calme, cette pondération, ce recueillement, cette gentillesse, ce tact qui le caractérisent et en font un aussi délicieux compagnon, attentionné et curieux des avis de chacun.

Au début des années 1990, il deviendra le héros du magazine *Les Inrockuptibles*, qui produira *I'm Your Man*, compilation hommage modèle, regroupant des admirateurs aussi divers que REM, John Cale, les Pixies, House of Love et Jean-Louis Murat, qui l'appelle tout simplement « papa ». Les Américains les imiteront un peu plus tard, réunissant pour *Tower Of Song* Bono, Don Henley, Elton John, Peter Gabriel, Sting ainsi qu'une fan, Suzanne... Vega. Mais Leonard a alors déserté l'Europe pour Los Angeles, où *Rapido* le retrouve sous la pluie pour la sortie de *The Future* au printemps 1992. Il vit désormais dans un monastère bouddhiste, assistant dans ses tâches quotidiennes son maître et initiateur, au centre zen du mont Baldy.

Son image est alors remontée à son zénith : la presse anglaise, qui l'a surnommé « Laughing Len » (« Léo le rigolo »), l'encense, Nick Cave et Ian McCullough de Echo and the Bunnymen chantent ses louanges et se posent en continuateurs, Jeff Buckley interprète somptueusement « Hallelujah », sa choriste Jennifer Warnes cartonne avec un album de ses chansons, *Famous Blue Raincoat*, la France le canonise à travers *Libération*, *Les Inrocks* et Bernard Lenoir. Lui poursuit son parcours solitaire, imperturbable, imperturbé, hors du temps comme un vrai poète doit l'être, et paradoxalement, à la manière de Gérard Manset, parfois parfaitement en accord avec l'air du temps ainsi que le démontra « First We Take Manhattan », manifestation d'humour géopolitique aussi remarquable qu'inattendue chez cet accro de CNN, juif errant qui se serait voulu pâtre grec, séducteur à la bonté monacale, éternel séminariste taraudé par le besoin de charnelle communion, sublimé en quelques caractères noirs sur feuille blanche, tranchants comme une déchirure, un trait rouge sur la neige.

YVES BIGOT : *On vous reproche, ou on chérit, c'est selon, votre tristesse abyssale.*

LEONARD COHEN : On m'accuse toujours d'être trop triste, sombre ou mélancolique. Mais c'est un mode d'expression. Il existe une très ancienne, et très forte, tradition de chansons noires de ce type. Ça n'est pas comme si j'étais le premier à remarquer que le monde est malade et que nous vivons dans un abattoir. Il faut bien que quelqu'un en parle, sans désespoir. Si les chansons d'amour perdu, de désir insatisfait, ont un pareil succès depuis toujours, sur toute la planète, c'est parce que chacun souffre, que tout le monde a vécu cela au moins une fois. Mais si je ne suis pas un grand rigolo, je pense être un petit rigolo. Mes romans, en tout cas, et plusieurs de mes chansons, sont assez drôles, je crois. Toutes les choses pénibles dont je parle ont leur aspect humoristique. J'aime bien mes petites blagues : je ne souhaite pas assommer.

— *Vous êtes le chantre de la solitude. Votre quotidien a-t-il un rapport avec celui des personnages de vos chansons ?*

— Je vis seul, malheureusement, donc je me lève très tôt. Je commence la journée avec du café, des cigarettes, mon cahier ouvert sur la table et les espoirs que le matin apporte. Généralement, je travaille quelques heures, puis je sors, je vais faire de l'exercice au gymnase. Je me remets au travail à un moment donné de l'après-midi, et je continue le plus tard possible dans la soirée. Constance, persévérance, continuité sont indispensables, sans être garantie d'excellence. Je n'ai que peu d'idées, aussi je profite de chacune. Faire un disque n'est jamais un luxe. Une urgence me dicte quand il est temps de me mettre au travail. À partir de là, il me faut deux ou trois ans pour y mettre un point final. J'admire la précision en toute chose, et je cisèle chaque phrase mot après mot, ligne après ligne, jusqu'à avoir le sentiment d'être saisi. Je publie peu, mais j'écris beaucoup. La sélection doit absolument être sévère. Le plus dur, avec une chanson, c'est de la terminer. Comme le dit W. H. Hutton, « on ne termine jamais les poèmes, on les abandonne ». Pour les romans, c'est différent, plus touffu, plus abondant. L'important, là, est de trouver le ton juste, une vérité. J'en ai commencé plusieurs, mais il me manque encore une histoire assez forte pour en achever un : ça ne vient pas tout seul. Le diable rit toujours de nos ambitions.

— *Vos lecteurs ont dû être sacrément surpris par votre recueil* Book Of Mercy, *un livre de prières.*

— Il ne s'adresse pas à des gens qui s'intéressent à la littérature. Les lettres que j'ai reçues viennent de soldats, de vieillards, un public tout à fait nouveau pour moi. Si on n'a pas besoin d'un livre comme ça, il ne vaut vraiment pas le coup. Mais si on est dans un état qui nécessite de s'adresser à la source de toutes les choses, là, il peut peut-être avoir une valeur. Moi-même, je ne lis que pour me soigner : la Bible, les Védas, les textes religieux en général ; les sources, pas les exégèses ou les commentaires. Une de mes amies lit Colette, et m'en a donné le goût. Je lis rarement des romans, sauf ceux de mes amis, ou que des proches me recommandent. J'ai eu ma période Camus, comme tous les francophones. Et Marguerite Duras, que j'aime bien. Mais le pouvoir de la voix, également, change le monde autour de celui qui chante. Comme si le chant guérissait.

— *La religion, la foi, la sainteté, même la mortification vous fascinent. Jusqu'à quel degré croyez-vous ?*

— La vie elle-même est mystique : nous ne savons pas d'où nous venons, ni où nous allons. On vit dans le mystère. Je ne fais pas de l'analyse et de la réflexion les valeurs premières en ce domaine. Peu m'importent les horreurs commises par les différentes Églises, les qualités et les failles de telle et telle religion, si Dieu existe ou non. Je ne suis pas un snob qui méprise les intellectuels. Pourtant, je préfère privilégier d'autres facultés de perception qui n'ont rien à voir avec des thèses, des arguments, des programmes. Quand je parle, quand je pense, j'essaie de laisser libre cours à d'autres sensations, spontanées, libres, immatérielles. C'est cette énergie que je tente d'attraper. Les chansons ne viennent jamais du cerveau. Je suis un mendiant qui demande du réconfort et de l'inspiration.

— *La politique, que vous suivez pour mieux l'éviter, n'est-elle pas le péché originel, la véritable tentation de Judas ?*

— On ne peut pas y échapper. Je suis pour le dialogue, le débat d'idées, englobant les fascistes, les communistes, toutes les tendances. Les opinions des autres me sont essentielles. Quelles qu'elles soient. L'art doit prodiguer sa vitalité à l'organisation sociale. Mais nous ne pouvons pas nous en passer. Je ne suis anarchiste qu'au tréfonds de mon cœur. Sinon, je sais que nous avons besoin d'être gouvernés. Sans quoi les hommes s'entre-dévorent.

— *L'écriture et le voyage sont intimement liés. Vous-même avez pas mal bourlingué, de Cuba à Nashville, d'Hydra à Paris, et expérimenté divers environnements.*

— Je m'étais installé pendant quelques années en Grèce parce que j'avais alors besoin de changer ma perspective des choses. Maintenant je fais la navette entre New York et Montréal pour être au cœur de ce qui se passe dans les deux langues que je comprends. New York est le centre du monde, des affrontements et des confrontations décisives pour notre avenir. Je viens de la minorité anglaise de Montréal, et dès l'enfance j'avais le sentiment d'être en exil. Le Canada est un pays à part, à cheval entre l'Amérique géographique et l'Europe culturelle. Aujourd'hui, chacun de nous se sent en exil : ça ne dépend ni du pouvoir ni des histoires d'amour ; nous sommes tout simplement déphasés. Le Canada est l'endroit idéal pour percevoir ces changements, chaque jour plus fulgurants. Pendant la guerre du Vietnam, qui a bouleversé la société américaine, nous étions observateurs de la situation, et pas partie prenante. C'est une spécificité précieuse. Les Canadiens sont touchés par les situations américaines, mais ils n'en sont pas victimes.

John Fogerty : Le Bodhisattva

Je n'ai jamais rencontré John Fogerty physiquement. Je me suis contenté de l'interviewer au téléphone, un soir après minuit début 1985, depuis le studio 7 où se déroulent les journaux d'Europe 1. Il sortait alors d'un silence de dix ans qu'il s'était volontairement imposé à la suite de désaccords majeurs avec sa maison de disques, Fantasy, et particulièrement le patron de celle-ci, un nommé Saül Van Zaendt, qui allait devenir sa bête noire, et bientôt, celle de toutes les rédactions de la planète. C'est qu'après l'avoir bouclée pendant si longtemps Fogerty, remonté comme une pendule, et porté par le succès instantané de son tout nouvel album *Centerfield*, va fustiger son ennemi dans chacune de ses interviews. Entraînant automatiquement les médias qui le citent à se farcir une procédure en diffamation, Van Zaendt faisant systématiquement la chasse à tout propos le dénigrant. De Messie du rock pur et dur le statut de Fogerty va vite fait passer à celui d'emmerdeur, personne ne trouvant particulièrement marrant de faire sa promotion d'un côté et d'en payer les frais de l'autre. Même si Van Zaendt a été débouté chaque fois, il a fallu – je n'y ai pas échappé, pour Europe 1 et *Guitare et Claviers* – se farcir les dossiers, les argumentaires, les remontrances des services juridiques et compagnie.

Mais, pour l'heure, on n'en est pas encore là. John Fogerty est de retour, et c'est tout ce qui compte. Il nous avait tant manqué. Cette absence, au cœur des années 1980 new wave, vidéo, synthétiques et où le succès est le seul étalon, est ressentie par tous les amateurs de vrai rock, de ces tubes de deux minutes cinquante qui arrachent des hourras ou des soupirs, mais qui remuent quelque chose de fondamental, à commencer par les pieds. Dave Edmunds et Status Quo ont fait des hymnes prolo de « Almost Saturday Night » et de « Rockin' All Over The World », les Strays Cats jouent « Lookin' Out My Back Door », Emmylou Harris chante « Bad Moon Rising », Bonnie Tyler vulgarise « Have You Ever Seen The Rain », Little Bob Story comme REM reprennent « Hey Tonite », comme jadis Ike and Tina Turner avaient hystérisé « Proud Mary » et Johnny Hallyday adapté « Fortunate Son » en « Fils de personne ». Mais, surtout, Bruce Springsteen au faîte de sa renommée et de son audience donne régulièrement depuis la tournée *The River* du « Rockin' All Over The World », du « Travelin' Band » ou du « Who'll Stop The Rain » à qui veut l'entendre, et ils sont des millions par le monde. Pour Fogerty, on ne pouvait rêver plus zélote Jean-Baptiste.

Au bout du fil depuis les bureaux de Warner Brothers, à Burbank, dans la vallée, il se montre extrêmement bavard. Dans un premier temps, ça surprend, l'ermite n'étant pas connu pour sa sociabilité. Il est vrai que là, le gaillard n'a pas parlé à un journaliste pendant une décennie. Putain, dix ans ! On conçoit qu'il ait des choses à dire. N'empêche. Chaleureux, drôle, presque trop amical, il confirme les impressions de Laurent Chalumeau, qui lui avait rendu visite quelques jours auparavant pour *Rock&Folk* et me l'avait décrit excellent bougre. Pas du tout le genre de reclus revêche que la légende avait dépeint jusque-là, s'habillant exclusivement de bottes de cow-boy, de jeans et de chemises à carreaux, pour ne pas avoir, selon le précepte d'Einstein, « à se demander comment s'habiller chaque matin ».

Cette voix de diamant, pure et inaltérable, tranchante comme un rasoir, plantée au fond du larynx comme l'était celle de Little Richard, claquait au vent de toutes les radios, de tous les baffles des boîtes de nuit et des haut-parleurs des manèges de fête foraine de la Côte d'Azur, en cet été 1969 où Creedence Clearwater Revival, groupe au nom écolo-messiano-passéiste, avait surgi dans ma vie d'adolescent franchissant ses premières lignes jaunes. Pendant trois ans, « Cri-dance » va effectivement dépoter tube sur tube, tous imparables, et qui satisferont tout le monde : les vieux rockers, cuir noir et banane, qui y retrouvent la spontanéité, la rugosité et la fibre nerveuse des pionniers Fifties ; les hippies, qui s'éclatent sur les versions interminables, viriles, de « Suzie Q. », de « I Put A Spell On You » et de « I Heard It Through The Grapevine », comme sur « Born On The Bayou », qui séduisent aussi les fans de soul par leur hypnotique groove deep soul ; les minets de Sainte-Maxime et de Saint-Raphaël, parce que ce rock-là se danse à l'aise, comme la Sex Machine Jaaames (Brown) leur idole, Johnny Rivers à gogo et Santana Jingo-lo-ba ; les fans de pop, parce que ces singles-là sont conçus avant tout pour la radio et y résonnent comme des injections de bonne humeur. Seuls, finalement, les trotsks et les maos tirent la gueule, parce que bien qu'étant de la baie de San Francisco ce groupe-là n'est pas la voix du campus de Berkeley, comme Country Joe and the Fish : pas assez radical, pas clairement politisé. Aux États-Unis, ce sont eux – ou plutôt leurs équivalents idéologiques locaux du moment, à savoir les rock critics –, qui vont user les nerfs du groupe, lui reprochant sans relâche son succès de 45 tours plutôt que d'albums, et sa prétendue légèreté, comparée à l'acid rock du Grateful Dead, de Quicksilver ou au progressive rock à l'anglaise, tel que pratiqué par King Crimson, Pink Floyd ou… les Moody Blues ! Incapable en effet d'être Iron Butterfly ou Ten Years After, John Fogerty, personnage ombrageux, caractériel et buté, épuisé par quatre années au sommet (et huit énormes tubes consécutifs), séparé de sa femme et de ses deux enfants à la suite d'une liaison contractée en Europe, va finir par s'en trouver fâché. Il vire d'abord son aîné, Tom, qui l'avait initié au sein des Blue Velvets, puis des Golliwogs, et cède aux pressions de ses deux derniers compagnons d'El Cerrito, dans l'est de la Baie. Il leur abandonne absurdement la direction du groupe tout en poursuivant déjà d'autres intérêts solitaires, qui conduiront à son forfait, à l'issue d'une querelle financière véhémente avec sa maison de disques, propriétaire de tous ses enregistrements et éditrice de toutes ses chansons.

Pendant les dix longues années qui suivront, on n'entendra donc plus parler de lui que par l'intermédiaire de ses interprètes zélés. Et après le succès phénoménal de *Centerfield*, il disparaîtra à nouveau des projecteurs, la faute à un album suivant négatif, sombre, hâtif, *Eye Of The Zombie*, qui fera tourner la légende à l'aigre.

Le swamp rock, ce son des bayous qu'ont inventé les journalistes français pour définir ce style vaudou, funky et habité que Fogerty avait fantasmé à distance en pensant à la Louisiane et à la « Polk Salad Annie » de Tony Joe White, qu'il embarqua en première partie de la tournée européenne de Creedence et qui rêvait lui de « Soul Francisco », s'évanouissait des hit-parades en même temps que lui. Obsédé par le Bien et le Mal, la Bible et les prophéties, par un Sud hanté et menaçant, dépourvu de la nostalgie de celui du Band, de Little Feat et de Gram Parsons, comme de la bravache des tenants du Southern rock, Fogerty n'envisage l'écosystème que dans sa relation avec le destin des hommes, les phénomènes météorologiques que comme manifestation des états d'âme du Ciel. Avec et sans Creedence, sa musique, pétrie de gospel, de country, de blues, de soul et du rock'n'roll originel des labels Sun et Specialty, c'est, ainsi que le chantait Véronique Sanson dans « Le Maudit » à propos de son mari Stephen Stills : « Comme si le grand alléluia me donnait le diable au corps ».

YVES BIGOT : *Dix ans, c'est long : vous avez dû être invraisemblablement frustré.*

JOHN FOGERTY : Il n'existe pas de meilleur terme pour exprimer ce que je ressentais. Des interdits juridiques et financiers pesaient sur moi. Je ne pouvais littéralement rien faire qu'attendre qu'ils soient levés. Il m'était impossible de sortir un disque pendant cette période : il ne m'aurait pas appartenu et ne m'aurait rien rapporté. Il aurait fallu que je sois fou. Rien n'est plus terrible qu'avoir envie de jouer, de communiquer, et s'entendre dire – et répéter – qu'on ne peut pas le faire, pour des raisons qui n'ont rien à voir avec la capacité. Plus que d'un retour, aujourd'hui, c'est d'un triomphe du bien sur le mal qu'il s'agit. En cela aussi, j'ai voulu rester fidèle à l'esprit du rock'n'roll.

— *Pour cela, il vous a fallu faire preuve d'une incroyable confiance en vous et en votre étoile pour ne rien sacrifier de votre intransigeance.*

— Là, vous mettez le doigt sur le cœur du problème, et pas que de celui-là. Si on croit assez fort en son rêve, il ne faut jamais craindre de prendre la route la plus difficile. Il arrive que toutes les autres soient impraticables et qu'on en soit réduit à emprunter la plus dangereuse. C'est là que seule la foi en soi-même intervient : sans elle, aucun espoir de parvenir à destination. J'ai toujours eu cette certitude que je parviendrais à l'autre bout du tunnel, même si souvent, en chemin, j'ai souffert. La foi et l'honnêteté sont deux valeurs qui comptent énormément. Il y a longtemps, j'ai entendu dire que la seule chose qui nous suit dans la tombe est le respect. L'argent ne nous suit pas, ni le pouvoir, ni nos possessions. Seul le respect nous accompagne, et il ne se gagne que par une vie d'honnêteté et de courage. Rien n'est plus précieux.

— *Comment comble-t-on un vide aussi vertigineux, alors qu'on vit ses plus belles années ?*

— Mal. Je n'ai pas fait grand-chose. Ce furent de mauvaises années, où je n'ai pas été capable d'écrire. Comme un blocage. Heureusement, je suis un athlète. J'ai besoin de vivre dehors. Je cours douze, treize kilomètres chaque jour. Et trois ou quatre fois dans l'année, je me rends dans les montagnes de l'Oregon pour y chasser, pêcher et camper. J'ai besoin de beaucoup d'activité physique pour évacuer le stress, l'angoisse. L'eau joue un grand rôle dans mon équilibre. La première chanson qui m'est venue, à la fin de cette période blanche, c'était dans une barque, sur le lac qui se trouve à côté d'où j'habite. L'élément liquide semble être essentiel à la création, chez moi. Je ne sais pas ce que cela signifie, mais c'est sans doute pour ça que la pluie, l'eau, les rivières, la mer, les marais, les larmes sont omniprésents dans mes chansons.

— *Cette ténacité qui est la vôtre, c'est celle du rodéo.*

— Il faut tenir le coup. Ne jamais abandonner, ne pas se casser la gueule. On est là pour aller jusqu'au bout, quelles que soient les difficultés rencontrées. Je parle de la condition humaine : notre fonction consiste à être des hommes et à nous comporter ainsi tout au long de notre existence, sans nous chercher d'excuses. En restant toujours fidèles à nos idées.

— *Du coup, comme beaucoup d'autres auteurs, vous êtes obsédé par la télévision, instrument d'information, de connaissance, mais aussi de propagande.*

— Ma génération, celle qui est née dans les dix ans qui ont suivi la Seconde Guerre mondiale, a été la première à vivre avec. J'ai dû la voir pour la première fois vers l'âge de quatre ans et pratiquement tout ce que je connais du monde m'a été appris et montré par elle. Elle a marqué de façon indélébile chacun de nous, façonné notre culture, influencé notre idée de la société. Certains vont jusqu'à croire qu'elle légitime automatiquement tout ce qu'elle affirme. Lorsqu'elle est devenue adulte, en même temps que nous, elle s'est révélée horrible. Je n'oublierai jamais que pendant toute la présidence Nixon elle nous a débité mensonge sur mensonge, tous plus incroyables les uns que les autres, et ce quotidiennement. La plupart des Américains ont cru que c'était la vérité.

— *Vous qui invoquez tant la vertu, vous êtes pourtant en froid avec les autres membres de Creedence.*

— La première année de succès a été merveilleuse. Les deux suivantes très tendues. La séparation a été douloureuse, comme l'éclatement d'un foyer. Notre relation est empreinte de suspicion. Nous ne sommes pas du tout amis, je le regrette, mais c'est la vérité. Nous essayons de faire preuve de politesse, c'est tout. Je déteste causer du tort à quelqu'un, mais il arrive que ma langue dérape. J'en ai honte. Nous avons vieilli, et personne ne mérite d'être tourmenté toute sa vie à cause d'erreurs qu'il a pu commettre dans sa jeunesse. Je suis fier de ce que nous avons été. Mais ça appartient au passé. Que personne n'imagine ressusciter ça un jour. Je ne rechanterai plus jamais ces chansons-là avec ces gens-là. J'ai été volé, traité comme un chien et contraint à l'exil. Ça me ferait trop mal.

— *Est-ce que vous n'exigez pas trop des autres comme de vous-même ?*

— À la maison, il y avait un piano et une vieille guitare. Dès l'âge de neuf ans, je n'écoutais déjà plus que de la musique noire.

En 1956, Elvis a unifié tous ces styles jusque-là épars dans le Sud : gospel, r'n'b, country et folk. Lorsque les Beatles et Bob Dylan sont arrivés, ils ont donné à cette musique, déjà irrésistible, une intelligence formidable grâce à leurs paroles et à leurs mélodies. Bien écrire devenait aussi important que bien jouer et bien chanter. C'est leur exemple que j'ai toujours voulu suivre, comme celui de Chuck Berry et de Leiber and Stoller. Je ne voulais rien être de moins qu'eux.

Robert Plant : Le Gnawa

Irruption de la femme de chambre, sonnerie intempestive du téléphone, arrivée impromptue du room service, changement de bande ou de cassette, retour de shopping de madame, énervement du manager : souvent, au cours d'une interview, l'essentiel survient dans un moment de détente consécutif à telle interruption. Avec Robert Plant, c'est pendant qu'on nous servait le thé que, traversant mes premiers tourments capillaires, je lui demandai soudainement comment il faisait pour conserver, à son âge, sa crinière blonde en aussi bon état. Puis je m'inquiétai aussitôt de ma requête : si c'était un postiche, à la Tina Turner, il allait sacrément masquer ! Car du chanteur hirsute et couineur de Led Zeppelin, que la féministe Germaine Greer, auteur de *La Femme eunuque*, avait désigné « homme le plus sexy de la planète », posant torse nu au-dessus de lui, on n'attend pas le mensonge. On ne l'a pas eu.

« C'est bien simple : si je n'ai pas perdu un seul cheveu, c'est parce que je ne les lave jamais », rétorqua avec bonhomie ce Viking paillard, qui aussitôt me prit la main pour l'enfouir dans ses tifs, m'enjoignant de tirer aussi fort que je le voulais pour constater que c'étaient bien les siens !

Ouf ! Car cette tignasse flamboyante et léonine était devenue au début des années 1970 l'emblème de Led Zeppelin au même titre que la guitare double manche de son alter ego timide et introverti Jimmy Page, avec lequel il forme un duo infernal. À cet égard emblématique, Plant sera responsable de l'un des principaux fourvoiements de la bacchanale des années 1960, militante en paroles, mais pas toujours dans les faits : adolescent hippie propulsé directement des clubs de Birmingham au-devant de la scène internationale, il incarnera à la fois le romantisme rousseauiste de sa génération, désir de libération absolue, d'égalité sociale et sexuelle, et la violence primaire, rétrograde et honteuse d'un machisme contradictoire, hérité des clichés libidineux du blues et de la mentalité ouvrière anglaise. Car pour chaque « Stairway To Heaven », alchimique et philosophal, sage et réfléchi (« Tout ce qui brille n'est pas or »), inspiré du *Marchand de Venise* de Shakespeare, il y aura un « Lemon Song » pornographique et phallocrate (« Maman, vas-y, presse-moi le citron, je veux sentir le jus couler le long de ma cuisse ») emprunté à Robert Johnson, un « Whole Lotta Love » hâbleur et vantard (« Profond, au plus profond, je vais t'offrir chaque pouce de mon amour ») et autres « Trampled Underfoot » ou « Custard Pie », diabolisés par le fait que les références mâles au blues membré sont souvent entachées d'emprunts éhontés et d'appropriations illicites. Le contrebassiste géant Willie Dixon, signataire de nombreux classiques de Muddy Waters et Howlin' Wolf parviendra à faire admettre ses droits sur « Whole Lotta Love », aux paroles inspirées de son propre « I Need Love », comme Memphis Minnie sur « When The Levee Breaks » et les héritiers de Howlin' Wolf sur « How Many More Times ».

C'est qu'à l'instar des Beatles, des Stones, des Who, et plus tard des Clash, de U2 ou des Guns N'Roses, Led Zeppelin a légitimement pu prétendre au titre de « plus grand groupe de rock'n'roll du monde ». Signifiant à la fois « meilleur » et « plus populaire ». Le sommet fut atteint en 1979, au festival de Knebworth, où explosa une dernière fois, sublime, la sexualité obscène, le pouvoir sauvage, la violence brute, l'agression pure de la formation, calquée sur les Who : un chanteur au look mythologique, blond et bouclé, au torse nu et dégoulinant de sueur, hoquetant de sa voix suraiguë dans un jean moulant volontairement trop serré ; un guitariste-leader-compositeur-producteur-tourmenté, sulfureux, mystérieux, diabolique, mais respecté de tous ; un bassiste à tout faire, claviériste et arrangeur, effacé mais efficace ; un monumental batteur, enfin, dont le style inimitable et monstrueux n'est que l'extension de sa personnalité rabelaisienne.

À ce moment-là, Robert Plant, rebaptisé Sir Percy par la presse anglaise, incarne plus encore que Roger Daltrey, Ian Anderson ou George Harrison, la rock star repue et richissime, nouvelle aristocratie rock jouant à Lancelot du Lac en son château médiéval pour les caméras du film *The Song Remains The Same.* Un « Dieu rock doré » feulant, couinant et miaulant comme Janis Joplin, ainsi que s'en moquera justement, mais affectueusement le film de Cameron Crowe *Presque célèbre.* Les punks le prendront pour cible, brocardant l'énormité de son succès, la distance de sa musique conçue pour les stades américains et le sexisme de ses paroles. Le malheur frappera dans la foulée : Plant, gravement blessé en août 1975 dans un accident de la route sur l'île de Rhodes et confiné de longs mois en fauteuil roulant, perdra deux ans plus tard son fils Karac, victime d'une infection respiratoire mystérieuse, cette période noire s'achevant en 1980 lorsque John Bonham mourra d'un coma éthylique.

Mais s'il avait besoin de rédemption après les excès des années 1970 marquées par une débauche sans précédent et l'occultisme dont son comparse Page, disciple de l'ésotériste Alister Crowley, s'est fait spécialité, Plant l'aura obtenue grâce à une carrière solo exemplaire et son ferme refus de reformer Led Zeppelin. Au contraire, il retrouvera Page, transfiguré après s'être enfin débarrassé d'une dépendance de vingt-cinq ans à l'héroïne, pour le plus digne et aventureux come-back imaginable, à l'automne 1994. C'est pour la première européenne de *No Quarter : Jimmy Page & Robert Plant Unledded* (jeu de mot sur « sans plomb » et « unplugged », l'émission acoustique de MTV) au Cirque d'hiver, le 15 octobre que, devenu directeur général de Phonogram et attendant de présenter la soirée, je les retrouvai tous les deux dans leur loge, entourés par leurs musiciens. Lorsque Bill Curbishley, leur manager, me présente à Robert, chemise de soie grenat et gilet noir, celui-ci, chambreur comme à ses plus beaux jours, se jette sur mon poignet droit, et, faisant mine de prendre mon pouls, s'écrie : « Plus que trois mois avant l'infarctus ! » On parlera néanmoins boutique (chiffres, stratégie, espérance de ventes), et déconnage (« Tout le monde croit qu'on prend ce retour au sérieux, alors qu'on n'a qu'une seule envie : se marrer comme on le faisait à l'époque »), avant de revenir sur ce tour de force inespéré, enregistré en partie dans leur repaire de Bron-Yr-Aur (commune de Machynleth, Gwynedd), au fin fond des collines du pays de Galles où était déjà né *Led Zeppelin III*, et en public sur la place Jama'al Fna de Marrakech. Véritable retour aux origines ethniques de ces New Yardbirds, aussi marqués par le folk de Bert Jansch, de Fairport Convention, de l'Incredible String Band et de Joni Mitchell que par le blues halluciné de Cream et de l'Experience, et qui passèrent leur carrière à alterner entre leur imaginaire celte (Plant pioche abondamment dans une étude de Lewis Spence datant de 1945, *The Magic Arts in Celtic Britain*), Stonehenge, *Le Seigneur des anneaux* et *Excalibur* d'un côté, et celui, noir et américain, de leur génération, entre la Yazoo River et le Southside de Chicago, de l'autre.

Vieux kroumir blond et ridé abonné de longue date au *Marrakech Express* et à l'appel du muezzin de la Koutoubia, érudit de cultures orientales du Maroc à l'Inde, pétri de Khalil Gibran comme des flûtistes de Pan de Jajouka enregistrés sur les plateaux de Tanger par Brian Jones, client des marchands de cassettes de Barbès et des puces de Clignancourt, habitué des concerts de Khaled, prosélyte du Festival dans le désert berbère promu par les membres angevins de Lo'Jo Triban au nord-est de Tombouctou, Robert Plant, aspirant Gnawa inspiré par les boucles rythmiques que lui confectionne Martin Meissonnier, est à ce stade l'une des rares figures historiques du rock à pouvoir faire des projets pour le troisième millénaire. Son mélange hypnotique de blues, de nostalgie psychédélique (son remarquable album *Dreamland*, en 2002, où il reprend les Youngbloods comme Tim Buckley), de folk gaélique et de musique arabe est sans doute le seul, avec celui de Paul Simon, à avoir atteint un syncrétisme, une transe vaudoue, suffisants pour mériter l'appellation, autrement galvaudée, de world music, « musique globale ».

YVES BIGOT : *Non seulement tous les groupes de métal, de Guns N'Roses à Soundgarden, s'inspirent de Led Zeppelin, quand ils ne vous imitent pas carrément, mais en plus le rap et la techno utilisent inlassablement des échantillonnages de vos morceaux...*

Robert Plant : Jimmy Page a joué quelques-uns des plus vicieux riffs de guitare de l'histoire ! Toute la musique de Led Zep était construite autour. Et le son de la batterie de Bonzo était parfois tellement incroyable qu'il est impossible à reproduire autrement, car cela nécessiterait un certain nombre d'ingrédients qui ne sont plus disponibles, principalement John Bonham. Quand je vois la génération de pantins ridicules, grotesques, insultants pour les femmes et totalement crétins que j'ai enfantée, ça m'effraie rétrospectivement. Quel con j'ai dû être alors ! Je n'avais aucune expérience, il est vrai : dix-neuf ans au début, trente et un quand ça s'est terminé. De tous les genres de musique, le hard-rock semble être celui où l'intelligence et le bon goût sont le moins requis. Sans parler de l'humour. Tous ces imbéciles qui font semblant d'être sincères ou menaçants ne sont en fait que des banquiers qui font carrière. Pour nous, les riffs n'étaient pas une fin en soi. Ils participaient très efficacement à une intensité tout autre. Tous ces types qui prétendent tout nous devoir n'ont pas entendu la même chose que moi en réécoutant les CD de Led Zeppelin. Moi je sais que je ne peux rien me permettre d'autre que satisfaire mon impératif de créer, de changer, de faire du neuf. D'avancer. Je ne veux jamais être délivré du fardeau, de l'embarras ou même de la galère épouvantable que tout ça finira bien par être un de ces quatre. C'est grâce à cela que je ne deviendrai pas un vieux con et que je ne ternirai pas ma jeunesse et mon idéal en reformant lamentablement Led Zeppelin, seulement pour pouvoir revivre ça une dernière fois. On ne recrée pas une époque. Led Zeppelin, ça n'était pas seulement des mots et des notes de musique : c'était la psyché collective de son temps. Chaque fois que je rejoue avec Jimmy, j'entends : enfin, voici le dernier méandre de Plant avant le grand retour. Mais je ne veux pas encourager ça. Parce que ce que je fais aujourd'hui est mon destin. Le problème du rock, et de la prétendue culture rock, désormais, c'est sa vanité, son autosatisfaction, son contentement. Bibliquement, c'est un péché. Ces gens-là ont un problème et j'en fais partie. Le rap est une réaction contre ça. Un reflet immédiat de la réalité sociale. C'est beaucoup plus fort que les harangues émotionnelles et tarabiscotées qui viennent de moi.

— *C'est une attitude remarquable, que n'ont su avoir la plupart des musiciens de votre génération.*

— Je suis toujours à la recherche d'un hypothétique Paradis musical, sans compromission. Pour y parvenir, il faut devenir fou, être prêt à tout perdre, à commencer par la dignité. Mon rêve serait de faire un album qui sonne comme Robert Johnson en direct de l'Enfer. Je déteste tout ce qui peut ressembler à une formule. J'essaie toujours de communiquer un peu d'antique magie celte dans ma musique, pour faire trembler le sol. Malgré la victoire du marché, du commerce et de l'industrie, j'ai toujours continué à vivre et à penser de la même façon entre les deux « étés de l'amour » officiels : l'américain, en 1967, et l'anglais, vingt ans plus tard. Je suis un vieux con de hippie, qui continue de penser que les individus ont tous une dette les uns envers les autres et doivent se respecter et respecter la planète. C'est hallucinant, n'est-ce pas, un homme de mon âge, croyant toujours à ça ?

— *Faut-il y voir un lien mystique avec votre amour des musiques orientales ?*

— Ces musiques ont commencé à s'infiltrer dans la communauté rock à travers les Beatles et les Rolling Stones. J'ai toujours été attiré par des styles que je ne comprenais pas totalement. Comme la musique arabe notamment, qui a toujours été très présente dans Led Zeppelin, et pas seulement « Kashmir » : « Friends », « In The Light », « Four Sticks ». « Calling To You », sur mon album *Fate Of Nations*, était un retour à cette passion. Depuis 1973, je séjourne extrêmement souvent au Maroc, au point de me sentir parfois comme un vieux marocain. J'aime la spontanéité, la générosité chez ces gens qui participent à la musique dès que quelqu'un décide de faire du bruit. J'adore le raï et Khaled en particulier. Amina, Natacha Atlas. Oum Kalsoum, aussi, est étonnante et ses orchestrations remarquables. Je l'ai énormément écoutée, mais sa musique est formelle et sérieuse car elle est égyptienne : c'est de la pop classique. Je préfère la musique berbère, plus dépouillée : c'est du rockabilly de l'Atlas, très terrien, répétitif, avec des chœurs massifs, des figures de percussions hypnotiques. Avec Jimmy Page, nous avons toujours cherché à réunir ce qui nous fascinait dans cette musique et la dynamique du rock. Dès 1971, on enregistrait à Bombay avec des musiciens indiens. La musique banghra est incroyablement populaire en Angleterre. N'importe où, on trouve des cassettes de Nusrat Fateh Ali Khan ou de Monsoon. C'est ce dont je suis le plus fier : avoir cassé le mythe dès *Led Zeppelin III*, un album radicalement différent de ce que tout le monde attendait, et que tout le monde a considéré alors comme un suicide commercial.

— *L'incroyable talent de Led Zeppelin, c'était justement de pouvoir mêler folk celtique, banghra, blues psychédélique et métal sans jamais donner l'impression de se fourvoyer.*

— Le plus miraculeux, c'est qu'on ait su gérer les moments créatifs de manière à éviter de partir dans n'importe quel sens. Ça vaut pour ma manière de chanter : il est totalement ridicule de pousser ces longs cris perçants si le morceau ne s'y prête pas. Je suis connu pour mon registre aigu et mes longues plaintes traînantes comme un harmonica. Chez un chanteur, ce que j'apprécie le plus, c'est de l'entendre à la limite d'une forme de rupture, à la recherche d'un déséquilibre. Je me moque de savoir si le type chante faux, ou mal, ou pas en rythme : ce qui compte, c'est le risque qu'il prend, et l'émotion qui s'en dégage, le climat qu'il crée. Sur les premiers albums, il y a des morceaux sur lesquels je suis complètement faux. Mais c'est l'ensemble qui est juste, dans le sens d'exact, pas d'accordé. À quoi bon changer ça pour quelque chose qui produirait un effet correct, mais banal ? Rien de mieux que Howlin' Wolf ou Prince, qui sont chacun à l'opposé du chanteur de variétés.

Carlos Santana : L'Illuminé

Assis à la gauche de sa femme Deborah, dans la loge de Claude Nobs, qui rêva trente-huit ans plus tôt à Montreux le plus chaleureux et prestigieux des festivals de musique, Carlos Santana, héros de la pluvieuse édition 2004, mâche intensément son chewing-gum (ou s'agit-il de quelque chose de plus aztèque ?) en s'ébaudissant des exploits de l'une de ses idoles, l'espiègle Buddy Guy, dernier parrain du blues de Chicago.

C'est qu'avant le triomphe afro-cubain de Woodstock avec le train d'enfer vaudou sous acide de « Soul Sacrifice », qui, sans attendre l'avènement de Bob Marley, laissait entrevoir aux musiciens du tiers-monde, de Salif Keita à Khaled, de Youssou N'Dour aux Gipsy Kings, qu'il était possible d'entrer dans le concert des nations anglo-saxonnes en jouant des polyrythmes (« Jingo ») et en s'exprimant dans d'autres langues (« Samba pa ti », « Oye como va »), le jeune et timide Chicano initié aux percussions africaines par la conga line d'Aquatic Park, à San Francisco, ne jurait que par le blues.

Trente-six ans après ses débuts sur les parquets des ballrooms hippies de la Bay Area à la tête de son Santana Blues Band (ainsi nommé en hommage au Butterfield Blues Band), puis de son apparition inespérée au Fillmore aux côtés d'Al Kooper, en remplacement de son mentor Mike Bloomfield, hospitalisé, pour l'album *Live Adventures*, le voilà servi. Annonçant n'avoir aucune intention d'aller se coucher si tôt (il est une heure du matin), Buddy Guy invite Carlos à le rejoindre sur la scène de l'auditorium Stravinski. Celui-ci abandonne la bouteille d'Évian qu'il sirote à la chaîne, lâche la main de sa femme de trente ans, et, bonnet de coton gris enserrant sa touffe de cheveux corbeau, tunique bab à capuche dans des tons pastel végétaux, se glisse entre la chanteuse Barbara Morrison et Guillaume Durand pour surgir sur la scène. Là, il attaque aussitôt les cordes de sa guitare PRS érable zébrée avec la précision diamantaire, la fougue et le lyrisme latins qui ont fait sa légende, d'abord pour un solo vipérin, puis assurant une rythmique sauvage digne de Jimmy Vaughan qu'on ne lui connaissait pas. Pas loin de dix minutes de furieuse anthologie guitaristique s'ensuivent, partagées entre deux maîtres ne jouant que pour le fun – et, on veut le croire, leur salut.

Dans l'après-midi, nous avions pu, Guillaume et moi, visiter sa loge, ouverte et vide, où un autel et une statue de Krishna avaient été dressés, et des bâtons d'encens n'attendaient qu'une allumette.

Le lendemain, après sa conférence de presse, il arrive sur le plateau de *Trafic*, sous la halle du marché construite par Eiffel, en compagnie de son vieux complice John McLaughlin, avec lequel il avait notamment enregistré *Love, Devotion And Surrender* en hommage à John Coltrane, à l'époque où leur gourou commun, Sri Chinmoy, les avait baptisés respectivement Devadip (soit « la lampe de l'œil de Dieu ») et Mahavishnu. Ils interprètent à deux guitares une très douce ballade du saxophoniste Charles Lloyd, « The Light At The Edge Of The World » et répondent aux questions de Guillaume avec l'amabilité et le sérieux qui les caractérisent, même si Carlos ne rebondit pas toujours sur l'humour très britannique de John. Quoique. Interrogé sur la recette de son succès et de sa longévité, il affirme que toutes les bonnes musiques partagent les cinq mêmes ingrédients : « Du cœur, de l'âme, de la spiritualité, de la sensualité – et des cojones ! (en espagnol dans le texte) »

Le soir même, Santana se produisait avec sa formation du moment, n'omettant aucun de ses tubes (de « Black Magic Woman » à « She's Not There »), succédant en scène au groupe de blues de son fils Salvador. Le lendemain, au bénéfice de sa fondation Milagro, il dirigeait un *Hymne à la paix*, destiné à « célébrer l'amitié entre les peuples », consacré aux principaux classiques du genre (« Imagine », « Give Peace A Chance », « Redemption Songs », « L'Hymne à la joie »), interprétés tour à tour avec

McLaughlin, Herbie Hancock, Wayne Shorter, Chick Corea, Stevie Winwood (lequel exerça, via « Gimmie Some Loving » en particulier, une influence considérable sur le Santana Band tonitruant des débuts), une chorale montreusienne et les Africains de Paris Angélique Kidjo et Idrissa Diop.

À Montreux, où je l'avais déjà interviewé à plusieurs reprises, toujours accueilli et salué par un anjali (mains jointes à hauteur du cœur ou du visage, à l'indienne), il s'était particulièrement distingué en 1988, en compagnie de Wayne Shorter, à la tête d'une formation de jazz stellaire qui n'enregistrera malheureusement jamais. Je l'avais aussi vu au stade olympique de Munich, en triple affiche avec Joan Baez et Bob Dylan au milieu des années 1980, de même qu'à Orléans, dans une salle perdue au bout d'un parking de supermarché, peu après avoir passé une après-midi avec lui dans les bureaux de CBS à Neuilly. Là, en voulant faire le malin (« Estoy listo »), j'avais vu son regard s'allumer comme celui d'un enfant dans l'espoir de pouvoir converser en espagnol, promesse que j'avais dû rapidement remballer, celui appris sur le tas en couvrant la Coupe du Monde de football en Espagne quelque temps plus tôt s'avérant rapidement trop limité pour soutenir un véritable échange.

C'est que Carlos Santana, né à Autlàn de Navarro au fin fond du Mexique, n'est pas américain d'origine, loin s'en faut. Fils d'une famille où l'on est musicien de mariachi de père en fils, il accompagne très jeune son père au violon dans les bordels de Tijuana, à la frontière américaine, où les gringos viennent s'encanailler, ou se marier à la sauvette. Et abuser de jeunes garçons auxquels ils font miroiter l'opulence yankee. C'est ce qui arrivera à Carlos entre les âges de dix et douze ans, après quoi il deviendra guitariste professionnel dans les clubs de strip-tease, avant que sa famille n'émigre finalement à San Francisco, d'où il fuguera, mais où il apprendra finalement l'anglais en regardant la télévision.

Après avoir fait la manche à la guitare en jouant les tubes de Donovan et des Beatles, la plonge dans un restaurant de Mission District et contracté la tuberculose, il s'allie à des musiciens locaux, noirs, blancs et chicanos, se taille avec eux une réputation dans les rues et dans les clubs, puis, grâce à l'intervention de leur manager, le légendaire Bill Graham, se retrouve sur scène à Woodstock. Son apparition dans le film, en plein trip de LSD, bouc au vent et guitare venimeuse, ainsi que le numéro de son batteur de vingt ans, Michael Shrieve, lanceront sa carrière de manière fulgurante. Ce premier Santana-là fait se déhancher les filles un peu plus sensuellement que les autres groupes, ses nappes d'orgue juteuses et ses orages de percussions, la guitare tantôt caressante, tantôt sauvage, font le bonheur des boîtes de nuit comme des festivals, et, surtout, sont absolument uniques. Peu à peu, mais inexorablement, Carlos va prendre le pouvoir au sein d'une formation qui porte son nom, et devenir un styliste inimitable, sculptant chaque note et la prolongeant, la courbant, grâce à un contrôle parfait du sustain et du feedback.

Il mettra sa guitare au service des incarnations successives de son groupe, mais s'en démarquera dans le même temps, s'associant tour à tour avec des musiciens de jazz plus virtuoses que lui (McLaughlin, Shorter, Weather Report, Herbie Hancock, Tony Williams, Stanley Clarke, Alice Coltrane, Dave Holland, Gato Barbieri, McCoy Tyner). Son éclectisme le portera également vers le blues (John Lee Hooker, Junior Wells, les Fabulous Thunderbirds), la soul (Buddy Miles, Bobby Womack, Aretha Franklin, Vernon Reid), le rock (Jefferson Airplane, Boz Scaggs, Bob Dylan), la musique africaine (Mory Kanté, Salif Keita, Olatunji), jusqu'à Willie Nelson, tout cela au mépris absolu de tout bon sens commercial et de toute optique carriériste.

Apparu à partir du milieu des années 1980 comme un reliquat obsolète et encombrant des Sixties hippies, Santana effectuait un come-back aussi fulgurant qu'improbable en 1999, vendant pas loin de vingt millions d'exemplaires de *Supernatural*, album de collaborations sur de la soul world FM avec Lauryn Hill, Wyclef Jean, Clapton, Touré Kounda, Dave Matthews et Rob Thomas, le chanteur de Matchbox 20. En plein triomphe, nous sommes allés le voir à Bercy, avec Thierry Ardisson, au moment où il révèle à *Rolling Stone* devoir cet étonnant succès à son ange, Metatron, avec lequel il affirme, sans rire, converser régulièrement.

On pourra toujours, et beaucoup ne s'en privent pas, se moquer de cette religiosité et de son esprit baba, de son jargon New Age, de son optimisme sentencieux et universaliste, persuadé que l'homme est bon et l'avenir radieux. Pour sa défense, et notre gouverne, il convient de rappeler que tout le monde se foutait déjà de sa gueule dans les années 1970, lorsqu'il prédisait qu'un jour prochain, le mur de Berlin n'existerait plus, que Nelson Mandela serait libre et qu'il deviendrait un des héros de notre temps.

YVES BIGOT : *Vous êtes mexicain, mais vous êtes devenu une superstar mondiale grâce à la musique afro-cubaine de vos débuts. À part l'espagnol, ce sont des traditions musicales qui n'ont pas grand-chose à voir. Comment êtes-vous passé de l'une à l'autre ?*

CARLOS SANTANA : Quand j'habitais à Potrero Hill, j'écoutais la radio, et j'entendais en permanence toutes les vedettes de la salsa, Eddie Palmieri, Ray Barretto, Mongo Santamaria, Tito Puente, dont j'ai repris « Oye como va », une chanson pour danser, faire la fête, boire du vin et draguer les filles, que j'ai aussitôt adorée. Willie Bobo aussi, dont Bill Graham nous a convaincu d'enregistrer « Evil Ways », notre premier tube, et dont nous jouions déjà un autre morceau, « Fried Neckbones », avant l'enregistrement de notre premier album, en 1969.

— *Ça, c'est pour les mélodies, et les rythmiques superdansantes de vos percussionnistes, portoricains, ou nicaraguayen dans le cas de Chepito Areas. Mais quels sont les guitaristes qui vous ont le plus marqué ?*

— Wes Montgomery, Gabor Szabo, Charlie Christian, Otis Rush, BB King, Albert King, Freddie King, pour citer ceux que j'écoutais en grandissant. Django Reinhardt. Puis il y a ceux avec lesquels j'ai joué, comme John McLaughlin, bien sûr. John Lee Hooker aussi, Buddy Guy, Stevie Ray Vaughan, Hendrix, évidemment. Les guitaristes anglais, Eric Clapton, Peter Green, jouaient déjà du blues pur. C'est pour cela que j'ai assez rapidement tenté de trouver ma propre voie, différente. J'allais souvent sur cette colline où il y avait toujours une vingtaine de hippies qui buvaient du vin, fumaient des joints et jouaient des congas, parfois des cloches, ou des timbales. Je me suis dit que si je combinais ça avec le blues et le rock, ce serait original et plus proche de moi.

— *Certains de vos plus gros succès sont des instrumentaux, comme « Samba pa ti » ou « Europa », ce qui accrédite l'idée selon laquelle, bien que vous ne chantiez quasiment jamais, votre guitare est votre voix.*

— Ce que j'aime dans la guitare, c'est qu'elle me met en contact avec les autres, mais aussi avec moi-même. C'est un transmetteur, à la fois physique et métaphysique. Quand je parviens à m'ouvrir suffisamment pour laisser parler mon cœur à travers la musique se manifeste un esprit dont je ne suis plus que le relais, comme une radio, via ma guitare. C'est cet état que j'essaie d'atteindre le plus souvent possible, au-delà des contingences humaines. « Prie et joue », comme disait Miles Davis, mon maître, à qui je dois tellement, qui m'a tant appris, de la vie comme de la musique. Il faut savoir ne plus penser, réfléchir, mais s'ouvrir complètement, se laisser aller, laisser couler la musique à travers soi. Pour y parvenir, il faut bien sûr beaucoup de travail préalable, de préparation mentale, spirituelle. Et savoir raconter une histoire jusque dans un solo de guitare. À la fin de sa carrière, Miles jouait des ballades, des morceaux pop connus, pour se reconnecter avec le public, modifier l'état d'esprit de ses auditeurs, tout en restant accessible au plus grand nombre. C'est une leçon qui ne m'a pas échappé, et que je mets en pratique aujourd'hui.

— *Vous avez joué « In A Silent Way ». Mais avez-vous jamais joué avec lui ?*

— Oui, une fois, en 1986. Ce fut le plus grand moment de mon existence. Mais je n'ai pas l'impression qu'il soit disparu. J'ai souvent le sentiment qu'il me rend visite, qu'il est là, près de moi.

— *Après un démarrage en fanfare et un succès faramineux, vous avez soudainement changé de direction, avec un album formidablement inspiré,* Caravanserai, *mais qui rompait avec le côté machine à danser comme des dingues toute la nuit qui avait fait votre réputation initiale.*

— *Caravanserai*, c'était tout à fait autre chose. Ça n'était plus de la musique pour baiser, ou alors tout à fait autrement. Une musique où s'exprimait notre amour commun, à Michael Shrieve et à moi, de Miles Davis, de Freddie Hubbard, de Pharoah Sanders, de Leon Thomas, de John Coltrane. À partir de là, et pour les trois albums suivants, nous avons pris la direction du groupe, qui était très démocratique jusque-là. Tout le monde, ma maison de disques, mon groupe, les médias, a crié au suicide commercial, mais pour moi, dans mon cœur, dans ma carrière, cet album revêt la même importance qu'*Abraxas*, qui était le premier sommet du Santana Band populaire. Mais le succès excessif que nous avons rencontré au cours des trois premières années qui ont suivi notre passage à Woodstock n'a pas fait mon bonheur. Je me sentais seul, isolé, incompris. Au sein de ce groupe initial, il n'y avait que d'excellents musiciens, mais trop d'entre eux ont été carbonisés par la drogue, le sexe, l'argent, les voitures, les motos, le succès. La délinquance, la cocaïne, l'héroïne, l'orgueil ont détruit cette première formation. Seuls Greg Rolie et moi avions à peu près la tête sur les épaules. Mais Greg n'aimait pas notre nouvelle direction, et il est parti avec Neal Schon former Journey avec succès. Je sais que certains m'en veulent encore de m'en être sorti sans eux, et mieux qu'eux. Ce qui m'a sauvé, c'est la soif de découvrir sans cesse de nouvelles choses, d'apprendre, de dévorer la vie. Plus qu'un musicien, je suis un chasseur. D'émotions, de sensations, de connaissances. Ma musique est un pleur, un sanglot à la recherche de la libération de ces sentiments qui m'étreignent, me ligotent, m'empêchent de m'exprimer totalement. Je cherche éternellement à progresser, à m'améliorer en tant qu'être humain, parce que je sais que le musicien dépend de lui.

— *Dès 1970, moins d'un an après votre révélation à Woodstock, vous vous produisiez au festival de Montreux, où l'on vous a souvent revu par la suite, dans différentes configurations. Qu'est-ce qui vous attire pareillement ici ?*

— C'est un lieu saint, une scène sur laquelle s'est souvent produit Miles Davis. Ici, quelque chose me submerge et m'inspire à la fois, que j'y joue avec mon groupe, avec John McLaughlin, avec Wayne Shorter ou avec Milton Nascimento.

— *Quelle serait votre devise ?*

— Je ne crois pas à « mañana », demain. Il faut faire les choses ici et maintenant, tant qu'il est encore temps. Le Paradis doit être terrestre.

Billy Gibbons : Le Révérend

La seule question à laquelle ni Billy Gibbons, ni Dusty Hill, ni Frank Beard, le seul non-barbu du trio (malgré son patronyme, en français François Barbe), n'acceptent de répondre, c'est celle-là : mais au fait, que veut donc dire ZZ Top ?

La réponse, qu'ils ne confirmeront jamais autrement que par de longs et énigmatiques sourires entendus, est tellement évidente pour nous autres Français, que longtemps personne n'a voulu le croire, et a préféré laisser dire qu'il s'agirait d'une marque peu connue de papier à rouler. Pourtant, et pour s'engager sur la bonne piste, il faut se souvenir que le premier tube du groupe s'appelait « La Grange », ce qui, au Texas, ne signifie pas autre chose qu'en Auvergne, si ce n'est que celle-là abrite le plus célèbre bordel de l'État à l'étoile solitaire, dont l'histoire sera plus tard saluée à Broadway et par le film *The Best Little Whorehouse In Texas*, avec Dolly Parton et Burt Reynolds. Si l'on ajoute à cela que Billy Gibbons a passé le plus clair de l'année 1977 à Paris, au musée d'Art contemporain, confirmant ainsi non seulement son intérêt pour l'art moderne, pour la France, mais surtout sa compréhension de longue date de notre langue, et qu'on se rappelle qu'il ne rate pas une occasion de souligner que si, selon une chanson traditionnelle texane, « l'espagnol est la langue de l'amour », c'est avec la nôtre qu'on le fait le mieux, alors on peut légitimement affirmer que la seule signification possible de ZZ Top passe par la phonétique : zizi top, donc, soit en bon français le sommet du zizi, autrement dit le gland.

Pour cryptique qu'il soit aux oreilles des habitants de Houston, ce dénominatif paillard est loin d'être isolé dans l'univers grivois de ce power trio sudiste au boogie forgé, au blues tanné, au sens de l'humour aiguisé et aux paroles membrées. Au hasard de leurs morceaux aux rythmiques irrésistiblement acrobatiques, on notera l'esprit *Plaisir des Dieux*, salace, rigolard, qui habite « Tush » (« la touffe »), « Pearl Necklace » (« Cravate de notaire »), « Tube Snake Boogie » (« le Boogie du bout de gras », soit « la Pignole »), « Woke Up With Wood » (« Réveil glorieux ») et autres égrillardises de cet acabit, comme l'érotomane « Legs », le fétichiste « A Fool For Your Stockings », la dangereuse « Francene » (« just turned thirteen »), sans compter un nombre incalculable de « double entendre », délicieux « frenchisms » à nos oreilles.

Engoncé dans un fauteuil en cuir noir du bar de l'hôtel Hilton de Paris, avenue de Suffren, Billy F. Gibbons lustre avec une autosatisfaction qui confine à la gourmandise sa longue barbe blonde et frisottée, dont les boucles tirent sur le roux : c'est, depuis son long séjour parisien, le signe de reconnaissance de son groupe, offrant une visualisation instantanée et automatique de ce mélange d'humour, de bizarrerie et de mystère qui constitue l'image et même le mythe du « lil' ole band from Texas », troïka de Texans malins et redoutablement intelligents qui n'aiment cependant rien moins que s'automythifier (« Beer Drinkers And Hell Raisers », « Arrested For Driving While Blind », « I'm Bad, I'm Nationwide »), afin de passer pour des Sudistes rustauds, ploucs uniquement motivés par une fierté exacerbée et par la traque du plaisir. Cette pilosité excessive leur est si précieuse qu'ils refuseront une mirifique proposition de Gillette pour la couper, même le temps d'un spot de publicité. C'est que leurs vidéo-clips, artefacts dont on pensait pourtant qu'ils allaient sonner le glas de la carrière de musiciens si peu éphèbes et pareillement confinés dans un style musical aussi archaïque – le blues et tous ses dérivés funky, rhythm'n'blues, soul, boogie, rock –, les styliseraient au contraire en véritables personnages de dessins animés, trois Américains bien moyens, bons gars de la campagne, buveurs de bière systématiquement rendus fous de désir par des pin-up aux jambes interminables comme si elles jouaient les choristes de Bryan Ferry ou de Robert Palmer, et ne trouvant refuge et soulagement de substitution qu'au volant du coupé Ford 1933 rouge pompier customisé de Billy. Le loup de Tex Avery, en somme, en triple exemplaire.

D'un autre côté, Gibbons, dont le père Fred fut arrangeur de musiques de films à Hollywood avant de diriger le Houston Philarmonic Orchestra, est amateur d'art, spécialiste de balistique et de cybernétique, fasciné par la mécanique, le Tibet, la technologie et l'espace, ce qui conduira le trio à poser sa candidature pour faire partie du premier vol touristique sur la Lune, avec l'appui de la NASA, fatras d'intérêts qui brouille les pistes et ajoute à son énigme, épaissie par le manque d'informations concernant sa vie privée, seul son célibat s'avérant notoire... C'est pourtant au blues, moderne, électrifié, speedé à la façon des groupes du blues boom anglais, Yardbirds, Bluesbreakers de John Mayall, Fleetwood Mac, Cream, Experience, et de leur premier écho américain, le Butterfield Blues Band, qu'il a décidé de se consacrer, peu après l'obtention pour Noël 1963, à quatorze ans, d'une Gibson Melody Maker et d'un ampli Fender Champ, sacrifiant la reconnaissance académique, à un genre fantastiquement esthétique certes, mais considéré comme on ne peut plus terrien, boueux et paysan, même si, au cœur des années 1980, les synthétiseurs et les séquenceurs viendront imparablement doubler son formidable jeu de Les Paul, Pearly Gates, une Sunburst à table d'érable onglé, dru et haché comme une scie sauteuse, rarement reconnu à sa juste valeur dans les référendums des magazines spécialisés.

Mais nous sommes encore en 1983, deux ans après le passage triomphal de la revue ZZ Top au Pavillon Baltard, avec cactus géants, sombreros parasols, rattlesnakes en cage, vautours, bisons et longhorns, ces taureaux du Texas aux cornes interminables, comme leur nom l'indique. Le plus gros succès de leur carrière, l'album *Eliminator*, vient à peine de sortir. Billy Gibbons est visiblement jouasse d'être à Paris avec ses copains, qu'il emmènera comme à son habitude faire la fête au Studio, un restaurant mexicain de la rue du Temple (au 41, dans la cour sur la gauche). Au départ, l'homme, qui a soigneusement plié son long manteau et posé son chapeau à ses côtés, est tout de même déconcertant. Sous l'effet du jet-lag ou de quelque chose d'aussi planant mais de plus répréhensible, son regard se perd parfois vers le plafond, et son attention est fréquemment distraite, soit par l'inévitable pianiste du bar jouant « Feelings », soit par les autres consommateurs. Sa voix, elle, est très nasale, son accent invraisemblablement traînant et modulé, son ton un peu distant, supérieur, faussement aristocratique. Le propos, lui, est plutôt sec, assez cynique, toujours moqueur, souvent biaisé. Intimidant aussi, tellement il apparaît sûr de lui, ou en tout cas de son personnage. Trop américain, en somme. Sauf lorsqu'il s'anime soudain, dès lors qu'il est question de son sujet favori, le blues, idiome dont il maîtrise remarquablement la forme musicale, mais aussi la dialectique. Là, le voilà enfin loquace et plus seulement marrant, mais passionnant, comme seul peut justement l'être parfois ce type-là d'Américain.

Quelques années plus tard, Laurent Chalumeau réalisera à Clarksdale, Mississippi, ancienne capitale du coton, ville natale de John Lee Hooker et de nombreuses légendes du blues, où Tennessee Williams situa *Une chatte sur un toit brûlant*, un reportage sur l'ouverture du musée du Blues (Delta Blues Museum, 114 Delta Avenue, Clarksdale, MS 38614) que ZZ a largement financé, notamment en faisant construire une guitare, historique, dans une planche du bois de la cabane où naquit Muddy Waters, à quelques kilomètres de là, dans la plantation de Rolling Fork. Je devais y passer une nuit d'orage et d'inondations, en juin 1990, dînant dans une auberge Shoney avant de rendre visite à ce musée discret où il n'y avait d'ailleurs personne, situé dans une rue banale d'une petite ville à vingt kilomètres du fleuve, sur la rivière Sunflower, traversée par la Highway 61 et la ligne de chemin de fer qui relient La Nouvelle-Orléans à Memphis. Que ZZ Top ait pris le temps, et la peine, et à cœur, entre les tournées planétaires, les chorégraphies pharaoniques de Paula Abdul et les disques de platine, de s'en préoccuper, de lui donner vie et de l'entretenir, constitue la troisième raison de leur présence ici. La deuxième, c'est que, Chalumeau m'ayant offert le portrait grandeur nature de Gibbons réalisé au milieu des années 1990 pour *Nulle Part Ailleurs* au bénéfice de la recherche contre le sida, je ne puis oublier cette silhouette, d'abord installée dans mon bureau chez Mercury, puis dans ma chambre, au grand dam de ma femme, désolée de devoir dormir sous le regard d'un tel barbu.

La première, bien sûr, c'est son excellence à donner une nouvelle vie – et donc une nouvelle chance – à un genre centenaire si précieux, quoique désormais hors du temps.

YVES BIGOT : *Je vous cite : « Je traîne dans le sable du Texas/Mais ma tête est au Mississippi/Le blues m'a envoûté/Je me sens partir/Je repense à cette nuit à Memphis/Où je m'étais cru au Paradis »... Avec votre producteur fétiche, Bill Ham, vous enregistrez tous vos disques là-bas, dans l'ancienne capitale du Sud, et en tout cas celle du rock et de la musique noire. Par superstition ?*

BILLY GIBBONS : Memphis nous aide beaucoup. C'est la patrie d'Elvis Presley, du son des disques Sun et Stax. Tellement de soul et de funk se dégage de l'endroit, c'est comme si le béton les exsudait. On le sent et on le voit rien qu'en se promenant dans les rues. Nous avons écrit tellement de chansons seulement parce que Memphis nous les a inspirées. Tout devient si cool, si évident et attrayant dès lors qu'on est dans cette ville, au bord du Mississippi. Il n'y a pas de disco ou de variétés, là, seulement de la soul, comme vous n'en entendrez jamais ailleurs.

— *Vous êtes pourtant des Texans très militants, officiellement ambassadeurs de l'État, comme le fut John Wayne.*

— Un jour, quelqu'un m'a demandé où je vivais. Je lui ai répondu la stricte vérité : à l'hôtel. Mais bon, c'est vrai, mon cœur sera toujours là-bas. Musicalement, au Texas, c'est différent. Nous sommes plus versatiles : blues, soul, country, tex-mex, rhythm'n'-blues, swing, jazz, même classique. Les musiciens texans se sentent toujours abandonnés, parce qu'il leur faut aller à New York ou en Californie pour être reconnus. Tous les dix ans, quelqu'un redécouvre le blues. Nous y revoilà, à travers la publicité, le cinéma, la mode même. ZZ Top a toujours joué le blues, s'attirant le dédain de nombre de puristes, qui trouvent qu'on le joue trop vite, trop fort. Mais nous aimons bien ce tranchant, cette attaque. C'est pour ça qu'on ne s'ennuie jamais. Stevie Ray Vaughan et son frère

Jimmy avec les Fabulous Thunderbirds sont comme nous. Chuck Berry, Jimmy Reed, T. Bone Walker, BB King, Freddie King, Albert King, voilà les guitaristes qu'il faut écouter et réécouter sans cesse si l'on veut faire quoi que ce soit avec cet instrument ou dans cette musique. Ce sont eux qui ont écrit les Tables de la Loi. Elles n'ont pas changé depuis, malgré Devo ! Cela dit, je rappelle toujours qu'avant d'apprendre la guitare j'ai d'abord joué de la radio. Il y avait des stations formidables dans la région, qui jouaient Johnny Cash, Jimmy Reed, « Rumble » par Link Wray. Chaque jour, je découvrais de nouveaux artistes extraordinaires. Mais n'importe quel soir, on peut sortir n'importe où au Texas et entendre un groupe formidable jouer le blues comme personne, avec une section de cuivres à tomber par terre...

— *N'êtes-vous pas effaré de vous apercevoir que le blues, fondation de toute la musique américaine, est à ce point délaissé aujourd'hui, à commencer par la communauté noire ?*

— C'est vrai qu'on peut s'étonner de ce que la propriété privée et glorieuse des Noirs américains, leur patrimoine culturel, a été à tel point abandonné par la nouvelle génération. Mais, en y réfléchissant plus, on peut peut-être se dire que si la forme tombe en désuétude, l'esprit, lui, en vit sans doute ailleurs, autrement, sous une forme différente. Notre propre blues à nous n'est pas authentique, ça n'est qu'une interprétation, un hommage, le plus honnête possible, mais qui respecte l'originalité et l'intégrité de ceux qui l'ont inventé. Ça n'est pas du blues traditionnel. Nous ne venons pas de la Grande Dépression, nous n'avons jamais trimé dans les champs de coton, ni dans les usines. Je suis arrivé à cette musique, comme beaucoup d'Américains, grâce à la vision que nous en ont renvoyée les Anglais, au milieu des années 1960. Ils sont su lui donner un éclairage, une variété, un flash, séduisants pour un jeune type comme moi. Je ne parle pas seulement des musiciens, mais aussi des petits labels, dont le travail passionnant de rééditions nous a permis de redécouvrir notre propre héritage sous un aspect différent, attrayant. Et, du coup, si nos thèmes sont bien ceux du blues, ils sont toujours pervertis par notre humour obligé, décalé, puisque nous ne pouvons pas prétendre avoir vécu ni subi le lot des Noirs du Mississippi qui l'ont inventé. À ce titre, le parfait exemple c'est « Blue Jeans Blues » : le type pleure vraiment, il se lamente, il est désespéré, il a donc authentiquement le blues, mais c'est parce qu'il a perdu sa paire de jeans préférés ! Alors il se persuade que, s'il la retrouve, sa petite amie, qui la lui a sans doute piquée, reviendra aussi. Évidemment, c'est plus léger, mais ça ne signifie pas que la musique ne soit pas valide pour autant...

— *Est-ce que finalement, avec tous ces seconds degrés, vous ne vous limitez pas volontairement ?*

— En partie. On ne nous imagine pas chantant de grandes ballades larmoyantes au cœur déchiré. On ne serait pas crédibles. Mais il vaut toujours mieux garder une distance. ZZ Top appartient au peuple. Personne ne nous imagine punk, new wave ou techno. On est vraiment des musiciens, définitivement pas des comptables. Si on s'intéresse aussi aux voitures, c'est parce qu'elles ont la même finalité que la musique : conquérir les filles. On enquille trois accords funky, joués par trois types avec des lunettes noires qui ne le sont pas moins et on ajoute trois jolies filles, tout ce beau monde dans une voiture rouge rutilante, et le tour est joué. Un jour peut-être, nous déciderons d'être égoïstes et de faire de la musique qui n'intéressera que nous, que ce soit du blues vraiment pur ou de la musique contemporaine d'avant-garde. Ce jour-là, on pourra vraiment quitter Memphis et le Texas et venir s'installer à Paris. Si j'aime tellement cette ville, c'est pour sa liberté, son ouverture d'esprit : ici Keith Haring, Robert Mapplethorpe, Jean-Michel Basquiat ou Robert Williams ne sont pas contestés ni censurés. Au contraire. Le plus grand compliment qu'on nous ait jamais fait, c'est lorsqu'on a qualifié notre blues de surréaliste, et ZZ Top de Dali du blues.

Iggy Pop : Le Supplicié

Iggy est le véritable Rock'n'Roll Animal. Un performer américain au sens le plus strict du terme, entre boxeur, danseur étoile, phénomène de foire et personnage déglingué d'Hubert Selby ou de la Factory d'Andy Warhol, faisant de son mode vie extrême, expérimental, sa propre vision d'une avant-garde exhibitionniste et de son corps torturé à l'envi, une sorte d'œuvre d'art suicidaire.

Des débuts hallucinés des Psychedelic Stooges fin 1967 au légendaire Grande Ballroom de Detroit à ce 8 juillet 2004 inespéré et totalement satisfaisant au Zénith, rien n'a vraiment changé (Mike Watt des Minutemen remplace tout de même Dave Alexander, décédé, à la basse). Bien sûr, les frères Asheton ont enflé. Mais même le saxophoniste de *Fun House*, Steve McKay, qu'on annonçait ad patres lui aussi, est là pour les titres concernés. Dans l'euphorie, Hervé « Action Man » Deplasse, l'homme qui veille sur Little Bob, signa Indochine et LKJ quand plus personne ne voulait d'eux, me fait même remarquer qu'ils jouaient sans doute tous mieux aujourd'hui.

Iggy, lui, à cinquante-sept ans, n'a toujours pas un gramme de graisse et fait le show, comme d'habitude. Escalade les murs d'ampli, plonge dans la foule, montre la raie de ses fesses – pour commencer —, et fait hurler « No Fun » aux fans hystérisés qu'il invite à monter le rejoindre sur scène et, apothéose attendue, fait prendre l'air à son costume trois-pièces originel.

Disquaire, puis étudiant à l'université du Michigan que fréquentera plus tard Madonna, Jim Osterberg s'offre son satori au retour d'un séjour dans le Southside de Chicago où, batteur amateur, il s'était rendu à la rencontre de son idole, Sam Lay, batteur noir du Butterfield Blues Band. Il se souvient alors d'avoir visité la gigantesque usine Ford d'Ann Arbor à l'âge de neuf ans, et ne peut oublier le bruit assourdissant des énormes machines-outils forgeant la tôle des carrosseries. C'est de là, affirmera-t-il, que provient le Detroit Sound des Stooges, MC5, Amboy Dukes, Mitch Ryder et autres Bob Seger System.

James Newell Osterberg Jr., doté d'un QI exceptionnel, s'est dégoté le pseudonyme d'Iggy à dix-neuf ans au sein de son second groupe, les Prime Movers – le précédent s'appelait les Iguanas. Mais il n'est encore qu'Iggy Stooge. Il ne deviendra Pop qu'à l'issue du premier concert payant des Stooges, le 3 mars 1968. Il s'est rasé les sourcils, peint le visage à la manière d'un mime et concocté une coiffure afro à partir de feuilles d'aluminium. Il découvrira ainsi l'utilité des sourcils : protéger les yeux. Les siens sont tellement tuméfiés, remplis de sueur, d'huile et de paillettes qu'il faudra l'hospitaliser. Ses amis le baptisent alors comme l'un des leurs, chauve et né sans sourcils, Jimmy Popp.

Le satyre rock scandera toute sa carrière de ce genre de performances, au cours desquelles il se tailladera le torse (Max's Kansas City), se fera porter par le public, le corps enduit de beurre de cacahuète et de confiture (festival de Cincinnati), se mutilera (Michigan Palace), vomira (Electric Circus, New York), se contorsionnera tel un derviche (le Palace), s'exhibera (partout, Zénith compris, donc).

Avec les Stooges d'origine, Iggy enregistrera deux albums où il fait preuve de la même violence autodestructrice qu'en concert, féroces, brutaux, extatiques, presque entièrement rejoués au Zénith. Produit par John Cale en rupture de Velvet Underground, le premier, avec sa pochette réminiscente de celle de *Rubber Soul*, un son qui claque et mord comme le premier Stones, contient les classiques initiaux d'Iggy et des frères Asheton, Scott le batteur dingue, et Ron, le guitariste amateur d'imagerie nazie : « 1969 » (« Another year with nothing to do ») avec son beat jungle emprunté à Bo Diddley, « No Fun » que reprendront les Sex Pistols, « I Wanna Be Your Dog », sorte de vision SM du « I'm Waiting For My Man » du Velvet. À l'instar de ce dernier, le rock cataclysmique et antisocial, vicieux et cinglant des Stooges, prend son époque à rebrousse-poil et connaît l'échec commercial, mais exercera lui aussi une influence considérable sur les générations suivantes. Le suivant, *Fun House*, du nom de la demeure où le groupe vit en communauté, restitue l'énergie brute des prestations scéniques sauvages et violentes, riffs métalliques, hard blues semblable à celui des Doors, traversé par les éclats free-jazz du saxophoniste Steve McKay. En vain.

Et c'est à New York, en été 1971, qu'Iggy, largué, va faire la rencontre salvatrice qui transformera sa destinée : David Bowie. Celui-ci lui offre son manager (Tony DeFries), un contrat, et produit à Londres *Raw Power*, que certains (pas des moindres : Bayon, Philippe Manœuvre, Nick Kent) considèrent comme l'un des chefs-d'œuvre du rock. Paru sous pochette glam au printemps 1973, il contient des moments définitifs de misogynie, d'apologie morbide de la poudre et de sexe brutal et déviant, comme « Your Pretty Face Is Going To Hell », « Penetration », « Death Trip » et « Search And Destroy », soit Iggy en « fils le plus oublié du monde » (« I'm a street-walking cheetah with a heart full of napalm/I'm a runaway son of a nuclear A-bomb »). La guitare forcenée, écorchée, hurlante, de James Williamson, le nouveau guitariste, qui joue le rôle de Keith Richards auprès d'Iggy-Mick et convertit tout le groupe à l'héroïne, propulse Iggy au firmament de la jungle électrique urbaine. Et à l'hôpital psychiatrique.

D'où Bowie, qui lui a entre-temps emprunté son pseudonyme pour nommer Z(Iggy) Stardust, le tirera à nouveau trois ans plus tard. Direction le château d'Hérouville, puis Berlin, pour *The Idiot*, dominé par les synthés du rock allemand (Kraftwerk, Can, Neu !). Ils signent ensemble l'hymne nihiliste novö à la Gainsbourg « Nightclubbing » (générique culte ardissonien de *Lunettes noires pour nuits blanches* que reprendra Grace Jones), le débauché « Funtime », et « China Girl », dont Bowie fera plus tard un tube mondial.

Dans la foulée – et un nuage de cocaïne – naît *Lust For Life*, plus fort encore, avec « The Passenger », inspiré par un poème de Jim Morrison, auquel Iggy avait tenté de succéder au sein des Doors. Bowie l'accompagne ensuite aux claviers en tournée, et leur collaboration se poursuivra jusqu'au milieu des années 1980 et l'album *Blah Blah Blah*, enregistré au studio Mountain de Montreux, juste à côté de chez David.

C'est vers cette époque que je l'interviewai, dans un hôtel parisien décrépit, du côté de la gare de l'Est, peu de temps avant un concert épique au Zénith, petit athlète félin aux yeux bleus, visage émacié, longs cheveux blonds filasses, pilosité abondante sous les bras, torse nu sculpté de vieil adolescent aux veines noueuses et protubérantes. Il est alors courtisé par le cinéma (on le verra dans *Sid et Nancy*, *La Couleur de l'argent*, *Cry Baby*, *Dead Man*...), et dominera le Top 50 grâce à la chanson d'*Arizona Dream*, « In The Death Car », dont la mélodie s'avérera plagiée sur « Solenzara », chanson corse composée par le père du guitariste de Patrick Sébastien, désormais correctement crédité après intervention de la justice !

Je le reverrai le 21 juin 2003, alors qu'il a reformé les Stooges, au ministère de la Culture, invité par Éric Tong-Cuong et Laurent Chapeau de Virgin à assister à sa remise de médaille de chevalier des Arts et des Lettres par Jean-Jacques Aillagon. Sa poignée de main est ferme, ses yeux pénétrants. Accompagné d'une sculpturale compagne noire dont les seins volumineux arrivent à hauteur de son crâne, Iggy accepte avec solennité, de sa voix profonde et de son regard dément, soulignant les mérites de la France dans le domaine de la liberté accordée aux artistes. Certains, Bayon notamment, se gobergeront de voir ce symbole de la défonce et de la débauche autolacératives célébré sous les ors obséquieux de la République. Mais c'est sans doute là la récompense accordée aux seuls survivants. Ceux qui sont toujours là après la bataille sont automatiquement absous.

YVES BIGOT : *David Bowie est votre Sauveur, votre Bon Samaritain. Mais au passage, il vous a pris une partie de votre personnage pour créer Ziggy Stardust. Quelle est votre relation personnelle ?*

Iggy Pop : Je lui dois tout. Il m'a aidé quand personne ne croyait plus en moi. Il m'a éduqué, m'a fait découvrir des pans entiers de culture : Diaghilev, Nijinski, les ballets russes, toute cette idée d'artistes de disciplines différentes travaillant ensemble, que Warhol a copiée, d'ailleurs, à sa façon. Il m'a appris la discipline, les vertus du travail et de la concentration. Il est très bosseur et ça m'a servi d'exemple. En studio, il va très vite, il est très déterminé, très créatif. Et apporte toujours des idées décalées, introduit sans cesse des éléments extérieurs à la musique, qui l'enrichissent, la rendent plus surprenante. Jusque-là, j'étais plutôt fainéant. J'avais tendance à me contenter de jouer le morceau avec la plus grande énergie et la plus grande tension possibles, et basta. Ensuite, je me regardais le nombril en attendant qu'il se passe quelque chose. David m'a montré comment m'assumer, me prendre en main, avancer par moi-même, ne serait-ce qu'en créant une émulation, une compétition entre nous. Et il m'a sauvé la mise à plusieurs reprises. La dernière en date, c'est en faisant de « China Girl », une chanson que nous avions écrite il y a des années, un tube mondial. J'avais besoin des droits d'auteur. Et du coup, nous nous sommes remis à faire des chansons ensemble, ce qui a conduit à ce nouvel album, *Blah-Blah-Blah*.

— *Les deux albums que vous avez enregistrés avec lui à Berlin,* The Idiot *et* Lust For Life, *deviennent un peu plus mythiques chaque jour.*

— J'aime vraiment ces deux disques, mais ils me rappellent de mauvais souvenirs, parce que je traversais une très sale passe. Beaucoup de drogue, pas d'argent, beaucoup de filles, pas d'amis. Et j'étais inquiet. D'un côté, nous faisions quelque chose de nouveau, mais d'un autre, je voyais tous ces groupes anglais, les Sex Pistols, les Damned, je ne sais plus qui, cartonner en reprenant mes chansons et en copiant ce que j'avais fait avant eux. Ça me mettait assez mal à l'aise. Parce que, même si j'ai passé un an dans la chambre contiguë à celle de David, j'étais seul. Je n'avais pas de groupe, rien que lui. Et je voyais bien que s'il était extraordinairement généreux avec moi, il n'avait pas que ça à faire. Il lui fallait mener sa propre carrière, et son entourage, omniprésent, n'avait de cesse de le lui rappeler. Je savais qu'il ne pourrait pas éternellement me baby-sitter. J'étais entouré par son staff, ses musiciens, des gens qui étaient tous de super-pros, et ça n'avait rien d'une famille. Je n'avais pas l'habitude d'être aussi loin de chez moi, ni de voir mon seul nom à l'affiche. Maintenant, je m'y suis fait, mais ça n'était pas évident à l'époque.

— *On n'a pourtant pas le sentiment que les Stooges, à l'histoire plus que tourmentée, et à la formation très changeante, aient constitué pour vous une famille.*

— C'est vrai qu'il y a eu pas mal de mouvements, mais la constante était cette mentalité de gang, d'équipe, super soudée, essentielle à un groupe déterminé à tout faire péter. Il faut vouloir tout bouffer pour faire une musique aussi intense. Ne vivre que pour ça, que pour ce moment où on va monter sur scène et donner plus que le maximum, au mépris de tout. Je recherche une forme de folie, de jusqu'au-boutisme, dont les frères Asheton et tous les autres qui sont passés par les Stooges sont pourvus. Un peu trop pour leur bien, parfois. J'ai réessayé de travailler avec certains d'entre eux il y a quelques années, pour *New Values*, mais c'était bâtard, ça n'était plus tout à fait pareil. Ce beat animal, antédiluvien, ancestral, c'est ça qui me fait décoller, et c'est sans doute ce que recherchent tous les groupes punk depuis. Il ne peut être vraiment perdu. C'est dans cette optique que j'ai collaboré avec Steve Jones, le guitariste des Pistols.

— *Précisément, on a le sentiment que vous vous sentez un peu coincé, le cul entre deux chaises : un coup rétro punk, quelques mois plus tard, retour moderniste avec David. D'un côté votre légende, américaine, qui ne cesse de croître, mais appartient au passé et que tout le monde copie, et votre seconde carrière, européenne, tout aussi estimée, mais qui semble tellement liée à votre relation avec Bowie que vous n'êtes pas certain qu'elle vous appartienne en propre. Du coup, vous êtes indécis et ne savez laquelle épouser, de peur de faire le mauvais choix. Vrai ou faux ?*

— Il y a du vrai. C'est aussi dans ma personnalité, cette dualité. Je ne suis plus un punk, mais tout le monde voudrait que je le redevienne. Je risque, effectivement, de me retrouver, mais j'en ai l'habitude, dans un no man's land : trop extrême pour le grand public, trop classique pour la nouvelle vague, trop moderne pour les fans de rock pur et dur, trop avant-garde pour la radio, trop européen, désormais, pour l'Amérique, mais trop américain pour l'Europe. C'est le grand danger, pour un artiste : ne pas être dans le bon timing. Or, moi, j'admire le talent, et le mouvement qu'il crée : les Beatles, les Rolling Stones, les Doors m'ont tellement fait rêver. Je crevais d'envie de devenir un jour comme eux. Mais regardez le Velvet Underground. Tout le monde est passé à côté, à part quelques spécialistes. Si seulement on venait massivement me voir sur scène, peut-être comprendrait-on mieux.

— *L'étonnant, chez vous, c'est justement que derrière le côté tellement instinctif, primaire, basique, se trouvent une grande affinité pour des musiques difficiles, sophistiquées, et une grande appétence pour le monde de l'art.*

— J'aime la puissance des mots de Lou Reed, de Jim Morrison, comme j'aime celle de la musique de James Brown, qui a l'air très simple comme ça, mais très structurée, sans parler du jazz des années 1960, que j'adore. Sans John Coltrane, Pharoah Sanders, Sun Ra, Archie Shepp, Ornette Coleman, sans leur furie libératrice et libertaire, leur créativité illimitée, les Stooges n'auraient été qu'un simple garage band comme un autre. Comme Jim Morrison, ça ne m'empêche pas d'admirer Frank Sinatra. Quel chanteur ! Mais, une fois tout ça dit, je pense être unique, et que ma vraie reconnaissance est pour demain. Parce que la légende, toutes les filles qui se battent pour me sucer, c'est bien. C'est ce que je voulais, et si je m'entretiens physiquement comme un champion olympique, c'est pour être prêt, le grand jour. Parce que sinon, en attendant, ça n'est pas ça qui me fait bouffer tous les jours. Il me faut bosser, encore et toujours, pour transformer l'essai.

David Bowie : Le Plénipotentiaire

« Le problème de Bowie, c'est qu'il est absolument charmant lorsqu'il est sobre, mais dès qu'il en a un coup dans le nez, il devient quelqu'un d'autre, capable de n'importe quoi », m'avait confié un fameux journaliste anglais de mes amis, qui savait de quoi il parlait lui-même.

À ce moment-là, la rock star décadente qui affirmait au *Melody Maker* le jour de la naissance de son fils Zowie, au début des années 1970, « je crois être homosexuel », et avait vu censurer la pochette initiale de son album *The Man Who Sold The World* où il posait en robe de satin de chez Mr. Fish, alangui sur un canapé telle Garbo, est au cœur de deux scandales de mœurs : pour la deuxième fois en quelques mois, une adolescente américaine le poursuit pour viol, et son ex-femme Angie, lesbienne déclarée qui vient de publier ses Mémoires, affirme l'avoir à plus d'une reprise trouvé au lit avec Mick Jagger. Sur ce dernier point, qui fait la une des tabloïds de la planète, les indices discographiques sont, il est vrai, savoureux : Bowie, qui chantait « Dancing In The Street » en duo avec Mick pour promouvoir *Live Aid* à l'été 1985, n'avait-il pas déjà précisément repris « Let's Spend The Night Together » des Stones ?

Mais c'est surtout de blues que David était ivre, la première fois où je l'ai approché, au festival de Montreux. Il résidait alors là, sur la Riviera lémanique, avant de s'installer un peu plus loin, sur les hauts de Lausanne, et était venu en voisin, répondant à l'invitation de son ami Claude Nobs. Caché tantôt au bar des musiciens transformé en loge, tantôt au bar le Montreusien, entre le studio de la SSR et celui d'Europe 1, avec vue imprenable sur la scène du casino, où se déroulait ce 17 juillet 1982, un de ces Blues Summit qui ont rendu la manifestation légendaire, Bowie connaît là, sous mes yeux, une vraie révélation. Celle d'un jeune blanc(-bec) texan à chapeau, inconnu jusque-là mais recommandé à Nobs par Mick Jagger et Billy Gibbons : Stevie Ray Vaughan, dont c'est la première apparition en Europe. Son long « Texas Flood », immortalisé par l'album de cette soirée (*Blues Explosion*, sur Atlantic), est tout particulièrement époustouflant, même après les passages de Koko Taylor, de l'excellent J. B. Hutto, de Luther Johnson et de Sugar Blue. Surexcité, Bowie, abandonnant d'un seul coup l'incognito, se rue backstage pour rencontrer le prodige à sa sortie de scène. Malgré ses petites jambes, j'ai le plus grand mal à ne pas le perdre dans le dédale des escaliers à l'épaisse moquette rouge du casino. Quelques bousculades et plusieurs contrôles de laissez-passer plus tard, je finis par tomber en même temps que lui sur Jackson Browne, qui se produirait là le lendemain, et déjà, lui, en grande conversation avec le nouveau virtuose de la guitare, que toute la presse (moi compris, dans *Libération*) allait dès le lendemain proclamer successeur potentiel de Jimi Hendrix. On connaît la suite : au petit matin, après d'interminables jams au bar des musiciens, Browne offre gratuitement son studio à Los Angeles pour l'enregistrement du premier album de Double Trouble, que John Hammond signe sur Epic, et Bowie assure la promotion planétaire de Stevie Ray en l'embauchant aussitôt pour la totalité de l'album *Let's Dance* et la tournée mondiale *Serious Moonlight* qui s'ensuit et passera par l'hippodrome d'Auteuil, sans Stevie, retenu au dernier moment par un manager trop gourmand...

Toutefois, à l'exception d'une conférence de presse à la Locomotive, c'est seulement en mars 1987, sous la pression de Jean-Pierre Elkabbach (« Quoi, tu n'as pas encore été capable d'avoir David Bowie ? »), que je vais officiellement l'interviewer pour Europe 1, à l'hôtel Scribe. Vif, pétillant, charmant, éclatant d'intelligence et de malice, l'elfe (petit, fluet) aux yeux vairons se distingue par une rare curiosité qui en révèle sans doute beaucoup sur son insatiable désir d'assimiler idées et informations qui nourrissent les différents personnages qu'il a incarnés au long d'une carrière aussi polymorphe qu'une pièce de Shakespeare : le Nain moqueur (« The

Laughing Gnome »), l'Astronaute en perdition (le Major Tom de « Space Oddity », puis de « Ashes To Ashes »), la Maquerelle (« The Dame »), un mélange de Vince Taylor Starmaniaque et du Legendary Stardust Cow-boy mâtinés de Syd Barrett et surtout d'Iggy Pop (« Ziggy Stardust »), Aladdin (*Aladdin Sane*), l'Homme qui tombait du ciel (*The Man Who Fell From Earth*), le Chien, à la Léo Ferré (*Diamond Dogs*), le Mince Duc blanc cocaïnomane (*The Thin White Duke*) et l'Artiste planqué (*Low*), pour ne stigmatiser que les plus identifiables. Il m'interroge autant qu'il me répond, m'encourage à disserter par toute une série de petites séductions mondaines (sourires, approbations, complicité acquise) et me demande mon avis sur chacune des questions par moi soulevées, feignant (?) de s'intéresser à toutes mes opinions. Assis en amazone sur l'accoudoir du canapé de sa suite, extrêmement décontracté mais également concentré, cet élégant à l'anglaise (veste bleu saphir, cravate moutarde, plis impeccables), soupçonné de fascination pour le nazisme (sa fumeuse théorie des Surhommes empruntée à Nietzsche, sa période berlinoise, son utilisation du salut hitlérien et son attrait pour l'apparat du IIIe Reich en général, plus le fait qu'il se soit fait arrêter un jour dans un aéroport avec une valise pleine de littérature nazie), alors en pleine crise d'identification à John Lennon (entamée avec *Let's Dance*, et qui culminera avec le remix du « Fame » qu'ils avaient écrit ensemble et la reprise de « Working Class Hero » par Tin Machine), dévoile un amour profond pour la géopolitique et une remarquable connaissance de l'histoire de l'Europe, ne dérivant péremptoirement que pour vanter le phénoménal coffret de sept compacts *Atlantic Rhythm'n'blues* qu'il vient d'acheter et qui résonne visiblement encore dans sa tête de saxophoniste ténor, ancien leader de David Jones and the Lower Third – tardive formation ratée de British r'n'b dont il ne vengera l'échec qu'en 1975 avec « The Jean Genie », élégie à Jean Genet sur un riff emprunté à la version du « I'm A Man » de Bo Diddley par les Yardbirds de son guitariste préféré jusqu'à Stevie Ray, Jeff Beck.

Rapido le retrouvera à deux reprises, à l'occasion de la sortie de chacun des deux albums de Tin Machine, le groupe qu'il croit former avec d'anciens musiciens d'Iggy. Ex-fan des Sixties, l'ex-élève des Beaux-Arts qui prit des cours de mime avec Lindsay

Kemp, parie sur la vague metal angélène de la fin des années 1980, entre Sodome et glamour, et suit l'exemple grégaire des Traveling Wilburys pour tenter de (re)vivre tribalement une adolescence où le succès l'a fui et les troubles mentaux de son frère (Terry Jones) l'ont traumatisé. Hélas pour lui, c'est impossible : pas plus que McCartney avec Wings, Bowie ne peut être un simple membre de Tin Machine. Son bluff ne convainquant personne, il en devient désagréable, tente inutilement d'imposer ses règles aux journalistes, se fait équarrir en règle, et en conçoit d'autant plus de ressentiment que les deux albums ne marchent absolument pas. Comment l'auraient-ils pu ? C'est qu'en fait Bowie, artiste assez élitiste, n'est pas une véritable vedette populaire, contrairement à ce que les succès planétaires de *The Rise And Fall Of Ziggy Stardust And The Spiders From Mars* tout d'abord, de *Let's Dance* ensuite, ont pu lui laisser imaginer. Sulfureux, déviant, il est l'idole – et le symbole – d'une intelligentsia qu'il a su fédérer au milieu des années 1970 autour de la personnalité qu'il s'est forgée en devenant le centre d'une avant-garde qui oscille entre New York et Londres, se ramifiant dans toutes les capitales culturelles : Los Angeles, Tokyo, Berlin, Paris où il rend fréquemment visite à son ami Bryon Gysin. Peintre, il s'inspire d'Andy Warhol, qu'il a chanté, et du Velvet Underground, dont il reprend les chansons, produisant généreusement le *Transformer* de son modèle Lou Reed, l'Auteur, qu'il rêve de prendre sous son aile. Ce qu'il parviendra à faire avec Iggy Pop, la Bête, avec lequel il compose abondamment, dont il produit les meilleurs disques (*Raw Power*, malgré la polémique qui les oppose encore aujourd'hui sur le mixage, *The Idiot*, *Lust For Life*) et qu'il accompagne aux claviers jusqu'en tournée. Synthèse élégante et comestible de ses deux inspirateurs américains qu'il n'a pas la démesure d'être, Bowie travaillera aussi à Berlin avec Brian Eno en rupture de Roxy Music, Robert Fripp hors King Crimson, Philip Glass, et ira jusqu'à reprendre Jacques Brel et Kurt Weill, puis au début du siècle, Jonathan Richman, Neil Young et les Pixies. Ce qui lui confère, au final, une aura de pop star intelligente et culturelle, européenne et mondialiste, que ses expériences au cinéma viennent rendre encore plus palpables, sinon probantes.

En septembre 2003, à l'issue d'un *Trafic* spécial que lui consacre

Guillaume Durand sur France 2, je lui serrerai brièvement la main, et il se montrera une nouvelle fois parfaitement anglais, gentleman et attentionné.

Quand il boit, bien sûr, il redevient juste une rock star anglaise comme les autres, ni plus mais pas moins, un de ces Young Dudes (« jeunes cacous ») qu'il avait fait chanter à Mott The Hoople.

YVES BIGOT : *Vous avez été l'un des premiers, avec Brian Eno, votre collaborateur sur* Low *et* Heroes, *à croire à nouveau en l'Europe, la vraie, celle d'avant la Seconde Guerre mondiale, en montrant votre fascination pour des terres assez peu rock comme l'URSS, la Pologne, la Suisse et l'Allemagne, même si Berlin échappe à cette généralisation.*

DAVID BOWIE : Les Russes sont un peuple fabuleux. Le communisme et la guerre froide nous l'ont fait perdre de vue. Ils sont très intéressés par ce qui se passe à l'Ouest. J'ai traversé la Russie à deux reprises et je peux témoigner qu'ils ont un désir puissant d'être nos amis, de vivre en paix avec nous. Ils sont aussi terrifiés de leur côté par l'idée de la guerre, de l'affrontement des deux blocs, que nous le sommes du nôtre. Si seulement nous en prenions conscience et leur faisions comprendre que nos intentions sont pareillement amicales, cela serait un pas en avant formidable. Le principe fondamental de la propagande est le cœur même de la doctrine qui règne à Moscou : si on garde un pays secret, qu'on le rend mystérieux, inaccessible, il devient dangereux et on sème facilement la terreur, à l'extérieur comme à l'intérieur.

— *À l'inverse d'Alain Finkielkraut et de André Glucksmann, vous voyez dans cette Europe des Lumières et le rock d'aujourd'hui des passerelles culturelles fortes ?*

— Mais il est tellement évident que le rock est une culture vivante ! C'est une forme d'art à part entière, qui a autant, sinon plus, à dire désormais que la peinture, la sculpture, le théâtre ou le cinéma. Sa supériorité, en même temps que son handicap, c'est que le rock est resté ancré dans la réalité sociale quotidienne, tout en étant le bouffon de la société, le divertissement-soupape nécessaire à toute civilisation. Mais regardez : il a marché main dans la main avec le mouvement en faveur des droits civiques aux États-Unis, il a fourni une perspective au pacifisme et des troupes morales pour lutter contre la guerre au Vietnam ; pendant l'explosion punk, il a attiré l'attention sur la dépression économique qui a saisi les populations européennes à la suite du second choc pétrolier ; à travers Band Aid, il a fait comprendre au monde entier comment on pouvait se prendre en main et ne pas rester inactif devant une famine endémique qui n'est pourtant pas obligatoirement une fatalité ; il lutte pour faire libérer Nelson Mandela et abolir l'Apartheid en Afrique du Sud, comme il a lutté contre la ségrégation raciale en Amérique. Je suis fier de lui appartenir et d'être un de ses porte-parole. Bob Geldof a eu une action formidable à cet égard : il a permis au rock de retrouver un sens, une raison d'être, de devenir un acteur social d'importance. Mais, en même temps, le rock doit rester léger, fun, un peu crétin. Un des enjeux de sa survie, dorénavant, c'est qu'il conserve ce caractère menaçant, dangereux, qu'il possédait à ses débuts, dans les années cinquante. Aujourd'hui, il est tellement accessible qu'il est devenu excessivement familier. C'est pourquoi il doit reconsidérer ses valeurs pour ne pas risquer de se dissoudre dans le paysage, et retrouver cette exclusivité, ce mystère qui le rendaient aussi précieux du temps de Little Richard, quand il fallait essayer de capter une station de radio lointaine, à certaines heures de la nuit, pour l'entendre. C'était un sacrement. Mais il se trouvera toujours un nouveau groupe, un nouveau chanteur qui recréera cette magie en surgissant de nulle part et en traduisant l'air du temps pour sa génération.

— *Vous avez longtemps incarné des personnages sulfureux, et avez toujours affiché un penchant prononcé pour le scandale et la décadence. Depuis quelques années, non seulement vous vous êtes assagi, mais en plus, comme Lou Reed, vous embrassez des causes positives.*

— Un artiste se cherche toujours dans son travail. De la même façon que Dylan est à la recherche de son identité dans ses chansons, c'est moi que j'essaie de deviner par ma musique. La différence, c'est que je lui ai toujours associé un aspect théâtral, dramatique, parce que c'est ce qui m'attire. L'un m'est aussi essentiel que l'autre. Je ne suis pas un auteur compositeur conventionnel, parce que quand je conçois mes chansons, je sais que leur impact visuel peut être aussi intense que leur intérêt sonore. Et cette association a fait ses preuves, depuis les grands jours de l'opéra.

— *Ce qui ne vous empêche nullement de le tromper allègrement avec le théâtre* (Elephant Man), *le cinéma* (L'homme qui venait d'ailleurs, Furyo, *etc.*), *vos aquarelles, que Claude Nobs m'a montrées...*

— Ma peinture est l'alter ego de ma musique. Si j'ai de la difficulté à composer, je m'aperçois aussitôt que je peins très facilement. Cela me permet de résoudre mes problèmes, de me reconcentrer, de surmonter mes blocages, comme une véritable thérapie. Sa valeur est grande pour mon être, ma personnalité, mon développement intérieur. Toutefois, ça ne confère pas la moindre valeur – marchande ou artistique – à mes tableaux !

— *Dans toute la diversité de votre expression, quel serait pour vous le dénominateur commun ?*

— Mon Dieu, voilà une question à laquelle il est à peu près impossible de répondre. Je n'ai aucune objectivité. En général, je peux affirmer qu'il est de la plus haute importance d'être aventureux, de prendre des risques, de ne pas se contenter d'une approche seulement. Il y a tellement d'angles, de façons de faire de la musique. L'art est un champ de bataille bienvenu, où nous pouvons nous tromper, nous lancer dans des expériences folles, tester nos problèmes, plutôt que de causer des catastrophes dans la vie matérielle, où ce sont des vies humaines qui en pâtissent physiquement. Que nos bombes soient plastiques plutôt qu'humaines.

FREDDIE MERCURY : L'ARÈNE

Sa statue de bronze vert, face au lac Léman, à Montreux, où il acquit en 1979 avec ses partenaires de Queen le prestigieux studio Mountain (Bowie, Iggy, Fleetwood Mac, Yes, Jethro Tull, Led Zeppelin y enregistrèrent également), le montre triomphant, dans toute sa gloire resplendissante, en tenue d'opérette, bras levé, boléro au vent, appuyé sur sa canne de music-hall, tel Maurice Chevalier (et désormais Robbie Williams).

Rarement performer se sera autant délecté de l'adoration de la foule que Freddie Mercury, showman exhibitionniste et bateleur forcené, auteur d'hymnes populaires tels que « We Are The Champions » (une valse !), devenu incontournable sur tous les stades de la planète, comme de symphoniettes opératiques à l'italienne, dont « Bohemian Rhapsody » restera à jamais le modèle emphatique.

Peu de rock stars, il est vrai, pas même George Michael, possèdent un pedigree aussi exotique que Farrokh Bulsara, né à Zanzibar, encore colonie britannique, de parents citoyens du Royaume-Uni mais d'origine perse et de religion zoroastrienne. Lorsqu'il a huit ans, initié dans le culte de Zarathoustra, son père Bomi, encaisseur du gouvernement, décide de l'envoyer étudier en Inde, près de Bombay. C'est là que « Freddie », livré à lui-même, apprend la boxe, le ping-pong, le piano, découvre Elvis (il s'en souviendra dans « Crazy Little Thing Called Love »), Fats Domino, Little Richard, Jerry Lee Lewis, monte son premier groupe, les Hectics, et prend des cours de théâtre, où il excelle dans les rôles féminins. De retour à Zanzibar, il en est chassé par les émeutes qui conduiront à l'indépendance, et émigre avec sa famille en Angleterre.

Fan de Hendrix et des Who, il y rencontre à la fin des années 1960 les membres du groupe Smile, dont font partie Brian May et Roger Taylor, signé chez... Mercury. L'idée d'endosser le pseudo du messager des Dieux ne peut que convenir à cette personnalité exubérante, qui a tôt fait de baptiser le groupe de hard-rock qu'ils envisagent ensemble d'un nom aussi frappant que blasphématoire et... ambigu : Queen. En bon anglais, « Reine », donc, mais également sobriquet dont on affuble les homosexuels extravertis d'âge mûr.

À l'été 1970, lorsqu'ils donnent leurs premiers concerts hésitants, Freddie a lancé une échoppe avec Roger Taylor, vit à Holland Park avec Mary Austin, la gérante de la célèbre boutique Biba de Kensington, dont il fera son héritière, et décide que son groupe va se produire travesti. Les trois autres, qui poursuivent parallèlement leurs études, refusent. Ils tiendront bon jusqu'au fameux clip « ménagères » de « I Want To Break Free », quatorze ans plus tard.

Mais Mercury a vu juste : le mouvement glam transgenre est imminent, et va faire les carrières, diverses, de T. Rex, Sweet, Slade, Gary Glitter, Suzi Quatro, Alice Cooper, David Bowie, Mott The Hoople, Roxy Music et compagnie. En mêlant son sens du spectacle, du queer, et son goût conjugué pour le hard mélodique et le lyrisme pompier, il va doter Queen d'une vision commerciale imparable. Et comme Jim Morrison avec les Doors, il aura la chance – et le bon jugement – de s'entourer de musiciens de calibre, tous compositeurs, aux personnalités très différentes et facilement identifiables, à la manière des Beatles : Brian May, guitariste concis, capable de riffs irrésistibles (« We Will Rock You ») ; Roger Taylor, batteur à la sensibilité rock et pop efficace (« Radio Gaga ») ; John Deacon, bassiste solide, fan de musique noire, extrêmement funky à l'occasion (« Another One Bites The Dust »).

Sa démesure, son sens du kitsch, son ambition façonnée dans ces Art schools qui auront tant donné au rock anglais (Lennon, Richards, Clapton, Page, Townshend, Ray Davies, Ron Wood, Bowie, Bryan Ferry, Mick Jones, entre autres, y sont passés), son amour de la pompe vont lui inspirer son chef-d'œuvre, « Bohemian Rhapsody ». En 5'59, l'un des tubes les plus longs de l'histoire (après « Hey Jude » et « Light My Fire », à peu près à égalité avec le pionnier « Like A Rolling Stone »), c'est un condensé de rock progressif en quatre mouvements : slow à l'italienne en introduction shakespearienne, délire opératique de voix superposées mentionnant les *Noces de Figaro,* Scaramouche, Galilée, Belzébuth et autres inanités aux sonorités italiennes (« mamamia », « magnifico », « fandango »), reprise hard-rock plus tard saluée dans le film culte *Wayne's World*, et final romantique au piano. Nécessitant cent quatre-vingts pistes de voix, ce monstre baroque connaîtra un succès faramineux à l'automne 1975, et rivalise depuis avec « A Whiter Shade Of Pale » de Procol Harum et « Strawberry Fields For Ever » dans tous les référendums populaires destinés à désigner outre-Manche la chanson du siècle (en France, c'est « Prendre un enfant par la main », « Belle-Île-en-Mer » ou « J'ai encore rêvé d'elle »).

À partir de là, plus rien ne va retenir Mercury : il entre en scène en justaucorps blanc de danseur laissant admirer sa toison pectorale ou en collants léopard, commence à s'affubler de toutes sortes d'accessoires SM (colliers de chien, ceinturons cloutés), ou exotiques (foulards de lanceur de couteaux, sombrero), maltraite son pied de micro. Ça s'aggravera par la suite : cuir noir ou rouge, casques ailés, cape de velours rouge à bord d'hermine, couronne royale, moustache de macho gay...

Deux ans plus tard, le 45 tours réunissant « We Are The Champions » et « We Will Rock You », deux titres dont le succès ira grandissant avec les années (pendant l'été 2003, pas un gamin qui ne psalmodiera « We will, we will rock you » après avoir vu la pub Évian), consolidera le succès de Queen, qui donne à ses albums du moment des titres de films des Marx Brothers (*A Night At The Opera*, *A Day At The Races*) et privilégie pour ses chansons l'approche Beatles : peu importe le style, l'arrangement doit en servir l'esprit et la mélodie, chacun des musiciens chante et s'empare des instruments requis. Inutile d'ajouter que la recette a fait ses preuves.

Évidemment, les punks détestent. Nick Kent avait ouvert le bal en écrivant : « Cette musique est un seau de pisse. » « L'art rock pue », titre *Sounds*, pendant que le *New Musical Express*, lui, attaque nommément Freddie en une : « Cet homme est-il un crétin ? » Alors que les Sex Pistols braillent « Anarchy In The UK » et que leur « God Save The Queen » régicide, lui, se délecte des fastes de la monarchie, pendant que Brian May conclut les concerts du groupe au nom de Sa Gracieuse Majesté en jouant l'hymne national à la guitare électrique comme Jimi Hendrix avant lui (Brian connaîtra l'insigne honneur de le rejouer sur le toit de Buckingham Palace en ouverture du concert pour le Jubilé d'Élisabeth II le 3 juin 2002).

Les liens de Queen avec la France se nouent vraiment le 23 février 1978, pour leur premier concert, au Pavillon de Paris. Puis, ayant assisté au passage du Tour de France près de Nice, où le groupe enregistre au studio Super Bear, Freddie écrit « Bicycle Race », puis conçoit l'idée du clip où une soixantaine de filles nues se prennent pour Jeannie Longo. Ce qui n'amusera pas le loueur, demandant le remboursement de ses selles, qu'il estime « souillées »...

À partir de là, je rencontrerai régulièrement le groupe, soit à Montreux, où ils assistent régulièrement au festival et enregistrent – chez eux –, soit à Paris, ou en Allemagne, où Freddie, en particulier, s'éclate. Roger, qui vit avec une Française, Dominique Beyrand, parle très correctement notre langue, ce qui est pratique pour la radio ; Brian et John, le plus timide, sont adorables, toujours coopératifs. Et Freddie ? Ben, c'est Freddie, quoi.

Arrogant et drôle comme une drag queen, théâtral et capricieux comme la superstar qu'il est devenu, cultivé et intelligent, débauché, impatient. Et de ces dents ! Je l'interviewe la première fois à Munich, à l'occasion de la sortie de son premier album solo, pas terrible, en avril 1985, où il me donne du « chéri chéri » à chaque phrase. Après la projection de la version colorisée de *Metropolis*, dont il a composé la musique avec Giorgio Moroder, il donne là une de ses fêtes légendaires, quelque chose entre le Studio 54, chez Michou et *Le Plus Grand Cabaret du monde*. Trois mois plus tard, loin du champagne, de la cocaïne et des backrooms, pour *Live Aid*, le 13 juillet, il donnait, avec le seul Brian May à la guitare douze cordes, l'un des moments les plus émouvants – et pertinents – de cet événement unique, en chantant « Is This The World We Created ? ».

Avec le reste du groupe, je le filme l'année suivante, toujours à

Munich, dans les immenses studios de cinéma Bavaria, pour *Les Enfants du rock*, à la demande de Patrice Blanc-Francard, pendant les répétitions de la tournée *A Kind Of Magic*. Il y a là un joli petit train pour enfants bleu et jaune, et Freddie a tout de suite compris. Il s'installe sur le tender derrière la locomotive, avec un sourire entendu. Il sait que c'est grotesque, mais que c'est ce qu'on attend de lui, donc il y va, sans mégoter, tout en faisant sentir qu'il sait qu'on se fout de sa gueule et qu'il se fout de la nôtre, entertainer jusqu'au bout des nerfs.

La légende veut que, apprenant qu'une nouvelle maladie décimait les homosexuels, il ait dans un premier temps déclaré : « Je m'en branle. » Il ne fit pas que cela, hélas ! Et se reprit trop tard, menant ensuite entre Montreux et Londres une vie quasi monacale avec son compagnon, Jim Hutton, publiant régulièrement les résultats – négatifs – de ses tests HIV.

Après des années de rumeurs, il disparaissait chez lui, le 24 novembre 1991, vingt-quatre heures après avoir publié un communiqué reconnaissant être atteint du sida. Non sans avoir signé avec Queen sa propre épitaphe, reprenant la devise de tous les saltimbanques, « The Show Must Go On ».

YVES BIGOT : *Cet album solo* Mr. Bad Guy *est très électronique, assez loin de ce que vous proposez avec Queen. C'est votre déclaration d'indépendance ?*

FREDDIE MERCURY : J'y ai mis toute ma personnalité, mon chou. À la fois légère et frivole, mais aussi sombre et tourmentée. J'ai connu beaucoup d'amants, mais qui m'aime vraiment, chéri ? Impossible de le savoir, à ce stade. Tous ceux qui me désirent souhaitent avant tout me voler un peu de la lumière dans laquelle je baigne, comme s'ils allaient pouvoir faire tourner leur dynamo avec cette électricité. J'avais envie de faire ce disque depuis longtemps, et les trois autres m'y ont encouragé. Il est plus proche de la musique de discothèque, de danse, que ce que nous faisons habituellement, sans occulter pour autant les chansons d'amour, avec un grand orchestre. Je suis très double. Extrêmement sensible d'un côté et dur comme un diamant de l'autre. Parfois les gens ont l'impression que je vais les dévorer tout crus, mais en même temps je suis vulnérable, comme un bébé, bien que je le cache. Je voulais refléter tout cela dans ce premier disque en solo. Je m'y suis énormément investi.

— *Votre personnalité extravagante a fait de vous une superstar, remplissant des stades dans le monde entier, du Brésil à Budapest, du Japon en Argentine. Mais ne pensez-vous pas qu'elle occulte au passage la qualité de vos chansons ?*

— Ne vous y trompez pas. Le public aime la culture. Mais il aime aussi le spectacle, chéri, le glamour. Il veut voir des stars arriver en strass et en limousines, applaudir des divas comme mon amie Monserrat Caballe. Ça tombe bien, moi aussi. Je suis excessif de nature. J'adore me ridiculiser. Tu ne crois quand même pas que je me comporterais ainsi si je me prenais au sérieux ? Il faut savoir rire de soi-même. Si c'était à refaire, je changerais bien un ou deux trucs, mais je ne regrette rien. Le pire, dans la vie, c'est l'ennui. J'aime l'excitation suscitée par le danger. Je sais que je prends des risques, dans ma carrière, dans ma vie, mais j'en ai besoin. C'est cette adrénaline qui me motive.

— *Au point de chanter la brutalité du sexe cru jusque dans certaines chansons comme « Get Down, Make Love » (« Couché(e ?), baise »), même si l'une d'entre elles, sur votre propre disque, s'appelle « Love Kills » (« L'amour tue »).*

— Mais je suis une fieffée salope, chéri. Chaque matin au réveil, j'ai la trique, et je me demande qui je vais bien pouvoir fourrer le soir même. La seule chose qui m'excite autant, c'est quand j'entonne « Love Of My Life » et que le public se met à la chanter en chœur, à ma place. Je suis totalement accro à cette sensation. Sur scène, je me réalise. Ça ne m'effraie pas, au contraire. C'est là que ma personnalité s'épanouit complètement. Je ne fais pas ça pour que le public comprenne qui je suis intimement. Si je joue sur l'androgynie, la bisexualité, c'est pour que le show soit meilleur, le mystère plus grand. Que les spectateurs se fassent leur propre idée de moi ou de mon image. Franchement, chéri, je n'ai pas besoin d'en rajouter. Rien n'est calculé. Tout cela n'est que l'expression de ce que je suis et de mon génie. C'est la vie, comme vous dites.

— *Queen, quand-même, c'est trop beau comme nom, non ?*

— J'ai conçu l'idée même de ce groupe quand j'étais encore au lycée, chéri. Dès le début, nous savions que nous deviendrions des stars. Toute autre ambition eut été inintéressante. Le concept est d'être somptuaire et majestueux. Nous sommes brillants et pétulants. Nous ne choquons et n'outrageons que pour provoquer une réaction instinctive. Pour que personne n'ait à se demander s'il nous aime ou non. Il faut que ce soit une réaction viscérale. C'est pour cela que nous nous concentrons beaucoup sur nos singles. Ce sont eux qui touchent le plus grand nombre. Ensuite, les gens découvrent que nous valons encore mieux que ça, parce que nos albums ont plus à offrir que ce que notre nom et notre image pourraient leur laisser entendre. Nous sommes très versatiles, et c'est une qualité, c'est ce que nous souhaitions depuis le départ.

— *Le moins qu'on puisse dire, c'est que vous avez confiance en vous.*

— Mon cher, je suis l'être le plus vaniteux que tu rencontreras jamais. Ça ne sert à rien de se comporter autrement. Si tu commences à penser que peut-être tu n'es pas si bon que ça et qu'une simple place sur le podium suffirait à ton bonheur, tu es foutu, tu ne gagneras jamais rien. Il faut croire en soi. Sinon, adieu la cerise sur le gâteau. Je me tape de savoir ce que pensent les gens. De toute façon, leur opinion change tout le temps. Et nous faisons tout pour les faire changer d'avis. On peut être un groupe de hard-rock très crédible et compétitif, et la minute d'après faire du music hall à la Noel Coward. Chéri, si je ne devais chanter que du heavy metal, je m'endormirai très vite.

— *Et la vraie reine, qu'est-ce qu'elle en pense ?*

— J'aime la reine. Sa vie est flamboyante. J'adore le protocole et tout le tralala. J'ai rencontré le prince Andrew et il était vraiment cool. Il m'a tout de suite mis à l'aise. On voit qu'il a l'habitude de ce genre de situation. J'ai énormément de respect pour la famille royale. Tu ne trouveras pas plus patriote que moi, chéri.

Bruce Springsteen : Le Résistant

En ce dimanche après-midi gris et vide de novembre 1980, la Californie ne s'est même pas déplacée pour voter pour son ancien gouverneur, Ronald « Ray-Guns », comme le surnommait Joan Baez à Woodstock, reprenant l'apostrophe des étudiants radicaux du campus de Berkeley. C'est qu'avec le décalage horaire il est déjà pratiquement acquis que son sourire de cow-boy hollywoodien de série B et ses implacables « reaganomics » ont eu raison de l'épuisement de Jimmy Carter, le président sortant, devenu le jouet de l'ayatollah Khomeyni qui s'est juré de ne pas libérer les otages américains détenus en Iran avant de l'avoir éliminé de la Maison-Blanche. À vingt heures, avec l'annonce du résultat, les années 1980 viennent officiellement de commencer : Reagan est président, la bannière étoilée bombe le torse, Wall Street fait la fête, les pauvres vont devenir plus pauvres, et les riches encore plus riches.

Quelques minutes plus tard, Bruce Springsteen et le E. Street Band prennent d'assaut la scène de la Sports Arena de Los Angeles comme un ultime recours, une dernière chance de décence pour l'Amérique – donc pour le monde. Il y a tout juste vingt-quatre heures, leur double album *The River* est devenu numéro un, la radio joue leur tube « Hungry Heart » toutes les heures, et, en ville, c'est la « semaine Springsteen » sur toutes les antennes. Le « boss », comme le surnomment affectueusement ses fans adorateurs, est en passe de devenir celui de l'autre rêve américain, celui des « pilgrims », des pionniers, de la devise « E Pluribus Unum » (« D'une multitude une nation »), de la statue de la Liberté qui accueille les immigrants européens à Ellis Island, de la démocratie, du respect de toutes les minorités, de l'opulence partagée, justement parce qu'il chantera désormais, à l'instar de ses idoles Woody Guthrie, Johnny Cash et Bob Dylan, les peines et les vicissitudes du chauffeur de bus du New Jersey qu'était son père, du chômeur du Nebraska sorti d'un roman de Russell Banks ou du vétéran du Vietnam rentré en fauteuil roulant dépérir dans l'Indiana. Hybride de Dylan et de Phil Spector, de Roy Orbison et de Robert DeNiro, du Chateaubriand d'*Atala* et du Zola de *L'Assommoir*, il va, cinq heures et demie durant, et pour les cinq prochaines années, réussir un tour de force rare, celui de restaurer la foi, de rendre l'espoir à une génération qui vient tout juste de les voir l'abandonner. Le show est sauvage, déchaîné, le « meilleur groupe du monde » du moment omniscient, la déception de quinze mille personnes transcendée pour un soir, leur dépression pansée. « J'ai vu le futur du rock'n'roll et il s'appelle Bruce Springsteen », écrivait en mai 1974 dans un journal de Boston Jon Landau, depuis devenu son manager et son producteur. Ce 2 novembre, son poulain en entrouvrait un pour les dépossédés de l'Amérique...

Dans sa loge, « Broooce » est légitimement épuisé. À bout de souffle, allongé sur le dos, en nage, il ne prête aucune attention à l'aréopage qui se presse pour le congratuler. En sus de Jean-Jacques Gozlan de CBS France et de Mychèle Abraham, dont je suis alors le réalisateur, et qui l'interviewera le lendemain pour Europe 1, il y a là Cher, Jane Fonda, Jack Nicholson, Warren Beatty, Rickie Lee Jones et Tom Waits, Tom Petty, etc. Jackson Browne, qui était sur scène quelques minutes plus tôt pour un duo sur « Stay », prépare un sandwich tout en épongeant le front de l'athlète époumoné. Un peu plus tard, arrivent Bob Dylan et son fils Jesse, accompagnés par Ringo Starr. D'un bond, Springsteen se lève, marche fébrilement vers son maître. Toutes les petites conversations mondaines cessent aussitôt, la foule d'admirateurs suspendues à leurs quatre lèvres. « Ça vous a plu ? », demande l'idole, soudain redevenue fan...

L'année suivante, dans un Palais des Sports de Saint-Ouen hystérique et plein à craquer, la démonstration sera aussi violente, quoique plus brève, et se conclura sur un dîner tardif, et chaleureux, à l'espace Cardin, avec le groupe au complet. La messe, elle, aura lieu en juillet 1985, au parc paysager de La Courneuve, deux après-midi d'affilée. Ma compagne venait de partir soudainement sans laisser d'adresse ni d'adieux, me rendant sans doute excessivement réceptif. N'empêche. En état de grâce, Springsteen tutoyait la perfection, enchaînant pendant trois heures chansons et introductions scénarisées sans jamais qu'un mot, une note ne soient exactement ceux qu'on pouvait espérer en cet instant. Dix ans après avoir été au cours de la même semaine en couverture de *Time* (« Rock's new sensation ») et de *Newsweek* (« Making of a rock star »), couronnement du romantisme urbain échevelé de *Born To Run*, l'héritier du Saint-Sacrement rock est à son zénith. *Born In The USA* a connu aux États-Unis un retentissement tel que Bruce en est devenu un monument national, comme Elvis, Lincoln, Washington, Roosevelt, les Kennedy, Marilyn Monroe, Henry Ford, John Wayne ou Joe DiMaggio. Ce que Dylan, trop révolutionnaire, ne sera jamais, en tout cas pas de son vivant. À ce moment-là, ce succès faramineux repose pourtant en partie sur un contresens. Là où nombre de gros bœufs américains à cheveux longs sous leur casquette de base-ball, panse à bière distendant leur T-shirt d'équipe de football, six-pack à portée de la main et autoradio à fond de ballon, ne veulent entendre dans « Born In The USA » qu'un hymne patriotique à beugler en chœur, là où ils n'en retiennent que le refrain fier-à-bras et potentiellement impérialiste, Springsteen avait en réalité conçu une diatribe féroce et désespérée contre le reniement des promesses de cette nouvelle Terre d'abondance à ses enfants sacrifiés au nom d'une douteuse liberté qui les a trahis... Le malentendu est tel qu'au cours de sa triomphale campagne de réélection Ronald Reagan, principale cible d'un album qui n'est qu'un long appel à la résistance, n'hésitera pas à se prévaloir de Springsteen dans le New Jersey pour tenter de s'assurer le vote ouvrier du Garden State, traditionnellement démocrate, mais sensible, comme tant d'autres, à son nationalisme béat.

Springsteen, superbe, l'ignorera. « Il suffit d'écouter ce que disent ces chansons, et celles que j'ai écrites avant elles, pour savoir où mon cœur se situe », se contentera-t-il de lâcher. En août 2004, il sera plus net, contre George Bush Jr. : « Là, la situation est grave. »

Mais dans la campagne parisienne, en plein cagnard, lorsqu'il chante « My Hometown », on a beau ne jamais avoir foutu les pieds à Freehold, New Jersey, et n'en avoir nullement l'intention, on sait exactement de quoi il parle : du chagrin, de la dignité, de l'humanité qu'on sait reconnaître en chacun de nous, de l'isolement, de la menace du renoncement qui nous guette tous, d'un monde qui se délite et nous oublie. Plus tard, à la nuit tombante, le E. Street Band, puissant et majestueux, bercera encore mon chagrin d'une langueur pas du tout monotone lors d'un « Twist And Shout » euphorisant, tendre, réconfortant comme les câlins envolés. Trop tôt évaporé, son écho résonnera pourtant encore longtemps dans ma poitrine, alors que je marche, abandonné, mais pas seul, parmi la foule qui regagne voitures et RER.

Trois ans plus tard, j'accompagnai Joan Baez à Vincennes pour la plus joyeuse des fêtes de SOS Racisme, portée par la toute fraîche réélection de François Mitterrand. Là, seulement accompagné au tambourin de son maousse saxophoniste Clarence « Big Man » Clemons, Bruce enfonce, bien plus sûrement que Johnny Clegg ou que Jean-Jacques Goldman, le clou de l'occasion avec une rare, mais impeccable, version de « Blowin' In The Wind ».

En septembre, à Bercy, vedette de la tournée *Human Rights Now !* d'Amnesty International, il est toujours aussi déterminé, chantant encore Dylan (« Chimes Of Freedom »), puis « Get Up, Stand Up » de Marley et Tosh avec le reste de la troupe (Tracy Chapman, Peter Gabriel, Sting, Youssou N'Dour). Auparavant, il aura ramé tout au long de son concert, pâteux, à la tête d'un E. Street Band désorienté, tentant de passer en force. Militant sincère et studieux de Buenos Aires à Harare (Zimbabwe) Springsteen, en plein divorce d'avec sa première femme, le mannequin Julianne Philips et vivant désormais avec sa choriste Patti Scialfa, qu'il épousera et qui lui donnera trois enfants, picole plus que de raison et cherche un nouveau souffle. Il n'était toujours pas retrouvé, malgré une révolution de palais, en juin 1992 pour l'ouverture de sa première tournée sans son groupe, à Stockholm. Les très nombreuses nouvelles chansons des deux albums qu'il vient de publier simultanément, imitant ainsi Guns N'Roses, n'accrochent pas et ses nouveaux musiciens alourdissent ses classiques. Mauvais calcul, mauvais timing. Quelques mois plus tard, « Better Days » aurait pu être l'hymne de la victoire de Bill Clinton (ce sera « Don't Stop » de Fleetwood Mac). Alors que là, à la surprise générale, ces deux disques vont rater la première place du *Billboard* et sombreront sans rémission. C'est sur ces prémices que Marie-Laurence Gourou, l'attachée de presse de Sony, me donnait rendez-vous dans l'après-midi à Bercy, le 30 juin 1992, pour la dernière des missions de ma première carrière à *Libération.*

Lorsque nous entrons dans la salle immense et vide, celle-ci résonne des vibrations de l'hymne américain que le « boss » répudié répète en introduction à « Born In The USA ». Lorsqu'il en termine, il se dirige vers le bord de la scène, se dandinant comme un grand singe, fait un signe à Barbra Carr, sa manageuse, qui me presse de l'y rejoindre. Car il ne s'agit pas d'une interview, attention, mais d'une « conversation » avec Bruce, qui n'aime pas les interviews. Il se penche donc pour me serrer la main, s'éponge le front, et s'accroupit sur les planches pour pouvoir m'entendre, alors que je me tiens debout en dessous de lui. Pantalon de cuir noir, santiags cloutées, chemise brillante en soie fauve sur T-shirt noir, boucle dorée à l'oreille gauche, alliance au doigt, il a laissé repousser les rouflaquettes de ses débuts à Asbury Park. Seulement maintenant, un début de calvitie lui frisotte le front, ce qui n'altère nullement la sympathie naturelle qui émane de lui. Simple, souriant, sincère, honnête, ouvert, amical, comme on l'imagine : le grand frère à la voix rauque et mâle dont on rêve. Pas même rendu amer par son insuccès soudain.

C'est ainsi qu'on le retrouvera, en compagnie de ses supporters de toujours, Antoine de Caunes et Chalumeau en tête, bien plus tard, toujours à Bercy, où il continue régulièrement d'inviter son ami expatrié Elliott Murphy à le rejoindre sur scène, fidélité typique de cette superstar milliardaire à l'esprit sacré du rock'n'roll. Entre-temps, Al-Qaeda a détruit toutes les certitudes arrogantes de l'Amérique, jeté la peur dans les cœurs de l'Occident et redistribué entièrement les cartes de l'ordre mondial. Peu d'artistes se montreront à la hauteur de l'événement : Dylan à sa façon, décalée, existentielle ; Neil Young, altermondialiste de toujours à sa façon naturaliste ; Steve Earle, qui avec le très virulent « John Walker's

Blues » se retrouvera aussi populaire auprès des médias que ses consœurs texanes les Dixie Chicks... un peu à la manière de ce que vivra Dieudonné en France, pour des raisons il est vrai différentes. Mais le seul à répondre au défi posé à l'âme américaine par cette explosion de la psyché collective, ce fut Bruce, qui semble s'en être fixé la mission un jour de son adolescence, sur une de ces plages fréquentées par les Sopranos de son fidèle Steve Van Zandt. L'album *The Rising* tente de comprendre, de panser, les plaies d'un peuple ébranlé, incrédule, sonné, sans sentiment de revanche, de vengeance, seulement le désir de trouver un sens, quelque repère, au sein d'une communauté disloquée sur l'autel de tous les marchés.

YVES BIGOT : *Comment vivez-vous ce premier rejet inattendu ?*

BRUCE SPRINGSTEEN : Ce qui m'angoisserait, ce serait de ne plus me sentir à la hauteur de ma tâche, de ne plus écrire d'assez bonnes chansons. L'essentiel pour moi, c'est d'exprimer des choses que je n'ai pas encore dites, de chercher encore, d'aller plus loin. Mes personnages sont comme moi : ils poursuivent leur apprentissage. Si vous étiez le passager du gars de « Born To Run » ou de « Thunder Road » en 1975, vous le reconnaîtrez aujourd'hui dans « Living Proof » avec son fils, sa fille et toute sa famille. Je suis resté fidèle à ces gens, à leurs idées, leurs idéaux, leurs voyages, leurs errances. C'est ce qui m'importe le plus. Bien sûr, ensuite, j'ai aussi envie que ces disques se vendent, que les chansons plaisent, qu'on les chante. Mais c'est secondaire. Je préfère être fier de mon travail et rejeté, que numéro un avec quelque chose qui ne me satisferait pas. Je fais ce métier depuis longtemps, j'ai gagné beaucoup d'argent, connu tous les succès : je me suis vraiment éclaté. Ce qui me donne envie de continuer, c'est la musique elle-même, ce désir de vivre intensément, cette urgence. Pas les à-côtés.

— *Cette attitude, fort respectable, n'implique-t-elle pas pour vous un avenir semblable à celui de Bob Dylan, loin des caméras, loin des hit-parades ?*

— Tout dépend de ce qu'on veut. Mais on ne passe pas une vie entière à compulser le *Billboard* toutes les semaines pour voir combien on y est classé, comme je le faisais quand j'étais plus jeune. C'est très excitant de conquérir le monde, ce sens de la compétition et ce goût de la victoire. Mais en grandissant, on change de préoccupations. Non seulement rien n'est plus aussi important, mais en plus, les choses dont on parle n'intéressent plus tout le monde. Bien sûr, j'ai désiré le succès. Mais ce qui compte, c'est cette chasse à l'esprit, la nuit, quand on tente de faire se manifester ce qu'on sent être présent, là, dans sa chambre. La seule chose qui importe alors, c'est ce qu'on ressent au tréfonds de soi, et parvenir à la communiquer aux autres. Avant de devenir musicien, je me demandais ce que j'allais bien pouvoir faire. Je ne comprenais rien à la vie et personne autour de moi ne semblait savoir non plus. C'est seulement quand je me suis mis à écouter la radio, avec ma mère, qui était accro, que j'ai commencé à percevoir les possibilités de l'existence. Auparavant, j'étais livré à moi-même, sans inspiration, comme dans cette chanson de Bob Dylan, « Like A Rolling Stone ». Je me souviens quand j'étais gamin, et qu'il éructait au refrain : « How does it feel ? » « Qu'est-ce que ça fait ? » Putain. Dieu sait qu'on savait drôlement ce que ça faisait, d'être aussi seuls, largués comme ça, à l'abandon. Mais c'était la première fois que quelqu'un l'exprimait ainsi, avec cette acuité, cette justesse, cette rage. C'était ça, la magie du rock. Entrer dans toutes ces maisons où il n'y avait pas de livres, pas de culture, pas d'espoir, rien qu'une longue et lente aliénation. D'un seul coup, ça a été la gifle, pour toute ma génération. Ça nous a ouverts. Dylan a toujours été mon guide. Et certains de ses disques récents, comme *Oh Mercy* ou « Series Of Dreams », me font encore le même effet. Si j'étais capable de pareille longévité, ça vaudrait tous les tubes de la terre. Le reste n'en vaut pas la chandelle.

— *Le problème, c'est qu'aujourd'hui le rock est devenu la culture majoritaire de la planète...*

— On n'y changera rien. Le monde est ainsi désormais. Je ne veux pas devenir un vieux con qui rouspète tout le temps que c'est trop ceci ou trop cela, même si ça l'est sûrement. Mais le rock fonctionne à beaucoup de niveaux. Quand je retourne dans le New Jersey, il y a toujours autant de bars, de bons groupes qui jouent les soirs de week-end devant une centaine de personnes que ça rend heureuses. Mais dans le même temps, il est insupportable d'entendre son morceau favori vanter une marque de caleçons. Ça me rend fou, mais on n'y peut rien. La notoriété n'est pas un critère. C'est à chacun de veiller à son intégrité personnelle. On est toujours déchiré entre vérité et opportunités.

— *Ce dilemme cornélien est au cœur de toutes vos chansons.*

— C'est la condition humaine. Il faut l'accepter. J'aime passionnément ce que je fais et pourtant cela implique un certain nombre de contraintes que je déteste. Mais ça vient avec. Je suis béni, au fond. Je voulais jouer de la guitare, j'en joue. Je voulais trouver un public, l'atteindre, le toucher, et c'est arrivé. C'est si merveilleux qu'il serait vil de regretter.

Peter Gabriel : L'Humaniste

Ce devait être 1974, l'époque où les concerts au Palais des Sports étaient annulés au dernier moment sans qu'on sache jamais vraiment pourquoi ni qu'on s'en émeuve particulièrement, tellement c'était fréquent, et fatidique. En cette fin d'après-midi, dans les couloirs d'Europe 1 aux murs recouverts de tissu peluché grenat, Peter Gabriel, qui porte encore les cheveux longs de sa période longue robe rouge Ossie Clark, masques de renard, corolles de fleurs, maquillages de théâtre et funambulisme, est d'humeur maussade. Lorsque Jacques Ourévitch, alors directeur des *Musicorama*, propose d'occuper Genesis, au chômage technique, en les faisant jouer en direct dans *5, 6, 7*, son émission quotidienne, il refuse net et disparaît dans Paris. C'est comme ça, préfiguration de l'avenir, que Phil Collins chante pour la première fois au sein de Genesis devant un public, celui du studio Pyramide, accompagné sur la scène exiguë par le seul Mike Rutherford, à la guitare douze cordes : « More Fool Me » figurait certes ainsi enregistré sur l'album *Selling England By The Pound*, mais ne faisait pas partie de leur répertoire de scène.

Quelques années plus tard, lorsqu'il se produit à l'Olympia, les concerts parisiens sont devenus aussi fiables que les trains suisses, et Peter Gabriel a depuis longtemps consommé la rupture avec Genesis. Adieu, l'esprit Harry Potter, les fioritures rythmiques, les arabesques de guitares, les mignardises de synthétiseurs, les longues dissertations qualifiées de « progressistes » sur la psyché anglaise et ses obsessions animalières, cruelles et transsexuelles, dérivées de Spencer, de Shakespeare, de Lewis Carroll, de Charlotte Brontë, de

Conan Doyle, d'Edgar Poe et autres Oscar Wilde. Désormais, son crâne est rasé à la manière des skinheads. Il se promène dans le public grâce à son micro HF, et son show comme sa musique sont résolument d'avant-garde, technologiques, scandés, mathématiquement découpés par les flashs stroboscopiques noirs et blancs, rythme et mélodie, loops et séquenceurs, illusion et réalité. Jeux sans frontières qui recherchent l'hypnose rythmique, et dont l'austérité, l'âpreté déroutent assez vite les vieux fans du Genesis tarabiscoté et mélodique que Phil Collins conduira finalement vers la gloire – et la variété. Mais quand Peter retrouvera le Palais des Sports en 1982, à l'époque de « Shock The Monkey », pour le spectacle déjà techno qui donnera vie à son premier *Live*, au cours duquel il se laisse tomber en arrière depuis le bord de scène pour être recueilli par des fans adorateurs, et ébahis, sa nouvelle identité sera clairement établie : un rock cérébral, mais dansant, moderne mais ancré, européen mais mondialiste, oppressant mais libérateur.

À partir de ce moment-là, je le rencontrerai à peu près chaque année, à Paris ou à Londres, même lorsqu'il aura raté le premier train du matin à Bath, avec son français hésitant, son léger bégaiement, signe d'une extraction huppée, sa grande simplicité, sa véritable attention et son humour un peu triste d'Anglais baraqué libéré de toute agressivité.

C'est en 1988, année particulièrement glorieuse et chargée pour lui, que nous nous fréquenterons le plus. Le 8 juin à Wembley, vers dix-huit heures trente, il secouait enfin le concert pour les soixante-dix ans de Nelson Mandela en rejoignant Simple Minds, qui firent longtemps ses premières parties, pour chanter son hymne anti-Apartheid, « Biko », tête droite, poing levé, admirable, sans un tremblement de voix. À la rentrée, pendant six semaines, il anime la tournée *Human Rights Now !* d'Amnesty International, de Bombay à Harare au Zimbabwe, de Budapest à Rosario en Argentine à la frontière chilienne. Toujours disponible, toujours curieux, toujours concerné, il est l'âme de ce périple autour du monde, parrainant son poulain Youssou N'Dour et exigeant de sa compagne d'alors, Rosanna Arquette, qu'elle justifie sa présence en devenant responsable de l'acheminement des bagages de cet aréopage plénipotentiaire. Joan Baez et moi l'avions fréquemment appelé chez lui, pendant tout l'été, pour régler différents détails de l'opération, tentant notamment de lui obtenir ce rendez-vous si désiré avec François Mitterrand, trois fois programmé, trois fois annulé, malgré la diligence de Jack Lang et de Sophie Boucher à l'Élysée, la dernière alors que Peter et son unique costume étaient déjà à l'aéroport de Heathrow et que je n'avais bien sûr plus le moindre moyen de le joindre pour le décommander...

Sport malgré tout, il m'accueille avec le sourire et d'inutiles mais touchants remerciements, le 4 septembre, dans sa loge de Bercy. C'est là, sur une machine à écrire vétuste empruntée à sa couturière, que nous rédigerons péniblement tous les deux, en français, une lettre au président de la République, qui vient d'envoyer un message de soutien, lui demandant d'intervenir auprès de Mikhaël Gorbatchev pour que la tournée puisse passer par l'Union soviétique chancelante, mais pas plus reluisante pour autant en matière de respect des droits de l'homme. Aussitôt signée par Peter, Youssou, Tracy Chapman, Sting et Bruce Springsteen, puis déposée le soir même à l'Élysée par mes soins, cette missive restera tristement lettre morte. Tout juste entendrons-nous parler le lendemain d'une possible invitation au « château » pour une séance de photos... Déjà, la France n'avait pas participé à *Live Aid* parce que Bob Geldof n'avait pas trouvé d'interlocuteurs...

En mars 1989, je sollicitai Peter à nouveau, cette fois pour qu'il signe l'appel en faveur de la liberté d'expression lancé par Yves Simon et une centaine d'artistes dans *Libération*, *Le Monde* et quelques autres journaux, après que Véronique Sanson se fut elle-même censurée en renonçant à chanter son « Allah » à l'Olympia, mais pas à chanter à l'Olympia, sur la foi de menaces dont l'existence reste discutée. Un seul coup de téléphone et une télécopie où j'avais traduit les paroles de la chanson incriminée ont suffi pour obtenir la signature de Peter, là où tant de vedettes françaises, Gainsbourg compris, nous feront poireauter pendant plusieurs jours pour savoir « qui d'autre en est » et « si c'est intéressant ».

Notre relation reprendra dans de tout autres circonstances, aussi pénibles qu'enthousiasmantes : le lâchage de Fnac Music Productions, qui contaminera l'enregistrement de l'album *Wakafrika* de Manu Dibango que j'avais imaginé et que je produisais. Au cours de ce dramatique – pour moi – été 1993, Gabriel jouera des claviers et chantera, aux côtés de Manu et de Ladysmith Black Mambazo, sur cette nouvelle version de « Biko », réalisée par son ami Georges Acogny. Intéressé depuis toujours par la musique ethnique (après tout, il jouait déjà de la flûte sur le « Katmandhu » de Cat Stevens), il était entre-temps devenu le gourou de la world music. Depuis 1981, à travers le festival *Womad*, regroupant musiciens et cultures du monde entier, dans un premier temps atrocement déficitaire, mais qui finira par devenir une fragile institution culturelle, le concept collant en fin de compte au bout de quelques années aux propres tournées de Peter aux États-Unis. L'expérience sera prolongée par Real World, le label qu'il lance en même temps que *Passion*, la bande originale qu'il a composée pour le film de Martin Scorsese *La Dernière Tentation du Christ*, et pour laquelle il obtiendra un Grammy. C'est là qu'il publie les disques d'artistes et d'ensembles venus de toute la planète, qu'il produit le plus souvent dans le somptueux complexe qu'il a fait construire à Bath, où il habite. Bâti en pierre de taille au bord d'une mare, avec ses larges baies vitrées et son immense cabine, le studio Real World devient rapidement l'un des plus demandés de la planète, tout en restant le refuge de la tribu Gabriel, dont font partie son batteur parisien Manu Katché, Youssou N'Dour, Geoffrey Oryema, Acogny, et que rejoindra le clavier de Kassav', Jean-Claude Naimro. Pour l'album de Manu Dibango, il ne ménagera pas sa peine, invitant même Sinéad O'Connor, en pleine dépression, et qui le poursuit alors de ses assiduités pendant que lui saute d'avion en avion pour retrouver Claudia Schiffer. À Bercy, le 23 novembre, après son spectaculaire concert donné sur deux scènes de formes différentes et enregistré pour l'album et la vidéo *Secret World*, il nous confirmait l'intérêt de Real World pour distribuer l'album de Manu dans le reste du monde. Toujours aimable, souriant, compatissant aux avatars de Fnac Music, laissée à l'abandon depuis plusieurs mois par ses actionnaires et dont le patron, Laurent Treille, s'est pendu dans son garage, pour être remplacé par différents fantoches méprisants et incompétents, certains fraîchement sortis de prison. « Moi aussi, j'ai été vendu une fois et je sais combien c'est pénible, mais je m'en suis remis », nous glissera-t-il gentiment, à Virginie Borgeaud, la secrétaire générale, et à moi, se référant au rachat de Virgin par EMI. Finalement, Real World n'aura malheureusement pas *Wakafrika*, devenu trop coûteux pour un label spécialisé, au moment où Gabriel jetait toute son énergie dans l'interactif et le CD-Rom, médias du XXIe siècle qui fascinent depuis toujours ce défricheur acharné de nouveaux territoires de communication comme hier les synthétiseurs, les échantillonneurs, la thérapie de groupe et avant-hier la psychanalyse. Son intérêt pour les expériences (il tente de faire de la musique avec des bonobos), les nouvelles technologies, Internet, les mélanges de cultures lui vaudra de se voir confier le spectacle (*OVO*) du très controversé Dôme du Millenium, à Londres, pour le passage à l'an 2000. Quand on pense qu'aussitôt après son départ de Genesis, en 1975, après la pénible tournée *The Lamb Lies Down On Broadway*, il songeait à abandonner la musique pour rejoindre en famille une communauté New Age incroyablement appelée... Genesis !

YVES BIGOT : *Depuis que vous avez quitté Genesis, votre obsession semble avoir été non seulement de vous éloigner du centre, mais surtout de le déplacer.*

PETER GABRIEL : On essaie de croire que l'habit ne fait pas le moine. Pourtant, les gens se fient avant tout aux apparences. C'est pour cela que j'ai beaucoup travaillé sur la forme, la présentation, dès les spectacles de Genesis au début des années 1970. Ça n'a pas été sans créer de tensions dans un groupe aussi sérieux et concentré sur sa musique. Mais les choses les plus intéressantes sont toujours cachées sous la surface. C'est pourquoi je lis beaucoup Carl Jung et nombre de ses disciples. Je suis attiré par des choses qui souvent n'intéressent pas encore le plus grand nombre. J'ai la chance d'avoir trouvé un public suffisant pour suivre le genre de marginalité qui est la mienne. Très tôt, j'ai été attiré par la vidéo, par exemple. Les clips en eux-mêmes n'ont pas un grand intérêt : ce ne sont que des publicités pour des disques. Mais j'ai tout de suite senti ce qu'on pouvait tirer d'une collaboration entre cinéastes, cadreurs, danseurs, chorégraphes, graphistes, animateurs sur ordinateurs, psychologues, pour créer quelque chose de nouveau. J'aimerais monter une espèce de Disneyworld vidéo où un nouveau monde en trois dimensions pourrait naître à volonté, qui mélangerait tous les arts, comme aujourd'hui vocalement mon style résulte d'un mélange des chanteurs qui m'ont influencé, comme Stevie Winwood, Gary Brooker, Alan Price et Eric Burdon, et de la world music que j'ai découverte à travers *Womad.*

— *On ne vous imaginait pas pareillement fan de r'n'b.*

— Quand j'étais adolescent, Stevie Winwood était mon chanteur et mon musicien préféré. On commence tous en imitant ceux qu'on aime. « Sledgehammer », c'est un hommage à Otis Redding, Sam and Dave, mais aussi au soul typiquement anglais de Stevie. Depuis une éternité, je rêve d'enregistrer un album r'n'b, très dansant, peut-être exclusivement de reprises : c'est vraiment la musique qui m'a formé. J'ai vu Otis chanter au Ram Jam Club de Brixton, en 1967. Entendre cette voix et cette émotion fut une expérience formatrice pour moi. Je ne suis pas très bon techniquement, que ce soit comme chanteur ou comme musicien. J'essaie seulement de créer un climat avec sincérité et dépeindre des atmosphères.

— *Vous avez créé une petite révolution rythmique avec votre troisième album, en 1980, en interdisant l'usage des cymbales.*

— Je réfléchissais à ce qui ne me plaisait pas dans les disques de rock. Et c'était la place envahissante que prenait le splash des cymbales dans les aigus. En les retirant, on ouvre un tout nouvel espace à conquérir. Pour les trois différents batteurs – Jerry Marotta, Phil Collins et Morris Pert –, ça impliquait de penser différemment. Cela a affecté la moelle même de la musique, son rythme, et à partir de là tout l'ensemble. Sans parler de la réverb filtrée que l'ingénieur Hugh Padgham a inventée et qui a révolutionné les sons de batterie du monde entier à partir de ce que nous avons fait sur « The Intruder ». Phil Collins s'en est sacrément souvenu pour « In The Air Tonight »...

— *Votre nom et votre image sont désormais indivisiblement liés au mondialisme dont vous êtes l'apôtre à travers* Womad *et Real World.*

— Le label est né grâce au studio que j'ai pu construire avec les royautés de *So*, qui s'est vendu à cinq millions d'exemplaires. Les deux cabines d'enregistrement, en haut et en bas, sont situées dans des pièces très vastes, ce qui facilite l'acclimatation, surtout pour des formations qui n'ont pas l'habitude des studios. Moi-même, j'aime travailler ainsi, sans être séparé des gens avec qui je collabore.

— *Ça n'a pourtant pas été facile à faire admettre, à l'industrie comme au public, au début.*

— Non, et si je n'ai pas fait faillite, c'est grâce à la générosité de Genesis, qui a accepté de donner un concert unique avec moi à Milton Keynes pour me sortir du rouge. Mais à terme, ce qui a rendu Real World possible, et *Womad* viable, c'est ce sentiment que le monde se rétrécit, principalement par l'effet des communications. On est bien plus facilement en contact avec ce qui se passe dans le reste du monde, et depuis quelque temps nous commençons à prendre conscience que ce qui se passe chez les uns affecte directement les autres.

— *World music, c'est un terme colonialiste, pourtant, qui implique « tiers-monde ».*

— Je déteste cette appellation. Les musiciens qui se retrouvent dans cette catégorie ne la comprennent pas : ils jouent seulement la musique de leur pays à eux. C'est un outil marketing, destiné à développer un marché en regroupant les disques labellisés ainsi dans un bac spécial chez les disquaires. Nous, ce que nous essayons, c'est de faire les meilleurs disques possibles, techniquement et artistiquement, en présentant des artistes de toute la planète, Europe et Amérique du Nord comprises. Nous ne croyons pas que la world music devrait être un ghetto qui exclut l'Occident. Si je devais programmer une compilation de world, j'insisterais pour qu'y figure Elvis ! Notre but est d'enregistrer le plus possible de musiques et de musiciens différents, d'en réunir parfois pour des projets particuliers, et de voir quels hybrides donnent des fruits. Tout ça en traitant les artistes avec le plus grand respect, car la world music est la porte ouverte aux pires exploitations, comme vous le savez.

— *Qu'est-ce qui vous a attiré vers cette musique. L'Empire britannique, le Commonwealth, la route des Indes ?*

— Nusrat Fateh Ali Khan, Youssou N'Dour : rien que les entendre chanter me donne des frissons, du bonheur, me remplit de vitalité. Je n'avais pas besoin d'une plus grande motivation. Au départ, mon enthousiasme est né de l'incroyable qualité de ce que j'entendais. Vous savez, au début, je n'y connaissais absolument rien. Puis, peu à peu, j'ai aussi appris à séparer le grain de l'ivraie, et à comprendre que, quelle que soit la distance, il y a du bon et du très mauvais, comme chez nous. Pour moi, avoir du succès n'a de sens que parce que ça me permet de faire des choses qui n'existeraient pas autrement. *Womad* est né de mon désir de mélanger le rock et les cultures du reste du monde dans un lieu et un environnement qui seraient attirants pour des jeunes. Plus je découvre et plus j'apprends de choses sur moi. Ça me ramène à mes débuts, quand je jouais de la batterie. Souvent, quand des artistes s'inspirent d'une musique – ou la volent, selon comment on veut appeler ça –, ça n'est que du collage, qui ne sonne pas très naturel. C'est beaucoup arrivé avec le reggae, et maintenant avec la musique africaine. C'est la différence entre le vomi et la merde : au moins, la merde, tu l'as digérée... Un bon voleur doit avoir une bonne digestion.

The Neville Brothers : Les Galériens

Plus célèbres que Jésus, les Neville ? Pas vraiment. Sauf à La Nouvelle-Orléans, dont ils constituent aujourd'hui la famille royale, après des tribulations dignes de toute l'œuvre de Toni Morrison.

Mais nous les avons tellement aimés, défendus, soutenus, contre les vents et marées contraires du show-business, ils ont essaimé une telle confrérie de disciples prestigieux, qu'ils ne sauraient ne pas figurer ici.

Frank Sinatra, Bob Dylan, Joan Baez, Paul McCartney, Keith Richards, Bonnie Raitt, Jerry Garcia, Willy DeVille, Bette Midler, Linda Ronstadt, Peter Gabriel, Linton Kwesi Johnson, Dennis Quaid, Huey Lewis, Jimmy Buffett, Willie Nelson ne sont que quelques-uns de leurs fans les plus acharnés, comme Claude Nobs, qui les programma souvent à Montreux au cours des années 80, et Philippe Rault, longtemps résident de la Crescent City, producteur de l'album des Wild Magnolias, Indiens du Mardi Gras qui inspirèrent sans le vouloir la réunion des quatre frères Neville.

Qui dit Neville Brothers ne s'arrête d'ailleurs pas à la seule formation portant ce nom, mais s'attaque à une nébuleuse comprenant les carrières solo d'Aaron, d'Art, de Charles et de Cyril, ainsi qu'à toutes leurs autres formations, des Hawketts avec lesquels Art signa dès 1955 le générique des cérémonies officielles du Mardi Gras (« Mardi Gras Mambo ») aux formidables Meters, presque aussi échantillonnés par les rapeurs que James Brown et Led Zeppelin.

En 1984, un label indépendant m'avait demandé d'écrire les

notes de la pochette française de leur phénoménal *Neville-ization Live At Tipitina's*, un des plus grands albums de soul (et pas seulement) jamais publié, avec des versions inouïes de « Fever » et du classique d'Aaron, « Tell It Like It Is ». Deux ans plus tard, tout juste de retour de la Coupe du monde en Espagne, j'assistais à leur concert monumental à Montreux pour *Libération* qui titrait : « Bien que sans maison de disques depuis des années, les Neville Brothers sont aujourd'hui le meilleur groupe scénique du monde. »

C'est à l'issue de ce show extraordinaire que j'interviewai une première fois le géant Aaron, au torse préhistorique et à l'énorme marque de naissance surplombant son sourcil droit, tatoué d'une dague sur la joue et d'un Jésus saignant sur le bras. Un gentil monstre, doux et légèrement bégayant, d'une timidité aussi impressionnante que sa force physique de docker et la pureté invraisemblable de sa voix angélique au trémolo inimitable.

J'ai souvent revu les Neville par la suite. À l'Élysée-Montmartre, de nouveau à Montreux, puis chez eux à La Nouvelle-Orléans, où j'assistais également à un concert des Funky Meters reformés autour d'Art au milieu des années 1990 pour l'inauguration du House of Blues. Je me suis également rendu, au cours de vacances passées entre la Maison de Ville de Toulouse Street et le zoo d'Audubon, à deux prestations des Uptown All-Stars de Cyril et même, dans un club minuscule du French Quarter, au tour de chant de Charmaine, la fille de Charles, dont tout le monde pensait alors, en 1990, qu'elle était sur le point de devenir la nouvelle Whitney Houston (je possède toujours ses deux cassettes, achetées sur place). Philippe Rault, lui, m'avait fait visiter tous les hauts lieux de leur légende, du Thirteenth Ward de Valence Street où ils ont grandi Uptown jusqu'à l'Upperline, restaurant discret où l'on sert du redfish (interdit à la pêche) aux habitués – inutile de dire leur nom.

Pour *Rapido*, nous avions filmé le groupe au complet pendant la tournée *Yellow Moon*, puis Aaron avec Linda Ronstadt au moment de la sortie de *Warm Your Heart*, le plus populaire des albums solo d'un Neville, deux fois platine. À cette occasion, la Belle et la Bête se fendirent pour nos caméras d'une tuante version a cappella de l'« Ave Maria ». Et au printemps 1997, juste avant de me faire virer de chez Mercury, Aaron était l'une des attractions du dîner de la convention mondiale annuelle de Polygram à La Nouvelle-Orléans dans une antebellum house somptueuse du Garden District : chantant debout au milieu de la salle sur une bande play-back, il semblait désemparé, perdu comme ses ancêtres enchaînés à un peuple et à un continent qui n'étaient pas les leurs. « Out of place », comme moi, gêné, presque humilié de voir l'un des plus grands chanteurs du siècle livré ainsi en pâture à des présidents et à des directeurs généraux occupés à se raconter des histoires de chiffres d'affaires et de bonus, à cirer les pompes de leurs nouveaux « artistes objectifs », sans se soucier de ce bon géant à la voix d'ange qu'on leur livrait ainsi comme un animal curieux dont ils se désintéressaient après un unique coup d'œil, convaincus que de toute façon, il n'avait aucun potentiel intéressant sur leur territoire.

À l'issue de sa douloureuse prestation d'environ une demi-heure, j'allai le retrouver en coulisse (dans les cuisines), comme un simple fan, lui dire mon embarras. Et mon admiration. Lui en avait vu d'autres, malheureusement, et remerciait au contraire Al Cafaro, le patron de A&M, de lui avoir permis de se produire devant toutes les huiles présentes (parmi lesquelles Elton John, Zucchero, Shania Twain, Alain Lévy, Jon Landau et Danny Goldberg).

Sans doute d'origine martiniquaise, la famille Neville mêle des sangs créoles, indiens, français, espagnols, et réunit deux lignées souterraines du plus africain des ports américains : les Landry (leur mère catholique fut un temps danseuse de jitterbug et de lindy hop, avant de devenir femme de ménage, ouvrière du coton, coiffeuse et aide-soignante) et les Neville (leur père, méthodiste, fan de blues et de be-bop, a fait tous les métiers, d'employé du chemin de fer à marin et taxi). Les carrières, les styles et les influences de leurs enfants traduisent ce melting-pot génétique et culturel. Art, l'aîné, va se mettre au rhythm'n'blues mâtiné caraïbe, participant à toutes les séances d'enregistrement du pianiste et producteur Allen Toussaint (lequel signe curieusement ses compositions du nom de sa mère, Naomi Neville). Artiste solo chez Specialty, il accompagne Little Richard et son mentor Larry Williams à l'orgue, parfois rejoint par Aaron dans les chœurs et par Charles au saxophone. Marié à quatorze ans, ce dernier intègre le prestigieux orchestre du Dew Drop Inn, puis s'installe à Memphis auprès du génial pianiste

Phineas Newborn, et tourne avec de nombreux bluesmen de la carrure de Jimmy Reed, BB King et Bobby Blue Bland. Aaron, lui, succédera à Art à la tête des Hawketts, puis enregistrera du doo-wop et de somptueuses ballades, s'imposant en 1966 avec le slow « Tell It Like It Is » qui le fera déclarer par Sinatra « plus grand chanteur de la planète ».

En 1968, Art fonde les exceptionnels Meters, groupe de funk le plus efficace de son temps, chaînon manquant entre Booker T. and the MG's, les JB's de James Brown et Sly and the Family Stone. Ils triompheront avec des tubes instrumentaux imparables comme « Sophisticated Cissy », « Cissy Strut » et « Chicken Strut », tournant en première partie des Stones et s'illustrant notamment derrière Dr John (*Right Place, Wrong Time*), Patti Labelle (« Lady Marmelade ») et Robert Palmer (*Sneakin' Sally Through The Alley*).

Réunis à l'occasion de l'album des Wild Tchoupitoulas par leur oncle Big Chief Jolly, Art, Charles et Aaron, rejoints par le jeune Cyril, ultime recrue des Meters, se réunissent pour de bon en 1977. Les Neville Brothers allient aussitôt le funk rock des Meters et les ballades célestes d'Aaron, colorées de rythmes caraïbes et d'une touche de jazz à la Charlie Parker, idole de Charles. Malgré l'efficacité d'hymnes superenlevés comme « Hey Pocky Way », « Dancing Jones », « Fire On The Bayou » et de mélodies divines (« Arianne »), il leur faudra attendre 1989 et le merveilleux *Yellow Moon*, produit par Daniel Lanois dans une maison de Saint-Charles, à deux pas du fameux tramway que Tennessee Williams nommera Désir, pour atteindre enfin la consécration, grâce à leur profond mélange de vaudou, de mysticisme, de reggae militant, de soul sacrée, d'hymnes des droits de l'homme (ils cartonnent au Royaume-Uni avec leur version a cappella de « With God On Our Side ») et même de country. Malgré le succès soudain des duos d'Aaron avec Linda Ronstadt qui a épousé l'organisateur du Jazz and Heritage Festival et s'est installée sur place, malgré la reformation des Meters originaux autour de Art et les différents groupes dirigés par Cyril et par Charles, les Neville restent soudés, à la vie, à la mort, qu'ils ont si souvent tutoyée au cours de leurs existences d'héroïnomanes et de convicts aujourd'hui repentis.

Yves Bigot : *Vous en aurez mis du temps avant de vous retrouver tous les quatre dans le même groupe.*

Aaron Neville : Quand notre oncle « Big Chief » Jolly Landry nous a réunis, c'était comme si Dieu nous avait appelés. Il nous a livré les secrets de la connexion spirituelle entre les Indiens et les Afro-Américains, scellée au fer et au feu de notre servitude commune. J'avais trente-six ans, Charles trente-neuf, Artie quarante et Cyril trente. C'était à ce moment-là ou jamais. Ces retrouvailles, après tant de difficultés, d'errances, ont agi comme une absolution. Ça s'entend dans la musique des Wild Tchoupitoulas. Nous étions littéralement aux anges.

— *Même votre fils Ivan Neville fait désormais une brillante carrière en solo, avec votre groupe et aussi avec les X Pensive Winos. C'est génétique ou grâce à une décoction de Marie Laveau ?*

Aaron Neville : La musique se transmet dans la famille. Je n'aurais jamais chanté si je n'avais entendu Artie le faire. J'ai appris en l'écoutant. Ivan a fait de même auprès de moi, bien avant que Keith Richards ne l'appelle. Il a ce funk de la seconde rangée de la parade en lui, et je suis fier que cet esprit que nous avait transmis notre oncle franchisse une nouvelle génération.

Art Neville : Chanter et jouer, c'est la même chose. J'étais dingue de Fats Domino, au point de l'imiter à la perfection. Il possédait cette caractéristique unique à La Nouvelle-Orléans, chanter comme si on parlait. Être cool et tout donner, sans effort apparent. Avec les Meters, notre réputation reposait sur des grooves que j'avais entendus toute ma vie. Nous voulions rester le plus proche du pavé, des choses que nous avions vécues en grandissant, ces cris et ces grognements, ces apostrophes, cette faconde de la vie quotidienne. On jouait tous les quatre comme un seul homme, pour le pur fun. C'est ça, l'esprit véritable de La Nouvelle-Orléans, cette vérité.

Charles Neville : Avant Fats, ça remonte même à Louis Armstrong. Il chantait comme il jouait et inversement. Il fut le premier à chanter naturellement, sans effet, sans fioritures. Quand il chantait, on ressentait sa joie, sa vie, son être. Rien en lui n'était fabriqué, ni apprêté.

— *Dans une ville aussi violente et ségrégationniste que La Nouvelle-Orléans, vous avez dû souffrir du racisme plus souvent qu'à votre tour.*

Aaron Neville : Certainement. Mais ce qui importe c'est de se souvenir que souvent les Blancs traitent pareillement d'autres Blancs, comme l'ont fait les nazis avec les Juifs, les Gitans et les homosexuels. La haine nourrit cela. Le problème, ça n'est pas entre les Noirs et les Blancs. C'est la haine dans le cœur des gens. Il ne faut jamais l'oublier et ne pas se laisser embarquer dans un système d'affrontement de principe. Je prie quotidiennement Dieu et saint Jude de ne pas me laisser retomber dans la drogue, la violence et l'aveuglement, le préjudice racial.

— *Charles et vous avez longuement connu la prison, n'est-ce pas ?*

Aaron Neville : À plusieurs reprises. Drogue, bagarres, vols de voitures, de téléviseurs, cambriolages, recel. Nous avons tous les deux passé plus de temps qu'il n'aurait fallu à Angola State, l'un des pénitenciers les plus brutaux des États-Unis. Notre simple survie constitue en elle-même un miracle. Nous avons vu tellement de meurtres là-bas, tous complètement impunis. Ça fait partie du système d'intimidation. Mais quand j'étais jeune, personne ne parvenait à me raisonner, pas même mon père, j'étais intenable. Et être noirs à La Nouvelle-Orléans dans les années 1950 et 1960 ne nous a jamais aidés auprès des flics et des juges. Maintenant, je suis devenu un chien de garde. Si jamais quelqu'un s'approche de l'un de mes frères avec de la poudre, il a affaire à moi. Mais je sais, pour avoir été défoncé la moitié de ma vie, qu'on ne peut s'arrêter que lorsqu'on y est personnellement prêt. J'essaie d'encourager l'abstinence, mais je ne vais pas me mettre à prêcher. De toute façon, je sais immédiatement si un musicien a pris quelque chose : le tempo ralentit, accélère, s'endort, etc. Je le repère dans les regards, je l'entends dans les voix. Nous sommes du même sang, nous partageons les mêmes gènes. Je sais quand mes frères souffrent.

Charles Neville : Trente ans accroché à la poudre, trois ans et demi enfermé à Angola State en craignant chaque jour pour ma vie, et plus de galères encore avec les femmes, tout cela n'a été qu'une longue et pénible initiation à la vie apaisée que je connais désormais et que je ne fais que commencer à comprendre.

— *Aaron, vous bénéficiez d'une voix exceptionnelle. Mais pour le style, quels sont les chanteurs qui vous ont inspiré ?*

Aaron Neville : Sam Cooke est mon maître. Clyde McPhatter des Drifters originaux avait du génie. Johnny Adams, surnommé chez nous le Canari bronzé, était capable de chanter à merveille dans n'importe quel style. Je suis pétri du gospel et du doo-wop de mon enfance, bien sûr, les Soul Stirrers en tête. Mais ma chanson préférée restera toujours la même que mes parents : « Mona Lisa » par Nat King Cole. Aucune n'est aussi romantique. Sinon, j'adore évidemment « A Change Is Gonna Come » de Sam Cooke, que j'ai enregistrée sur *Yellow Moon*. Et tout ce qu'a pu écrire Bob Dylan, surtout ses chansons les plus engagées, celles qui dénoncent l'injustice et l'intolérance. C'est aussi lui qui nous a présenté Daniel Lanois, et remis ainsi sur la bonne voie.

— *Pendant des années, de 1981 à 1987, vous êtes restés sans contrat d'enregistrement. Après les Rolling Stones, qui vous avaient lancés, c'est le Grateful Dead qui vous a permis de repartir.*

Charles Neville : Les Stones ont été géniaux. Ils se fichaient qu'on ne passe pas à la radio, ce qui les intéressait, c'était notre funk et notre soul. Mais le vrai tournant, ça a effectivement été le Dead. On a tourné avec eux, et très vite, les Deadheads ont commencé à nous soutenir, que le Dead soit là ou non. Nous sommes des hippies noirs, nous épousons les mêmes valeurs, la même philosophie, nous sommes cool et intraitables à la fois.

Aaron Neville : Bill Graham, devenu notre manager au moment où nous étions au plus bas, me disait souvent : « Je viens vous voir chaque fois que j'ai le blues, parce que votre musique me remonte. Quelqu'un devrait vendre une pilule Neville contre la dépression. Si on pouvait mettre votre esprit en bouteille, la tristesse disparaîtrait de la planète. » On en a vu des vertes et des pas mûres avant d'en arriver là, il faut dire. S'il faut en chier pour que la musique soit prégnante, la nôtre ne peut qu' être bonne.

— *Vous menez désormais une double carrière, avec vos frères, et en solo, le plus souvent en duo avec Linda Ronstadt. Ça, ça n'est pas une idée de directeur artistique...*

AARON NEVILLE : Nous nous sommes rencontrés en 1984 après avoir joué à l'Exposition universelle. Elle était accompagnée de Nelson Riddle, l'arrangeur de Sinatra avec qui elle venait d'enregistrer *Lush Life*. Nous avons chanté ensemble pour le fun, et elle m'a invité pour quatre duos sur son disque suivant, *Cry Like A Rainstorm, Howl Like The Wind*, et a écrit mon nom en gros sur sa pochette. Peu d'artistes sont aussi généreux. Nous avons aussitôt décroché plusieurs tubes et toute une série de Grammy Awards. Alors on a continué sur mon propre album, qu'elle a tenu à produire elle-même.

— *Ne risquez-vous pas d'être tenté d'abandonner vos frères pour vous concentrer sur votre propre carrière ?*

AARON NEVILLE : J'ai la chance de pouvoir concilier les deux, comme eux. Après douze années de galère commune et des vies de misère au cours desquelles nous avons commis tous les conneries possibles et où on nous a volé nos succès, nos royautés et nos droits d'auteur, je suis fier d'avoir écrit « Yellow Moon », le couronnement, la reconnaissance de notre travail en commun. Notre lien est indestructible.

Mick Jones : Le Guerrillérock

À Europe 1, c'était la grande rigolade chez les punks chics branchés *Actuel* : Bigot le baba barbu, chevelu, fluo et américanophile partait dans les squats de Brixton interviewer les grands méchants Clash, qui allaient le bouffer tout cru !

D'un côté l'équipe de *Pogo*, émission keuponne pionnière d'Alain Maneval, Marc Garcia, Yannick Ladoux et Marie-Christine Bloch ; de l'autre celle, plus traditionnelle, orientée lycéens et étudiants, que je réalisais et coprésentais avec Mychèle Abraham et François Diwo, *Parano*. Rivalité exacerbée par cette campagne de pub me présentant comme « le Californien » que j'étais effectivement à cette époque-là, abonné aux vols UTA Paris-San Francisco, mais qui, en ces temps d'insurrection d'une nouvelle new wave, signifiait plus Steely Dan, Grateful Dead et Eagles installés que X, Black Flag ou Dead Kennedys insurgés. La charge était lourde, mais logique, voyante, de bonne guerre. Car c'était bien de guerre qu'il s'agissait encore alors, ou plus exactement de guérilla. Pas tellement entre nous, même s'il y eut des anicroches, nous finissions tous par nous rabibocher et nous nous voyons aujourd'hui avec tendresse. Mais entre les générations rock. Car, si les Beatles avaient balayé les pionniers, c'était bien involontairement, tant ils leur devaient tout et les révéraient. Alors que là, à Londres, c'étaient les barricades, la querelle des Anciens et des Modernes. Johnny Rotten, le chanteur des Sex Pistols, managé par Malcolm McLaren et (dés)habillé chez Sex par Vivienne Westwood, arborait un T-shirt élimé, mité, troué, aux manches maintenues par des épingles à nourrice, proclamant : « I hate Pink Floyd. » Les Clash, eux, annonçaient : « plus d'Elvis, de Beatles, ni de Stones en 1977 », et récidivaient deux ans plus tard dans *London Calling*, dénonçant « cette connerie de Beatlemanie », à laquelle « on fait mordre la poussière ». Sacrilège. Justifié, faut-il s'empresser d'ajouter. Car les années 1970 ont pourri les années 1960 : les superstars sont adultes, richissimes, semi-retraitées, et jouent une musique qui ne concerne qu'elles-mêmes et un public léthargique, qui a perdu sous l'effet de la crise toute notion d'identité, ne songeant plus qu'à réintégrer au plus vite une société qui a phagocyté la révolution en l'intégrant à la seule rubrique culture. « Ha, you think it's funny turning rebellion into money » (Hé, tu trouves ça marrant de transformer la révolte en pognon), accusera le Clash dans son reggae dylanesque « (White Man) In Hammersmith Palais ». À Londres, comme dans toute l'Angleterre, la classe ouvrière est particulièrement touchée. L'euphorie de la décennie précédente s'est totalement dissipée, et d'ailleurs, la plupart des rock stars ont émigré aux États-Unis, où se trouvent le marché, le soleil, la cocaïne, les groupies et une fiscalité mieux adaptée. Au lieu de cela, le seuil de pauvreté est dépassé pour beaucoup, l'ennui règne, le désespoir gagne, l'américanisation s'accélère. Du coup, peu importe que le punk-rock soit né à New York deux ans plus tôt avec Patti Smith, les New York Dolls, Richard Hell et les Ramones, les Clash vocifèrent « I'm So Bored With The USA » (« J'en ai plein le cul des Amerloques »).

C'est donc dans cette atmosphère insurrectionnelle et cette ambiance de changement de la garde, où « Punk Rules OK », accompagné par les sarcasmes et les quolibets, que je débarque à Pimlico, quartier à l'abandon, pauvre et délabré, à la recherche des Robins des Bois punks, rois de l'automythification (« We Are The Clash », « Four Horsemen », « Complete Control », « This Is Radio Clash », « Clash City Rockers »), imprégnés de marxisme-léninisme et brandissant l'oriflamme rouge et noir de leur triple album, *Sandinista*. Le rendez-vous est fixé dans un hangar au premier étage d'un garage automobile que le groupe a transformé en salle de répétition, Vanilla Studios. Il est quatorze heures lorsque j'y arrive, sous le soleil timide de janvier 1981, après m'être perdu dans un labyrinthe de couloirs et d'escaliers. Mick Jones et Paul Simonon sont là, bonhommes, en train de rouler des pétards, sur lesquels ils me proposent aussitôt de tirer en leur compagnie ! Quoi ? Ils ne sniffent pas de la colle, comme le mythe le voudrait ? Ne sont pas à l'héro comme leurs collègues new-yorkais, vite débarqués là pour polluer la scène originelle, emportant Sid Vicious et l'innocence ? Que nenni ! Voilà qui est rassurant. Surtout qu'aussitôt le spliff terminé, Mick, de son impossible dégaine de maigrichon, avec ses bretelles et son air de Crazy Squirrel, l'écureuil fou de Tex Avery, propose de faire du thé, référence anglaise traditionnelle et baba à la fois. Me voilà en fait, contre toute attente, dans mon élément supposé. Sensation renforcée par l'arrivée de rastas du coin, dont l'air débonnaire ajoute à la décontraction ambiante, et le nuage de lait que Mick Jones (à ne pas confondre avec son homonyme tout aussi anglais, guitariste de Sylvie Vartan et de Johnny Hallyday, devenu membre de Spooky Tooth, puis leader de Foreigner) n'omet pas de verser au moment sacré dans mon breuvage. Et le mythe entretenu à Paris s'effrite. Les Clash, comme la plupart des punks, n'ont rien à voir avec de quelconques Hell's Angels ou Redskins prêts à bouffer tout ce qui peut leur rappeler de près ou de loin un ordre existant. Ce sont en fait des hooligans dégonflés, ou plus exactement encore des hippies déclassés, qui revendiquent leur sous-culture destroy par manque de moyens comme alternative à la contre-culture triomphante et installée de leurs grands frères et parents sixties qui n'ont pas tenu les promesses de leur discours. Comme le précise le dictionnaire de l'argot américain : « Individu qui souhaiterait être un voyou, mais manque d'expérience et de coriacité. »

Le jour de cette première visite, Joe Strummer (John Mellor) est absent, retenu chez le dentiste par un abcès à répétition. C'est lors d'un concert des Pistols, au printemps 1976, qu'il a rencontré Paul Simonon et Mick Jones, lequel habite alors avec sa grand-mère une tour sordide qui domine la Westway, à proximité de Shepherd's Bush, existence remarquablement rapportée dans « London's Burning ». Ils décident d'abandonner leurs groupes respectifs, les 101ers et les London SS : The Clash, au nom cinglant comme une tartine sans confiture, « le choc », « le conflit », est né, qui survivra dans les squats de Camden pendant six mois en se nourrissant exclusivement d'eau et de farine. Un groupe humain, donc faillible. Qui s'engagera à fond, comme le Lennon du Plastic Ono Band, sous l'influence romantico-marxiste hégélienne de Strummer, Bernard Lavilliers anglais fan de Bakounine, de Fidel Castro et de Che Guevara qui vit entouré de leurs posters et, marqué par la guerre d'Espagne, se prendra de passion pour les sandinistes, révolutionnaires nicaraguayens qui n'hésiteront pourtant pas à poursuivre le génocide indien. Avec lui, ce fut, longtemps avant cette rencontre chaleureuse au cœur de Londres, une longue histoire de rendez-vous manqués, au Bataclan, puis au Stadium.

C'est donc à travers Mick Jones que j'ai suivi l'épopée des Clash, le retrouvant début juillet 1983 à Paris chez Christine Carrié, la comparse de Maneval, qui vivait déjà avec Futura 2000, graffiteur new-yorkais qui lui a depuis donné deux enfants et que les Clash accompagneront le temps d'un single, pendant que lui rappait et graffitait à l'occasion de leurs concerts, notamment pendant cette semaine à Mogador, où il donna le signal de démolition de la salle. L'année suivante, le guitariste apprenait son éviction du groupe pour cause de – ça n'était pas formulé ainsi – révisionnisme. Le concert, à l'espace Balard, et l'album de Clash sans lui, en 1985, étaient pourtant éloquents, comme la suite des événements : hors « Rock'n'roll Mick », supporter des Queen's Park Rangers, musicien depuis son plus jeune âge, sans sa guitare mitraillette, son amour effréné de Londres, des Stones, des Kinks, de Ian Hunter, du hip-hop et du dub, et même ses vocaux déjantés (« Stay Free », « Lost In The Supermarket », « Somebody Got Murdered »), point de salut. Pour preuve : l'ultime tube de Clash, via la pub pour les jeans Levi's, sera son archétypique « Should I Stay Or Should I Go ? », longtemps après qu'il se fut remis de ce dilemme, à la tête des modernistes et ecstasiés Big Audio Dynamite. En 2004, après une assez longue absence, on le retrouvera comme producteur du groupe anglais le plus pointu et excessivement rock'n'rollien depuis Oasis, The Libertines. « He 's in love with rock'n'roll/He's in love with getting stoned/He's in love with Janie Jones/He doesn't love his boring job »... (Il est amoureux du rock/Il aime se défoncer/Il est amoureux de Madame Claude/Il ne supporte plus son boulot chiant).

YVES BIGOT : *Quatre ans après « Anarchy In The UK », la révolte punk est-elle toujours d'actualité ?*

MICK JONES : C'est à New York que tout ce mouvement a commencé, avec les New York Dolls, et plus tard les Ramones. Leur attitude a embrasé Londres où les Sex Pistols ont été le premier groupe punk, avec Clash sur leurs talons. Les autres n'avaient alors pas beaucoup d'importance et n'en ont toujours pas depuis. On était vraiment les as de la démerde. À cause de notre style abrasif et agressif, nous étions obligés de produire nous-mêmes nos concerts, de louer les salles et tout ça. La violence nous a toujours entourés. Je pense que c'est Joe qui l'attire. Il tape volontiers sur n'importe qui, comme ça, par nervosité extrême. On se battait tout le temps. Et on était costaud. Une vraie bande de brutes. Il m'arrivait fréquemment de casser mes guitares sur la tête de spectateurs qui me gonflaient. Ça créait une ambiance, ça faisait partie de l'excitation du moment. Et puis il y avait ceux qui venaient à nos concerts pour nous cracher dessus et nous balancer des bouteilles, comme au Palace, à Paris. Après, ils venaient dans les coulisses nous dire combien ça les éclatait. Alors on remettait ça aussitôt : il y avait autant de bagarres backstage que sur scène. Ça s'est vraiment tassé aujourd'hui. C'était – déjà – le bon vieux temps.

— *Vous évoquez le Palace. Les liens entre Clash et la France sont assez étroits.*

— Paris est la première ville où nous nous sommes produits en dehors de la Grande-Bretagne. C'était dans un cinéma dont j'ai oublié le nom, entre la Bastille et les Halles. Le Bataclan, le Stadium, le Palais des Sports, Mogador... On a réussi à éviter les Abattoirs !

— *Comment travaillez-vous vos chansons, puisque la rage et la révolution doivent bien, elles aussi, être organisées pour être efficaces ?*

— J'ai un quatre-pistes à la maison et je joue de la guitare toute la journée en espérant qu'il en sortira des chansons. Quand ça ne vient pas, je traîne dans les rues en cherchant des airs, des bouts de mélodie. Dès que j'en attrape une, je cours chez moi pour l'enregistrer. Je travaille toujours seul. J'écris la musique et Joe écrit les paroles ensuite, à moins qu'il ne me les ait déjà données et que je les mette en musique. De toute façon, à la fin, on reprend tout ensemble pour être sûrs que ça colle.

— *Selon la théorie de Frank Zappa, qui veut que chaque mouvement musical doit obligatoirement être accompagné d'une mode vestimentaire correspondante, vous avez aussi été des créateurs.*

— On est les rois du « do-it-yourself ». Nos fringues, nous les avons éclaboussées de peinture et tout le monde s'est mis à nous imiter. Quand les magasins branchés les ont commercialisées, nous sommes passés à autre chose : on a mis tellement de fermetures Éclair sur nos blousons et sur nos pantalons que nous ressemblions à des gares de triage. Ensuite, on a imprimé des photos des émeutes raciales de 1976 sur nos T-shirts, qui sont devenus célèbres, avec ces images de flics courant dans tous les sens en tabassant les mômes. Plus tard, il y a eu les chemises Clash, très influencées par la mode western américaine, très cow-boys. Après, on s'est retrouvés dans le trip gangster. Mais, chaque fois que la mode nous rattrapait, nous étions déjà ailleurs. Pour ne pas risquer de devenir snobs, ni élitistes. Nous voulions à tout prix éviter de nous retrouver en train de porter des fripes chères. Si on avait joué ce jeu, nos fans auraient économisé pendant un an pour s'acheter quelque chose que nous ne portions plus. Alors, nous avons préféré ne jamais entrer dans le système de l'argent et toujours fabriquer nous-mêmes n'importe quoi à partir de chemises bon marché sur lesquelles nous rajoutions ce qui nous passait par la tête.

— *À quoi ressemble la journée d'un Clash, maintenant que vous gagnez votre vie ?*

— Je me lève en général très tard, et je traînasse. J'écoute de la musique. S'il fait beau, je vais faire un tour dans le quartier. Ensuite, j'essaie de travailler. Je regarde énormément la télé. J'essaie d'être sélectif, mais la télé anglaise est vraiment formidable. J'adore les vieux films. Il n'y a vraiment que les feuilletons à l'eau de rose qui me rebutent. Sinon, je ne sors pas beaucoup. Je déteste la disco et tous ces clubs du nord de Londres qui passent en boucle des succédanés de *La Fièvre du samedi soir*. En revanche, j'adore Chic, le hip-hop, le rap, le dub et tous les sound systems. C'est à New York, en ce moment, que se passent les trucs vraiment novateurs et excitants.

— *Londres coule vraiment alors, comme vous l'affirmez dans « London Calling » ?*

— C'est un morceau essentiel pour nous, qui résume toute notre attitude. J'aime l'idée qu'il ouvre ce double album, comme une bande-annonce. Nous étions soudés comme jamais au moment de son enregistrement, nous avions même formé notre propre équipe de foot.

— Combat Rock *: Clash est un groupe politique, la branche armée... de guitares de la gauche anglaise. Londres brûle, Londres appelle, mais les conservateurs ne tremblent toujours pas.*

— Dans mon pays, c'est joué d'avance. Pour les dernières élections, c'était comme dans les dictatures d'Amérique latine : on sait qui va gagner et il n'existe aucune alternative viable et acceptable pour nous. C'est inique de voir les conservateurs supprimer les budgets de l'éducation, de la santé... Je hais la reine, j'abhorre Margaret Thatcher, mais, malheureusement, voter n'est pas suffisant. Il y a trop d'inertie. En Angleterre, c'est le consensus : tout le monde, la presse, l'opinion, est d'accord pour massacrer les Argentins et rétablir la morale élisabéthaine. La guerre des Malouines a galvanisé tous les nationalismes. Chaque fois que nous en avons l'occasion, nous nous révoltons contre cette attitude stupide et sanguinaire, mais ce n'est qu'une goutte d'eau. Moi, bien sûr, j'ai de la chance. Je vis très bien de ma musique et je peux voyager, voir autre chose, m'évader.

— *Et vous détestez toujours autant les Beatles et les Rolling Stones ?*

— On ne les a jamais haïs. On voulait être comme eux.

Joe Strummer : Le Rebelle

Bien que ce soit lui qui ait eu l'idée de transformer une chanson de rejet amoureux de Mick Jones, « I'm So Bored With You », en hymne « US Go Home » (« I'm So Bored With The USA »), Joe Mellor, dit Strummer, était en réalité fasciné par la mythologie, le romantisme et l'imagerie contenues dans les films de Martin Scorsese, les chansons de Woody Guthrie et de Bob Dylan. Il critiquera d'ailleurs bien plus efficacement l'américanisation de la planète dans « Washington Bullets », « Charlie Don't Surf » ou « Straight To Hell », qui auraient pu servir de générique à un film de Coppola, de Peckinpah ou d'Oliver Stone. Et si Mick Jones était bien le Keith Richards des Clash, Joe n'en était pas le Mick Jagger. Tout au contraire. Poli, sincère, passionné, idéaliste, fier, sans prétention, avec le recul, il apparaît que ce fils de diplomate, né à Ankara et éduqué dans des écoles privées, mais résolument simple, abordable et militant, se situerait, en termes de profil, quelque part entre John Lennon et Bruce Springsteen, pareillement pétris de cette Amérique mythique. « Rock The Casbah », joué en boucle par la radio des armées pendant que les troupes américaines bombardent Bagdad, connaîtra alors le même contresens belliqueux que « Born In The USA ».

Cela dut produire un drôle d'effet sur ce « Working Class Hero », ultime tueur à gages du rock révolutionnaire, qui arborait sur scène un T-shirt à la gloire des Brigades rouges, et savait transformer le désespoir en hymne comme seuls les Who et Springsteen y étaient parvenus avant lui. Avec les Stones, toutefois, les Clash partagent en revanche cette capacité à incorporer n'importe quel style dans leur punk rock minimaliste, comme l'était le rhythm'n'-blues initial de leurs aînés, en le faisant immédiatement leur, qu'il s'agisse de reggae (« Armagideon Time »), de ska (« Lost In The Supermarket »), de dub, de rockabilly (« Brand New Cadillac »), du jungle beat de Bo Diddley (qui assurera la première partie de leur première tournée américaine, bien avant « Train In Vain »), de funk (« This Is Radio Clash ») ou même de rap (« The Magnificent Seven »). Branché culture caraïbe par le bassiste Simonon, descendant Red Stripe après Red Stripe et n'alternant qu'avec quelques bons gros spliffs, l'auteur de « White Riot », composé après s'être retrouvé pris dans les émeutes du carnaval de Notting Hill, et de « (White Man) In Hammersmith Palais » où l'avait emmené le DJ rasta Don Letts, signera d'ailleurs avec son gang des versions définitives de classiques rebelles comme « Police On My Back » (Eddy Grant) et « Police And Thieves » (Junior Murvin). Cet art de la reprise ne s'exprimera toutefois jamais plus magistralement que dans « I Fought The Law (And The Law Won) » (entendu par le Bobby Fuller Four et créé par Sonny Curtis avec les Crickets), qui pourrait servir d'épitaphe à ces prophètes intempestifs qui avaient songé appeler leur double opus *London Calling* (vendu pour le prix d'un simple), avec sa pochette parodiant celle du premier album d'Elvis Presley, *Le Nouveau Testament*.

Bagarreur à son heure, mais aussi marathonien, l'ancien pub rocker des 101ers n'a plus qu'un très lointain souvenir de banane lorsque je le rencontre enfin, dans une cantine de Ladbroke Grove, bien après la fin de l'aventure, à l'issue de la sortie de son premier album solo, *Earthquake Weather*, au printemps 1991. Ses cheveux sont courts, de la même couleur noisette que ses yeux, mais il conserve pattes et blouson de cuir de motard, polo noir, black jeans et santiags. Depuis les débuts où les fans lui crachaient dans la bouche jusqu'à ce qu'il en attrape une hépatite, il s'est fait arranger les dents, et, lui aussi, boit du thé. Assez timide et contracté au début, il conserve pourtant cet esprit rock invincible auquel Clash doit sa furie, son humanité et sa pertinence euphorisante.

Le groupe s'est délité après sa fugue d'un mois à Paris en compagnie de sa femme Gaby et de sa belle-mère au printemps 1982, prélude à l'épuration de Mick Jones en septembre 1983, annoncé par un communiqué laconique et stalinien : « Joe Strummer et Paul Simonon ont décidé que Mick Jones devrait quitter le groupe. Ils estiment qu'il s'est éloigné des objectifs d'origine. » En fait, les tensions remontent à l'enregistrement de *Sandinista* à New York. D'une part, il est reproché au guitariste de s'installer trop confortablement dans son rôle de rock star : il vit alors avec la chanteuse Ellen Foley, qu'il produira, comme il le fera pour son idole Ian Hunter (*Short Back'n'Sides*). De l'autre, Mick Jones est plongé dans la culture hip-hop qu'il développera ensuite au sein de Big Audio Dynamite auprès de Don Letts, au moment où ses deux compagnons souhaitent revenir au minimalisme rock protest de leurs débuts.

Un ultime single, « This Is England », ne suffit pas à rendre crédible le nouveau Clash, dépourvu de moteur. Strummer se consacre alors au cinéma, jouant dans les films d'Alex Cox (*Straight To Hell*), composant la musique d'autres (*Walker*, *Permanent Record*, *Docteur Chance*), s'installe à Los Angeles, fait de la moto, joue sur le plus mauvais de tous les albums de Bob Dylan (*Down In The Groove*) et forme un nouveau groupe, The Latino Rockabilly War. Il rejoindra quelques mois les Pogues en remplacement de Shane MacGowan en tournée et pour leur tube « A Rainy Night In Soho ».

Sa carrière solo ne décollera malheureusement jamais, et lorsque paraît *Streetcore*, il est déjà mort, foudroyé juste avant Noël 2002 par une crise cardiaque, à cinquante ans. Un testament émouvant, avec des reprises de Marley (« Redemption Song », chanté en duo par ailleurs avec Johnny Cash) et de Bobby Charles (« Silver And Gold »), ainsi qu'un superbe hymne au pouvoir d'inspiration du rock, dédié à sa fille adolescente, « Coma Girl ». Une émission de MTV, *Storytellers*, au cours de laquelle Bruce Springsteen devait venir chanter « Safe European Home » avec lui, n'aura pas eu le temps d'être tournée.

Londres l'a rappelé, et il vivait près de la rivière...

YVES BIGOT : *Même si vous avez chanté « Hate And War » en réponse au « Peace And Love » des années 1960, les punks de l'An Zéro n'étaient-ils pas, finalement, les nouveaux hippies, désillusionnés ?*

JOE STRUMMER : C'est sûrement vrai. Nous avions beaucoup d'affinités, d'objectifs communs. D'ailleurs, les motards n'ont eu aucune difficulté à passer d'une tribu à l'autre. L'écologie, la préservation de la planète, la lutte contre le racisme, le fascisme, la répression policière, l'emprise de l'État, ce sont des revendications importantes. J'ai grandi au milieu des hippies. Eux ont eu à subir la guerre du Vietnam, les fusillades de l'université de Kent, les bastonnades de la Convention démocrate de Chicago... J'essayais de m'intégrer en écoutant leur musique. Ensuite, cette chanson nihiliste, c'était quand même un bon coup de pied punk bien placé dans la fourmilière. Les punks disaient effectivement en partie les mêmes choses, mais beaucoup plus agressivement.

— *Avant de rejoindre les Clash, vous avez effectivement fait partie de plusieurs formations, plus classiques disons.*

— Ça n'est qu'après avoir vu les Sex Pistols que j'ai compris combien les 101ers étaient en retard, dépassés. Jouer du r'n'b dans des pubs, c'était foutu. Le monde venait de basculer. C'était la première fois que Londres s'allumait de nouveau depuis des années. Désormais, il fallait choisir son camp. On se foutait de savoir si les gens viendraient nous voir jouer ou pas. On ne faisait pas ça pour s'enrichir, ni envisager une carrière. L'important, c'était de pouvoir se défouler, exprimer ce qu'on avait sur le cœur. Et on en avait beaucoup, dans cette Angleterre du chômage, du racisme, des grèves interminables, des brutalités policières, des dévaluations monétaires, qui vénérait Margaret Thatcher et son gouvernement implacable.

— *Justement, pourquoi avoir sciemment sabordé, puis mis fin aux Clash, un groupe aussi brillant que glorieux ?*

— J'en avais marre, tout simplement. J'étais dans des groupes depuis 1973, et jusqu'en 1984. Quand j'ai arrêté Clash, j'ai joué dans quelques films, simplement pour couper avec le passé, respirer à nouveau.

— *Et vous revenez avec un album solo, cette fois, pas un nouveau groupe.*

— J'y ai pensé, mais Joe Strummer Group ou Joe Strummer Band, ça ne sonnait vraiment pas bien. Alors j'ai assumé. Même si les musiciens qui sont avec moi apportent tous une contribution importante.

— *Pourtant, vous le savez, la nostalgie des Clash ne va aller qu'en s'amplifiant.*

— Ça ne m'ennuie pas. Je suis heureux que la nouvelle génération découvre ce que nous faisions. J'y croyais vraiment. Chaque génération doit s'inventer une potion magique contre son mal de vivre. Maintenant, ce sont les raves. C'est très bien comme ça. Chacun doit pouvoir connaître son propre âge d'or. Ce qui m'importe, c'est surtout ce qui va se passer ensuite. Chaque seconde qui arrive n'a encore été vécue par personne. Voilà ce qui m'excite.

— *Votre album est très américain, inspiré par la musique du Sud. Mick Jones, lui, semblait surtout obsédé par Londres, comme son maître, Ray Davies.*

— Sa ville l'inspire. Moi aussi. C'est important d'avoir des racines, de savoir d'où on est, d'où on vient, ça nous aide à savoir qui nous sommes. J'y reviens toujours, mais j'aime aussi être inspiré par d'autres choses. Quand j'avais seize ans, j'avais déjà écouté près d'une centaine d'albums de blues. Il faut savoir s'ouvrir au monde, au mystère, avoir le courage d'être romantique.

— *L'Amérique, pourtant, vous l'avez sacrément vilipendée.*

— L'Amérique a conquis la planète avec ses McDonald's et ses séries télévisées. Cet impérialisme, commercial, uniformisateur, sans respect des identités et des économies locales, est nocif. Après, cet album, lui, s'est nourri de la musique d'une ville comme La Nouvelle-Orléans, de ce beat de forestier, funky, adopté dans les bars et les bordels par tous les pianistes qui devaient divertir les clients bourrés, sous peine de passer un sale quart d'heure : Professor Longhair, Allen Toussaint, Fats Domino, Dr John, et aujourd'hui, à leur façon, les Neville Brothers. J'adore cette ville.

— *Dans le film de Jim Jarmush, vous avez l'air d'apprécier Memphis, également.*

— C'est une immense ville du passé et de la mémoire. Se rendre au studio Sun, ou là où était Stax, c'est trouant pour un musicien. Tellement de richesse, de talent, de chaleur, d'histoire, concentrés en de si petits espaces. Ce fut un très grand moment de ma vie. D'un autre côté, c'est aussi très triste parce que tout le centre-ville a été comme rasé, et ressemble aujourd'hui à une ville fantôme, dont on aurait voulu arracher le cœur.

— *Et votre personnage, Johnny ?*

— C'était un petit rôle, et j'ai fait de mon mieux. J'aurais accepté n'importe quoi pour pouvoir tourner avec Jim. Mais je ne suis pas un véritable acteur. C'est un boulot difficile. Sauf que les comédiens savent qu'au bout de six semaines ils sont libres de passer à autre chose. Alors qu'un musicien est prisonnier pour l'éternité.

— *Mais on ne peut plus vraiment être punk à bientôt quarante ans. D'ailleurs vous n'essayez pas.*

— Au cours des quarante dernières années, il y a eu des disques incroyables. Même le dernier Dylan, *Oh Mercy*, est formidable. Comme quoi, il faut toujours persévérer. J'aimerais vieillir avec mon public, comme lui. Je ne saurais pas m'adresser aux gamines qui consomment de la pop. Mon rêve serait que ceux qui ont aimé les Clash continuent de m'écouter. Moi, j'apprécie aussi bien Van Morrison que les Stone Roses, Gene Vincent et Eddie Cochran que les Pogues, avec lesquels j'ai adoré collaborer, un peu planqué. Ça m'a fait du bien.

— *Avant de vous quitter, pourquoi ce pseudonyme ?*

— Strummer, c'était pour prévenir d'emblée que je ne serais jamais un soliste virtuose, mais un « Gratouilleur », bien intégré dans la section rythmique. Ce devait être clair pour tout le monde : avec moi, ce sont les six cordes, ou aucune...

Elvis Costello : L'Éclectique

Sacrilège ! Comment les fans de rock (sans parler de ceux de rock'n'roll, ou de rockabilly), pouvaient-ils accueillir autrement que comme une insoutenable provocation l'arrivée d'un second Elvis, anglais de surcroît, et seulement baptisé ainsi (par son manager Jake Riviera) par dérision et pour des raisons purement stratégiques de marketing personnel dans une période troublée de changement de la garde ?

Dans leur ressentiment, pour les mauviettes punks en général et ce binoclard-là, coupable de lèse-majesté, en particulier (pourquoi pas King II, tant qu'il y était ?), lesdits rockers (à banane sur le front comme dans les oreilles) allaient pourtant omettre de remarquer que Declan Patrick MacManus (un nom qui exigeait un pseudonyme, pourtant !), dit Elvis Costello (le nom de jeune fille de sa mère), portait les mêmes grandes lunettes sages à monture noire que Buddy Holly. Neuf ans plus tard, l'album *King Of America*, attribué au « Costello Show », ira jusqu'au bout de la métaphore, en compagnie des musiciens de Presley (James Burton, Jerry Scheff, Glen D. Hardin et Ronnie Tutt). Mais entre-temps, tout le monde aura eu le temps d'apprécier le talent très particulier de cet espiègle surdoué.

Drôle de punk, d'ailleurs ! Accompagné sur son premier album par Clover, groupe de country-rock de San Francisco en exil londonien, dont Huey Lewis était alors l'harmoniciste, aussitôt adopté par Linda Ronstadt (« Alison »), Costello, fils de trompettiste et chanteur catholique irlandais, ancien programmateur d'ordinateurs chez Elizabeth Arden, cornaqué par le vénéré Nick Lowe, et déjà marié avec enfant, avait plutôt un côté « Tintin chez les épingles à nourrices dans le nez ». Tout jeune homme en colère qu'il fut, et il l'était sacrément, déclarant lors d'une historique interview avec Nick Kent dans le *New Musical Express* que toute son expression était question « de culpabilité et de vengeance », ce « moins que rien » (« Less Than Zero ») qui se définissait tout au long de son féroce deuxième album *This Year's Model* presque uniquement par la négative (« I Don't Want To Go To Chelsea ») tel Spinoza, allait malgré tout permettre aux amateurs de rock classique de se raccrocher à quelque chose d'à peu près supportable pour eux dans l'anarchique déferlante No Future. Très vite, contrairement aux nihilistes et brutaux Sex Pistols, hooligans d'Arsenal transformés en situationnistes de circonstance par la malice et l'ambition de leur pygmalion Malcolm McLaren, il allait susciter chez eux quelques inavouables... attractions. Comme pour Police et Dire Straits un poil plus tard, les vieilles barbes hippisantes avaient bien vu le coup. Ce qu'Elvis le second leur confirmera, à l'inverse de l'Elvis français (Johnny Hallyday) en son temps avec « Cheveux longs et idées courtes », en chantant avec Nick Lowe, coleader des débonnaires Rockpile : « What's So Funny 'bout Peace, Love And Understanding ? » (« Qu'y a-t-il de mal à la paix, l'amour et la compréhension ? »). Avec le temps, tout s'en va, même la punkitude, et cet Elvis de pacotille, mais à l'évident talent d'auteur fielleux et pléthorique, abscons et gesticulateur, héritier confus de John Lennon et de Bob Dylan, démontrera combien son lien avec l'histoire du rock tout entier – et même au-delà – était fort. Il avait, il est vrai, eu le temps de se documenter : sa mère tenait un magasin de disques à Liverpool au début des années 1970. C'est que ce Liverpoolien d'adoption ne se contentera pas de se poser en prolongateur du Mersey Beat originel en faisant le Lennon auprès de Paul McCartney (le temps de douze excellentes compositions communes, dont deux tubes respectifs, « Veronica », « My Brave Face » et le délicieux « So Like Candy ») et en reprenant « You're No Good » des Swinging Blue Jeans, mais ira jusqu'à poser barbu à la une du magazine *Musician* en compagnie de Captain Trips (alias Jerry Garcia du Grateful Dead par les punks honnis), à enregistrer avec Chet Baker, les Chieftains, Roger McGuinn et Roy

Orbison, à produire les Pogues (l'admirable *Rum, Sodomy And the Lash*) dont il épousera en secondes noces la bassiste Cait O'Riordan, à décrocher un ultime et inattendu numéro un en reprenant Charles Aznavour (« She ») et à signer des albums de genre comme *Get Happy ! !* (soul d'ivrogne), *Almost Blue* (country d'ivrogne), *The Juliet Letters* (sobre musique de chambre shakespearienne avec le Brodsky Quartet), à composer et enregistrer en duo avec son idole Burt Bacharach (*Painted From Memory*) comme avec la soprano Anne Sofie von Otter (*For The Stars*), se révélant pourvoyeur de chansons pour les interprètes les plus variés, de Dave Edmunds et Wendy James à George Jones, Johnny Cash et Robert Wyatt, mais jamais – son rêve – Frank Sinatra.

Après s'être initialement fait jeter par toutes les maisons de disques anglaises, il apparaissait finalement sur Stiff Records juste avant la mort de l'Elvis original, « empoisonné par les banana splits », selon le joli mot de Tom Robbins, auteur, entre autres, de *Même les cow-girls ont du vague à l'âme*. Et très vite, le venin de ses chansons verbeuses, truffées de jeux de mots, mais renouant avec la boulimie verbale et la rage misanthropique du Dylan de « Subterranean Homesick Blues », de « Like A Rolling Stone » et de « Positively 4th Street », « la haine » comme on disait alors, va en faire le porte-parole favori des intellos de la génération X, son look d'employé de banque maniaco-dépressif allant jusqu'à susciter une nouvelle élégance proprette, binoclarde et migraineuse, ligne claire qu'épouseront immédiatement Bayon et ses futurs disciples *Inrockuptibles* comme Arnaud Viviant. Au festival de Montreux 1980, il est avec ses indispensables Attractions, au même programme que les Q. Tips de Paul Young et les Specials dont il vient de produire le premier album, qui marquera la renaissance du ska en Angleterre. Le répertoire, principalement tiré des deux premiers albums, est impeccable, pas l'interprétation. Le groupe s'entend mal dans les retours, l'orgue aigrelet qui domine leur son comme aucun groupe depuis les Doors est abominablement désaccordé, le mix pourri, l'énergie dépensée ne pourra rien pour endiguer la cacophonie. Immense déception pour tous les fans convertis par les mélodies lumineuses de *Armed Forces*, troisième album au titre initial d'*Emotional Fascism*, dont les mélodies sinueuses et enlevées évoquent les

Beatles, voire Abba (« Accidents Will Happen », « Oliver's Army »), déjà troublés par son altercation avec Bonnie Bramlett dans un hôtel de Columbus, Ohio, au cours de laquelle il avait traité Ray Charles de « nègre aveugle et ignorant ». Typique de sa posture médiatique, mais certainement à rebours de son cœur, cette provocation ruinera ses espoirs de carrière aux États-Unis pour un moment... Trois ans plus tard, au Casino de Paris, en revanche, où il se produit sous le pseudonyme de The Imposter, c'est devenu un interprète consommé, et plus seulement un auteur compositeur et agitateur, d'importance, comme le signalait son album le plus achevé, *Imperial Bedroom*, quelques mois plus tôt. À l'Olympia, par la suite, de retour sous son sobriquet officiel, Costello montera un show un peu trop malin, comme souvent, où la dérision de mettre ses choristes en cage comme des gogo dancers l'emportera sur l'émotion et tournera par moments au numéro de cabaret.

De retour à Montreux, en juillet 1989, d'abord solo, puis avec Chris Difford, Glen Tilbrook et Glen Lavis de Squeeze et enfin Nick Lowe, il donnera, acoustique, un concert splendide de dénuement, enregistré et toujours malheureusement inédit. C'est là que je lui parlai enfin, en plein après-midi, dans un studio de radio improvisé au bar le Montreusien. Grand, fort (voire gras), glabre, sans ses célèbres lunettes, il porte jean et débardeur noirs, sneakers, et ruisselle de sueur sous l'effet conjugué de la chaleur de la Riviera lémanique et de l'effort qu'il a fourni en trimbalant lui-même guitares et amplis dans le monte-charge qui jouxte les cuisines du casino. Décontracté, goguenard, ouvert, pour une fois simple et sans besoin de polémiquer, il boit, étonnamment, du Liptonic et s'éponge régulièrement le front avec le bas de son marcel. Sa corpulence comme son comportement n'ont rien du punk énervé et imbibé qu'il fut malgré tout (malgré lui ?), pas plus que de l'intellectuel anglais emberlificoté qu'on le craignait devenu. Simplement un autre et brillant représentant de la classe ouvrière britannique, fière mais pas bêcheuse, plein d'humour, auquel le rock a permis d'explorer le monde et de l'enrichir à son tour, comme jadis l'Empire avec les colonies. Décalé, enthousiaste, érudit, spécialiste, amusé, détaché : « A Man Out Of Time ». Qui sidérera tout de même son monde, en 2003, en épousant la bombe canadienne

Diana Krall, star du jazz bobo, s'empressant aussitôt d'écrire avec elle le répertoire d'un album aussitôt multiplatine, *The Girl In The Other Room*. Comme quoi, les lunettes...

Yves Bigot : *L'ironie, c'est qu'on vous a réellement pris pour un punk !*

Elvis Costello : Ça ne m'a pas fait de mal. L'énergie, l'urgence, le désir de changement, de renouvellement qui régnaient à ce moment-là me manquent cruellement désormais. Bien sûr, quand on me demandait « Êtes-vous punk ? », ou « Êtes-vous new wave ? », ce qui a moins de sens encore, ça me faisait bizarre. Mais c'était une bonne période, très créative, très excitante. Bien sûr, dix ans plus tard, ces questions ne veulent rien dire. Tout simplement, des gens se sont révélés alors qui continuent de faire des choses intéressantes, alors que d'autres n'avaient qu'une chanson, peut-être essentielle d'ailleurs, en eux. L'idéal hippie avait tourné comme du lait au début des années 1970. Les musiciens avaient été récompensés de manière excessive et leur musique est devenue stérile en conséquence : rassasiée, installée, dominante, surtout à partir du début de la crise économique. Aux États-Unis, ça n'était plus que de la musique de survivant. La génération généreuse des années 1960 est devenue la « Me generation » égocentrique. L'idéalisme aigri se transforme toujours en cynisme. Ce qui n'interdisait pas des choses passionnantes mais plus souterraines. Et en Angleterre, on ne connaît de la musique américaine que le hard-rock, la soul et la dance music. Le country, le jazz ou le rock un peu pointu n'intéressent qu'une minorité. Or nos groupes émigrés là-bas pour d'évidentes raisons climatiques et économiques, comme les grands groupes américains établis, étaient la norme à ce moment-là. Les jeunes musiciens se sont rebellés contre cette image, cette mainmise de ces putains de hippies endormis sur leurs lauriers. En 1977, on se sentait vraiment trahi par ces gens-là, qui promettaient autre chose. Mais c'était plus une commodité médiatique qu'une attitude dogmatique. La vérité, c'est que Mick Jones était fan de Keith

Richards et que les Clash rêvaient de devenir les Rolling Stones. Quand à moi, non seulement je suis fan de Gram Parsons, mais surtout, j'ai toujours adoré le Grateful Dead !

— *Quand même ! Les Clash vilipendaient les Beatles. Maintenant vous écrivez avec Paul McCartney...*

— Eux, c'est eux, et moi, c'est moi, mais là n'est pas le problème. Ils ne disaient pas littéralement : « Mort aux Beatles ». L'an dernier, les Reynolds Girls chantaient bien : « Plutôt me masturber que d'écouter Fleetwood Mac » (« I'd Rather Jack than Fleetwood Mac »). C'est une constante de chaque génération : elle veut toujours virer la précédente pour prendre sa place. Que le prétexte soit de gagner de l'argent ou de faire la révolution. Moi, je n'ai pas peur de vieillir. J'aime même plutôt ça. Quand Paul m'a sollicité, j'ai aussitôt accepté. Les Beatles m'ont beaucoup appris : à neuf ans, j'étais membre de leur fan-club. J'étais impressionné par son vécu, son expérience, inédite au XXe siècle. Parce que pour le reste, il est très facile à vivre et on était seulement deux types avec chacun une guitare dans une pièce, même si je me disais : « Putain, quelle légende ». Notre différence fondamentale, c'est la production : je préfère que ça sonne plus cru que lui. Mais c'est ainsi, les gens qui l'aiment attendront toujours qu'il soit plus agressif, qu'il écrive un nouveau « Helter Skelter ».

— *Alors que vous, vous déconcertez en multipliant les styles que vous abordez, mais aussi les identités sous lesquelles vous vous présentez.*

— Je ne fais de la musique que parce que ça me plaît. Aussi je varie en fonction de mes envies ou de mes aspirations du moment. Soyons franc : les louanges que j'ai reçues sont tout aussi imméritées, exagérées, que les critiques dont j'ai été l'objet par la suite. Je ne suis pas les Beatles : un album loupé n'a rien d'une catastrophe. Les gens ne l'achètent pas, et éventuellement se rattrapent avec le suivant. Les changements de nom n'ont pas grosse importance. Ils ne me servent qu'à éviter d'être enfermé dans une image trop restrictive. La plupart du temps, les groupes ont peur de s'éloigner de leur son de base : ils craignent pour leur identité. Ça m'est arrivé et ça m'arrivera encore. Mais j'essaie aussi, sur certains disques, de suivre chaque chanson jusqu'au bout de sa propre logique, où qu'elle m'emmène. Pour certains, Costello n'est plus un être humain, c'est un style, une marque de fabrique, qu'ils associent dans leur imaginaire à ce nom, totalement indépendamment de mon opinion ou de mes sentiments. Pourtant je voudrais que ce que je fais soit plus important que la façon dont je suis perçu. J'admire Bob Dylan, Van Morrison et je me sens proche de Tom Waits, qui part du principe que raconter une histoire prime toute autre considération, ce qui libère du style. Je suis un musicien intuitif, pas du tout professionnel. Il m'est difficile d'exprimer des choses nouvelles en restant confiné à un genre trop précis. Mais, bien sûr, ce que j'écoute dépasse de loin ce que je fais. Ça n'est pas parce que je m'abreuve de Kurt Weill, de Thelonious Monk, de Miles Davis et de Sonny Rollins que ma propre musique va faire plus qu'évoquer leur climat. Je suis fana de musique, au point de dévorer tous les bouquins qui en racontent l'histoire, même les autobiographies. Je ne vois pas d'alternative pour trouver l'inspiration. La musique répond à beaucoup de besoins, d'interrogations : elle mérite d'être respectée, étudiée, sans cesse explorée.

— *Vous êtes londonien, mais vous résidez près de Dublin, vous revendiquez vos racines irlandaises, mais aussi Liverpool.*

— Il ne faut pas tirer trop de conclusions des tragédies successives qui se sont abattues sur le Liverpool FC. Ce ne sont que des coïncidences. Je suis cette équipe depuis des années et elle ne m'a apporté que du plaisir. Mais, comme partout, l'économie et le commerce ont changé le jeu et le lien du public avec le jeu. Dans toute l'Angleterre du Nord, le chômage, la misère, l'abandon n'ont laissé que les équipes de football comme dernière fierté à leurs communautés. Du coup, les résultats ont pris trop d'importance, comme si l'honneur des supporters ne dépendait que de leur classement. Ça entraîne des comportements détestables, mais cela ne doit pas condamner le football en soi : il reste le principal lien entre les gens dans ces villes. Sinon, il n'y a plus grand-chose.

Mark Knopfler : Le Timide

Comme Soft Machine, Pink Floyd, Supertramp, et plus tard Cure, c'est la France qui, la première, a consacré Dire Straits. Conséquemment, ma génération les a beaucoup fréquentés. Antoine de Caunes, principalement, qui partagea un appartement à Londres avec Mark Knopfler, à l'époque où ce dernier tentait de lui apprendre la batterie dans l'espoir de le voir remplacer Pick Withers. Personnellement, je ne sais plus combien de fois j'ai interviewé le guitariste. Je me souviens d'une fin d'après-midi à Strasbourg, au cours de la tournée *Love Over Gold*, dans le brouhaha du Hall Rhénus, où j'étais stressé par la trouille de rater l'avion du retour – et par là même l'antenne de *Rock à l'œil*, le soir même, sur Europe 1. Cette fois-là, nous avions joué au jeu des influences, où j'avais fait mouche à chaque fois, sauf une (Procol Harum) : Bob Dylan (le phrasé vocal), JJ Cale (le style de guitare « jazzbo », hérité de Django Reinhardt via le soleil écrasant de l'Oklahoma), Eric Clapton (le flash de la Strato blanche et rouge), Chet Atkins via les Everly Brothers et Elvis (le picking, country style), Cliff Richard et les Shadows (surtout Hank Marvin, le modèle), Bruce Springsteen (le romantisme tendre et nostalgique qui empreint les envolées de « Tunnel Of Love », « Romeo And Juliet », « Telegraph Road » et « Love Over Gold »), le Band (l'attrait pour le Sud antebellum, le passé, les racines, l'amitié virile, le lien Dylan), BB King (les cascades de notes fluides et robustes).

La plus marrante, c'était à Montreux, en pleine Rose d'Or, peu après la sortie de *Brothers In Arms*. Dans le bus de tournée qui me ramenait à l'hôtel Hyatt (aujourd'hui le Plaza) sur l'emplacement duquel Stravinski composa plusieurs de ses œuvres majeures, j'étais devenu la mascotte du groupe, et à ce titre la cible des plaisanteries d'Ed Bicknell, le manager, ancien batteur de Mogul Trash à qui Knopfler ferait reprendre du service au sein des Notting Hillbillies, et de son adjoint Paul Cummins. La raison de cette hilarité ? Le groupe, en tournée, m'écoutait quasiment tous les soirs sur Europe 1, captable en grandes ondes dans toute l'Europe, et s'amusait : 1/de ma prononciation, obligatoirement francisée, du nom des groupes ; 2/de m'entendre traduire les interviews de leurs confrères ; 3/d'entendre certains desdits confrères que je programmais, notamment les groupes de métal, sans parler du rock français. Dans cette ambiance bon enfant malgré tout à mon avantage, je m'attirais les bonnes grâces de tous, ce qui se terminera au restaurant où se déroulera l'interview proprement dite, en un de ces délires de tournée digne des salles de réfectoire à la veille des vacances de Noël et des troisièmes mi-temps de rugby organisées par Patrick Sébastien.

Nos deux dernières interviews eurent respectivement lieu à Londres, en compagnie de Chet Atkins pour la sortie de leur album commun (*Neck To Neck*), puis à Dublin, pour le coup d'envoi de la dernière tournée de Dire Straits au Point Depot. Là, vers une heure du matin, au pub de l'hôtel, devant « a good ole pint of Guinness » offerte par Yann-Philippe Blanc que je retrouverai ensuite chez Mercury, il m'expliqua longuement pourquoi, malgré toute l'amitié qu'il nous porte, à Antoine et à moi, il ne souhaite plus participer à *Rapido* depuis l'émission spéciale que nous lui avons consacrée : la BBC, furieuse de notre décision de célébrer ainsi un « ringard pareil », avait changé les voix off que j'avais écrites, comme d'habitude, avec Nick Kent, et les avait remplacées, sans nous en avertir, par des commentaires fort peu obligeants pour sa musique comme pour son élocution lente et sa calvitie... Merci, Janet Street-Porter, directrice des programmes, de cette élégance.

La première fois que j'avais vu le groupe en concert, hormis les tournages de *Chorus* à l'Empire, c'était au Roxy, sur Sunset Boulevard, à Los Angeles, au moment où l'Amérique les découvrait : galère et forcing chez Warner pour obtenir une place, foire d'empoigne à l'entrée, impossibilité d'approcher d'une table. À peine les lumières éteintes et les premiers accords de « Once Up a Time in The West » vibrants, les stars locales font leur entrée : Bob Dylan, Tom Petty, Jackson Browne, Roger McGuinn, Linda Ronstadt, Warren Zevon, Moon Martin... Le lendemain, le *LA Times* annonçait l'avènement du premier grand groupe des années 1980, alors entamées depuis seulement quelques mois. Parmi les multiples fois où je les reverrais, deux me restent particulièrement en mémoire : le remarquable concert du Palais des Sports qui donnera naissance à l'album *Alchemy* et leur passage, somptueux, en pleine soirée, le 11 juin 1988 à Wembley pour le soixante-dixième anniversaire de Nelson Mandela, accompagnant et accompagnés par Eric Clapton. À ce stade de la retransmission que j'assurais en direct sur Europe 1, la direction m'a coupé le micro, jugeant plus intéressant de faire discourir Maneval et Elli Medeiros en studio à Paris que d'entendre un groupe au sommet de son art, un « Money For Nothing » d'anthologie se retrouvant en fond sonore live de considérations passionnantes sur un tournage de clip. Heureusement, à côté de moi dans un box de commentateurs sportifs, Jean-Luc Delarue et Olivier Dorangeon, eux, avaient la voie libre sur Antenne 2.

Mais Knopfler, s'il *est* Dire Straits, ce qui est beaucoup, n'est pas que cela. Loin de là. D'abord, il est le seul guitar hero originellement assumé de la vague 78, ce qui a tôt fait de le singulariser dans la meute punk/new wave/pub rock de laquelle « Sultans of Swing », par sa virtuosité folle, sa finesse rythmique, son solo de derviche et son phrasé dylanesque, va l'extraire. Très vite adoubé par Dylan, qui lui demande d'abord de jouer sur *Slow Train Coming*, puis de produire *Infidels*, il accède au firmament de l'aristocratie rock, qu'il est le premier de la nouvelle vague à rejoindre, et où, longtemps, il jouera la relève. Guitariste inimitable, parce que trop personnel, on le retrouvera ainsi auprès de nombre de ses nouveaux pairs (Clapton, Steely Dan, Van Morrison, Sting, etc.) ; compositeur, il fournira un tube identitaire remarquable à Tina Turner (« Private Dancer ») et signera plusieurs musiques de film (*Local Hero*, *Comfort And Joy*, *Cal*, *Dernière sortie pour Brooklyn*), dont l'une fut même nommée aux Oscars (*The Princess Bride*) ; producteur, il tentera de réactiver les carrières de remarquables musiciens en difficulté (Dylan, Aztec Camera, Willy DeVille, Randy Newman).

Juif polonais dont la famille s'est installée dans le nord de l'Angleterre, à Newcastle, ce gaucher qui conjugue l'humour corrosif de ses origines et celui, amusé, de sa région, jouait déjà d'une raquette de tennis en plastique devant sa glace à l'âge de neuf ans. Il apprendra cependant d'abord le violon, ce qui l'obligera à pratiquer la guitare comme un droitier. Il lui faudra pourtant attendre d'avoir quinze ans pour que son père lui offre sa première solid body imitation Fender, mais rouge, déjà. Après avoir fracassé la TSF paternelle en l'utilisant comme amplificateur, il accompagne sa sœur qui chante au pub voisin. Dès 1970, il seconde dans les clubs de Leeds le guitariste Steve Phillips, avec lequel il formera vingt ans plus tard, inspiré par l'exemple des Traveling Wilburys, les Notting Hillbillies, adeptes de ce country-blues qu'il aime par-dessus tout, et depuis toujours. C'est que Knopfler, qui réside alors entre son studio de Notting Hill, sa maison de Greenwich Village à New York et Nashville où le transportent sa passion grandissante pour le country et son sens de l'histoire, est resté fidèle au blues acoustique, rural, de ses exploits de débutant, lorsqu'il déchiffre avec peine Blind Blake, Blind Willie McTell, le ragtime, avant de passer à l'électrique après avoir découvert Lonnie Johnson et le *Live at the Regal* de BB King.

Entre-temps, Dire Straits aura bien été, avec U2 et REM, le groupe des années 1980, passant du pub-rock léger des débuts galère à un style formidablement personnel, de morceaux bluesy et laidback à d'ambitieuses épopées échevelées, du boogie au twist, avec une production ciselée qui n'a jamais exclu le fun ni l'émotion, de « Romeo and Juliet » à « Calling Elvis ».

Une fois en solo, il souffrira, en Europe surtout, de la difficulté à se passer d'une marque (Dire Straits) que le grand public lui reprochera d'avoir retirée à son affection. Et sa carrière solo, dont je gérerai pendant trois ans le suivi français à la tête de Mercury, s'avérera plus délicate que prévu. *Golden Heart*, son premier album, très countrysant, aura bien du mal à captiver le public hexagonal, ce qui ne me facilitera pas la tâche. Le suivant, *Sailing To Philadelphia*, en 2000, le verra retrouver sa touche magique, et son public, outre-Atlantique en tout cas, où il a élu résidence, près de Nashville.

Mark Knopfler : Le Timide

Sans doute parce que le nom de son groupe n'est pas venu par hasard (« au bout du rouleau », « dans la merde »), peut-être aussi parce qu'il a été journaliste au *Yorkshire Evening Star*, Mark, s'il est toujours amical, enjoué, voire moqueur, garde cependant en public une certaine réserve, une distance, une discrétion qui passe pour de la timidité mais pourrait bien être de la défiance. Qu'importe finalement puisqu'elle s'accompagne toujours de la plus grande décence.

YVES BIGOT : *Vous appartenez à la troisième génération du rock, celle qui suit les pionniers et les classiques. Ça rend le succès plus facile, mais pas l'originalité.*

MARK KNOPFLER : Moralement, il est très délicat de définir exactement où commence la créativité. Comme la sincérité, l'honnêteté ou n'importe quel absolu. Tous les auteurs, tous les compositeurs, tous les musiciens passent leur temps à se repiquer des trucs les uns aux autres. Aucun d'entre nous n'a l'art infus. On est toujours inspiré par une somme d'influences. Le moment que je préfère, dans l'écriture, c'est celui où je m'aperçois que je suis totalement connecté à ce que je viens de trouver, et où je sens – je sais – que des tas d'autres gens vont ressentir le même sentiment, vont s'identifier à ce qui vient de naître. Quand tout s'imbrique à la perfection, qu'une idée en appelle naturellement une autre, qui lui répond et la valorise, en augmente le sens et le plaisir. L'autre moment magique, c'est quand on commence à répéter avec le groupe, et qu'une chanson sonne encore mieux grâce à l'apport de chacun que tout ce que j'avais pu imaginer en la jouant tout seul chez moi. Et puis, évidemment, il y a les concerts, quand le public explose de bonheur en entendant enfin le morceau fini. C'est un enchaînement d'événements et de circonstances très gratifiant. Mais jamais assuré. Et pas nécessairement historique.

— *Dire Straits, c'était vous, de toute manière. Pourquoi ne pas avoir conservé le nom, puisque aussi bien il vous faut vous entourer d'autres musiciens ?*

— C'est souvent pénible d'avoir un groupe, à qui il faut référer de tout. Mais il n'y a rien de tel. Je n'aimerais pas avoir à recruter des musiciens jetables après chaque projet. En vieillissant, tes partenaires deviennent tes seuls complices. Eux seuls savent par quoi tu as dû en passer, combien tu en as bavé. Je détesterais n'avoir qu'un manager pour compagnon. Sans compter que j'ai naturellement l'esprit d'équipe. Au bout d'un moment cette vie communautaire me manque. C'est le zoo absolu en tournée, mais ça détend comme rien d'autre. Et il n'y a rien au monde que j'aime autant que jouer de la guitare sur scène avec un groupe. Après, finalement, le nom importe peu. L'honnêteté intellectuelle, si.

— *Avec les années, votre musique se sophistique et requiert de plus en plus d'intervenants. Ne craignez-vous pas de devenir un nouveau Pink Floyd ?*

— Le premier album avait été enregistré en deux semaines. Maintenant, c'est au moins trois mois. Avec l'expérience, on attache plus d'importance à la texture de la musique. Ça n'est qu'une question de professionnalisme, qui n'a rien à voir avec un quelconque talent. Les ingénieurs du son, qui vivent littéralement en studio, repèrent les faussetés ou les décalages plus vite que tout le monde : par entraînement. Ça n'en fait pas de bons musiciens pour autant. J'ai très conscience de ce piège : j'essaie de ne jamais dépasser deux ou trois accords, comme Chuck Berry. Il est bon de s'abreuver régulièrement à la source. Quels que soient mes détours, notamment les musiques de films que j'ai pu composer et qui m'ont entraîné loin de mes bases, je me retrouve toujours à jouer ce type de musique très simple que j'affectionne par-dessus tout : rock'n'roll, blues et country. Ce sont mes racines, et elles le resteront à jamais.

— *C'est en tout cas ce que revendiquait la pochette de* Brothers In Arms, *avec sa National Steel Guitar, brandie comme un emblème.*

— Cet instrument magique m'a toujours fasciné. Je suis allé jusqu'au pays de Galles pour acheter ma première, grâce à une petite annonce. À la fin des années 1960, je fréquentais beaucoup Steve Phillips, dont la petite maison était vraiment un sanctuaire du country-blues. On se produisait ensemble sous le nom des Duolian String Pickers. Je lui ai acheté, un peu plus de cent livres sterling, celle avec les palmiers qui figure sur cette pochette.

— *Du pub-rock insouciant des débuts, Dire Straits est passé à des choses plus engagées, comme « Brothers In Arms », que Joan Baez n'a pas hésité à chanter. Vous étiez les vedettes du* Mandela Day *à Wembley : avez-vous l'impression d'avoir réellement pesé sur sa libération ?*

— Indubitablement. Le gouvernement britannique a fait mine d'attendre un peu avant d'affirmer haut et fort que, désormais, toute discussion avec l'Afrique du Sud passait par la libération préalable de Nelson Mandela. Margaret Thatcher n'a pas inventé cela toute seule. Le monde entier a été stupéfait, comme pour *Live Aid* trois ans plus tôt, devant l'ampleur de notre mobilisation. C'est l'une des principales raisons, peut-être *la* raison pour laquelle il a été libéré. Bien sûr, maintenant, ce sont les politiques qui s'en vantent. Quand Dire Straits a été numéro un pour la première fois en Afrique du Sud, il y a maintenant plus de dix ans, j'avais refusé de toucher le moindre centime provenant de là-bas. Tout a été aussitôt reversé à Amnesty International. On a été immédiatement censurés en représailles, ce qui constitue un compliment d'espèce.

— *L'avenir du rock serait donc là, dans l'engagement humanitaire ?*

— Pas seulement celui du rock. Celui de tous. Même si, comme tout le monde, j'en ai marre d'entendre parler de charité à tout bout de champ. J'estime qu'il est du devoir des riches et des gens célèbres de faire le bien dans la discrétion et l'anonymat, sans se payer une virginité factice et facile sur le dos des démunis et de ceux qui souffrent. Voilà pourquoi je préfère souvent me taire.

Sting : Le Darwiniste

— Tu te souviens d'Yves ? demande hasardeusement l'attaché de presse un peu trop empressé.

— Mais bien sûr, je ne connais que lui, répond Sting d'un sourire diabolique.

C'est évidemment notre première rencontre, dans sa suite de l'hôtel Royal Monceau. Cynisme, moquerie, lassitude, qu'importe : la pointe de méchanceté gratuite est typique de la supériorité un peu condescendante affichée en toutes circonstances – publique pour ce que je puis en juger – par Gordon Sumner, grand et séduisant Viking des docks de Wallsend à Newcastle, tellement politiquement correct et le cœur placé au bon endroit que ses penchants pervers de loubard nordique converti à la psychanalyse jungienne, à la manière de John Lennon avec *Le Cri primal* du docteur Janov, en deviennent de simples caractéristiques plutôt que de vilains défauts. Surtout que sa tête est encore ailleurs : cet ancien éducateur, troisième des championnats d'Angleterre junior sur cent mètres, revient de s'entraîner à Roland-Garros avec Wojtek Fibak, qui lui a fait travailler son revers toute la matinée. Il reconnaîtra d'ailleurs rapidement ne plus aimer les sports d'équipe depuis qu'il n'entraîne plus ses élèves de Cramlington et leur préfère le tennis, mais aussi le ski, la planche à voile et le jogging, qu'il pratique quotidiennement. Bientôt, il fera la risée, ou l'admiration, selon, de millions d'amants de la planète, en affirmant pratiquer le sexe tantrique, soit huit heures d'étreinte garantie à chaque fois.

Son groupe, The Police, était prévenu : Sting, sur la lancée du succès de son freudien « If You Love Somebody Set Them Free », et à quelques jours de la sortie de son premier album solo, s'apprêtait à jouer la fille de l'air.

Quelques mois plus tôt, le 25 janvier 1985, à New York, j'avais justement acheté au marché noir (quarante dollars pièce) deux billets pour son premier concert post-Police au Ritz, annoncé quelques heures seulement auparavant à la radio. Là, accompagné par Laurent Chalumeau, récent autochtone et correspondant de *Rock&Folk*, pas très motivé par ce jazz-rock arty-fartsy, mais fraternellement attentif, j'avais pu assister à la première des trois répétitions publiques avec les choristes et les pointures jazz (Branford Marsalis, Omar Hakim, Kenny Kirkland, Daryl Jones) de son nouveau groupe, qui précédèrent l'enregistrement de *The Dream Of The Blue Turtles*, ce remarquable et courageux premier album solo. Loin de la pop star blonde peroxydée qui se faisait passer à reculons pour un faux jeune punk à la tête des « Beatles new wave » à l'époque *Reggatta de Blanc* (« reggae de blanc ») au second festival de Mont-de-Marsan puis au Rose Bonbon, et même de l'ancien instituteur récitant ses sermons mondialistes de nouveau maître du monde rock (*Zenyatta Mondatta*) et de récent admirateur de Paul Bowles (« Tea In The Sahara ») comme de Carl Jung (*Synchronicity*) à la Cigale sous le regard consterné d'Yves Simon et de Jean-Jacques Goldman découvrant que les trois Police étaient doublés par des bandes enregistrées, Sting renaissait une seconde fois à la musique. Plus de chansonnettes pop-reggae inimitablement scandées à l'africaine (« yo-yo-yo-yo-oh ») ou de chansons d'amour vache menaçantes déguisées à la mode plus ou moins punkoïde du moment (de « Can't Stand Losing You » à « Don't Stand So Close To Me » et « Every Breath You Take »), mais une nouvelle musique adulte, savante, mature, remarquablement organique, toujours mélodique, lumineuse, harmoniquement riche, pas encore étouffe-chrétien. « C'est comme être tiré par une formidable locomotive, dira-t-il de ces prestigieux musiciens noirs, d'une grande finesse, qui m'oblige à rester en permanence sur mes gardes, à toujours donner le meilleur de moi-même à chaque instant. »

Dans l'intimité plus chaleureuse du théâtre Mogador, le soir même de notre première interview tatillonne, à la tête de ce formidable orchestre maintenant parfaitement rodé, Sting, à nouveau papa et sur le point de s'installer pour quelque temps à Paris, tournait *Bring On The Night*, mettant définitivement Paris à ses pieds, à la seule exception de quelques vieilles barbes qui préféreront toujours voir le jazz mort plutôt que populaire, et ses musiciens affamés plutôt qu'acclamés, même si sémantiquement, et rhétoriquement, ils ont raison d'insister sur la différence fondamentale entre jazz et jazzy, improvisation et répétition. Mais, en l'occurrence, Sting ouvrait les oreilles d'une génération antimusicale, et l'on ne saurait l'en blâmer, quel que serait le prix à payer pour le rock lui-même. Le jazz, lui, n'avait rien à y perdre.

Nous nous revîmes deux ans plus tard, avec son vieil épagneul (« This is my chien »), à la Carlton Terrace House de Londres, pour la sortie de *Nothing Like The Sun*, pastoral et engagé, presque mystique et scientiste, sur les traces d'un Van Morrison candidat à quelque chose. D'abord la conférence de presse, monopolisée comme toujours par les Italiens bavards et enthousiastes, un peu mondaine et studieuse, grâce au recentrage permanent des questions de Jean-Marie Leduc, bon élève rock par excellence. Puis séance de photos dans la bousculade sous la pluie, Sting impérial d'élégance et de stoïcisme britannique dans son imperméable de cuir sous son parapluie. Enfin interview privée commandée par Jean-Pierre Elkabbach pour son journal de huit heures et une journée spéciale sur Europe 1. Droits de l'homme, droit d'ingérence, responsabilité personnelle, limites de l'humanitaire, conversation bon chic bon genre entre membres d'Amnesty et collaborateurs respectifs de Bob Geldof (pour Band Aid et Action Écoles), thèses Unesco. Exactement ce dont j'avais besoin dans ces moments de remise en question professionnelle pré-élection présidentielle : la preuve de la responsabilité des rock stars, de leur maturité politique, de leur intégration à la « société civile » active. Acceptables pour les cadres supérieurs, les élèves des grandes écoles et la nouvelle direction cohabitationniste, en somme.

De façon plus conviviale, nous nous retrouvions peu après à Bercy, pour le premier des concerts de la tournée *Human Rights Now !* Après son propre passage, suivi d'une poignée de main de Robert Badinter et d'une rapide réunion avec Chantal de Casabianca, porte-parole d'Amnesty à Paris, nous assistâmes côte à côte, avec un de ses enfants, debout à l'entrée du tunnel qui mène de la scène aux loges, au concert de Bruce Springsteen. Attentif, admiratif, Sting le rejoignait enfin fébrilement, fier, pour un duo sur « The River ».

Par la suite, ce personnage sincère, extrêmement intelligent, mais méfiant, déterminé, sûr de lui comme il n'est pas permis, friand d'académisme, cédera à un certain nombre de tentations que son besoin d'être absolument pris au sérieux lui désignait inévitablement : une carrière inégale au cinéma, qu'il considère comme une thérapie à son succès pop, après des débuts pourtant prometteurs de crâneur dans *Quadrophenia* et de psychopathe dans *Brimstone & Treacle* ; un prolongement Brecht au théâtre, qu'aucun intellectuel à sensibilité rock ne semble en mesure d'éviter, de Jim Morrison à Tom Waits, de David Bowie à Roger Waters ; la dérive classique du compositeur en mal d'éternité et de considération comme Joe Jackson, David Byrne et Paul McCartney, pur gonflement d'un ego trop habitué à être flatté et satisfait pour en admettre la vanité. Sous la pression de ce besoin de respectabilité, ses propres albums, jusque-là ambitieux et aventureux, ont perdu de cette habileté pop diabolique qui singularisait Police dès « Roxanne ». Dinosaure à son tour, Sting, héros et porte-parole des années 1980, s'est alors, comme nombre de ses prédécesseurs, pris à son piège, l'autosatisfaction, s'écoutant parler et jouer, estimant sans doute avoir suffisamment innové pour ne plus avoir qu'à se diversifier. Sa fascination pour le Brésil est plus sympathique. D'une part, sa version portugaise de « Fragile » est impeccable, pétrie de l'esprit religieux et esthétique de son inspirateur, Milton Nascimento. Ensuite son amour du pays est authentique, et son admiration pour Antonio Carlos Jobim sans bornes. Gilda, confidente de Maria Bethania, avec laquelle Sting se liera dès son premier séjour à Rio, en témoigne. Enfin, quelles que soient les vicissitudes de sa fondation pour la préservation de l'Amazonie, très contestée, la réalité de son engagement au côté de Jean-Pierre Dutilleux en faveur des Indiens est impossible à mettre en cause. Même si, à l'occasion de sa tournée des têtes couronnées et des chefs d'État avec le chef Raoni, il a dévoilé un autre trait de son caractère : celui du froid calculateur, prêt à tout pour imposer ses idées, même chanter « Ne me quitte pas » à *Sacrée Soirée* pour remercier le débonnaire Jean-Pierre Foucault d'avoir bien voulu exhiber sur TF1 « le sauvage au lecteur de compacts dans la bouche ». Installé en Toscane, Sting semble désormais satisfait de gérer sa carrière au gré de différentes collaborations, enregistrant indifféremment avec Pavarotti, Zucchero, Cheb Mami, le Grateful Dead, Eric Clapton, etc., publiant en 2003 *Broken Music*, une autobiographie centrée sur sa vie plutôt que sa carrière.

Sorte de Bernard Kouchner pop, Sting semble avoir décidé, comme Mère Teresa, de faire du volontarisme une vertu, certain qu'il est de participer à l'évolution favorable du monde et de peser sur l'édification de l'Histoire.

YVES BIGOT : *Pardonnez-moi, mais pour quelqu'un qui cherche la respectabilité comme vous le faites, Sting (« dard »), ça ne fait pas très sérieux, comme nom.*

STING : Tout le monde m'appelle Sting : ma mère, ma femme, mes enfants. Personne ne m'a plus appelé autrement depuis mes dix-sept ans, lorsque les musiciens avec lesquels je jouais m'ont baptisé ainsi parce que je portais tout le temps un polo noir et jaune qui me faisait ressembler à une abeille.

— *Vous pensez vraiment contribuer concrètement à un changement tangible des mentalités ?*

— Avec l'âge, les passions évoluent. À dix-sept ans, c'étaient les filles. À vingt-cinq la musique. Si je dois rester un chanteur de rock, il faut que mon travail soit digne à mes yeux. C'est donc mon rôle et ma responsabilité d'inscrire ma pensée dans mes chansons. Je n'ai pas le choix : c'est ça, ou l'obsolescence à mes propres yeux. Même si ma musique me rend heureux, mon but n'est plus de chanter « Having a Party ». Il y a d'autres chanteurs pour cela. Pour moi, il est plus important de communiquer à mon public mes réflexions sociopolitiques. Par exemple, la grève des mineurs en Angleterre. À travers les médias, ils sont apparus comme des fauteurs de trouble, des criminels, des brutes. Alors que c'étaient en réalité des hommes qui luttaient pour le droit de travailler. Le gouvernement avait décidé que les mines n'étaient plus profitables, et remplaçait le charbon par le nucléaire. Mais en fermant ces mines, il détruisait non seulement économiquement, mais aussi culturellement, des communautés entières, et ne leur offrait rien en retour. Cette tragédie nationale a divisé le pays en deux pour longtemps. Retirer la dignité d'un homme, c'est lui voler son âme. Un gouvernement qui applique une politique économique semblable sans politique sociale est inique. Il me fallait trouver le moyen d'en parler dans une chanson, sinon ça ne valait pas la peine d'en écrire. J'arrive à la quarantaine et j'aspire à un monde vivable, politiquement, économiquement, écologiquement et militairement, pour mes enfants et pour ceux qu'ils auront. Pour cela, il faut dès aujourd'hui se débarrasser du nucléaire, des déchets toxiques, des armes. C'est possible ! Nous avons la technologie et les récoltes nécessaires pour nourrir la planète tout entière. Si nous ne le faisons pas, les conflits s'aggraveront tous les jours. Mais je refuse d'être fataliste : je ne crois pas en ce Dieu qui voudrait que l'humanité disparaisse sous prétexte qu'elle a péché.

— *Jusqu'où êtes-vous prêt à vous investir personnellement ?*

— Je ne suis pas politicien, je ne prends donc aucune décision concernant la vie quotidienne de mes contemporains. En revanche, j'ai un auditoire et une vision de l'avenir, que je communique à plusieurs millions de personnes chaque année. Mais attention : jouer dans des stades devant des foules immenses brandissant les poings en l'air et reprenant des slogans en chœur n'est qu'une illusion de pouvoir. C'est un rituel. Ça permet seulement d'espérer une réaction en chaîne, comme en physique nucléaire. J'essaie bien de changer le monde, mais à ma mesure.

— *Donc vous croyez au progrès...*

— Il passe par l'individu. La dialectique marxiste qui voudrait que la société change globalement ne correspond aucunement à mon idée de la liberté : je ne crois en aucune religion ni idéologie. C'est comme pour l'Histoire. Elle est trop subjective et assujettie à l'émotivité : les Français et les Anglais n'auront jamais le même avis sur la bataille de Waterloo. Voici donc ma théorie. Si nous changeons, nous ne savons pas ce qui se produira. C'est certes un risque. D'un autre côté, si nous ne faisons rien, c'est réglé : folie généralisée, suicides en masse, famine, dictatures. Le changement est donc impératif.

— *Qu'est-ce qui peut le faire espérer ?*

— L'avènement des femmes. Les hommes sont trop agressifs, aveuglés par leur orgueil de mâles, leur amour fou du pouvoir. L'approche féminine est plus intuitive, plus généreuse. Ça ne signifie pas que les femmes devraient nous remplacer, mais que chaque homme devrait explorer sa composante féminine. Tout comme les femmes devraient envisager d'approfondir leur côté masculin. Pour atteindre à l'équilibre hermaphrodite, philosophique sinon sexuel.

— *Cette détermination a-t-elle un pendant purement musical ?*

— J'essaie d'inventer une musique mondiale, universelle. Je me moque du rock, du jazz, du classique et de la variété. Ce sont des fictions médiatiques. À l'origine, ma musique favorite, c'est la soul de mon adolescence : « When A Man Loves A Woman », « Sittin' On The Dock Of The Bay », « Rescue Me », « Green Onions », « Night Train ». Personne n'a fait mieux depuis, en un sens. Ce qui ne signifie pas que Frankie Goes To Hollywood ou Duran Duran sont moins importants pour ceux qui les aiment aujourd'hui.

— *Faire le lien entre ces deux attitudes convergentes, c'est être un chanteur éternellement engagé, alors ?*

— Si le rock veut continuer à peser sur son époque, il lui faut trouver autre chose, au-delà de Band Aid et d'Amnesty International. Recommencer *Live Aid* tous les trois ans serait du suicide... Pourtant tous les artistes qui ont participé à ces événements en ont été profondément affectés. C'est mon cas : je suis un être différent depuis. Et le rock ne pourra plus jamais être égoïste.

Chrissie Hynde : La Pasionaria

Cette voix entendue à la radio dans un taxi londonien, attaquant a cappella avec un vibrato et une nasalité irrésistibles une reprise d'une ballade vraiment obscure du premier album des Kinks, m'envoya directement au Megastore de Tottenham Court Road, ce matin glacial de février 1979, acheter séance tenante le premier single des Pretenders, qu'un article élogieux du *Melody Maker* m'avait déjà fait aimer avant même de l'entendre. Sitôt rentré à Paris, je le programmai dans l'émission que je réalisais pour Mychèle Abraham sur Europe 1, tous les soirs à vingt heures, *Chlorophylle.* Deux ou trois jours plus tard, Marc Garcia, le réalisateur du hit-parade de Jean-Loup Lafont, à qui il manquait ce jour-là une nouveauté, me demandait de le lui prêter pour le soumettre au verdict des auditeurs. Incroyable pour un titre qui n'était pas sorti en France et que la plupart d'entre eux entendaient pour la première fois, ceux-ci le plébiscitèrent sur-le-champ. Importé par les rares spécialistes (New Rose, Music Action, Champs Disques), « Stop Your Sobbing » ne fut pas un tube, mais la France adoptait déjà, à sa façon, les Pretenders.

Nous recommençâmes ce petit jeu avec « Kid », le second simple, tout aussi délicieux et signé cette fois par Chrissie Hynde elle-même, puis encore avec son fier « Brass In Pocket ». Là, enfin, une maison de disques s'intéressera à cette fille « si spéciale », prendra la balle au (troisième) bond, et permettra à son groupe de finalement concrétiser cette affection spontanée. Ce succès hexagonal improvisé, instantané, ne pouvait que ravir Chrissie, qui traînait encore à Paris quatre ans auparavant, passant le plus clair de son temps à l'Open Market de Marc Zermati, jouant de la guitare au sein du groupe de Martin Dune, alias Jean-Marie Poiré (futur réalisateur des *Visiteurs* !), les Frenchies, tout épatée de découvrir le véritable culte voué par les « Françounets » aux héros du rock pur et dur, d'Eddie Cochran à Jim Morrison et à Jimi Hendrix, dont elle comptabilisait, effarée et ravie, le nombre de posters dans les chambres où elle se réfugiait. Originaire d'Akron, le Clermont-Ferrand de l'Ohio, elle avait débarqué à Londres au milieu des années 1970, deux cents dollars en poche, ses albums de Lou Reed et d'Iggy Pop sous le bras, sans doute à la recherche de l'esprit de ce rock arrogant, irrespectueux et contagieux que jouaient les Rolling Stones, les Kinks, les Who, les Beatles et leurs vassaux. Sa rencontre avec Nick Kent, avec lequel elle vivra quelque temps, lui permettra vite de cesser de vendre des sacs à main aux touristes d'Oxford Street et de poser pour les élèves de l'école Saint-Martin en écrivant, comme lui, pour le *New Musical Express*. Après sa parenthèse parisienne, Hynde retraversera la Manche pour rejoindre les premiers punks. De nombreux faux départs s'ensuivront, avec les futurs Damned, Mick Jones et Chris Spedding, qui lui prêtera tout de même un ampli. Début 1979, enfin prête, blouson de cuir rouge provocateur, mitaines assorties, mascara agressif, bouche généreuse mais retenue, cheveux noir corbeau, elle lançait ses Pretenders à l'assaut comme si elle ne doutait pas un instant que le monde entier attendait ses Rolling Stones miniatures, au moment où Sid Vicious se suicidait. Tellement sûre d'elle, d'eux, de leur propos, qu'elle s'imposait aussitôt, sans coup férir, tant, effectivement, le rock avait besoin d'elle.

Je la rencontrerai à maintes reprises au cours des années suivantes, avec son batteur, Martin Chambers, à l'hôtel Vernet, seule au Warwick, une autre fois à Los Angeles. Chaque fois, elle ne manquait pas de se souvenir de mon prosélytisme précoce, affirmant encore à ma grande surprise, en juillet 1988, que nous partagions « les mêmes valeurs et les mêmes aspirations ». N'en jetez plus. C'était à l'hôtel de Territet, juste au-dessus du chemin de fer qui serpente entre les vignes le long du lac Léman, au lendemain d'un bon concert au festival de Montreux, où elle donna une version divine du « Don't Let Me Down » de John Lennon, qu'elle ne devait malheureusement jamais enregistrer par la suite. Je passais alors mon temps avec ma consœur gréco-américano-suisse de la SSR, Nancy Ypsilantis, et « Don't Get Me Wrong » était notre chanson : « Once in a while, two people meet/Who can explain the thunder and rain/When there's magic in the air ». Bien sûr, nous avions groupé nos interviews. À peine arrivée, Chrissie, habituellement revêche, se jette dans les bras de Nancy, qu'elle connaissait de virées passées à Genève. En veine de confidences et de discussions, elle se montrera exceptionnellement ouverte, confiante, diserte, bavarde à l'envi. Nous passerons ainsi l'après-midi tout entière à boire du thé et à discourir sur l'état de nos vies et du monde, comme si cela importait vraiment, pour une fois sans distance, comme si Chrissie était naturellement en charge des changements à venir, et nous, des aides de camp. Remontée à fond, cette végétarienne militante, qui alla un jour jusqu'à demander à ses fans de plastiquer les fast-foods McDonald's (mais s'en tira mieux que José Bové) et nous quittera en nous assurant le plus sérieusement du monde que le monde « a besoin de gens comme nous », poussera cette frénésie de révélations jusqu'à nous confier qu'elle ne prenait plus la pilule et se faisait envoyer chaque semaine par le Vatican le texte des homélies papales.

Tous ne se souviennent pas d'elle ainsi, bien sûr, que ce soit au bar du Palace, au festival *Rouge* porte de Pantin, portant les amplis de Little Bob Story sur la scène de Dingwalls à Camden Town ou bien encore lorsqu'elle partageait un squat avec la bande des Sex Pistols à Clapham Common. Elle y essayait d'apprendre quelques accords à Johnny Rotten, cherchait désespérément à se faire épouser pour ne pas être expulsée du pays, et permettait à la petite (mauvaise) troupe de survivre en se démenant pour leur décrocher tous les sales petits boulots disponibles. Elle survivra alors un temps en volant à l'étalage et en faisant le ménage chez Keith Richards, son idole. Le changement date sans doute de 1983, quand au lieu de continuer à hurler « I Can't Control Myself » des Troggs comme lors du premier concert des Pretenders, au soir de la mort de Sid Vicious, elle aura une première fille (Nathalie) de Ray Davies, son fan numéro un, dont elle chanta non seulement « Stop Your Sobbing », mais aussi « I Go To Sleep », et qu'elle quittera en 1984, après un mariage orageux, pour épouser à son tour Jim Kerr, l'adorable pierrot-la-lune écossais des Simple Minds avec lequel elle concevra une seconde enfant. Jusque-là, en effet, elle restait laconique, méfiante, cassante, grande gueule, peu encline à écouter les avis des autres. Agressive pour survivre, sans doute, et ne rien concéder au machisme obligé du rock, cette transposition (substitut ?) permanente de l'acte sexuel. Ce qui ne changera jamais, sans doute, c'est cette incroyable énergie, tantôt mordante, tantôt amoureuse, qu'elle met en toute chose, que ce soit sur scène ou dans une simple conversation. Comme cette démarche chaloupée, que boots ou escarpins, elle ne peut escamoter, comme si ses maigres jambes arquées à la Lucky Luke ne pouvaient autrement la porter, et qui participe autant que la noirceur de ses cheveux et son amour des pantalons mexicains cloutés, des gilets et des blousons de cuir, à son look impeccable de « Keith Richards femelle ». Pourtant, il suffit de l'avoir fréquentée un peu pour savoir que si elle est aussi souvent sur la défensive, son agitation perpétuelle n'est que l'expression d'un cœur d'or, à la vocation contrariée par une insécurité permanente et un tempérament particulièrement mercuriel.

Décimés par les morts successives, à un an d'intervalle, de son ex-boy-friend Peter Farndon (suicide) et de James Honeyman-Scott (overdose), les Pretenders d'Hereford ne sont certes définitivement plus et depuis longtemps, malgré la qualité des contributions du guitariste Robbie McIntosh et les aller-retour du batteur Martin Chambers, que le seul véhicule de Chrissie Hynde, qui s'en défend, évidemment, et réserve son patronyme à ses duos inopinés avec UB 40 (« I Got You, Babe », « Breakfast In Bed ») ou aux grandes occasions, comme le concert pour le trentième anniversaire de la carrière de Bob Dylan. Malgré ses hésitations, ses errances, ses étonnantes compromissions (elle appelle *Last Of The Independents* un album où elle se fait aider pour l'écriture de ses chansons par un duo d'auteurs professionnels de la variété hollywoodienne), le rock a toujours besoin d'elle, de son trémolo hoquetant qui évoque parfois celui de Sandie Shaw comme de ses bravades, tendres et sauvages, racées comme ses rêves de petite Américaine vérolée aux trop grandes dents chevalines, qui a décomplexé une génération entière de filles difficiles comme elle, dont certaines (Siouxsie ? Kim Deal ?

Courtney Love ? Björk ? Liz Phair ? P.J. Harvey, sans doute) la rejoindront peut-être au Panthéon des trop rares héroïnes blanches archétypales du rock, au côté de Janis Joplin, de Grace Slick, de Marianne Faithfull, de Joni Mitchell et de Patti Smith.

YVES BIGOT : *Sont-ce vos enfants qui vous ont permis de vous sentir mieux dans votre peau ?*

CHRISSIE HYNDE : À trente-cinq ans, si je n'avais pas changé, autant mourir ! Mais par ailleurs, à trente-cinq ans, il est normal pour une femme d'avoir des enfants. Pour que ça ne soit pas le cas, il faudrait pratiquer l'abstinence sexuelle absolue, ou préférer coucher avec n'importe qui n'importe quand sans désir de se fixer quelque part. La contraception est une chose, mais je ne crois pas qu'il y ait grand-chose à gagner à vouloir changer le cours naturel de la vie. À mon âge, la surprise serait que je n'aie pas d'enfants. Je suis une femme normale : j'ai trente-cinq balais et deux mômes. Bien sûr, ça a changé ma vie. J'ai une famille et il est impensable que je ne lui consacre pas au moins cinquante pour cent de mon temps. Et il faut aussi du temps pour les amis, si on veut en garder, et du temps pour soi si on ne veut pas finir idiot, comme beaucoup d'hommes que je connais. Ils se tuent au travail pour réussir leur carrière. Souvent, ils y parviennent effectivement et sont très admirés, jalousés, mais leur vie personnelle est épouvantable et ils le regretteront. Nous ne contrôlons rien. C'est Dieu qui décide, pas nous. Se prendre pour Dieu est très dangereux pour un petit humain. La nature prend toujours sa revanche sur ceux qui se croient plus malins qu'elle. Et elle le fait toujours de manière violente, destructrice. Il est suicidaire d'aller contre son cours. Je ne m'y risquerai jamais. C'est plus important que de savoir combien de disques je vends. Je suis responsable de mes actes et de ma vie. Comme tout le monde.

— *Cette allégeance de l'individu à la société sur ordre de Dieu et de la nature est en phase avec Spencer, Shakespeare, Rousseau et même certains romantiques. Mais ça ne doit pas vous attirer les faveurs de vos premiers fans, plutôt rebelles, punks et décadents...*

— Mais c'était il y a dix ans. Que font-ils aujourd'hui ? Passent-ils toujours leurs nuits dans des clubs à prendre de la drogue ? Il leur faudrait grandir !

— *Mais le rock est affaire d'adolescents !*

— Plus maintenant ! Dans les années 1950, oui. Mais depuis les Sixties, le rock a libéré les consciences. Et il a vieilli. Il est adulte. Les rock stars et leurs fans sont quadragénaires, désormais : Bruce Springsteen a quarante ans. Je suis bientôt une vieille peau ! Trente-cinq balais, deux gniards, ancienne serveuse de cocktails dans les bars, je n'écris que pour moi, pas pour un marché ou un public. C'est ça le rock : être fidèle à soi-même, sincère et vrai. Ça me plaît. Si ça convient à d'autres, super. Venez, les gars. Sinon tant pis. Mais je ne ferais pas autre chose. Autrement, c'est un métier comme un autre et alors, autant en faire un vrai, utile à la communauté. Mais on peut bien sûr l'être à l'intérieur du rock : il défend de vraies causes, ouvre les consciences. C'est le langage commun à toute la planète, celui que conjuguent tous les individus qui procèdent d'une certaine sensibilité.

— *Que gardez-vous de vos années punks, alors ?*

— De janvier à juin 1977, à Londres, nous avons vécu une période bénie, dénuée de toute discrimination : sexuelle, raciale, politique. Une totale innocence, tellement innocente que le sexe en était quasiment absent. Je passais toutes mes nuits au Roxy où Don Letts était DJ. Je restais souvent là, debout au milieu de la piste après avoir partagé un joint avec lui, et je pleurais de bonheur. C'était si intense.

— *Pour beaucoup de jeunes filles, de femmes, vous êtes un véritable modèle. Une femelle rock, qui n'a pas besoin d'être hystérique et victime comme Janis Joplin, ni princesse éthérée comme Joni Mitchell, ni belle plante manipulée comme la Marianne Faithfull des années 1960 ?*

— Le problème, c'est que les femmes swinguent moins bien que les hommes, qu'elles mordent moins, qu'elles ont moins d'attaque, sont moins agressives, donc moins rock. Et il ne s'agit en rien d'une histoire d'éducation, de conditionnement social ou de retard dans l'exercice de la guitare électrique. C'est plus fondamental que ça : c'est génétique, biologique. Nous, les filles, déjà, nous avons des nichons. Et rien que ça, avec les strapes qui nous barrent la poitrine, et le poids des guitares qui nous l'écrase, c'est un sacré handicap. Tu imagines comment ça la leur secoue, à celles qui veulent jouer de la batterie ? Je suis une exception, si ça vous fait plaisir, mais c'est tout. La plupart des filles jouent des claviers, non pas parce que c'est plus féminin d'apprendre le piano, mais parce que physiquement, c'est ce dont nous sommes le plus facilement capables. Je sais, je ne suis pas très féministe, ni le symbole de la femme qui remet en cause le pouvoir des hommes. Et pourtant, je ne me laisse pas spécialement marcher sur les pieds.

Willy DeVille : Le Croque-Mort

« L'idéal, c'est de rappeler demain, vers onze heures. Willy sera levé et on pourra aller prendre un petit déjeuner ensemble », m'assure sa femme Lisa, une Italo-Américaine à la voix caricaturale de Betty Boop, qui vivait précédemment avec Iggy Pop, et s'y connaît donc en perdants magnifiques et compagnons exténuants.

Il est huit heures du soir, et je viens d'arriver de Los Angeles à La Nouvelle-Orléans en compagnie de Philippe Rault, producteur de la version mariachi de « Hey Joe » qui venait de conduire Willy DeVille, loser junkie francophile, en ce seing bien improbable pour lui : le sommet de notre Top 50 et, accessoirement, de tous ceux d'Europe continentale. En arrivant à Fnac Music Production, pendant l'été 1992, ce fut la première décision que j'eus à prendre : faire de ce classique folk meurtrier aux origines obscures et disputées la reprise imparable qui donnerait une ultime chance à la carrière totalement sinistrée de son morbide interprète rêvé, quoique arrivant longtemps après Tim Rose, Dino Valenti, les Leaves, les Byrds, Love, Jimi Hendrix, Johnny Hallyday, Bashung et même... les Charlots. Bien m'en a pris, puisque six mois, un disque d'or et trois cent mille albums plus tard, je lui rendais visite, dans la maison qu'il loue depuis sept ans à la mère de Gram Parsons, afin d'envisager la suite : clip de « I Call Your Name », sortie américaine, album suivant, et enfin cette vidéo en concert à l'Olympia dont il rêve depuis toujours.

Onze heures, donc. « Willy dort encore, il faudrait rappeler vers une heure. » Pani problème, Liz, on rappellera. Une heure : « Willy prend sa douche, il faudrait se voir vers quinze heures. » À l'heure dite, je me pointe donc au 1015 St Peter Street, à l'extrémité ouest du French Quarter. « Willy est sorti. Il viendra te voir à ton hôtel vers cinq heures ». À six heures, message. « Willy ne se sent pas bien, rappelez demain matin. »

On réussira quand même à déjeuner dans un boui-boui de Bourbon Street : gumbo et jambalaya. Il y sera, comme toujours, avant tout question d'argent, d'embrouilles vaseuses et d'ego surdimensionnés. Là, le succès de « Hey Joe » en est la cause : d'une part, Willy espère démontrer qu'il s'agit d'un traditionnel pour pouvoir en toucher les droits d'adaptateur ; de l'autre, il reproche à Rault d'en avoir revendiqué l'idée dans la presse rock française, ce qui est pourtant la vérité. Et chicane donc sur sa participation au nouveau projet. Méfiance, avances et compromis sont de sortie. Après une visite impromptue de Willy au bar de mon hôtel en fin d'après-midi, nous finirons par aller dîner tous les quatre dans un piège à touristes de Toulouse Street et trouver un accord, qui passe évidemment par un petit bonus, accordé au manager, bonne à tout faire, souffre-douleur du couple depuis des années : Jules Solo, alias Julie Solobskowicz, personnage caricatural, aussi épuisant et tortueux qu'hilarant, gaffeur et scoumouneux, vétéran du rock'n'roll américain (il managea Aerosmith) qui a fait fortune en vendant des pirates des Beatles dans les pays de l'Est et ne rechigne jamais à chanter « If I Were A Rich Man » en échange d'une chicken soup gratuite.

Il restera encore, le lendemain chez les DeVille, à choisir le répertoire, les musiciens qui augmenteront le groupe habituel, à travailler sur les différents scénarios de clip, dont aucun, bien sûr, ne convient. Le jour du départ, un dernier déjeuner dans la maison de Napoléon permettra à Willy d'échapper à la surveillance de Lisa pour profiter avec nous des alcools maison...

Ça n'était pas, loin de là, ma première rencontre avec William Borsay, qui affirme tenir le nom DeVille de sa grand-mère. Je l'avais interviewé une première fois dans les toilettes d'un hôtel des Champs-Élysées où il se shootait sous mon nez avec sa compagne délabrée de l'époque, Toots, la bien-nommée (« reniflette »). Puis une autre juste avant le concert de Mink DeVille à Montreux, en 1982. Et encore deux ans plus tard, à l'occasion de l'enregistrement d'un premier album live à l'Olympia qui dort toujours dans les caves de Polydor en Hollande. Enfin, il avait été absolument odieux, en direct dans *Trans-Europe-Express*, à l'occasion de la sortie du remarquable *Miracle*, réalisé par Mark Knopfler. Vautré sur son fauteuil, se tenant trop loin de son micro pour être intelligible, mais refusant de se redresser, il avait passé l'heure entière qui lui était consacrée à tripoter une groupie qu'il avait ramassée au jardin du Luxembourg et qu'il présentait comme l'amour de sa vie. Je m'étais bien juré de ne plus jamais entendre parler de lui, lorsque les circonstances firent que je débarquai dans la maison de disques française qui l'avait repêché, en totale disgrâce.

J'étais aussitôt allé le voir au Palais des Sports, où il se produisait avec la New Orleans Revue, poudré, fin et beau comme un ange damné, discutant à la porte de sa loge avec Dr John. Nous nous sommes revus régulièrement les mois suivants : place des Vosges pour une séance photo, puis la remise du disque d'or de *Tycoon* par Laurence Le Ny, directrice d'Epic ; à RTL, pour *Studio 22* ; au restaurant de l'Hôtel de la rue des Beaux-Arts ; à Niort, pendant le concert des Négresses Vertes qui passaient après lui ; backstage à l'Olympia, lors de ses deux concerts complets de fin novembre 1992 ; à Munich en tournée dans une immense salle d'un aéroport désaffecté ; à La Nouvelle-Orléans, donc ; au printemps de Bourges, où il retrouva Moon Martin, l'auteur de « Cadillac Walk » ; à la cantine de Canal+, parmi le personnel ébahi de le voir manger autant de yaourts – et rien d'autre – un jour qu'il passait à *Nulle Part Ailleurs* ; à New York, enfin, en juin 1993, où nous nous retrouvâmes donc finalement avec Rault et Bernard Faroux, réalisateur de la vidéo *From The Bottom Line To The Olympia*.

La veille de l'enregistrement, dans le loft où il répète avec ses musiciens, les choristes noirs et les cuivres engagés pour ce projet, Willy est tendu, irrité, coupant, y compris avec son entourage. Le lendemain, au Bottom Line loué pour l'enregistrement, une heure avant d'entrer en scène, je lui remets l'album d'or – vinyle – kitsch fabriqué spécialement à son intention, tout en strass et velours bordeaux. En le découvrant, Willy le dur de dur, le dandy que les commerçants de La Nouvelle-Orléans, qui ignorent tout de lui, ont baptisé « le croque-mort », redevient un gamin : il en tremble, essuie une larme. « Toute ma vie, déclare-t-il avec cette emphase et cette gravité qu'il aime donner à son discours poseur, comme si des caméras étaient éternellement rivées sur lui, chacune des choses que j'ai accomplies était destinée à ce moment. »

Rien que pour cela, ça valait le coup. Ça le valait encore plus, une heure plus tard, lorsque, pour son premier concert à New York, dans sa ville, depuis sept ans, avec ses airs de Capitaine Crochet, de Louis XIII et de Lorenzaccio conjugués, clope au bec et canne à la main, veste en velours noir et plastron à jabots, il triomphait devant tout le staff de MTV surexcité, président compris, venu soutenir l'équipe technique de *Unplugged*, assistant Faroux pour le tournage. Le second soir, après une fête furieuse dans un restaurant du Village, dans la limousine qui nous reconduit à l'hôtel Mayflower, Willy s'adresse à son fils de vingt ans : « Tu vois, quand on sait ce qu'on veut et qu'on s'accroche assez longtemps, on finit souvent par y arriver. »

Trois jours plus tard à l'Olympia, rebelote. Le premier soir est inutilisable : le groupe s'entend mal dans les retours, et surtout, Willy ayant échappé deux minutes à la surveillance de Lisa, s'est jeté dans le bar de Marilyn, où il a descendu une bouteille de vin blanc quasiment d'une seule gorgée. Le lendemain, flicage renforcé, se passera nettement mieux. Et c'est vers deux heures du matin, dans la salle de danse du dernier étage, que nous tournons l'interview destinée à la cassette vidéo, pour laquelle je redeviens journaliste. Excellent conteur, Willy a tous les défauts des gens qui aiment parler. Il adore s'écouter, et se perd dans d'incessantes digressions. Du coup, à trois heures et demie, alors qu'il vient de décider de donner un cours de guitare slide à la caméra, je m'éclipse en douce. J'allais m'endormir sur place...

Début 1994, *Backstreets Of Desire* est sorti aux États-Unis chez Rhino, « Demasiado Corazon » et l'album *Live !* sont numéros un en Espagne. Au palais des congrès, Grégoire Bédot m'accompagne pour recevoir le grand prix de l'académie Charles-Cros. Les rêves de Willy se réalisaient vraiment. Et puis les avatars de la GMF et du Crédit Lyonnais ont sacrifié Fnac Music. Et Willy. Sa carrière ne s'en est pas remise. Sa vie non plus. Ayant déménagé dans un ranch du côté de Lafayette grâce aux redevances récoltées le temps de notre collaboration, il rentrera un jour d'une promenade à cheval pour trouver Lisa pendue. Et finira par enregistrer en Allemagne la chanson de Warren Zevon que je lui avais suggérée et dont le refrain semble avoir été inventé pour lui : « Carmelita, hold me tighter/I feel I'm sinking down/Cause I'm all strung out on heroïn/On the outskirts of town » (Carmelita, serre-moi plus fort/Je me sens partir/Me voilà complètement accro à l'héro/Aux limites de la ville).

YVES BIGOT : *L'Olympia est votre salle fétiche. Qu'a-t-elle de si magique ?*

WILLY DEVILLE : Si seulement cet immeuble savait parler, quelles histoires géniales il relaterait ! C'est l'équivalent de l'Apollo à Harlem. Il y a là de nombreux fantômes, tant de souvenirs. L'âme et les tripes de tellement d'artistes, pas seulement internationaux, comme Dylan, Janis Joplin, les Beatles ou les Stones, mais aussi français : Brel, Aznavour, Piaf... Chaque fois que je me produis ici, je me pénètre de leur esprit et j'essaie de donner le meilleur de moi-même, plus encore qu'ailleurs, pour le public, bien sûr, mais aussi pour toutes les âmes qui traînent là, pour qu'elles soient fières de moi.

— *Très vite, avec* Le Chat bleu, *produit par Maxime Schmidt chez Pathé Marconi, votre carrière a pris un tour parisien, plus que jamais confirmé dix ans plus tard, où vous êtes signé par un label français. Quelle logique y voyez-vous ?*

— Je crois que les Français – comme les Espagnols – ont plus d'âme, de soul, sont plus passionnés que d'autres peuples. Ce qui me turlupine, pourtant, c'est comment un peuple aussi civilisé faisait pour couper la tête aux gens alors même que la Révolution devait changer la vie et les mœurs ? C'est incompréhensible. J'ai toujours été naturellement attiré par la France parce que c'était le pays de la culture : c'est là que sont venus Picasso, Man Ray, Salvador Dali. Tous les grands artistes le sont devenus ici. Déjà, à quatorze ans, alors que mon seul désir était d'être bluesman, je rêvais d'aller à Paris pour y apprendre à devenir un véritable compositeur.

— *Comment cette aventure transatlantique est-elle arrivée ?*

— J'étais couché une nuit, et, d'un seul coup, m'est venue cette mélodie. Je me suis jeté sur le piano et j'ai joué cette espèce de sonate impossiblement triste qui, pour moi, évoquait la musique française. C'était « Heaven Stood Still ». Tout est parti de là. Quand il fallu l'enregistrer, j'étais supernerveux à l'idée de travailler avec Jean-Claude Petit. Nous ne parlions pas la langue de l'autre, mais nous nous sommes assis côte à côte et il s'est mis à jouer cette partie de violoncelle qui complétait à merveille ma mélodie. Plus tard, en entrant dans le studio, quand j'ai entendu les arrangements de cordes qu'il avait écrits, j'ai failli pleurer. J'étais parvenu à mes fins : j'étais devenu compositeur, ici, à Paris. Et l'incroyable, c'est que ma maison de disques n'en a pas voulu : mon chef-d'œuvre ! Il a fallu qu'il s'en vende je ne sais combien de milliers en import pour qu'ils le sortent finalement aux États-Unis, à contrecœur, parce qu'ils n'y comprenaient rien. Aujourd'hui, la boucle est bouclée : je suis de retour à Paris, dans une boîte française. Je ne suis toujours pas businessman, seulement un pauvre artiste. Mais quand on est correct avec moi, je suis correct avec les autres.

— *Édith Piaf est votre modèle. C'est inattendu pour un Américain.*

— Elle m'a toujours intrigué. Sa voix était vraiment différente de tout ce que j'avais pu entendre jusqu'alors, mais putain, qu'est-ce qu'elle chantait ! C'était le début des années 1960 et je prenais toutes les drogues imaginables, du speed, je fumais de l'herbe, toutes ces choses qu'on fait quand on grandit. Je n'ai aucun regret, c'était le bon temps. À cette époque-là, les gens que je fréquentais avaient les goûts les plus éclectiques possibles. Une faune démente, qui se retrouvait dans des hangars incroyables : mannequins, cinéastes, travestis, musiciens, tous les fêlés de New York, si on veut. Et là, on entendait vraiment tout : de Muddy Waters ou Bessie Smith à Édith Piaf. C'est aussi là que j'ai entendu *The Very*

Existential Mademoiselle Françoise Hardy, dont je suis tombé éperdument amoureux quand j'étais adolescent.

— *Avec la môme Piaf, vous partagez l'expérience de la rue.*

— Mon pote Floyd et moi, on vivait dans des boîtes en carton sur MacDougal, dans le Village, comme les SDF d'aujourd'hui, et chaque jour, on voyait passer Bob Dylan et Jimi Hendrix avec leurs guitares à la main. À l'époque Hendrix se faisait appeler Jimmy James, et il portait une moustache fine à la Chuck Berry. Maintenant, je connais Dylan et j'ai pu lui raconter ça. On était des gamins de la rue, qui restions là, à la porte, mourant d'envie de vous voir. On restait parfois là des heures, juste pour apercevoir Muddy Waters. Je n'avais même pas le courage de lui demander un autographe : le voir et l'entendre parler me comblaient déjà. Et John Lee Hooker ! Imagine un gosse de quatorze ans, fluet et blanc comme moi, bégayant comme lui, en imitant sa grosse voix de Noir du Mississippi ! C'est à cette époque que j'ai commencé à jouer de la guitare. Je m'entraînais tous les jours à reproduire la version de « Dust My Broom » par Elmore James.

— *C'est aussi à cette période que vous avez contracté cette fascination pour l'élégance et l'arrogance latines ?*

— Avant encore. Je me revois à la table du petit déjeuner en train de manger des cornflakes avant d'aller en classe. La radio jouait en permanence et mon grand frère, qui m'a tout appris, comment me coiffer, m'habiller, être cool, me disait à chaque fois qu'on entendait les Drifters : « Écoute bien, c'est ça, le son de Spanish Harlem. » Ça ne m'a plus quitté.

— *Enfin, jusqu'à ce que vous vous preniez d'amour pour La Nouvelle-Orléans !*

— C'est là que le rock'n'roll est né, comme le jazz et le blues. La musique y est vivante partout, avec son tempo vaudou : les Neville Brothers, Dr John, Frankie Ford, Fats Domino, Zachary Richard, les cajuns, le r'n'b ; les Wild Magnolias et ce truc incroyablement funky, le rythme de marche de la « second line » des parades du Mardi Gras, ce rythme que les types qui tapent sur des boîtes de conserve tiennent derrière les tambours de la fanfare dans les parades. Et tous les classiques de Little Richard ont été enregistrés là-bas. Je ne pouvais quitter New York que pour cette ville. C'est là que se croisent mes trois principales influences : française, espagnole et africaine.

Robert Smith : Le Gros Malin

Un pub à la mode de Soho, en milieu d'après-midi au printemps 1982. Mon premier rendez-vous avec les Cure, pour la promotion de leur mortifère *Pornography*.

— Ah, c'est toi, le journaliste d'Europe 1 ? On savait que tu venais, on t'a entendu l'annoncer cette nuit à la radio.

J'étais scié. J'avais beau savoir qu'on capte la station à peu près partout sur le continent dont elle porte le nom depuis 1955, je ne m'imaginais certainement pas le groupe le plus étrange de la new wave réuni autour du transistor pour écouter *Rock à l'œil*. Ça n'est qu'à la fin de l'interview, à quelques-uns, autour d'une table et de nombreuses chopes de Lager, que j'aurai la clef de l'énigme, lorsque Laurence Tolhurst me demanda de saluer Philippe Gildas, alors directeur d'antenne, pour lui. C'est que l'ami Philou, « petit avec de grandes oreilles », n'était autre que l'oncle par alliance de Lol, ce que mon patron, malgré tout, me confirma dès le lendemain avec sa bonne humeur coutumière...

« Nous, on n'écoute que Cure. Vous connaissez pas ? Normal, vous pouvez pas comprendre », répondront bientôt des centaines de milliers d'adolescents, lycéens et étudiants, déguisés comme leurs idoles en E.T. phosphorescents, aux questions des parents inquiets et des journalistes incrédules dépêchés par leurs rédactions pour enquêter sur le « phénomène Cure ». Leur monumentale popularité en France au cours des années 1980 me les fera rencontrer à de nombreuses reprises par la suite, à la sortie de chacun de leurs albums, et pour tous leurs concerts dans toutes les configurations : Robert Smith à Londres pour *The Head On The Door*, puis en direct, d'abord pour *The Top*, puis à l'occasion du concert de Bercy en décembre 1985, de la sortie du live, et avec tout le groupe dans *Trans-Europe-Express* pour *Kiss Me, Kiss Me, Kiss Me* et la compilation *Standing On The Beach*. Chaque fois le même cirque : les fans en uniforme (coiffure ébouriffée porc-épic bleue, rose ou mauve, khôl dégoulinant aux yeux, rouge à lèvres d'épileptique collant aux dents, fripes noir corbeau, énormes sneakers blancs délacés à l'effet snow-boots) faisant le siège de la rue François-Ier dès la fin d'après-midi et suivant Robert partout dans la nuit parisienne. Mais le sommet fut atteint lors de la Coupe du Monde de football 1986 : j'animais chaque soir de vingt-trois heures à deux heures du matin le *Club Adidas Coca-Cola* en direct de la salle de cinéma d'Europe 1, entre ce qui était au Mexique le match de l'après-midi et celui du soir, que nous invitions un certain nombre de personnalités à voir avec nous pour ensuite les commenter à l'antenne en ma compagnie – et celle de José Touré, blessé, en rééducation, et donc recruté comme consultant. Un soir d'Angleterre-Uruguay, les Cure au grand complet, avec femmes, enfants et entourage, envahissent donc la salle de projection, au sous-sol du 26 rue François-Ier, et font exploser le bar, mais aussi la cave de l'Athénien, le café d'à côté : non seulement les bières manquent, mais jamais personne n'avait vu pareille consommation de Marie Brizard. À trois heures du matin, l'endroit ressemble à Woodstock au dernier petit matin, pendant que Hendrix électrocutait l'hymne américain : bouteilles renversées et papiers gras piétinés, poupées désossées, odeur de chanvre froid... Le groupe n'en reste pas moins authentiquement fan de football, Smith faisant preuve en la matière comme en musique d'un chauvinisme confinant au sectarisme. Il n'empêche : le groupe pratique, et je serais amené à deux reprises à disputer des rencontres contre leur équipe.

Car si Robert Smith a bien compris quelque chose, c'est qu'il convient de bâtir sa propre mystique. Et qu'un poète de cette tradition anglaise un peu macabre et misérabiliste dont il se rêve héritier, de Byron à Oscar Wilde, de Percy Shelley à Swinburne, se doit d'être déjanté, alcoolique, excentrique, ombrageux, provocateur, ambigu, incompris, insatisfait et ultimement maudit. À mesure de nos rencontres, je finirai pourtant par apprivoiser relativement ce

Raminagrobis, qui se délecte de sa propre malice (c'était d'ailleurs le tout premier nom du groupe) en jouant de l'éventuelle crédulité de ses interlocuteurs. Bricolo minimaliste, touche-à-tout l'air de rien mais perfectionniste tout de même, fan de Syd Barrett, son modèle écervelé, de Bowie, du Velvet Underground, de Jimi Hendrix, des Beatles, des Rolling Stones de « 19th Nervous Breakdown », du Van Morrison d'*Astral Weeks*, de Nick Drake et de Captain Beefheart, il fera de The Cure « le remède au manque d'inspiration de son époque » : oasis de fraîcheur enfantine, d'humanité brillante et incohérente, périmètre de liberté mentale et sensorielle qu'en d'autres temps on eût pu nommer psychédélisme. Héritier direct des romantiques anglais, dont il partage le goût du flou, du transformisme, de la nature organique, du mystère et de la thanatologie, cet aspirant jockey qui a oublié d'arrêter de grandir a su créer un univers vénéneux, obscur, à l'odeur de sous-bois, au goût amer des *Fleurs du mal* comme instrument de passage *De l'autre côté du miroir*, où nous attendent donc Alice, Robert Smith et *Les Paradis artificiels*. Prestidigitateur, alchimiste, narquois apprenti sorcier, entre brume et clarté, vague et précision, désir et chair, il fera ainsi balancer Cure entre provocation initiale (« Killing An Arab », directement adapté de *L'Étranger* ; il récidivera avec Kafka), acid rock torturé à l'anglaise, impressionnisme marémoteur un moment proche de Pink Floyd, et pop primesautière de la meilleure tradition British pour le plus grand bonheur du *Top 50*, de *Champs-Élysées* et des *Enfants du rock*, dont la version instrumentale de « Just Like Heaven » sera l'indicatif, que j'exhumerai à l'occasion des remontages calendaires de l'été 1992 que me commandera Max Armanet, alors directeur des magazines.

Hautain mais accessible, lointain mais vulnérable, sarcastique mais autocritique, espiègle avant tout, ce lutin d'un conte nihiliste qui a la tête dans les vapes mais les pieds bien ancrés sur la capitaliste terre d'Angleterre, ancêtre des « shoegazers » du label Creation, équivalent britannique du grunge, longtemps compagnon de route de Siouxsie and the Banshees, ami de longue date de la correspondante de *Libération* à Londres, Barbarian, Robert Smith à la langue de pute et à l'ego consistant qui épousera Mary Poole, son amour d'enfance, mais se dit « philosophiquement opposé à la paternité », a le regard sec et franc, un énigmatique sourire toujours prêt à moquer ou à mordre et la langue fermement plantée dans sa joue. Depuis une vingtaine d'années qu'il menace régulièrement de mettre fin à un groupe au personnel fluctuant dont le seul repère reste le bassiste Simon Gallup, le voilà transformé en véritable patriarche du rock gothique, genre à l'origine improbable, mais qui a pris, près de vingt-cinq ans après ses débuts à Leeds et au Batcave Club, en ce début de XXIe siècle, un essor considérable, d'Indochine à Marilyn Manson, atteignant même les limites du nu-metal pratiqué par Korn et autres Slipknot.

YVES BIGOT : *Vos fans, qu'on a baptisés ici « les curés », sont parmi les plus fidèles. Que pensez-vous de leur goût immodéré pour les pulsions suicidaires de vos premiers albums ?*

ROBERT SMITH : S'ils y croyaient tant que ça, ils seraient déjà morts. Nous avons toujours tenu à changer, à les désorienter. C'est un processus continuel, un jeu du chat et de la souris entre eux et nous. Chacun de nos disques possède sa propre valeur, liée à son environnement temporel. Certains sont plus émouvants que d'autres : ce sont ceux qui ont touché le plus grand nombre, mais cela ne leur confère aucune supériorité. C'est sûr que personne ne va écouter « The Lovecats » et s'écrier : « Mon Dieu, c'est si beau que j'ai envie de me tuer au son de ça ! » En revanche, « Faith » peut donner ce sentiment. Ça ne prouve pas que la chanson soit meilleure, seulement qu'elle est plus profonde, plus personnelle, plus privée. Je lui ressemble plus qu'à « Lovecats ». Et alors ? Je ne l'apprécie pas plus. C'est comme les gens qui pensent qu'être triste est plus intelligent, plus précieux qu'être heureux. C'est idiot. J'ai toujours haï cette idée selon laquelle nous serions un suicide permanent. S'il en était ainsi, j'aurais fait comme Ian Curtis, de Joy Division, qui s'est pendu. Cure a seulement exploré quelques territoires musicaux particulièrement déprimants, mais sans morbidité. On s'habille en noir, mais bon...

— *Les mêmes guettent de vous un signe, un geste, comme jadis de Sartre, de Camus, de Lennon ou de Dylan.*

— Il ne faut pas. S'ils savaient... quelle déception ! Chaque acte n'a de valeur qu'au moment de sa réalisation. Si quelqu'un vient me voir en me disant que j'ai été génial et que désormais je suis nul, je respecte son opinion. Tout en pensant qu'il a tort. Je sais combien j'ai progressé. Et si ça me convient à moi, d'autres doivent pouvoir s'en satisfaire. Je préfère Camus aux symbolistes : c'est plus réaliste. J'adore Lautréamont.

— *Vu la nature sombre de votre inspiration, on se demande quelle en est la part autobiographique.*

— Je projette beaucoup de moi sur les autres. Une grosse partie de ce qui semble être moi dans mes chansons ne l'est en fait pas du tout. Je ne me trouve pas différent des gens que je rencontre, ce qui me facilite l'appropriation de situations qu'ils me décrivent ou que j'observe. Les circonstances sont réelles, mais pas expérimentées. Certaines sont d'évidences personnelles, et même cuisantes. Il est évident qu'à l'époque de *Seventeen Seconds*, de *Faith* et de *Pornography*, au début des années 1980, j'étais assez déprimé, et très défoncé. Je me demandais si la vie valait le coup, et avec *Faith*, en particulier, je visais à faire l'album le plus désolé jamais enregistré. Tout, dans ces trois albums, est transparent. Les paroles, la recherche de mon identité, mon malaise. C'est la raison pour laquelle il n'y a pas de photos de nous sur les pochettes. Nous y sommes déjà trop nus. Je ne voulais pas être reconnu, seulement faire la meilleure musique du monde. Et je ne voulais surtout pas que quiconque découvre qui j'étais vraiment. Mais je serais mort depuis longtemps si j'avais vécu tout ce que j'ai chanté. J'ai une véritable passion pour la vie qui m'oblige à toujours reporter le pire à plus tard. Nous mourrons tous un jour : pourquoi avancer l'heure et la date ?

— *Vous vous sentez romantique, à l'anglaise ?*

— Au sens littéraire, poétique, oui. Pas comme à Hollywood.

— *On peut se plaindre, ou se délecter, que vos paroles soient souvent cryptiques.*

— La littérature que j'aime est assez obscure. Je ne trouve pas ça repoussant. J'aime assez la notion d'incompréhension des choses. Tout n'a pas besoin d'être dit. Surtout en poésie. Je me souviens qu'en classe on bûchait une heure pour disséquer dix lignes de T. S. Elliott. Quelle ânerie. S'il avait voulu qu'on comprenne chaque phrase, il aurait joint une page d'explications en annexe au poème. Et dans ce cas, pourquoi se donner le mal de composer le foutu poème ? Il en va de même pour les paroles de rock. Pour décrire la confusion, deux possibilités : 1/écrire : « Je suis très confus en ce moment », ce dont tout le monde est capable ; 2/essayer de le faire sentir par une série d'images. Musicalement, idem. Les possibilités d'associer les notes sont infinies, et pourtant tout le monde sonne pareil. Question d'imagination. Il est évident que ce que j'écris n'est pas pour tout le monde, sinon je serais journaliste au *Sun*. Même quand les mots ne sont pas explicites, on reçoit une impression, et il n'y a que cela qui compte vraiment. J'aime utiliser les mots à la manière de Dylan Thomas, qui juxtapose leurs sons jusqu'à en changer la signification, pour obtenir un nouvel effet. Je fais de même avec la musique, ce qui est complexe, mais amusant.

— *Vous avez très peur d'être piégé, n'est-ce pas ?*

— Aaaargh ! Chacun connaît un Robert Smith différent. Je suis changeant comme tout le monde. Même ma mère me surprend parfois, et pourtant je la connais depuis le jour de ma naissance. J'ai toujours été très conscient qu'il ne faut pas se trouver dans une situation dont on ne peut pas sortir. Nous changeons en permanence, comme les Beatles, parce qu'il n'existe que deux raisons pour lesquelles les groupes s'arrêtent : soit ils n'ont plus d'idées, soit ils les rabâchent, et c'est le public qui les jette. Nous avons choisi de toujours intéresser nos fans, ou d'en intéresser d'autres, et de bannir la lassitude. On n'a pas à s'inquiéter de notre image, donc tout nous est possible. Personne ne sait plus ce qu'est Cure et ne peut donc récriminer. Très peu de musiciens parviennent à s'extraire de ce cercle vicieux. Il faut rester vigilant. Aucun groupe ne me fascine autant que Cure. Je n'existerais pas sans eux. Mais plus ça change, plus c'est toujours pareil, n'est-ce pas ?

— *Vous citez Jimi Hendrix parmi vos principales influences. Vous seriez un guitar hero frustré et déguisé, comme votre longue présence parallèle au sein de Siouxsie and the Banshees, et de The Glove peut le laisser penser ?*

— Je ne joue de guitare que lorsque je dois composer, enregistrer ou me produire sur scène. Du coup, je ne progresse absolument pas. En revanche, corollaire, ça me permet de rester spontané. J'adore enregistrer en une seule prise, directe. Je sais déjà que je suis incapable de faire mieux que le solo de « A Forest ». D'ailleurs, mon approche à changé : au début, j'avais l'impression d'être un guitariste qui chantait ; maintenant, je sais que je suis un chanteur qui grattouille. Ce qui ne m'empêche pas de rechercher la naïveté avant tout, pour l'un comme pour l'autre. J'adore Hendrix, en effet, et aussi Brian Jones, période *Aftermath*, *Between The Buttons* et des singles comme « Let's Spend The Night Together », « Ruby Tuesday » ou « Paint It Black ». Faut se méfier de ce genre de chose, pourtant. Andrew Ridgeley affirme que « Boys Don't Cry » est sa chanson préférée. Si ça me rend responsable de l'existence de Wham !, ou de tous ces groupes que je déteste comme Sade, Spandau Ballet, Howard Jones, Nick Kershaw, etc., j'aurais mieux fait de me tirer une balle...

— *Vous avez peur d'être crucifié, comme John Lennon et Jim Morrison avant vous ?*

— À chacun de nos virages, je reçois beaucoup de lettres de fans m'accusant de les avoir trahis. Ils aimeraient que nous restions un groupe culte, ce qui n'est pas notre vision : on veut être un groupe pop, au sens le plus noble. Je ne suis pas là pour porter les péchés des autres. Ceux qui s'en offusquent sont des idiots. Le problème, c'est qu'avec l'âge on s'aperçoit qu'on ne devient jamais soi-même. Chaque petit événement nous modifie, repousse notre connaissance de notre propre identité un peu plus loin. C'est horrible d'avoir conscience de ne jamais savoir qui nous sommes vraiment. C'est comme quand on m'accuse de tyrannie.

— *Pourquoi dites-vous ça ?*

— C'est parce que je suis saoul.

— *Vous savez bien que ça n'est pas le cas.*

— C'est là tout mon problème : je n'y parviens plus. Comme disait Baudelaire : « Enivrez-vous, que ce soit de vin, de vertu ou de poésie ».

U2 : Les Croyants

Bono appelait Christian Lebrun, le défunt rédacteur en chef de *Best*, chez lui la nuit à Pantin, pour s'excuser lorsque U2 ne pouvait pas honorer une interview ou une séance de photos avec le mensuel français qui les avait toujours soutenus. Pareillement, en février 1985, lorsque le groupe apprit que Mick Jagger et les Cure allaient parrainer le troisième anniversaire de *Rock à l'œil*, il se manifesta par l'intermédiaire de son manager, Paul McGuinness (nom irlandais s'il en est), pour se joindre au baptême. C'est donc à l'hôtel de la Trémoille, à côté d'Europe 1, au lendemain matin de leur concert à Bercy, que je retrouvai Dave Evans, alias The Edge, guitariste des Irlandais les plus célèbres de la planète. Sérieux comme un pape, le visage fermé et acéré comme son surnom d'ancien loubard – que même sa mère emploie – l'indique (« le fil », plutôt que « le bord »), ce dernier insiste pour que le petit déjeuner soit tranquille, savouré, et l'entretien long, complet et satisfaisant, ce qui a pour don naturel d'énerver maison de disques et tour manager, persuadés à raison que les embouteillages existent et que les avions de ligne n'attendent pas, même les rock stars. Qu'importe. « Si nous ne pouvons pas avoir des rapports normaux avec les autres, surtout lorsque nous les choisissons, ça n'est même pas la peine de supporter tout ce cirque », déclare calmement cet hôte déterminé, qui faillit quitter U2 après l'album *October* parce que la vie du rock lui semblait contredire sa foi. Il rabroue son entourage dépité, lequel décide de l'abandonner à son sort. « Nous pouvons nous permettre de rater un vol, si cela nous permet de rester humains », ajoute-t-il alors, satisfait de sa désobéissance.

L'album *The Unforgettable Fire* venait de sortir, et U2 s'extrayait à peine de sa première période, new wave post-punk, jouant cette *Big Music* gros son, rock héroïque tendu comme le cœur d'un chevalier de la Table ronde, avec cette rythmique énorme et ce son de guitare en écho et delay tant imité, pour partir à la recherche de ses racines génétiques, gaéliques, et de celles, américaines, du rock, qui le conduiraient à se prendre pour le Band sur *The Joshua Tree* et à revisiter le rock classique (BB King, Elvis Presley, Sun, Bob Dylan, les Beatles, les Stones, Stax, Jimi Hendrix, les Doors, même Billie Holiday) pour la Génération X avec le film *Rattle And Hum*. C'est au plus fort de cette période que nous nous revîmes, le 31 décembre 1989, au Point Depot de Dublin, où U2 offrait pour ce « New Year's Day » très spécial, la retransmission de son concert à toutes les radios de la nouvelle Europe, de l'Atlantique à l'Oural. Mais alors The Edge était tendu, préoccupé par les problèmes internes de sa formation, dont la presse locale annonçait non seulement la séparation proche, mais faisait en plus l'étalage de ses problèmes maritaux. À l'issue de la retransmission que je commentais en direct sur Europe 1 grâce à un téléphone satellitaire prêté par la RTE, ça ne l'empêchait pas de démentir la première de ces deux informations, avec bonhomie, sur le parking du lieu, entre deux autographes à des rouquines hystériques, de sa voix douce et toujours un peu étonnée d'avoir à proférer des vérités universelles plutôt que de donner des nouvelles de son voisinage. Quelques minutes plus tôt, Bono annonçait pourtant sur scène : « Il est temps pour nous de dégager et de nous rêver un nouvel avenir. » Méditant sous la pluie glaciale ce que j'allais pouvoir faire de cette contradiction pour le papier de *Libé* promis à Bayon, je regagnai ma voiture de location (conduite à droite) pour découvrir un pneu crevé, que je mettrai une bonne heure à changer avant de regagner le confort feutré de ma chambre d'hôtel – et ma machine à écrire.

C'est à Dublin, déjà, que j'avais acquis fin 1979 le premier maxi du groupe, *U2-3*, uniquement paru chez CBS Irlande, quelques mois avant la signature chez Island. Je ne sais plus ce qui m'avait pareillement poussé vers ce groupe, pas très expert, seulement entendu une fois à la radio de l'hôtel (sans doute un article de *Hot Press*, le rock mag local). La ferveur pataude de « Out Of Control », son désir de rock indiscipliné à la Ramones, ses instruments pas encore fondus dans un son dont on devait sans doute déjà percevoir la passion, au-delà des hésitations brouillonnes, m'intriguaient. Une impression diffuse, qui préfigurait l'innocence de la pochette de *Boy*, le premier album à l'enfant (censuré aux États-Unis pour pédophilie !), blanc et gris comme la neige. C'est précisément sous les flocons, à Pâques 1983, après un excellent concert au Printemps de Bourges retransmis dans mon émission, que j'avais déjà interviewé Bono et le bassiste Adam Clayon, récent témoin de son mariage avec son amour d'enfance, Alison Stewart. Ou plus exactement Bono tout seul, puisque le second, qui n'était pas intervenu une seule fois, se levait et nous quittait sans mot dire au premier changement de bande. Déjà vêtu de cuir noir, Paul Hewson, dit Bono Vox (le nom d'une boutique de Sonotone à Dublin), avait fait preuve de (presque) toutes les caractéristiques qu'on lui associera : disponible, bavard, fervent, ouvert, révérencieux, têtu, volontariste. Là aussi, bien sûr, il avait beaucoup été question de l'Irlande, sujet majeur de l'album *War* (sa mère était protestante, son père catholique), inspiré par le style direct de John Lennon (auteur en son temps de son propre « Sunday Bloody Sunday » et de « The Luck Of The Irish »). Et aussi de ce lien, impensable à l'époque de ce premier maxi hésitant, qui allait en faire l'héritier direct des grands groupes de l'histoire du rock, dont U2 était déjà en train de prendre le témoin.

Catholiques fervents – et pratiquants, à l'exception d'Adam Clayton, qui défraiera plus tard la chronique à l'occasion de sa liaison orageuse avec le top model Naomi Campbell –, les membres de U2 se réunissent alors pour prier et méditer, une heure durant, avant et après chacun de leurs concerts. Cette foi, intégrante de l'âme irlandaise, fera de U2 un grand groupe de scène dès ses débuts, concerné par son public, par le rapport gospel qui s'établit entre la musique et la réaction de son audience. Feu attisé par Bono, soul singer blanc, mime bardé de cuir noir à la manière d'Elvis Presley et de Jim Morrison, bateleur d'âmes qui n'hésite jamais à payer de sa personne pour s'engouffrer dans le public et communier avec lui, drapeau blanc à la main telle une Marianne au nez de Cyrano, ainsi qu'il le fit historiquement à *Live Aid*, invitant une spectatrice à danser sur un « Bad » de treize minutes, caviardé d'extraits de « Ruby Tuesday », de « Sympathy For The Devil » et de « Walk On The Wild Side », comme déjà à l'occasion de la célèbre vidéo tournée à Denver, dans l'amphithéâtre naturel de Red Rocks, où on le voit disparaître pendant « Sunday, Bloody Sunday ».

Naïf, prosélyte, excessif, pourvu d'une énergie et d'un optimisme hors du commun, il s'est parfois fourvoyé, a pu prêter à sourire, irriter. Et son groupe avec lui. Au début des années 1990, ayant réalisé sa quête américaine à la recherche de l'esprit du rock, U2 prenait enfin un virage admirable, courageux et salutaire, en se retournant sur la Mitteleuropa livrée à toutes les ivresses, celles de la liberté, de la consommation, de la communication, des revendications, des nationalismes, des séparatismes et des conflits qui en naissent immanquablement. Accompagné dans ce nouvel univers d'histoire et de culture en plein renouveau en même temps qu'en pleine dérive par le cinéaste allemand Wim Wenders, avec lequel Bono signera le scénario du film *Million Dollar Hotel*, U2 succède à Berlin à Lou Reed, à David Bowie, à Iggy Pop, à Brian Eno, à Nick Cave et à Roger Waters. *Achtung Baby* et son reliquat *Zooropa*, enregistré à l'issue d'une tournée multimédia où Bono fera intervenir en direct aussi bien Salman Rushdie que Bill Clinton, prendra chaque soir des nouvelles de Sarajevo assiégée et se transformera en diable de l'Apocalypse sous les traits de son double MacPhisto, seront, le 7 mai 1992 sur la scène de Bercy comme ailleurs, l'expression mature, CNN, mondialiste, d'un groupe toujours profondément irlandais, mais qui a réalisé, comme sa pauvre, triste et magnifique petite île verte, pluvieuse et ventée, que de l'Europe seule viendrait son salut. Depuis, et malgré les intérims Guns N'Roses, REM, Nirvana et Oasis, U2 conserve, grâce à sa puissance scénique et à sa foi en lui-même, le titre officieux de « plus grand groupe de rock'n'roll du monde », mission que ses quatre membres, toujours ensemble vingt-huit ans après leur rencontre au lycée, prennent très au sérieux. Engagé dans la lutte contre la famine et le sida en Afrique, pour la réduction de la dette du tiers-monde, en faveur de Greenpeace et d'Amnesty International, Bono, qui réside désormais près de Nice, passe son temps à houspiller les uns et les autres, de Tony Blair à George Bush Jr., en passant par le pape, Bill Gates et Kofi Annan pour débloquer des fonds, et des situations. Jacques Chirac en fera les frais peu après sa première élection, lors des MTV Music Awards au Zénith où j'avais accompagné Zazie, Bon Jovi et Metallica, lorsque Bono le fera conspuer par la foule en raison de la politique française d'essais nucléaires dans le Pacifique. On ne sait pas si ça lui en a remué l'une sans faire bouger l'autre, mais force est de constater que, depuis, on n'en parle plus...

YVES BIGOT : *Jusqu'à U2, l'Irlande n'avait produit qu'un minimum de rock stars, alors que c'est un pays dont la tradition musicale est très forte.*

THE EDGE : C'est vrai, mais ceux qui nous ont précédés sont incomparables : Van Morrison, bien sûr, qui est de Belfast, et à un moindre degré, les Boomtown Rats de Bob Geldof, Thin Lizzy, Rory Gallagher. Pour bien comprendre l'Irlande, il faut réaliser que c'est une île, isolée, coupée du reste du monde, et dans ce cas, de la machine rock anglaise. Réussir à Londres, pour nous, c'est déjà conquérir le monde. Ça a été tellement difficile de quitter Dublin et de signer un contrat avec une maison anglaise que, après, tout est apparu facile. Comme réussir aux États-Unis, par exemple. Là où la plupart des groupes anglais vont là-bas avec dédain et un sentiment de supériorité soi-disant dû à la prétendue culture européenne, nous n'avons jamais snobé le public américain. Nous le respectons, parce qu'il est simple, comme nous, parce que beaucoup d'entre eux sont des migrants, comme le sont les membres d'un groupe de rock. Pour nous, le seul fait de pouvoir voyager jusque là-bas, de jouer dans ce groupe et de pouvoir le faire pour eux suffit à nous rendre heureux. Nous n'avons pas, en plus, besoin de nous sentir supérieurs parce que nous appartenons au Vieux Continent, censé être plus cynique et plus intelligent. Les Américains ont été très généreux avec U2. Nous ne considérons jamais les pays, les publics, les maisons de disques, comme des entités indivisibles, mais comme des groupes d'individus tous différents. Nous évitons toujours les amalgames et les généralisations. On ne va pas devenir racistes parce qu'un Noir nous a insultés, ni antiaméricains à cause de Reagan. Nous avons suffisamment souffert de ce que des gens qui n'y connaissent rien pensent et concluent de la situation politique et religieuse en Irlande, pour ne pas reproduire ce schéma avec l'Amérique comme l'ont fait les Clash dans « I'm So Bored With The USA ». Nous savons bien que nous n'allons pas changer le monde. Nous espérons seulement aider un certain nombre et contribuer au changement, lent, mais inexorable, dont nous avons tous besoin pour survivre.

BONO : Ce doit toutefois rester un objectif. Mais surtout, il nous importe de tourner, d'aller à la rencontre du public. C'est très bien que nos chansons passent à la radio, nos clips à la télévision, mais tout ça n'a de sens que si nous établissons un contact direct en allant jouer là où se trouvent ceux que notre musique a pu toucher. S'ils attendent énormément de nous, tant mieux. Je ne crains pas de les décevoir.

— Diriez-vous que U2 possède ce fameux « fighting spirit » que l'on attribue aux sportifs irlandais, notamment aux rugbymen ?

THE EDGE : Certainement. Et notre évolution devrait se faire dans le sens d'une plus grande revendication de notre appartenance musicale à la tradition irlandaise, même si nous n'en avons qu'une connaissance limitée et empirique. Mais l'Irlande coule si fort en nous qu'elle devrait couler de nous bientôt pour peu qu'on la laisse sourdre.

BONO : J'ai compris qu'il m'était impossible d'être un pacifiste passif. J'ai donc décidé d'être un pacifiste agressif. C'est ainsi qu'est né « Sunday, Bloody Sunday », même si c'est une chanson ambivalente pour moi. Un jour, je pense comme « les gars », puis ils tuent une petite vieille gratuitement, et là, ce ne sont plus « les gars », ils deviennent autre chose, à laquelle je ne veux pas être associé. Le problème irlandais est très complexe. Un jour, un musicien noir m'a traité de nègre blanc. Je l'ai pris comme il l'entendait : un compliment. Les Irlandais, comme les Noirs, se sentent rejetés, exclus. Le gospel m'a beaucoup affecté. C'est l'exact opposé de la musique moderne. Là où elle n'est qu'image et attitude, le gospel est total abandon, et c'est là que se dévoile l'âme, qu'on atteint à la musique soul.

— *Jusque-là, entre ligne claire et tension new wave, votre musique est malgré tout restée très blanche, et sa ferveur purement pieuse, militante, générationnelle.*

THE EDGE : Nos adversaires allaient jusqu'à la caricature en nous baptisant « U2, the band with the anti-dance stance » (« U2, le groupe qui se vante qu'on ne puisse pas danser en l'écoutant »). J'ai toujours trouvé ça injuste, même s'il est vrai que nos origines ne sont pas rythmiques. À nos débuts nous voulions seulement prendre les instruments de base du rock, la guitare, la basse, la batterie, la voix, et reconstituer un style qui serait le nôtre de par nos limitations, comme l'avaient fait Television ou Patti Smith et même Bob Dylan. Mais maintenant, grâce à l'aide de notre producteur Brian Eno, nous avons envie d'explorer les rythmes, de nous laisser influencer par la musique noire, comme l'ont fait les Talking Heads que nous aimons beaucoup. Mais notre but ultime, ce serait d'être capables, comme les Beatles à l'époque de *Sgt. Pepper*, d'habiller chaque composition des arrangements qui lui conviennent le mieux, indépendamment des possibilités musicales de chacun. Déjà, nous savons que nous sommes en mesure de produire les ambiances les plus délicates et les déflagrations les plus sauvages. Mais plus nous apprenons, plus nous apprenons l'humilité.

— *Ne craignez-vous pas que l'adulation dont vous êtes l'objet et la ferveur mystique avec laquelle vous vous produisez ne transforment votre public en militants aveugles ?*

BONO : Ça peut arriver, bien sûr. Par exemple, lorsque « Sunday Bloody Sunday » inspire des réactions antianglaises : ça n'est pas le but. Mais mon sentiment est que, collectivement, notre public nous comprend, même s'il doit parfois s'interroger sur ce qui est notre véritable position sur des questions comme celle-ci. Nous sommes fondamentalement pacifistes. Même si la raison pour laquelle j'admire autant Martin Luther King est que je suis incapable, contrairement à lui, de pardonner et de tendre l'autre joue. Je suis plutôt du genre à étendre l'autre type...

— *Malgré ses origines dans le gospel, Elvis, la soul music, les conversions de Little Richard, de Solomon Burke, d'Al Green et temporairement de Bob Dylan, n'est-il pas délicat d'étaler sa foi dans le monde du rock, dont la Sainte Trinité revendiquée, sexe, drogues et rock'n'roll, est assez peu spirituelle ? D'autant qu'au fond toutes vos chansons parlent d'amour, universel plus souvent encore que personnel.*

BONO : Le problème, c'est d'être chrétien dans un monde où le christianisme est aussi discrédité. Je me sens tout aussi étranger à l'Église que nous l'étions au rock à nos débuts. Notre foi tient à nos racines, à notre éducation, mais elle s'est surtout forgée au feu de l'expérience. Quand on était gamins, on s'était inventé tous ces pseudonymes étranges pour canaliser notre créativité, et aussi parce qu'avec le frère de The Edge (Nik Evans) et Guggs qui font aujourd'hui partie des Virgin Prunes, nous appartenions à une espèce de société secrète que nous avions inventée de toutes pièces, et qui se consacrait à l'exploration systématique de l'étrange et de l'occulte. On se foutait de la gueule de tout le monde et on faisait les quatre cents coups, par pure nervosité et désir de combler le vide béant de notre vie et de nos âmes. On s'est vite brûlés à ce jeu et c'est ce qui nous a conduits à nous tourner vers une énergie plus pure et plus positive. Depuis, j'ai compris que toutes ces associations où l'on se croit plus malins, meilleurs que les autres, supérieurs, reproduisent les schémas du nazisme.

REM : Les Collégiens

Un single dans une pochette en papier ronéotypé, une image floue de pylônes, de rue sablonneuse et d'aiguilles de pin, recommandé par le *New York Times* et acheté chez Music Action, place du Carrefour de l'Odéon, rare spécialiste de l'import américain quand tous les regards, et les formulaires de douanes, étaient tournés vers le Royaume-Uni.

Et cette chanson, bénie dans mon contexte, « Radio Free Europe », dont je ferai, pendant les quatre années et demie qu'elle existera (1982-1986), le générique de mon émission *Rock à l'œil*, pour laquelle Philippe Gildas m'avait donné le cahier des charges suivant : « Tu trouves un titre rigolo et provoc, tu joues à fond le côté “les radios libres n'y connaissent rien et je le prouve”, et tu fous le bordel. » *Radio libre sur Europe 1*, c'était le titre d'une autre émission, présentée par Ivan Levaï sur le mode Polac du socialisme culturel de 1981 avide de débats « signifiants ». En anglais, guitares au vent, harmonies compressées, « Radio Free Europe », c'est ce que j'essaierai à ma manière d'incarner au cours de ces années d'effective et totale liberté.

C'était le tout premier enregistrement du groupe d'Athens, « Classic City », ville universitaire de Géorgie, l'un des États où naquirent blues et soul music, dont Jimmy Carter fut le gouverneur. Je suivrai ainsi le développement de leur carrière avec une attention et une affection toutes particulières. Fin 1983, sur les brisées de leur premier album évanescent, cryptique et cristallin, *Murmur*, ils se produisent aux Bains-Douches : salle exiguë, son déplorable, lumières nulles, mais enthousiasme et énergie conquérants, décontraction contagieuse. Nous dînerons au restaurant du lieu, avant de faire une pause, au moment du dessert, pour redescendre dans la salle du bas enregistrer au calme une interview pour cette radio qu'ils apprécient tant mais qu'ils aiment souvent critiquer. C'est Mike Mills, le bassiste blondinet aux lunettes et au visage ronds, aux yeux et au sourire rieurs, look d'étudiant, de s'y coller, et de me confier – ce que j'ai peine à croire – qu'ils n'ont jamais entendu les Byrds. Sa sincérité, sa gentillesse, sa bonhomie, parfaitement en phase avec sa mentalité campus, me poussent pourtant à le croire. Le son des arpèges de guitares carillonnantes, des voix planantes, m'indique le contraire.

Quatre années plus tard, alors que leur vague à l'âme, leur flou artistique, leur rock tendre et sincère, onirique, parfois hésitant, souvent grave, en ont fait les archétypes de la scène indépendante américaine et à ce titre les favoris du circuit bourgeonnant des collège radio, dans une chambre de Pigalle, Peter Buck, le guitariste joufflu, qui travailla longtemps dans un magasin de disques, collectionneur fanatique et complétiste rock, corrigera le tir : « Nous connaissons Roger McGuinn, nous avons joué avec lui à plusieurs reprises, et ce qu'il fait est assez différent de nous ; on peut toujours extrapoler et supputer sur la façon dont les Byrds sonneraient aujourd'hui, mais on ne pourra jamais le savoir. » Lorsque Mills nous rejoint, et entend cette conversation, il se contente de sourire. REM n'a nul besoin d'esquiver les comparaisons : le groupe est adulte et tient le haut du pavé. Son son d'origine s'est musclé, diversifié, son inspiration renouvelée. Les trois instrumentistes fréquentent assidûment Warren Zevon, avec lequel ils formeront les hilarants Hindu Love Gods ; plus tard, ils se produiront avec Neil Young et McGuinn, sous le nom des Southern Gentlemen, pour un concert radiodiffusé et abondamment piraté.

À la rentrée, le jour de la visite du groupe sur le plateau de TF1, où il joue pour la première formule de *Rapido* une version acoustique de « The One I Love », leur premier tube monumental, j'avais préalablement rendez-vous avec les 10 000 Maniacs. Lorsque j'annonce à la chanteuse Natalie Merchant que je dois la quitter pour rejoindre Michael Stipe, elle devient quasiment hystérique et me supplie de lui faire passer un message qu'elle rédige aussitôt frénéquement sur un cahier d'écolière. Lorsque je le transmets à son destinataire, le chanteur de REM, fils de militaire aux longs cheveux blonds et aux vêtements de père pèlerin, ne peut réprimer son agacement : « Quand est-ce qu'elle va me lâcher, celle-là ? » Il sera pourtant parfaitement aimable, un beau jour ensoleillé du printemps londonien 1993, lorsque nous le croiserons, Virginie Borgeaud et moi, dans le hall du Blake's, spontanément souriant et amical alors que nous ne lui demandions rien.

REM, qui n'a jamais voulu assumer la signification de son sigle somnambulique qui figurait pourtant sur ses premières affiches (Rapid Eye Movement, soit Sommeil paradoxal), est alors au sommet, couronné par *Rolling Stone* « groupe de rock américain numéro un ». Les paroles sibyllines de Stipe, qui commence à se détacher du quatuor pour devenir une espèce de Robert Smith ou de Morrissey américain, jusque-là incompréhensibles et enfouies dans les guitares, sont maintenant parfaitement audibles, et leur auteur va devenir l'un des leaders de la communauté rock US, prenant part à toutes les luttes des divers mouvements qui se cristalliseront à partir de 1991 autour de la tournée *Lollapalooza* : contre les Bush successifs, en faveur de l'écologie, de la lutte contre le sida, contre le racisme et le nucléaire, pour la défense de Bill Clinton attaqué par l'extrême droite religieuse. À la manière de Claude Sicre à Toulouse, Stipe « pense globalement et agit localement », consacrant son argent et son influence à divers projets de réhabilitation de quartiers, pendant que ses trois compagnons produisent différents artistes locaux. Pendant toute cette période, *Rapido* conservera les meilleures relations avec le groupe, en particulier grâce à notre correspondant new-yorkais, Tony Fletcher, qui sera le premier à publier un livre sur le quatuor, avant même la sortie de *Out Of Time*, son *Sgt. Pepper*, l'album qui le consacrera dans le monde entier et verra « Losing My Religion » pointer ici à la première place du Top 50, succès confirmé par celui d'*Automatic For The People*, sombre et grave, spleen de l'âge du sida et de la mort aveugle avec son hymne à la souffrance universelle, « Everybody Hurts ». La capacité de chacun des musiciens à changer d'instrument selon les besoins des arrangements, à faire jaillir l'azur de leurs harmonies et de leurs mélodies, à la manière des meilleurs groupes californiens, confère alors à REM un attrait universel. Malgré le forfait du batteur Bill Berry, victime d'une rupture d'anévrisme en plein concert à Lausanne, le 1er mars 1995, et de nombreuses introspections sur le sens de son immense succès, le trio Stipe, Buck, Mills poursuit depuis son itinéraire singulier, marqué en 1999 par leur participation inattendue à la musique du film de Milos Forman, *Man On The Moon.*

Alternatif dès l'origine dans la forme musicale – garage – comme dans le propos – le chant psalmodié de Stipe, qui rend ses mots indéchiffrables – et dans la présentation – les clips et les pochettes, kitsch et hétérogènes, comme sa maison capharnaüm, pour le moins antiglamour –, REM sera, après le grand vide qui a suivi les explosions punk new-yorkaises (la scène du CBGB, des New York Dolls et des Ramones à Blondie) et angélène (de X à Black Flag), le premier groupe américain à entonner l'air du changement, permettant par son succès l'émergence de toute la mouvance grunge. Nirvana comme Jane's Addiction en témoigneront volontiers. Quelques semaines avant son suicide, Kurt Cobain, qui lui rendait fréquemment visite à Athens, n'avait d'ailleurs plus qu'une idée : écrire et enregistrer avec Stipe, et faire tourner ensemble en 1995 les deux groupes qui ont rendu au rock américain son rang et sa dignité : Nirvana et REM.

YVES BIGOT : *Depuis ses origines, REM cultive une image volontairement floue, indéfinie, mystérieuse.*

MIKE MILLS : Nous n'avons aucun désir conscient et affirmé d'être vagues ou obscurs, de créer une mystique. Nos clips, nos pochettes nous représentent tels que nous nous percevons. Nous n'avons aucune envie de voir nos photos, nos visages : nous préférons montrer notre univers, nos idées, notre créativité. On est un groupe honnête, sincère. On ne calcule rien, ni notre look ni notre musique, pour faire du fric. On s'est mis à jouer pour le plaisir, parce que ça nous plaisait. C'était un hobby. On cherche le fun, rien de plus. Le reste, c'est la cerise inattendue sur le gâteau. Tellement de groupes sont prémarketés en vue du maximum de succès et de rentabilité. Ça n'a rien à voir avec le propos du rock. Ça ne nous a jamais concernés. On fait ce qui nous vient et ce qui nous convient.

— *Du coup, votre non-image et votre décontraction sont vos meilleurs atouts.*

MIKE MILLS : Tout juste. Quand les gens sont trop affectés, il devient évident que ce sont des poseurs, à l'attitude fabriquée. Avec nous, tout est transparent. Par exemple, beaucoup de groupes choisissent quelqu'un qu'ils admirent, et qui n'a pas eu beaucoup de succès, ou n'est plus en activité, et l'imitent en essayant d'empocher le gros lot à sa place. En ce qui nous concerne, tous les quatre, on écoute des trucs totalement opposés, ce qui fait qu'au moment où on écrit nos chansons ça ne ressemble plus à rien de tout ça. C'est une synthèse inédite.

PETER BUCK : Nous sommes notre propre influence majeure. Il y a beaucoup d'aspects différents dans ce que nous faisons, du folk anglais de Richard Thompson à Lou Reed que nous révérons, en passant par des choses comme Aerosmith qui nous laissent assez indifférents, mais qui font partie de notre culture, celle des années 1970. En fait, comme vous pouvez le vérifier, chacun de nos albums est une réaction au précédent. On croit immensément en ce qu'on fait, mais on essaie de se prendre le moins au sérieux possible, parce que, après tout, ça n'est que du rock'n'roll. C'est vrai que nous avons tendance à attirer les étudiants et les intellectuels plutôt que les buveurs de bière, mais, grâce à Dieu, nous faisons aussi crier les jeunes filles de quinze ans. Et jusqu'à présent, nous sommes parvenus à éviter les chausse-trappes habituels du rock'n'roll : aucun d'entre nous n'est mort, n'est devenu un junkie ou n'a épousé un top-model. On ne parle pas de nous dans les feuilles à scandale. C'est parfois limite, mais on arrive à peu près à contrôler nos vies.

MICHAEL STIPE : Je me souviens avoir lu quelqu'un qui disait qu'on pouvait choisir n'importe qui sur cette planète et le passer au crible de la célébrité, et il apparaîtrait aussitôt incroyablement excentrique, pittoresque, différent. C'est vrai. Nous avons tous nos manies, nos bizarreries : les miennes sont seulement amplifiées par le fait que je suis chanteur d'un groupe dans une activité surmédiatisée. Dans nos têtes, nous sommes un groupe punk. On fait tout par nous-mêmes, et on ne se fixe aucune barrière. Ce qui est bien, c'est que chacun a sa propre notion de ce qu'être punk signifie. Pour moi, il ne faut pas obligatoirement sonner comme les Sex Pistols pour l'être. Mais le succès et l'argent n'ont jamais été un moteur pour ce groupe. Je pense que nous l'avons prouvé, depuis le temps. Si Patti Smith, Iggy Pop et le Velvet Underground m'importent tant, c'est qu'ils étaient mus par la passion seule. Ils faisaient leur truc sans se soucier des conséquences. C'est pourquoi ils sont devenus de tels phares. Ces comptines incroyablement délicates au milieu des stridences, cette vulnérabilité qui n'a pas peur de la beauté, c'est ça qui fait leur grandeur. Cette enfance qu'on n'a pas peur de conserver, cette joliesse tendre et tremblante qui nous accompagne, c'est ce qui me touche le plus profondément. J'ai des goûts sucrés de midinette.

— *Personne n'aurait l'idée de vous associer au southern rock rebelle de Lynyrd Skynyrd et des Allman Brothers. Et pourtant, le Sud transpire dans vos chansons.*

Mike Mills : Si vous passiez du temps dans le sud-est des États-Unis, d'où nous venons, cela affecterait sans doute votre regard sur la vie et sur les choses. On n'est pas au cœur de ce qui se passe comme sur les deux côtes, et la distance nous permet de garder du recul et de penser par nous-mêmes, de forger nos propres opinions, plutôt que de se laisser entraîner par la mode et l'actualité comme c'est le cas dans la frénésie de là-bas. Ça colore notre musique comme notre sensibilité. On y entend plus de blues, de country, de soul et de gospel qu'ailleurs. En même temps, on a grandi avec les Beatles, donc leur musique nous a imprégnés de la même façon. En évoluant, on développe sa propre personnalité en régurgitant à sa manière toutes les choses qu'on a entendues au cours de son existence. Si REM a un style, un son, il ne provient que du fait de jouer ensemble depuis tant d'années. Les gens commencent seulement à comprendre notre humour. Beaucoup de ce qu'on fait est vraiment ironique. « It's The End Of The World As We Know It », c'est une blague, pas une déclaration pesante sur l'état de la nation et de la planète.

Michael Stipe : Je serais vraiment nul si je me contentais d'écrire sur moi. Toutes mes chansons, même les plus personnelles, sont le point de rencontre entre un personnage imaginaire, souvent bizarre et inquiétant, et une expérience autobiographique. C'est là que l'écriture devient autre chose que de la simple rédaction. Je n'écris que sur les mélodies que les autres me donnent. Je me laisse porter par elles, en essayant de laisser la chanson naître d'elle-même. Mon rôle consiste à m'effacer suffisamment pour la laisser devenir étrangère, organique, intangible. Si j'étais vraiment la personne que je décris dans mes chansons, j'aurais connu une vie bien plus dangereuse – et excitante – que la mienne.

Guns N'Roses : Le Soufre et la Douleur

Après deux alertes à la bombe et un changement d'avion, nous déboulons, bagages à la main, dans le hall de béton d'un quelconque palais des sports de Copenhague, à deux pas des jardins Tivoli, alors que les Guns N'Roses sont déjà sur scène. Fouille tracassière à l'entrée, galère pour se frayer un passage avec sacs, caméras et magnétos parmi la foule dont monte une odeur curieusement nauséeuse de sueur, de bière et d'herbe mélangées. Mais ce qui frappe comme un coup de poignard, c'est le malaise immédiat qui se dégage du fracas qui vient de l'autre côté de la salle. Cette ambiance de merde, ce son vicié, cette pulsion morbide, je ne les avais ressentis qu'en voyant les Stones de *Gimmie Shelter*, Led Zeppelin à Earl's Court, Lou Reed à l'Olympia pendant la tournée *Rock'n'roll Animal*, Iggy Pop au Lyceum et les Sex Pistols au 100 Club : c'est la marque de l'héroïne, de la mort qui rôde, et aussi, souvent, hélas, du grand rock'n'roll. Débarquant en Europe à l'issue d'une tournée américaine qui restera l'une des plus mouvementées de l'histoire, les Gunners jouent et rejouent avec un panache digne des Dalton, l'atout maître imparable qui constitue leur unique fonds de commerce : être alors le dernier des grands groupes de rock, hybride punkisant des Rolling Stones et de Led Zeppelin, Aerosmith de la génération Simpsons, Grateful Dead nihiliste, Eagles post-nucléaires vivant la véritable « Life In The Fast Lane » suicidaire dans un « Hotel California » tchernobylisé.

Leur premier album, *Welcome To The Jungle*, était remarquable de morgue, d'agressivité, de réalisme, de violence libératrice et sublimée, le meilleur disque de hard-rock depuis *Physical Graffitti*, la plus puissante diatribe antisociale depuis *London Calling*, chronique d'un Los Angeles d'apocalypse, comme si le ciel s'était ouvert et la faille de San Andreas laissait l'enfer envahir les trottoirs de Sunset et de Wilshire. Dans un univers endormi par le rock humanitaire d'anciens punk devenus adultes et désirant ironiquement un avenir écologique et démocratique, Guns N'Roses renouaient avec la tradition bête et méchante en chroniquant crûment le désenchantement quotidien de ces fans de métal, petits ploucs blancs white trash désœuvrés largués au milieu des jeux de miroirs de Hollywood sur Gomorrhe, et cherchant quelque pauvre excitation dans l'allée et venue de différents fluides, entre leurs caleçons et leurs avant-bras. Une première virée européenne, au festival *Monsters of Rock* de Donington, allait aussitôt diaboliser le groupe, deux spectateurs se faisant piétiner à mort pendant leur passage. Dépêché auprès de Duff McKagan le bassiste blondinet, pas encore ravagé par la poudre, qu'il interroge dans les hangars de l'aéroport, le correspondant de *Rapido* à Los Angeles, Frank Spotnitz, verra une partie de son reportage censuré par la BBC : trop de « fucking fucking fucks » dans chaque phrase, et une mise en accusation sans preuve de l'organisation anglaise qui inquiète les services juridiques, dans un pays où tout propos non contredit dans la même unité de temps risque aussitôt d'être poursuivi en diffamation.

Mais si Guns N'Roses est intrinsèquement un groupe sulfureux, c'est son chanteur, Axl Rose (William Bailey), qui va faire le plus pour sa mauvaise réputation, avec une chanson infamante, indéfendable, « One In A Million ». Dans les termes les plus crétins et les plus odieux, il y attaque les étrangers et les homosexuels, avec toute la rage candide, raciste et abrutie du redneck de l'Indiana qu'il est fier d'être resté. Il lui faudra du temps pour remonter un peu la pente – glissante – en confessant sa passion pour Elton John, en se faisant – difficilement – accepter à Wembley pour le concert en hommage à Freddie Mercury et finalement en révélant dans une interview assez grotesque, mais certainement poignante à *Rolling Stone*, que son ressentiment envers les homosexuels remonte sans doute à son viol par son beau-père, à l'âge de deux ans ! Par la suite, il signalera encore son profond trouble psychique, alors que les Gunners sont à leur tour rendus obsolètes par l'arrivée des vagues grunge et fusion, en enregistrant une chanson du dément Charles Manson et en affirmant qu'avec le clip *Grand Bleu* de « Estranged » il a voulu « rendre quelque chose aux dauphins ».

À Copenhague, au lendemain de ce concert inégal, mais nerveux et surpuissant, Axl, dans une de ses fameuses sautes d'humeur, a disparu. Il ne réapparaîtra que quelques jours et quelques concerts annulés plus tard, à Paris. En conséquence, seuls Slash (Saül Hudson), Duff et le nouveau batteur cuir, le biker Matt Sorum, assurent – si l'on peut dire – à la conférence de presse, régentée par une furie californienne un peu blette qui interdit à tout journaliste de s'approcher des musiciens. Grâce à une recommandation de Nick Kent, ami personnel du guitariste Izzy Stradlin (Jeff Isabell), en rupture de ban avec le groupe qu'il avait fondé et qu'il quittera peu après, je négociai toutefois avec cette groupie tournée harpie un tournage pour un peu plus tard à Londres, à l'occasion du concert de Wembley, le 31 août 1991.

Pour l'interview, on atteindra des sommets de ridicule. Sans parler des décharges qu'il faudra signer, en restreignant l'usage, et interdisant d'aborder un certain nombre de sujets, on jouera d'heure en heure au chat et à la souris : Axl sera là, Axl ne veut plus, Axl accepte si ceci ou cela, Axl a mal à la tête, Axl est injoignable, Axl n'aime pas les interviews, Axl veut savoir si Elton John aime votre émission. Finalement, ce sera Slash qui s'y collera, avec une nouvelle condition, inédite : que les questions, que je rédige, lui soient posées par une amie du groupe, correspondante d'un magazine de métal de Los Angeles. Juan Gelas, lui, en sera réduit à diriger le tournage au cours duquel, malgré les directives drastiques de la BBC contre le tabagisme, le guitariste s'ingéniera à faire de jolis ronds de fumée dans le halo des projecteurs. Slash ! « Tronche de vulve » lui irait mieux, tant son visage vérolé de métisse est obscène, avec ses grosses lèvres pulpeuses, son nez épaté et ses épaisses touffes de boucles noires qui lui mangent littéralement le visage, au point qu'on ne voit pratiquement rien d'autre, et surtout pas ses yeux. Fils de l'habilleuse de David Bowie, Saül Hudson est un gosse de hippie, comme Kurt Cobain. De l'Angleterre, où il a grandi, à Sunset Boulevard, dont il hante la scène hard en Lycra moulant, le nez givré et la bite à la main, c'est le guitariste type de la troisième génération, nourri de Keith Richards, de Jimmy Page, de Jeff Beck, de Mick Ronson et de Joe Perry, entre hard à l'américaine et glam-rock à l'anglaise : un gamin des années 1970, pour qui l'excès constitue un minimum et qui ne connaît qu'un credo, que Guns N'Roses conjuguera opportunément au moment où le rock, sous la conduite des Sting, Bono, Phil Collins et autres Mark Knopfler, recherchait une légitime, mais combien ennuyeuse respectabilité de circonstance : sexe, drogue et rock'n'roll.

Après la publication événementielle de ces deux doubles albums simultanés où ils jetteront toute leur gourme au cours de morceaux réellement épiques (« Civil War », « November Rain », « Coma ») et de reprises emblématiques de leur style de vie extrême (« Live And Let Die », « Knocking On Heaven's Door ») *Use Your Illusion I* et *II*, et une série de concerts mémorables (Los Angeles avec les Stones), à l'hippodrome de Vincennes avec Aerosmith (auquel j'assiste avec... Alpha Blondy et Patrick Bruel !), les Gunners perdront soudain toute leur énergie (et Izzy), et le groupe disparaîtra en même temps qu'Axl Rose se découvrira incapable de broder sur un autre thème que la vie de débauche de son adolescence et des traumatismes cataclysmiques de son enfance maltraitée. Alors que ses anciens compagnons (Slash, Duff et Sorum) se referont la cerise en 2004 avec Velvet Revolver, les fans de leur ancien chanteur attendent toujours depuis plus d'une décennie l'hypothétique sortie d'un album intitulé *Chinese Democracy*, dont le titre finira par ne plus rien avoir d'ironique à force. « All you need is a little patience », chantait-il dans la plus délicieuse des ballades du groupe, où sa voix tourmentée de derviche dément répond aux deux guitares sèches d'Izzy et de Slash, à la manière des Stones glorieux de « Wild Horses ». En effet...

YVES BIGOT : *Comment vous y prenez-vous pour terrifier pareillement le bourgeois ?*

SLASH : Parce que nous n'en faisons qu'à notre tête, et que nous prenons tout le monde à rebrousse-poil. De nos jours, tout le monde fait attention, rentre dans le rang, alors que nous continuons, comme si de rien n'était, à faire ce dont nous avons envie quand nous en avons envie. Et on gagne une fortune. Nous n'avons qu'une idée : monter sur scène et foutre le bordel. Le problème, c'est que les gens sont paranoïaques à cause de ce que la presse dit de nous, souvent à tort. Et dès que quelqu'un s'interpose en croyant limiter les dégâts, c'est là que ça dégénère, parce qu'il empiète sur notre liberté. Nous sommes un groupe vrai et sincère : notre musique, nos chansons sont le miroir exact de nos vies. Notre succès réside en ça : dans leur quotidien, nos fans ne peuvent pas se comporter comme nous, ils doivent se surveiller. Alors que nous, on dit merde à tout ça. On se défonce, on défonce les filles... Personne ne peut faire ça sans avoir les pires emmerdes. Nous si, même si on ne fait pas que ça, et ça se reflète dans nos paroles, dans notre comportement. C'est pour ça que ce ne sont pas seulement nos disques qui ont du succès, mais nous-mêmes, en tant qu'individus libres.

— *Depuis le début de la tournée actuelle, en mai, vous allez les uns et les autres d'arrestation en arrestation, donnant ainsi du sens au nom que vous lui avez donné :* Get In The Ring Motherfucker (« Viens te battre, enculé »). *C'est une façon délibérée de construire votre légende ?*

SLASH : On n'aime pas ça. C'est vrai, notre relation avec les autorités est émaillée de péripéties. Mais sa narration est souvent exagérée. Le problème, c'est que notre réputation nous a précédés partout où nous nous sommes produits. On nous a donc présentés comme des monstres qui arrivaient en ville pour la mettre à sac, violer les filles et distribuer de la drogue. Une aura de terreur nous entourait, comme si nous étions des tueurs à gages. Alors que nous, nous étions seulement là pour jouer notre musique. Mais à ce stade, ça n'intéressait plus grand monde, et pas mal d'éléments s'interposaient pour tenter de nous empêcher de le faire. Nous travaillons dur pour faire en sorte que Guns N'Roses soit vraiment un grand groupe, à la hauteur de ce qu'on a bien voulu en dire, de ce que nos fans attendent. Au lieu de ça, on nous traite comme des criminels. Il ne faut pas exagérer. Ça n'est pas comme si on avait tué quelqu'un ou quelque chose comme ça. On aime se défoncer, c'est vrai et on baise un maximum. Mais qui ne baise pas ? On est différents, marginaux, si vous voulez, mais pas une menace pour la société. Faut pas charrier. On est seulement des boucs émissaires.

— *« Le sexe, les drogues, la violence, l'atroce vérité », annonçait avec humour le sous-titre de* Lies. *Ce mode de vie extrême a eu raison de la plupart des groupes qui vous ont précédés. Vous en êtes conscients ?*

SLASH : En tournée, on vit ensemble en permanence, et c'est ça ma véritable conception de ce qu'un groupe doit rester pour exister. Le reste du temps, ça devient difficile, maintenant que nous vivons chacun de notre côté. Parce que la seule chose qui compte, c'est de jouer ensemble. Peu importe que ce soit en concert ou en répétition. On rocke si fort. C'est cette sensation physique qui est essentielle. Le fait qu'on s'excite mutuellement.

DUFF MCKAGAN : Nos chansons disent la vérité, racontent la réalité quotidienne des adolescents américains d'aujourd'hui qui s'identifient à nous, parce que nous sommes comme eux. On ne joue pas, on ne fait pas semblant. Comme le Grateful Dead, sauf qu'on fume moins d'herbe qu'eux. Nous sommes le groupe de nos fans, où que nous soyons, quelle que soit leur nationalité, parce que nous les représentons, face à un monde où ils s'emmerdent et où on les brime tous les jours.

— *Pouvez-vous nous faire le plaisir de nous raconter ce qu'était cette vie communautaire que vous semblez regretter, lorsque vous vous entassiez dans votre premier appartement sur Sunset Boulevard ?*

SLASH : C'était l'asile. Totalement décadent. De la défonce partout. Des filles dociles, enthousiastes, toujours partantes pour les trucs les plus vicelards, alors qu'on pensait qu'il n'y avait que des professionnelles pour faire ces trucs-là. Le paradis. Sauf que la morale ne tolérait pas ce genre de style de vie. Heureusement, on avait des potes, et toutes ces filles qui nous suivaient quoi qu'on fasse. C'est dingue ce que les filles peuvent accepter de faire comme conneries, d'ailleurs. Cet appartement était le centre de ce petit monde, de ce cirque rock. Mais au bout d'un moment, quand le succès est venu et que nous sommes rentrés de notre première tournée mondiale, il a fallu assumer la réalité de notre nouvelle situation et prendre soin de nous si on ne voulait pas se laisser dévorer par la folie et le succès. Après le choc initial de la séparation, on s'est remis. Mais les moments de repos sont les pires, parce qu'on ne sait pas si on va retrouver la magie la prochaine fois.

— *Dans nombre des chansons des deux* Use Your Illusion, *on sent, à travers le soufre, le stupre et l'attrait du vide pas mal d'amertume.*

SLASH : C'est vrai, mais ça correspond à ce qui nous est arrivé ces dernières années. « Coma » est vraiment le sommet de ces expériences traumatiques. Quand j'en ai écrit la musique, j'en chiais tous les jours, physiquement et mentalement avec la drogue, et quand Axl en a écrit les paroles, il songeait en permanence au suicide. Quand j'entends cette chanson aujourd'hui, je n'en reviens pas que nous soyons encore vivants. Nous ne pensions pas vivre assez longtemps pour l'enregistrer. Je pense que c'est cette souffrance, ce mal-être, qui nous a préservés jusque-là. Ce groupe est vraiment solitaire. Nous n'avons pas d'amis, ni de semblables. C'est ce qui nous rend si proches. Quels que soient nos problèmes, nous n'avons que nous. Comme des hors-la-loi.

— *Et le prompteur, sur scène ?*

DUFF MCKAGAN : On n'arrive pas à se souvenir des paroles, c'est tout.

Nirvana : Salut le Kobain

« Quand on a appris que *Rapido* voulait nous rencontrer, ça a été le summum. C'est notre émission favorite. Chaque fois qu'on arrive en Europe, quel que soit le pays, on allume la télé, et on tombe dessus. C'est le meilleur remède contre le jet-lag. Il n'existe aucune autre émission au monde qui combine cette variété et cette qualité. » Affalé contre son lit, Kurt Cobain s'anime derrière ses lunettes noires rectangulaires, nous assenant le compliment ultime. De fait, durant les quatre années de l'aventure internationale de l'émission (BBC, Canal+, RTL+ en Allemagne, Vara TV aux Pays-Bas, Videomusica en Italie, 2M au Maroc, une chaîne japonaise), entre 1988 et 1992, les Nirvana ont été nos plus ardents supporters, avec Mark Knopfler, les Stones, Pink Floyd, Paul McCartney et les groupes Creation (House of Love, My Bloody Valentine, Primal Scream, Teenage Fan Club, Ride) que nous avions été les premiers à diffuser sur la BBC. Toujours disponibles pour nos caméras et nos journalistes, toujours prêts à parrainer d'autres groupes comme ils le firent à Osaka pour les poupées japonaises givrées de Shonen Knife, Kurt, Krist et Dave nous ont toujours formidablement encouragés.

C'est à Sheffield, dans la grisaille de l'Angleterre de la révolution industrielle, charbon, acier et chômage, que ce premier contact laudatif eut lieu, fin novembre 1991, en milieu d'après-midi, juste avant un concert à l'université. Devant la télé, dans une chambre d'hôtel exiguë typique d'un groupe en tournée, tasses de thé posées sur une table ronde, lits défaits, les trois Nirvana, en plein rush de « Smells Like Teen Spirit », leur hymne à la difficulté d'expression, au désir confus de communication et à l'ennui, qui en fit commodément les « porte-parole de la Génération X », ou les « pionniers du grunge », discourent déjà sur les chausse-trappes du succès, la difficulté à conserver intégrité, sincérité et vérité dès lors que le cirque médiatique s'emballe et que le miroir déformant de la célébrité pervertit jusqu'aux rapports amoureux et familiaux. L'album *Nevermind* n'est pourtant sorti que depuis deux mois et n'est pas encore le numéro un historique qu'il sera quelques semaines plus tard, déposant le King of Pop Michael Jackson. Pour l'ensemble de la presse rock mondiale, toutefois, c'est déjà l'album de l'année, et Nirvana le groupe le plus chaud de la planète.

Le front de Kurt Cobain est brûlant lui aussi, mais pas parce qu'il a attrapé la grosse tête. Il vient seulement de contracter la grippe anglaise, et, dès le début du tournage, s'empare d'un polochon qu'il serre dans ses bras et sur lequel il se vautre pour le restant de l'interview. Comme un vrai chef de bande, il laisse le plus souvent parler le didactique bassiste croate Krist Novoselic, n'intervenant que pour vanner, se moquer de Guns N'Roses, recadrer un point lorsqu'il trouve qu'un sujet n'a pas été suffisamment éclairci. Et tirer à son tour sur les pétards que roule méthodiquement le batteur Dave Grohl, assis dans le fond, dos à la télé. Jeans déchirés, T-shirt rhubarbe, mal rasé à la Gainsbourg, longs cheveux blonds d'ange défait qui lui balaient le visage, fossette marquée, Kurt affiche une décontraction, une (in)différence, une distance évasive, une beauté lointaine qui le font curieusement ressembler à un Jim Morrison dépourvu d'emphase. Le soir même, sur scène, le guitariste gaucher mènera quand même le bal, dans une hystérie digne des grands élans punk, sa guitare noire décorée d'un autocollant proclamant : « Le vandalisme est délicieux comme un pavé dans la gueule d'un flic. »

Quelques jours plus tard, le 7 décembre, je le croisai aux Transmusicales de Rennes, au moment où le groupe venait quérir ses laissez-passer, le temps d'apercevoir ses yeux bleus, cernés et rougis de fatigue opiacée. Je les retrouvais, tous les trois, un peu plus tard, lorsqu'ils déchargeaient eux-mêmes leurs instruments de leur minibus. Malades, au bout du rouleau, ils tenaient pourtant absolument à honorer leur engagement, avant que l'addiction de Kurt à l'héroïne ne les conduise à annuler le restant d'une tournée éprouvante pour leurs nerfs comme pour leur santé. Des bribes de la conversation dégagée d'alors me reviendront bien plus tard, avec un tout autre relief : elles concernent toutes l'estomac de Kurt, la douleur tenace, la bronchite dont il ne parvient pas à se débarrasser, les affres de l'éloignement, la condition humaine... Sur le coup, ça ne m'était pas apparu bien plus grave que les morigénations d'un footballeur atteint d'une douleur au genou persistante à quelques heures d'un match de coupe...

Ce soir-là, leur concert est vraiment destroy, pas franchement tonique, marqué de l'empreinte des Who, puisqu'il commence par une logique, quoique ironique, version de « Baba O'Riley », hymne à ce « nulle part adolescent » (« teenage wasteland ») dont Nirvana était en passe de devenir le héraut, avant de se terminer par une destruction en règle du matériel, pour les mêmes raisons que leurs aînés anglais : spectacle, provocation, frustration, bruit, rage, impasse sexuelle et existentielle.

Au Zénith, fin juin, alors que le timide Kurt et sa tonitruante compagne Courtney Love ont offert aux visiteurs médusés une orageuse scène de ménage dans le hall de l'hôtel de Montparnasse, le concert marque l'apogée du succès de « Smells Like Teen Spirit », finalement numéro un au Top 50 après l'avoir été dans le monde entier, et réunira pour la première fois massivement à Paris le « peuple grunge », jeans lacérés, chemises de flanelle débraillées et mentons pileux...

Moins de deux ans plus tard, le 8 avril 1994, à la suite de tribulations rocambolesques dignes des aventures de John Lennon et Yoko Ono à la fin des années 1960, lorsque ce dernier chantait « Seigneur, ils vont me crucifier », Kurt Cobain qui psalmodiait dans « Come As You Are », « Non je jure que je n'ai pas d'arme à feu », mais posait revolver dans la bouche pour Youri Lenquette, est découvert par un électricien de la compagnie de surveillance dans la verrière de sa maison de Lake Washington, à Seattle, une balle dans la tête, un Remington Modèle 11 à charge légère posé sur sa poitrine. Deux jours plus tard, après la cérémonie religieuse, Courtney lit pour ses fans la note d'adieu qu'il a pris la peine de leur écrire. Il s'y accuse de leur avoir failli, s'excuse d'avoir perdu la flamme, et assure de son amour éternel sa Virago infidèle et junkie, cette mère qui n'en était pas une pour lui, ainsi que Frances Bean, sa fille adorée qu'on lui avait retirée deux semaines après sa naissance, et qu'il craignait de perdre à nouveau à la suite des frasques de Courtney et d'un reportage à scandale paru dans *Vanity Fair*. Une pénible vague de suicides s'emparera alors des adolescents de la planète (soixante-huit cas officiellement recensés aux États-Unis dans les semaines qui suivent), jusqu'en France où, en 1997, Aurélie et Valentine affirmeront s'être supprimées pour « rejoindre [leur] Kurt adoré ».

Mourir à vingt-sept ans, comme Brian Jones, Jimi Hendrix et Jim Morrison, pour mettre fin à la souffrance, au tourment, à la torture. À la solitude, à l'abandon, à la trahison. À l'incompréhension, à l'impossible révolution et à la dépression terminale qui en découle, exprimée dans des morceaux aux titres parlants, comme « Rape Me » (« Viole-moi ») ou encore « I Hate Myself and I Wanna Die » (« Je me déteste et je veux crever »). La tendre mélodie enfantine cachée sous le fracas abrasif, la pop sous le punk, le violoncelle et la guitare acoustique révélés entre deux stridences métalliques, la recherche du classicisme jusque dans le carnage, l'appel au secours derrière la pulsion vomitive, c'était ça le grunge, Nirvana, Kurt Cobain, qui, après son ultime strip-tease *Unplugged in New York*, n'écoutait plus que *Blood On The Tracks*, le plus nu des albums de Bob Dylan, celui du divorce, et entamait avec ferveur une collaboration avec Michael Stipe, le chanteur de REM, dont le « Everybody Hurts » n'avait pu le laisser indifférent. Le jeune homme confus à la douleur grinçante, à la voix grailleuse et fêlée, et au regard christique, issu d'une ville (Aberdeen, État de Washington) et d'une famille au fort taux de suicide, sans cesse déchirée et toujours mal recomposée, voulait devenir un adulte articulé et communicant. Mais, malgré son humour déjanté et son optimisme revenu avec la naissance de sa fille, il n'a pas survécu à une ultime régression, un sursaut d'idéal et de radicalisme dans un monde de compromis et de renonciation. « It's better to burn out than it is to rust », écrivait-il en conclusion de sa note d'adieu, citant l'hymne de Neil Young à la splendeur du rock : « Plutôt exploser que rouiller ». Pour y parvenir encore, Kurt Cobain a cru devoir s'annihiler, inspirant à Stephen King la blague suivante : « Savez-vous quelle est la dernière chose qui soit passée par la tête de Kurt Cobain ? »

Mais s'est-il réellement suicidé ? Sa mort, comme celles de Brian Jones et de Jim Morrison, reste mystérieuse, contestée, et suscite, à son tour de nombreux thèses et ouvrages. Après *Who Killed Kurt Cobain ?* en 1998, les journalistes Max Wallace et Ian Halperin publiaient en 2004 *Love & Death*, ouvrage explosif affirmant que l'icône d'une génération aurait en fait été occis d'un golden hot shot d'héroïne sur commande de sa sulfureuse épouse, Courtney Love Michelle Harrison Cobain. Les couples infernaux, Sid et Nancy (qu'elle a incarné à l'écran), Marie et Bertrand, viennent à l'esprit. Une simple affaire d'amour qui tourne mal, une histoire de jalousie mortifère concernant avant tout les gazettes et la brigade des mœurs ?

Ou, plus simplement, la vengeance d'une femme abandonnée par un mari désireux de changer de vie, qui venait de refuser une fortune pour partir sur la tournée *Lollapalooza*, comptait mettre Nirvana en sommeil et, mariée sous le régime de la séparation de biens, n'aurait hérité de la totalité de sa fortune qu'en cas de décès, ainsi que le prévoyait leur accord nuptial ?

Le détective Tom Grant, qu'elle avait engagé le 3 avril 1994 pour tenter de retrouver Kurt, disparu d'un centre de traitement des drogués de Los Angeles deux jours plus tôt, pense détenir suffisamment d'informations pour permettre bientôt la réouverture d'une enquête bâclée par la police de Seattle. Fantasme du complot, omniprésent dans la psyché américaine depuis l'assassinat du président Kennedy ? Sale affaire de junkies punk jouant aux gangsters pour toucher l'héritage du siècle, ou enchaînement incroyable de circonstances négatives autour de Courtney Love, qui perdra quelque temps plus tard la bassiste de Hole, Kirsten Pfaff, vingt-sept ans elle aussi, d'une overdose dans la baignoire de son studio de Seattle la veille du jour où elle allait quitter le groupe ?

En 1994, le rock n'était plus suffisamment menaçant pour la société pour que le FBI, ou un quelconque lobby de l'ombre, en fasse disparaître le nouveau porte-voix, comme c'était arrivé à John Lennon, peut-être à Jim Morrison, auxquels on l'a tellement comparé, pas si à tort que ça (après tout, lui aussi aura exprimé le besoin d'exhiber son bâton d'amour à la foule lors de *Rock In Rio*). Le rock, lui, ne mourra jamais. Ses apôtres, si, sans que ça en fasse forcément des martyrs. Mais des saints ?

YVES BIGOT : *Vous y voilà, au Nirvana.*

KURT COBAIN : Toutes les définitions que j'en ai lues revenaient au même sens : liberté. C'est comme ça que je conçois notre musique : libre de style, de son, de ce que nous voudrons en faire. Il y a toujours eu de bons groupes, passionnés, déterminés dans le rock, même récemment : REM, Sonic Youth, Jane's Addiction. C'est juste que le public ou l'industrie ne les reconnaissaient pas, alors qu'il est de leur responsabilité que les choses ne soient pas léthargiques et ennuyeuses comme elles l'ont été ces dix dernières années. Mais les années Reagan ont étouffé les esprits et les consciences au point que le public ne se réveille que maintenant. J'ai toujours pensé que REM devrait être numéro un. Ça a seulement pris du temps. Les adolescents sont plus malins qu'ils ne l'étaient avant. Ils ont appris des erreurs de leurs parents. Ils sont plus éveillés, plus attentifs, plus conscients des injustices, plus blasés, cyniques, moins gogos. Comme les Simpsons.

— *Comptez-vous le cynisme comme une qualité ?*

KURT COBAIN : Non, mais c'est un mécanisme de défense efficace et intéressant. Je ne voulais pas dire qu'aujourd'hui les jeunes Américains sont plus intéressants ou plus profonds. Seulement qu'il faut plus de temps et de moyens pour les gruger.

— *Punk, alors ?*

KURT COBAIN : L'attitude punk est aussi cruciale aujourd'hui qu'elle l'a jamais été. Les groupes de la fin des années 1970 m'inspirent toujours autant, me communiquent le désir quotidien de faire quelque chose, de bouger. Le punk était simple, énergique, mélodique. Trois minutes d'émotion brute, vitale, qui donnent la pêche, qui font aller de l'avant. Comme la chanson des Kinks : « You really got me going »... Ce sont les punks qui m'ont fait comprendre qu'il n'était pas nécessaire de devenir professionnel : il suffit d'avoir la foi. Quand j'ai commencé à jouer de la guitare, j'étais intimidé, écrasé par tous ces guitaristes de métal qui jouaient comme des dieux, possédaient une technique incroyable. Ça me barrait toute ambition. Puis, quand j'ai entendu les premiers groupes punk, j'ai compris qu'ils étaient comme moi : ils jouaient comme des salauds, mais ils étaient déterminés, généreux, passionnés. Ça m'a donné le courage de former un groupe à mon tour, comme j'espère que nous en donnerons un jour l'envie aux mômes qui nous écoutent maintenant.

KRIST NOVOSELIC : Nous voulons porter la Bonne Parole. Notre position nous permet de faire découvrir tous ceux dont nous nous sentons proches. La scène underground alternative est originale, sincère, riche, diverse, avec des groupes qui ont une éthique personnelle, une conscience sociale qui en fait autre chose que des commerçants opportunistes : Sonic Youth, les Breeders, Mudhoney, Urge Overkill, ou ici Teenage Fan Club, Young Marble Giants, les Raincoats...

— *La rançon, c'est que vous allez aussi devoir affronter le bombardement médiatique qui guette toute nouvelle sensation.*

KRIST NOVOSELIC : On ne craint pas ça. On ne joue pas ce jeu. On ne nous verra pas au Studio 54 avec Bianca Jagger ou glandant sur Hollywood Boulevard avec Slash et Mickey Rourke. Ça n'est pas notre monde.

KURT COBAIN : Ce qui me fait plaisir, c'est lorsque Iggy Pop déclare que nous sommes son groupe préféré. Là, ça a un sens : j'ai un respect total pour cet homme. Le reste, on s'en fout.

DAVE GROHL : On est une bande de connards qui ont une opinion sur tout. Mais ça n'est pas l'Évangile pour autant, c'est seulement notre opinion, ouverte à discussion. On n'a pas spécialement l'impression qu'être numéro un nous donne une responsabilité supplémentaire. À la fois elle est énorme, et en même temps elle n'intéresse personne.

KRIST NOVOSELIC : Notre devise, c'est : essaie encore. Tout le monde s'intéresse soudain à nous parce qu'ils ont entendu dire que c'est à la mode, mais ça ne va pas changer le monde, c'est simplement un comportement panurgique. « Bandwagonesque », « opportuniste », pour citer le titre de l'album de Teenage Fan Club. C'est un cliché éculé : « Le rock'n'roll est un langage universel, frère. » Pourtant c'est vrai. Depuis quarante ans que c'est devenu la culture dominante de la jeunesse, c'est ça qui réunit les gens, les pousse à transcender leurs différends et leurs différences. Le rock mérite le respect. C'est lui qui nous a permis de survivre jusque-là. On ne peut vraiment pas se plaindre de lui.

— *« Smells Like Teen Spirit », c'est un hymne à la confusion, l'impossibilité de communiquer vraiment, d'être compris, accepté, parce qu'on ne sait pas soi-même ce qu'on veut, ni qui on est...*

KURT COBAIN : Mes paroles sont pleines de contradictions. J'écris quelques lignes sincères, puis je vais m'en moquer dans celles qui suivent, pour ne pas me prendre trop au sérieux. Et je n'aime pas que les choses soient trop évidentes, sinon c'est lourdaud et ça tue l'imagination. Ça n'est pas que je souhaite être cryptique ou mystérieux, mais j'aime que l'art soit flou. Des paroles un peu folles, ou vagues, créent une atmosphère, c'est ça qui me plaît. C'est pour ça que j'aime autant les Pixies. Les paroles m'importent moins qu'à d'autres. Pour qu'elles me touchent, il faut déjà que la musique m'ait atteint. Ce qui ne m'empêche pas de faire passer de vrais messages. Mais je préfère ne pas en faire des kilos, comme les groupes clairement politiques que je respecte réellement, mais qui ne correspondent pas à ma sensibilité. Ça m'est étranger. J'aime baiser, certes, mais il me faut de l'esthétique. Peu importe si on comprend ce que dit exactement une chanson, ce qui compte, c'est l'effet qu'elle fait. J'ai commencé à écrire mes chansons les plus pop avant même que Nirvana n'enregistre. Par la suite, c'est le groupe qui m'a entraîné vers des morceaux plus abrasifs. « About A Girl » est un bon exemple d'une chanson pop comme je les aime et les conçois. Les Melvins écrivent de bonnes chansons pop. Sinon, les Beatles. Un album comme *Rubber Soul*, par exemple. Mon idée de la pop, ça n'est pas en tant qu'abréviation de « populaire ». C'est plutôt quelque chose qui touche immédiatement les enfants, l'enfant en chacun de nous.

concerts. Les Méchins [illegible] les
Beatles. Un album comme [illegible]
[illegible]
plaçait quelque chose [illegible]
[illegible] chacun de nous.

Red Hot Chili Peppers : Les Fornicateurs

Pornographes, priapiques, obscènes, exhibitionnistes, hédonistes, tatoués, héroïnomanes, nostalgiques de la culture amérindienne, écologistes, amoureux des cétacés, empreints d'une spiritualité New Age et d'une fraternité tribale, obsédés par le processus de génération et la musique noire, les Piments rouges incarnent la sous-culture angélène post-punk aussi sûrement que les Beach Boys, les Byrds, Love et les Doors le firent pour celle des années hippies.

Dans l'ambiance *Lollapalooza* d'un Parc des Princes bondé, le 15 juin 2004, en présence d'Indochine, d'Alizée et des musiciens américains de David Hallyday invités par Chad Smith, ovationné lors de son solo de batterie en endossant le maillot de l'équipe de France de foot orné du numéro 10 de Zinedine Zidane, le public parisien, préalablement chauffé par des Pixies en pleine renaissance, reprendra en chœur les refrains imparables de chansons souvent sombres, diffusées en boucle depuis des années par les radios FM, comme l'hymne rédempteur à LA, à la solitude et à la dépendance à l'héroïne « Under The Bridge », le rap proclamant vigoureusement les vertus de la renonciation, du lâcher prise, « Give It Away », le gothique « Scar Tissue », ou encore l'étrange présage de « By The Way ».

Mais, malgré leur triomphe désormais planétaire, les Peppers sont un groupe unique, qui se lance ce soir-là, sous la houlette de son charismatique bassiste australien, Flea (Michael Balzary), fan de Dizzy Gillespie, de Miles Davis et de Fela, dans des digressions sur des thèmes aussi éloignés (contradictoires ?) que « When The Saints Go Marchin' In » (Louis Armstrong), « I Feel Love » (Donna

Summer) et « Transmission » (Joy Division), avant de revenir à la trompette, son instrument d'origine, improviser free sur un thème de Charlie Parker.

C'est qu'initialement ce quatuor underground n'avait rien pour séduire les grandes masses. Formés autour de Flea, qui se mettra à la basse par nécessité, d'un guitariste israélien (Hillel Slovak) dingue de Led Zeppelin et de Jimi Hendrix, d'un batteur (Jack Irons) qui se prend pour Gene Simmons de Kiss et d'un chanteur d'occasion au look Iggy Pop (Anthony Kiedis), élevé à Hollywood par un père (Blackie Dammett) acteur de séries cultes (*Starsky et Hutch*, *Magnum*) dont le meilleur ami se trouve être Sonny (and Cher) Bono, les Red Hot émergent dans le Los Angeles de la culture skate punk du début des années 1980 en jouant un funk punk rap extrême, abrasif, baigné de sexe cru et de défonce à tout va (LSD, coke, héro, ecstasy). Des albums inégaux, produits par Andy Gill (Gang of Four), George Clinton (P-Funk) et Michael Beinhorn (Material), aux compositions loufoques souvent de mauvais goût (le pédophile « Mommy, Where's Daddy ? », les explicites « Jungle Man », « Sex Rap », « Party On Your Pussy ») alternent avec des reprises des Meters, de Sly and the Family Stone, de Bob Dylan et de Jimi Hendrix. D'incessants et déroutants changements de personnel autour de Flea et de Kiedis ne les empêcheront pas de développer une formidable réputation scénique, renforcée par l'habitude qu'ont ses membres – c'est le mot – de s'exhiber dans le plus simple appareil.

C'est d'ailleurs à la suite de l'effet produit par la pochette inattendue de leur *Abbey Road E.P.*, parodiant la célèbre photo des Beatles traversant un passage clouté, qui leur vaut depuis d'être surnommés « le groupe à la chaussette sur la quéquette », que *Rapido* leur consacrait un premier reportage, à l'occasion d'un concert promotionnel dans un club de Londres au cours duquel ils se produisirent enduits de peinture fluo phosphorescente, bondissant comme des démons martiens dans la lumière noire des stroboscopes. L'album *Mother's Milk* vient de sortir, et leur vaut leur premier véritable succès, une version super speedée du « Higher Ground » de Stevie Wonder. Mais la mort par overdose de Hillel Slovak l'année précédente a traumatisé cette troupe d'adeptes de la déglingue et du chahut, au point que Jack Irons a déclaré forfait (il rejoindra Joe Strummer, puis Pearl Jam). Les remplaçants sont un solide batteur, Chad Smith, et un fan de dix-huit ans, John Frusciante, qui a appris par cœur tous les soli de guitare de Jimi Hendrix, des chansons des Beatles et de Frank Zappa, dont il a d'ailleurs failli rejoindre l'orchestre, avant de se convertir au punk rock des Germs. Leur arrivée, ainsi que celle de l'hirsute producteur Rick Rubin (Run DMC, Public Enemy, Beastie Boys, Slayer, The Cult), cofondateur de Def Jam, dotera RHCP d'un sens mélodique et harmonique nouveau qui leur permettra d'exploser en 1991 avec *Bloodsugarsexmagic*, où leur virtuosité et leur idiosyncrasie se transmutent en un style inimitable, unissant rock, grunge, funk et rap, dont raffoleront radios, MTV, amateurs de sports extrêmes et de sports de glisse, illustrateurs sonores et teufeurs de tous poils.

Quand Frusciante abandonne ses nouveaux compagnons pendant la moitié des années 1990 pour se consacrer à son vice, l'héroïne (il perd toutes ses dents, une partie de sa chevelure, ses mains se couvrent de croûtes, il ne touche plus ses guitares), on ne s'inquiète pas, dans un premier temps, pour les Chili Peppers, qui trouvent le remplaçant idéal en Dave Navarro de Jane's Addiction. Celui-ci ne pose qu'une exigence à son adhésion : ne pas avoir à se déshabiller sur scène comme le font à tout bout de champ les trois autres, Flea en tête. Comme au festival de Woodstock II, où si Navarro débarque normalement accoutré sur scène, ses collègues déboulent déguisés en ampoules électriques, Flea ne portant d'ailleurs aucun autre habit. On l'a compris, ça ne pourra pas durer. Un album moyen, *One Hot Minute*, n'arrangera rien, d'autant que Navarro, une fois parti, débauche Flea pour une tournée de Jane's Addiction et forme un groupe éphémère avec Smith, Spear. Et alors qu'on ne donne plus cher de l'avenir du groupe, Frusciante revient miraculeusement de l'enfer pour restaurer la magie évaporée. Et de quelle manière ! Leurs deux albums suivants vont se vendre à vingt-cinq millions d'exemplaires, installant ce groupe de potaches intellos et cobayes des mœurs au sommet de la hiérarchie, soignant son image à travers des clips remarqués (signé Gus Van Sant ou Stéphane Sednaoui réalisateur de celui, argenté, de « Give It Away »).

Une couverture de *Rolling Stone* en tenue d'Adam, Adam, Adam et Adam, démontrera qu'ils n'ont rien perdu de leur goût de la provocation et de la pochade juvénile. Leurs triomphes lors des grands rassemblements de la décennie, *Lollapalooza II*, *Woodstock II*, *Reading*, *Rock In Rio*, *Slane Castle* avec et sans U2, ainsi qu'à Hyde Park où les RHCP enregistrent leur premier live, assoient définitivement leur nouveau statut. À chaque disque, ils raffinent désormais un peu plus leurs qualités pop, développant des harmonies vocales complexes et aériennes, au point de réaliser en 2002 avec *By The Way* un album californien ultime, conjurant les fantômes conjugués des Beach Boys, de Crosby, Stills, Nash and Young en même temps que des Beatles, de Motown, de Phil Spector et d'un psychédélisme hispanisant, sans rien renier de leur spécificité funky. L'aboutissement d'une *Californication* qu'ils dénoncent et dont ils procèdent à la fois, comme les Eagles d'*Hotel California* avant eux, intense et irrésistible, gorgée de dopamine et de testostérone, certes, mais surtout d'une diversité et d'une musicalité exceptionnelles.

YVES BIGOT : *Vu d'ici, en Europe, vous incarnez le nouveau style de vie californien, excessif, exhibitionniste, hâbleur, macho.*

FLEA : Je trouve cette appréciation insultante. Nous ne sommes pas des clowns ni des dragueurs misogynes. Je me trompe sans doute, mais je n'ai jamais eu le sentiment d'être sexiste. C'est vrai, j'assume mon exhibitionnisme, mais pour moi, la musique est très féminine, et comme musicien, je me sens féminin.

ANTHONY KIEDIS : Sur scène, je suis envahi d'énergie sexuelle, qui me connecte à la Terre. C'est une sensation profonde, païenne, charnelle, sensuelle, interne et humide. Je ne prétends pas bander en chantant, mais je suis envahi d'une humeur sexuelle pénétrante. Il ne faut jamais sous-estimer l'importance de notre composante physique, animale, primale.

FLEA : Nous sommes les chantres du bon vieux groove d'antan. Nous buvons nos propres fluides, nous sommes lubriques, excités, swingants, super funky et nous mettons le feu partout où nous passons.

— *Votre univers est assez trash, entre porno, drogue et danger.*

ANTHONY KIEDIS : J'ai grandi à Hollywood dans un monde où les filles étaient toujours à poil et prêtes à tout, où il y avait toujours de quoi se défoncer, de la musique à fond la caisse, des voitures de sport et des fêtes qui duraient toute la nuit. D'entrée, toutes mes chansons ne pouvaient que refléter mon expérience de cette vie, extrême, mais surtout extrêmement excitante, quels qu'en soient les dangers.

— *Vous venez aussi de perdre votre ami Hillel Slovak à l'âge de vingt-cinq ans. Ce genre d'excès n'en est-il pas responsable ?*

FLEA : C'est la pire chose qui soit arrivée dans toute ma vie. Nous étions tellement proches. Nous avons tout découvert ensemble : le sexe, la drogue, nos groupes anglais préférés, que personne d'autre n'écoutait à Los Angeles, comme Gang of Four ou Echo and the Bunnymen. Basquiat. C'est lui qui m'a poussé à apprendre la basse, à fonder ce groupe. Quand il est mort, je traversais des moments de grand bonheur. Sa disparition m'a brisé. Je n'en dirai pas plus, c'est trop douloureux.

ANTHONY KIEDIS : En même temps, ce traumatisme et l'arrivée de John Frusciante, plus jeune que nous et fan de notre musique, nous ont fait prendre conscience de l'importance qu'avait ce groupe pour nous, et des objectifs que nous nous étions fixés au départ. Moi-même je me suis beaucoup défoncé, et je réalise qu'il aurait pu m'arriver la même chose. C'est d'ailleurs ce constat qui a poussé Jack Irons à nous quitter. Il avait peur des tragédies qui s'acharnent sur nous, et il pensait que mon tour arrivait. Il ne voulait pas voir ça.

CHAD SMITH : Je suis depuis relativement peu de temps dans ce groupe, mais j'atteste de son caractère très familial, incroyablement uni, communautaire. C'est ce qui fait sa force, lui donne ce caractère.

Flea : Cet esprit date de nos quinze ans, quand nous allions en virée au parc Yosemite, en Californie du Nord, Anthony et moi. On disparaissait dans la forêt pendant quinze jours, comme des scouts, pour escalader des montagnes, sauter des rivières, dormir à la belle étoile. Ce furent des moments d'euphorie suprême, qui nous ont totalement soudés. De la Californie, c'est vrai, nous avons épousé l'amour de la nature, de l'espace, des sports de glisse, naturels, au milieu des arbres et des animaux.

— *Punk-funk, dit-on. Commençons par le punk.*

Flea : Ados, nous traînions sur le parking du Starwood, à West Hollywood, avec Anthony, en essayant de nous glisser voir les Germs ou Black Flag. Ensuite, nous avons débuté très humblement dans des clubs punk comme le Cathay de Grande, et notre rêve, c'était de devenir un jour assez cool pour être remarqués par des groupes comme X ou les Blasters, qui étaient un peu les parrains de cette scène. Nous avons fait les premières parties des Minutemen, des Bad Brains, et petit à petit, les gens ont commencé à venir pour nous.

Anthony Kiedis : On pensait qu'il n'existait rien de mieux au monde. Voyager dans des endroits où nous ne pensions jamais aller et jouer dans de petits clubs pour de vrais fans de rock, c'était ça, notre idée du bonheur.

— *OK. Et le funk ?*

Anthony Kiedis : Après avoir assisté à une prestation de Grandmaster Flash, j'ai eu une révélation. Je ne savais pas si je serais jamais capable de chanter ou d'écrire, mais je venais de comprendre que raconter une histoire en rythme entrait dans mes cordes.

Flea : Ça nous a ouvert des horizons. Nous adorions aussi bien Defunkt que James Brown, Funkadelic, les Ohio Players. Après notre premier album raté, notre directeur artistique nous a dit : « Pour le suivant, on vous paie qui vous voulez. » Alors on a dit George Clinton, comme ça, pour réaliser un fantasme. On s'est retrouvé en studio avec lui, entourés de Maceo Parker et de Fred Wesley, en train de jammer sur des morceaux des Meters ou de Sly and The Family Stone : le rêve. Après la mort de Hillel, nous avons travaillé un temps avec DeWayne McKnight, l'ancien guitariste de P-Funk. Et pour remplacer Jack Irons, entré en dépression, nous avons pris D.H. Peligro, le batteur des Dead Kennedys. Vous voyez : funk et punk. La preuve.

ANTHONY KIEDIS : Franchement, rien de tout cela n'était conscient, surtout qu'on était raide la plupart du temps. Notre stratégie se résumait à : « Fermons les yeux, et 1, 2, 3, 4, on fonce. »

— *Mais vous, Flea, êtes venu au funk via la fusion et le jazz que vous adorez, non ?*

FLEA : J'ai grandi avec le jazz. J'en apprécie la rigueur, la précision, la solidité. Dizzy Gillespie était mon idole. Je l'ai rencontré quand j'étais gamin et je ne savais pas quoi lui dire, tellement j'étais bouleversé. Il m'a serré dans ses bras, et je me suis mis à pleurer. C'est lui qui m'a poussé à jouer de la trompette. J'aime aussi Miles Davis, Charlie Mingus. Je suis passé d'eux à Jimi Hendrix, puis au funk et ensuite au punk de Los Angeles. C'est seulement à ce moment que j'ai compris l'importance du contenu émotionnel de ce qu'on joue. John Coltrane est fantastique, mais pas nécessairement plus qu'une furie punk simplissime. Les Stooges, Neil Young avec Crazy Horse, Hendrix, dont certains morceaux rock sont très basiques, l'ont démontré eux aussi. J'ai joué dans un orchestre symphonique et dans un groupe punk : c'est du même niveau. Je suis fou de be-bop comme de hard-core, de Haydn comme de rap, de Bartok comme de Nina Simone.

— *Votre ville semble très importante pour vous, comme New York pour Lou Reed et San Francisco pour le Grateful Dead.*

FLEA : Le Los Angeles que j'aime, c'est celui qui permet à des gens de rester sincères et positifs au royaume de la duplicité et de la fracture sociale. Victimes d'un racisme monstrueux comme la communauté noire ou mexicaine, ou gamins jetés à la rue par des familles dysfonctionnelles comme Anthony et moi, ceux qui parviennent à s'en sortir trouvent leur inspiration dans l'énergie que leur confère cette mégalopole de quartiers qui n'arrive pas à être une ville, mais respire au sein d'une nature océanique fortement spirituelle.

Marilyn Manson : Le Cerveau

Le God of Fuck (Roi de la Baise) autoproclamé d'une chanson intitulée « Cake And Sodomy » a explosé sur la scène américaine en 1994 comme un cauchemar gothique et sataniste, dénonçant les vices d'une société américaine livrée aux pouvoirs pervers de la télévision et de la religion.

Marilyn, comme l'icône suicidée des partouzes Kennedy canevassée par Warhol ; Manson comme Charlie, le gourou obsessionnel de sa Family de groupies nymphomanes, rock star ratée tournant autour des Byrds, des Beach Boys et de Neil Young, et premier massacreur de beautiful people dans les canyons de Beverly Hills. Le jeune Brian Warner, adolescent complexé et frustré de Canton, dans l'Ohio, s'est choisi un double pseudonyme choc, à la hauteur de ses ambitions provocantes : « Dans les années 1960, les Beatles étaient plus célèbres que le Christ. Moi, je serai plus connu que Satan. »

Inspiré par le cinéma et les séries américaines dont il truffe ses paroles, comme par le rock théâtral et les déguisements derrière lesquels se caparaçonnent Alice Cooper, David Bowie, Queen, Kiss, Black Sabbath, Iron Maiden ou les Cure, cet egomaniaque d'une culture et d'une intelligence très développées se place dès ses débuts sous la protection de Trent Reznor, le charismatique leader du groupe indus Nine Inch Nails, rencontré à l'occasion d'une interview pour un fanzine. Même en première partie, il impose très vite le show malsain et violent de son quintet installé en Floride, balançant entre death metal et hardcore, dont les membres vont changer plus souvent qu'à leur tour. Artiste conceptuel, il apparaît comme une version trash de tous ses inspirateurs, tatoué, piercé, scarifié, mutilé, déshabillé bondage à coups de bandelettes chirurgicales et d'appareils de contention, orné de mitaines en cuir, de bas résille, de bracelets de force, de lentilles de contact gore et de godemichés, les ongles vernis de noir, surmaquillé, la bouche peinte de rouge à lèvres grenat ou violet, embagousé comme personne, et va chercher à retrouver dans le rock la violence courante dans le monde de l'art.

Il y parviendra à la quasi-perfection dans l'album *AntiChrist Superstar*, en 1996, où s'étalent tous ses cauchemars apocalyptiques, sa vision nietzschéenne et darwinienne de l'humanité, son anticléricalisme viscéral, avant de s'offrir dans *Mechanical Animals*, un tout autre fantasme : son propre *Ziggy Stardust*, androgyne et étrange, jusque dans la pochette inspirée par l'extraterrestre incarné par Bowie dans *The Man Who Fell To Earth*. A la manière d'un Bowie scatologue, macabre, ordurier et grand guignol – américain, donc – Warner/Manson développera son catalogue de personnages successifs : le Dieu de la Baise, donc, le Révérend, l'Antéchrist, Omega, l'Arch Dandy of Dada, Mercure, sans oublier Oscar Wilde, nom sous lequel il effectue ses réservations hôtelières, comme Paul McCartney se faisait appeler Paul Ramon (d'où les Ramones ; à quand The Wildes ? Les Oscars, c'est autre chose...)

Pourchassé et vilipendé par les associations chrétiennes parce qu'il déchire des Bibles sur scène, se torche avec les pages ou avec le drapeau américain, il s'est fait de la mort de Dieu un credo et de l'Église une adversaire systématique dont il dénonce les impostures et tartuferies évangélistes. Marilyn Manson fait plus que scandale, et devient à son tour une cible : l'ennemi public numéro un (blanc). Lucifer, l'ange qui voulait devenir Dieu : mission accomplie.

Cette image sulfureuse sera renforcée lorsque le disciple du mage Aleister Crowley (la « Bête 666 », dont Manson reprendra la devise : « Faire ce que tu veux constitue l'unique loi »), Anton Szandor LaVey, l'intronisera à San Francisco « Prêtre de l'Église de Satan », dont il est le fondateur (après avoir été dompteur de lions, photographe criminaliste, hypnotiseur et joueur de theremin). Mais ça n'est encore rien. Déjà, en 1997, un adolescent se suicide après avoir écouté *AntiChrist Superstar.* Le 20 avril 1999, anniversaire d'Adolf Hitler, c'est pire. Eric Harris (dix-huit ans) et Dylan Klebold (dix-sept ans) se rendent au lycée Columbine de Littleton. En plein cours, ils ouvrent le feu sur leurs camarades, tuent treize élèves et se donnent la mort. Comme ils écoutaient du nu-metal, dont KMFDM, Rammstein et Marilyn Manson, ce dernier est aussitôt accusé, comme le furent avant lui les Beatles (« Helter Skelter » aurait inspiré à Charles Manson la tuerie de Sharon Tate et de ses invités), les Rolling Stones (« Sympathy For The Devil » aurait fourni les mauvaises vibrations du cauchemardesque et meurtrier festival d'Altamont), Judas Priest (accusé en 1985 d'avoir causé le suicide de deux jeunes Américains de Reno qui écoutaient « Suicide Song » en boucle sur l'album *Stained Glass*) et Jean-Louis Murat (à la suite, lui aussi, du suicide de deux ados qui auraient entendu sur Europe 1 « Suicidez-vous, le peuple est mort »). Terré un temps chez lui et craignant pour sa propre vie, Manson/Warner s'illustrera en deux minutes dans le film de Michael Moore, *Bowling For Columbine.* Lorsque le pourfendeur de la famille Bush lui demande ce qu'il dirait à Eric et Dylan s'il était en leur présence, il répond très à propos : « Je ne leur dirais rien. Je les écouterais, ce que personne n'a visiblement pris la peine de faire. »

Sujet en France d'un tube d'Indochine, « Marilyn », ce fin lecteur du divin Marquis comme des *Chants de Maldoror*, qu'il cite abondamment dans son autobiographie, *Mémoires de l'Enfer*, revenait en France, à la fin de l'été 2004, pour un éphémère accrochage de ses toiles à l'hôtel Lutétia, et pour promouvoir une première compilation, actualisée par sa version d'un tube de Depeche Mode déjà transfiguré par Johnny Cash, mais qui lui colle si bien à la promo : « Personal Jesus ». C'est à cette occasion que je le rencontrai, accueilli au Hyatt Vendôme par Caroline Moltroni, grâce aux interventions successives de Stéphane Saunier et de Julie Cruet de Canal+, et du patron de Polydor, Jean-Philippe Allard.

Lorsqu'une blonde chicagoane de l'international m'introduit dans sa suite, dont l'entrée est gardée par un sosie de Mike Tyson, l'individu est debout, grand, de noir vêtu, avec une fine cravate blanche et des chaussures two-tone de tricheur au poker sur les bateaux à aube du Mississippi. Maquillé, ses lèvres charnues recouvertes d'une épaisse couche de noir à lèvres brillant, il se cache derrière de larges lunettes rouille en plastique – et une politesse raffinée.

Il confirme se trouver à un moment clé de sa carrière, désireux de venir s'installer bientôt à Paris, pour y mener sa nouvelle vie et y réaliser courant 2005 son premier long-métrage. Même s'il ne s'étend pas plus que ça sur le sujet, ni n'étale sa connaissance de la culture française, il confirme son amour de Jean Cocteau, d'Antonin Artaud et de Baudelaire. Comment *Les Fleurs du mal* auraient-elles pu lui échapper ?

Tout au long de la demi-heure d'entretien, il fera preuve d'un étonnant mélange de confiance en soi et de modestie, de détermination et de courtoisie. Un hôte délicieux, quoique pressé, car très sollicité, même s'il n'en laissera rien paraître, soucieux au contraire de grande précision dans chacune de ses explications. Un intellectuel, venu d'un trou perdu du Midwest, dans le rock du XXIe siècle, malgré son accoutrement un poil déstabilisant, c'est comme un océan de fraîcheur dans un monde pasteurisé.

YVES BIGOT : *Le rock est-il seulement pour vous un cheval de Troie, ou également une passion en soi ?*

MARILYN MANSON : Les deux, en fait. Quand j'étais adolescent, j'avais observé que Jim Morrison n'était pas parvenu à s'imposer comme poète, ni comme cinéaste, mais uniquement comme rock star. C'est seulement ainsi qu'il avait pu véhiculer ses idées et sa sensibilité. Et puis, j'ai aussi réalisé que les gens répondaient au personnage de Marilyn Manson, tout en intégrant que c'était bien de moi qu'il s'agissait. J'ai grandi dans un pays où l'on est conditionné à séparer l'imagination de la réalité. C'est ce qui conduit les uns et les autres à se créer des personnages, leurs propres diables et leurs propres enfers, leurs propres dieux. Réaliser cela m'a donné le courage de me présenter sur scène, devant un public et d'assumer ma propre réalité.

— *Vous voulez dire que Marilyn Manson a permis à Brian Warner de devenir lui-même ?*

— Exactement. Dès que je suis monté sur une scène, j'ai compris que j'allais pouvoir appartenir à la même espèce que mes idoles, comme Salvador Dali. Et que Marilyn Manson serait mon chef-d'œuvre, même si certains n'y verraient rien d'autre que de la musique.

— *En fait, vous cherchiez à rendre au rock sa dimension choquante, celle qu'il partage avec l'histoire de l'art.*

— Si le monde de la musique n'était pas devenu aussi formaté, conditionné, personne ne considérerait ce que je fais comme choquant. Ça ne l'est qu'en raison de la banalité générale de ce qu'on entend. Rien de ce que j'écris ou je projette n'est censé être choquant pour quiconque possède un peu d'éducation. Mais en Amérique, l'art en général est extrêmement dévalorisé, marginalisé. Les gens considèrent qu'il n'y a rien de plus ennuyeux que de visiter un musée. Toute ma culture a été acquise par plaisir, de mon propre chef. Rien de tout cela ne m'a été enseigné à l'école. Il a toujours fallu que je me donne du mal pour m'enrichir. Je vis dans un pays où l'art d'un côté, la religion et le patriotisme de l'autre, sont des valeurs opposées, dont les vases communiquent dans le mauvais sens. Plus les gens sont chauvins et moins ils tolèrent les artistes. Alors que l'on serait en droit d'espérer qu'en s'intéressant à l'art ils apprennent la tolérance. Au lieu de cela, ils préfèrent croire en n'importe quoi – et n'importe qui. La foi aveugle, dans une religion ou un homme politique. Les Américains ont toujours besoin d'une guerre pour se retrouver, embrasser un sentiment d'unité nationale. J'estime être plus patriote que ceux qui m'accusent de ne pas l'être.

— *David Bowie semble constituer une influence importante. Non seulement vous avez développé des identités différentes, à son instar, mais lui aussi s'est toujours distingué en introduisant l'art dans son rock.*

— Bien sûr. J'ai vu l'impact qu'il avait causé en mélangeant l'art et la musique. Je l'ai rencontré récemment, et contrairement à ce qui se produit souvent quand on rencontre quelqu'un qu'on admire, je n'ai pas été déçu.

— *Comme lui, vous jouez également sur une relative ambiguïté sexuelle.*

— Le truc le plus ridicule, ce sont les femmes qui s'offusquent que je me maquille, alors qu'elles font exactement la même chose tous les jours. Ce qu'elles ne comprennent pas, c'est que je suis le même dans la vie que sur scène. Je suis en représentation permanente, comme d'ailleurs je suis exactement moi-même sur scène. Il n'y a aucune différence entre les deux.

— *Alice Cooper et Kiss vous ont aussi inspiré, mais ils donnent l'impression d'être plus des phénomènes de foire, de faire du Guignol, que d'imposer une posture, une attitude signifiantes.*

— Rencontrer Kiss m'a fait l'effet inverse de Bowie. Eux appartiennent au show-business, à Las Vegas, plutôt qu'à l'orfèvrerie. Tous les Américains ne sont pas comme ça, mais je suis souvent déçu par le comportement vénal, purement marchand, de mes compatriotes.

— *En enregistrant « Personal Jesus », n'avez-vous pas mis un point final à votre combat contre la religion organisée et votre flirt poussé avec le satanisme ?*

— C'est la raison précise pour laquelle j'ai choisi de reprendre cette chanson. Si j'avais dû écrire quelque chose aujourd'hui, c'eût été exactement cela. Il fallait un inédit pour couronner ce « Best of », et cette chanson clôturait idéalement ce premier chapitre. Sans compter qu'il est toujours plus facile de faire passer un message en utilisant la nostalgie qu'en innovant. Or moi-même j'éprouve de la nostalgie pour cette chanson qui est parue au moment où j'étais en train de monter ce groupe.

— *Connaissiez-vous la version sépulcrale qu'en a donnée Johnny Cash ?*

— Oui, bien sûr. Sa version est bien plus sincère que la mienne. Il l'approche de façon tout à fait différente, dans un autre but, avec un autre état d'esprit. C'est une ironie étrange que nous ayons tous deux choisi d'interpréter cette chanson. Après que les gens ont commencé à comprendre ce que je voulais vraiment exprimer en me voyant m'expliquer dans *Bowling For Columbine*, il était important de leur reproposer ce que j'avais dit jusque-là. C'est la raison d'être de ce « Best Of » – je n'ai jamais eu assez de tubes pour composer un « Greatest Hits ». « Personal Jesus » couronne parfaitement cette période, avant que je passe à complètement autre chose. C'est aussi une façon de rendre hommage à ces personnages comme John Lennon ou Jésus-Christ, qui ont été tués, persécutés, pour les mêmes raisons que celles pour lesquelles j'ai été vilipendé.

— *Lennon avait fait scandale en déclarant que les Beatles étaient plus populaires que Jésus.*

— Je tenais à rendre hommage aux Beatles. Et j'avais surenchéri en annonçant que je serais plus célèbre que Satan. J'y suis parvenu en devenant l'homme le plus haï d'Amérique. Les gens n'ont commencé à comprendre ce que je leur disais qu'à partir de l'interview de Michael Moore dans *Bowling For Columbine*. Là, les choses se sont inversées. Par ailleurs, je ne crois pas ceux qui prétendent vouloir rester dans l'underground. C'est pour cela que j'admire tant les Beatles. Pour causer un effet maximal, il faut être capable de toucher le plus grand nombre. C'est ce que j'espère réaliser à mon tour.

— *J'imagine que vous êtes conscient qu'avoir choisi le metal comme véhicule de concepts et d'idées aussi complexes que les vôtres ne vous a pas aidé à vous forger une crédibilité. Pour la plupart des gens, même d'une partie des fans de rock, c'est une musique de crétins.*

— Ça me convenait parce ça me donnait un avantage par rapport à mes détracteurs. Ils me prenaient pour un âne et je pouvais d'autant plus facilement les bluffer, les surprendre, les retourner. Ma musique dérangeait peut-être, mais ça n'est rien comparé au sexe et à la religion : ce sont les deux sujets qui rendent les Américains nerveux. Or le monde de l'art s'est toujours confronté à ces thèmes, comme à la politique, d'ailleurs. Mon but, c'est d'essayer de réveiller mon public, de le faire réagir. Rien ne peut me faire plus plaisir que de savoir qu'un gamin a lu un livre parce que je l'avais mentionné dans une chanson ou une interview.

— *C'était l'une des grandes vertus du rock des années 1960 : apporter la culture là où elle n'allait jamais. J'ai lu Rimbaud grâce à Dylan, Nietzsche parce que Jim Morrison s'y référait, Shelley parce que Jagger le citait...*

— C'est ça qui m'a donné envie de fonder un groupe.

— *Et de lui donner ce nom incroyablement chargé.*

— J'avais été très frappé, enfant, par la couverture du magazine *Life*, avec cette photo et ce seul nom, « Manson ». Marilyn Monroe, de son côté, était devenue seulement « Marilyn ». J'ai donc combiné ces deux nom et prénom isolés, et j'ai créé cette entité réunissant deux symboles américains complètement opposés.

— *Pseudonyme qui à lui seul résume superbement les États-Unis d'Amérique.*

— Avec encore plus de force aujourd'hui, dix ans plus tard, que lorsque je l'ai inventé.

The White Stripes : Les Héritiers

« Salut, la France. Je suis Jack White et voilà ma sœur Meg. Nous sommes les White Stripes de south-west Detroit ».

Il est vingt heures vingt-cinq et je viens d'arriver en catastrophe de France 2 au festival Rock en Seine, dans le domaine national de Saint-Cloud, ce vendredi 27 août 2004, pour tenter de voir et d'approcher l'énigmatique phénomène rock de ce début de XXIe siècle.

C'est que depuis le fameux « retour du rock » de 2001, qui envahit la pub, la mode, les magazines, la télé, jusqu'au cinéma et à la littérature, le duo se détache de la déferlante qui inclut d'un côté les héritiers du rock garage (The Strokes, The Vines, The Hives), du glam (Marilyn Manson, Placebo), de la britpop (Blur, Oasis, Supergrass, Libertines, Franz Ferdinand), du metal (The Darkness, Korn, Blink-182, Slipknot, Limp Bizkit) ou du progressisme anglais (Radiohead, Coldplay), pour incarner à la fois l'irrévérence et le classicisme du rock et s'assurer, plus vraisemblablement encore que les autres, une place dans l'histoire. Et – peut-être – dans cet ouvrage.

Christine Filippi et Geneviève Gillan, qui furent mes attachées de presse lorsque je dirigeais Fnac Music, se démènent depuis la veille pour tenter de m'obtenir un nécessaire entretien, et m'ont diligenté en attendant jusqu'au-devant de la scène, sur la droite, où je retrouve Emmanuel de Buretel (ancien président de EMI-Virgin pour l'Europe, qui me branche sur l'album de Manu Chao avec Amadou et Mariam), Laurent Chapeau (patron de Virgin France, dont les enfants fréquentent la même école que les miens), Hervé

Defranoux (ancien directeur d'Island), mes confrères Benjamin Locoge de *Paris Match* et Sébastien Catroux du *Parisien*, une équipe du journal de France 2 et Philippe Kieffer, journaliste et producteur d'*Ubik* sur France 5, accompagné de son fils Thomas. Ce soir, hélas, aucun d'entre eux ne me sera d'aucun secours.

D'entrée, l'énergie féroce du duo force l'admiration de tous, et la démonstration est bluffante. Leurs quatre albums sont épatants, passant en revue cinquante ans (et plus) de musique américaine à la moulinette de leur son forcément unique, mais on ne sait jamais comment ça se passe en studio. Rien de plus facile que d'y multiplier et superposer les parties de guitare, pallier l'absence de basse, retravailler les voix. D'évidence, rien de tout ça n'est nécessaire et les White Stripes sont bien le grand groupe annoncé – et attendu comme le Messie par la presse anglaise qui lance au printemps 2001 ces indépendants modestes et incrédules. Là, sous mes yeux, leur énergie primale est digne de la capitale du taylorisme qui les a vus naître, la voix du pâle Jack White forte et acide comme celle de Robert Plant, sonnant parfois comme un étonnant hybride de Jeff Buckley et d'Iggy. Meg joue avec grâce et enthousiasme, tapant sur ses caisses sans effet, comme le faisait son modèle du Velvet Underground, Maureen Tucker, avec une touche de la dynamique, croyez-le si vous voulez, du défunt John Bonham. Passons sur le fait qu'elle se prépare de sacrés futurs problèmes d'arthrose tant elle se tord le cou lorsqu'elle doit s'approcher de son micro pour assurer simultanément les harmonies vocales. Si je parviens à lui parler, je pourrai l'en avertir, je viens de passer mes quinze jours de vacances avec un collier cervical. Mais quand on est (encore) jeune (elle n'a pas trente ans), on se croit indestructible, comme le roc(k).

Force est de constater, dès les premiers morceaux, combien Led Zeppelin pèse d'une influence écrasante, que ce soit dans « Black Math », un rock enfiévré à la « Communication Breakdown » ou « Rock'n'roll », comme dans ces typiques changements abrupts de tempo et d'ambiance. « Thin Lizzy, aussi, par moments », me glisse Nicola Sirkis, qui a rejoint le petit groupe de privilégiés pendant que je me suis éloigné quelques minutes pour répondre à un appel de Patrick Sébastien, en pleine préparation de ses trente ans de scène à l'Olympia. Là, tout de suite, j'aurais préféré que ce soit le promoteur me confirmant une rencontre avec les Stripes au bar pendant le passage des Chemical Brothers ou demain matin au petit déjeuner.

En attendant, avec Nicola, qui revient avec sa femme Gwen (bassiste du groupe Madinka) de voir un peu plus loin Sonic Youth et Daniel Darc, nous décortiquons le son étonnant de ce power duo de blues mutant auquel il ne manque absolument rien. La batterie équalisée dans les graves tient en fait lieu de basse, un peu comme Ray Manzarek faisait lui aussi office de bassiste chez les Doors grâce à une exceptionnelle indépendance des quatre membres. Sauf que là, c'est le bricolage qui permet cet exploit. Les peaux de Meg – celles de sa batterie – tendues à l'extrême pour claquer par contraste avec la grosse caisse permettent de conserver concomitamment le rôle purement percussif de ses toms rouges. Et Jack White, longues mèches raides de cheveux corbeau lui battant le visage, déroule lui tout le lexique de la guitare, du blues archaïque, cru, puisé chez ses idoles Charley Patton, Son House et Blind Willie McTell, au flash suraigu de Jeff Beck et d'Alvin Lee jouant « Going Home » à la tête de Ten Years After à Woodstock. Une furie parfaitement maîtrisée, délicatement tempérée lors de la reprise enfantine de l'existentialiste « I Don't Know What To Do With Myself », écrit dans les années 1960 par Burt Bacharach pour Dusty Springfield : les vingt mille spectateurs présents en reprennent aussitôt le refrain.

Jouent-ils avec un clic pour démarrer en aussi parfaite synchronisation des intros pareillement dépouillées ? Sans doute pas, ça n'entre a priori pas dans leur philosophie de la spontanéité et leur goût de l'improvisation. Ce qui est certain, c'est que leur mise en place est exceptionnelle, un simple regard de Jack suffisant à guider Meg dans les méandres des structures qu'il explore. « De la musique de vieux jouée par des jeunes », fait malicieusement remarquer le leader d'Indochine.

Lequel s'émerveille par ailleurs de la continuité conceptuelle de la présentation visuelle, l'iconographie rouge, blanc et noir des pochettes et de leur toilette (Meg en polo blanc et jogging rouge, Jack en chemise rouge et pantalon noir) étant relayée par leurs instruments (la fameuse grosse caisse de Meg, au mandala rouge et blanc, la splendide guitare de Jack), les tenues rouge et noir de leurs backliners, et un décor angulaire entièrement assorti, seulement rehaussé de lampadaires sortis tout droit d'*Urgences*. Il y a de l'art dans les White Stripes (ils n'ont pas pour rien intitulé leur deuxième album *De Stijl*, nom d'un mouvement déconstructionniste néerlandais), du cochon aussi, de la mémoire, et énormément de musique. Sur disque, et par toutes petites touches ce soir où l'héritage punk-blues lo-fi domine, ces deux-là possèdent dans leur cœur comme dans leurs doigts rockabilly, Mississippi et Chicago blues, Memphis soul, hard-rock à l'anglaise, folk rural, country pur et dur (ils reprennent fréquemment « Jolene » de Dolly Parton, ont dédié *White Blood Cells* à Loretta Lynn, dont Jack vient de produire – elle a soixante-dix ans – l'album *Van Lear Rose*). J'en aurais, des choses à leur demander, si seulement quelqu'un se préoccupait de mes délais de bouclage, de ma surcharge de travail et du décalage à gérer entre les batailles du prime time et celles des rock critics en backstage.

À l'heure où le rock tel qu'on le connut dans les années 1960 et 1970 a explosé en tant de genres, de sous-genres et s'est vu adjoindre tant de musiques qui en partagent l'esprit mais pas la forme, les White Stripes font un peu office d'anthologie pour les nouvelles générations. Mais leur originalité constituante leur garantit l'immunité, et contrairement à tant d'autres groupes, à aucun moment la vieille école à laquelle j'appartiens ne s'irrite d'emprunts ou de plagiats. Seulement une parfaite filiation, superbement assumée et envoyée, la prolongation d'une aventure qui, à cinquante ans, s'éloigne dangereusement de son big-bang originel le long du Mississippi entre Louisiane et Illinois en passant par le Tennessee. Comme Dylan poursuivait Woody Guthrie, Hank Williams et Jack Kerouac, les Stones Chuck Berry, Muddy Waters et Oscar Wilde, les White Stripes font fructifier l'héritage de Led Zeppelin, des Stooges et de Mondrian.

Cinquante-cinq minutes de rock classique, si l'on veut, mais forcené, et c'est déjà fini, impeccable. Le public, lui, en redemande. « Ils attendent le tube », me glisse Philippe Grundler, attaché de presse indépendant. À Paris, même à mon âge et entre deux appels d'animateurs-producteurs, je sais qu'il ne s'agit pas du countrysant « Hotel Yorba », tendu, nerveux et verbeux à la « Subterranean

Homesick Blues », qui leur ouvrit outre-Manche les portes de la radio, mais du puissant et macho « Seven Nation Army », avec sa basse (enfin, sa guitare dans les cordes graves) menaçante, son pied de batterie énorme, qu'on qualifierait ailleurs de « disco » et, enfin, son riff de slide, large tuyau de fer glissé sur l'annulaire droit de Jack.

« Ma grande sœur et moi vous remercions beaucoup. Au revoir. Dieu vous bénisse. » En une heure, c'est définitivement plié, comme souvent dans les festivals. Dans un long feedback lancinant, Jack White s'en va en trottinant, suivi de la minuscule et maigrichonne Meg, vers l'arrière-scène.

« Pour l'instant, c'est non, mais on verra après le concert » m'avait averti Christine Filippi au bout de trois morceaux. Refrain rock business entendu des millions de fois sur la planète, dont je connais par avance la conclusion : c'est foutu. Dans l'attente de l'officialisation de la décision – même cynique, on peut toujours rêver –, je me replie vers la tente VIP située juste à côté du musée de la Céramique de Sèvres. Pour faire semblant de ne pas stresser, j'y discute avec Valérie Hermitte, consœur blonde des infos générales de France 2, assure à Daniel Colling (le patron du Zénith et du Printemps de Bourges) qu'il n'aura aucun problème à trouver un label pour son projet « Higelin chante Trenet », rencontre tour à tour Régis Lévy (attaché de presse spécialisé dont j'ai été le patron chez Mercury), Juliette Durand (fille de Guillaume, programmatrice de *Trafic* et de *Campus*), mon vieux copain Thomas Sotinel du *Monde*, le photographe Claude Gassian, mes coauteurs du *Dictionnaire du rock* Christian Eudeline et Jean-William Thoury. Au bout d'une demi-heure, toujours pas de nouvelles. Ça sent le roussi, mais je conserve un air détaché. Après tout, personne, ou presque, ne sait que je suis en train de prendre un bide cuisant. Un long appel de Michel Drucker pour préparer le *Vivement Dimanche* de rentrée en direct de Marseille me distrait de cette Berezina personnelle. Soudain Christine réapparaît, furieuse et dépitée. Je ne suis pas surpris ni déçu. Comme il fallait s'y attendre, le manager a refusé toute interview, et même de me rencontrer pour en envisager une plus tard. Elle est en pétard, mais ça n'y changera plus rien, pas plus que les différents mails envoyés à New York et tous restés lettre morte.

D'un côté, c'est rassurant. Les White Stripes ne se contentent pas de perpétuer l'héritage musical du rock, mais aussi son cirque brutal, pressé et ridicule de vanité, de posture, de monarchie prétentieuse et exagérée. Et eux sont jeunes, ils n'ont pas le temps. Moi non plus, mais surtout, je n'ai plus l'âge, le loisir, ni l'énergie d'aller faire le siège de leur hôtel, de me faire passer pour le directeur de la communication du président de la République ou de soudoyer la femme de ménage, le maître d'hôtel ou le room service pour pénétrer dans la chambre de Jack White par surprise (pas celle de Meg : même plus jeune, j'ai toujours été un gentleman) et je ne me vois pas m'accrocher derrière le véhicule qui les emporte, comme le fit Roland Grivelle voilà bientôt quarante ans pour rencontrer Bob Dylan. Ce livre s'achève ainsi sur une exception et un soufflet. Je n'ai pas réussi à rencontrer personnellement ni à interviewer les White Stripes. Au regard des quarante-neuf qui les précèdent, j'ai la vanité de penser que c'est peut-être autant leur perte que la mienne. Et si Dieu nous prête vie, au rock, aux Whites et à moi, je ne doute pas de parvenir à rattraper ce manque pour l'édition des soixante ans. L'espoir fait vivre.

Et d'ailleurs. Interviewer Jack White, désormais star de cinéma (*Cold Mountain*), people bagarreur depuis qu'il vit avec l'actrice Renée Zellweger et casse la gueule à son ex-copain Jason Stollsteimer des Von Bondies, est-ce si prudent que cela pour un questionneur entêté comme moi ? C'est que ce fan de Robert Johnson, légendaire bluesman dont la légende veut qu'il ait vendu son âme au diable en échange du plus formidable jeu de guitare de son époque, et qui paraphrase dans « Ball And Chain » les fantasmes apocalyptiques de Muddy Waters s'inventant un prophétique destin alien, joue avec les journalistes de cet adage qui voudrait que « si la légende surpasse la vérité, il faut imprimer la légende ». De la même façon que Bob Dylan, bon fils d'une famille juive assez aisée du Minnesota, étudiant à l'université de Minneapolis, s'est inventé pendant des années un passé de bluesman itinérant dans l'Oklahoma, ou Johnny Hallyday, fils d'un comédien belge et d'un mannequin parisien, raconta longtemps être américain issu d'une famille de cow-boys, l'ex-rempailleur et taxidermiste Jack White s'est bâti sa propre mythologie à l'usage de la presse, indépendamment de toute réalité.

Pour commencer, il ne s'appelle pas White : il est né le 9 juillet 1975 de Gorman et Teresa Gillis. White est le nom de... sa femme : Megan Martha White, Meg, de sept mois seulement son aînée, un peu court pour être sa sœur. Qu'il s'acharne pourtant encore, à plusieurs reprises, ce soir, à présenter comme telle. Cela correspond sans doute à leur réalité sentimentale (mariés en 1996, juste avant de former les Bandes Blanches, ils ont divorcé en 2000), mais en rien à l'état civil, ni à la génétique. Évidemment, si ça leur fait plaisir, il n'est là rien de répréhensible, ne serait que du coup, jusqu'à ce que, à l'instar de Dylan et de Johnny, John Anthony Gillis, dit Jack White, admette plus clairement qu'il ne l'a fait jusque-là la supercherie, on peut légitimement douter de sa sincérité biographique. N'ayant malheureusement pu en discuter directement avec l'intéressé (sans doute preuve irréfutable de la distance qui me sépare désormais du rock business, et de la naïveté avec laquelle j'avais cru pouvoir la combler par ma seule présence ce soir-là), j'ai pris le parti dépité de proposer ici au lecteur quelques propos livrés à d'autres, tout en lui recommandant de ne pas tout prendre pour argent comptant, pas plus que Pink Floyd ne signifie Flamant Rose ou que les Bee Gees ne sont australiens... Et de se référer à la chanson où le puritain Jack, Meg et leur copine londonienne Holly Golightly se moquent de leur situation amoureuse (« Well It's True That We Love One Another ») sans rien en révéler, comme trente ans plus tôt, George Harrison, Patti Boyd et Eric Clapton le firent en reprenant masochistement le « Bye Bye Love » des Everly Brothers.

« Tout ce qui ne se rapporte pas à la musique est un numéro », constitue son principal commentaire à cet effet. Citons-le donc principalement à ce sujet, c'est plus sûr.

Le blues

« Le blues est totalement sincère, dépouillé, la vérité nue. Plus j'y pense, plus ces chansons sont insurpassables. Si nous arrivions à faire chanter les paroles de Son House par des petites filles de quinze ans, nous serions vraiment parvenus à quelque chose de bien » (*Word*).

L'art

« La clé de tout art, pour moi, réside dans celui de s'arrêter. Un peintre peut repeindre par-dessus son tableau jusqu'à la fin des temps, s'il ne maîtrise pas cela » (*Word*).

La fille

« J'aime son innocence et son infantilisme. C'est la composante essentielle de ce groupe. Sans elle, ce ne seraient pas les White Stripes. Avec un mec, ça ne fonctionnerait pas. Cela renierait l'idéal de concentration sur ces trois éléments essentiels que sont la narration, la mélodie et le tempo » (*Rolling Stone*).

Le couple, quand même

« Je suis navré, mais je dois décider de la manière dont les choses sont présentées parce que je ne veux pas qu'elles soient mal interprétées. Le propos de ce groupe n'est pas de savoir si nous sommes frère et sœur ou mari et femme. Le jour où nous n'aurons plus de mystère, nous serons complètement morts » (*Rolling Stone*).

Eminem, l'autre star de Detroit

« On a rencontré le lascar lors d'une cérémonie de MTV à Los Angeles. Avec toute sa clique, ses gros bras, son arrogance. Ce mec ne sait jouer d'aucun instrument, il répète que lire est une perte de temps. On l'entend rapper à la radio : “Je veux balancer ma pute enceinte dans les escaliers.” Et les gamins de dix ans, dans le monde entier, écoutent ça ! » (*Rock & Folk*).

Conservateurs (1)

« On veut s'inscrire dans une tradition. Je respecte mes aînés. Elvis, c'était quelqu'un. Buddy Holly encore autre chose. Et Johnny Cash ! Il faut tout étudier, creuser, déterrer. Le rock, ça n'est pas la vulgarité, ni la facilité. C'est du respect » (*Rock & Folk*).

Conservateurs (2)

« Nous sommes fiers de nous situer en dehors de tout. J'embrasse des valeurs démodées. La moralité d'antan est agonisante. Les parents laissent les enfants jurer en leur présence. Les enfants apostrophent leurs parents par leur prénom. Nous ne sommes plus dans un monde qui apprécie la gentillesse et la courtoisie. Adolescent, j'ai découvert qu'on pouvait soit lever la tête et poursuivre sa propre identité, soit la baisser et faire comme tout le monde » (*Q*).

Jeunesse

« Ce groupe est un moyen de retrouver l'enfance sans faire les crétins. Un regard d'enfants sur la vie. J'adorerais que les gens se mettent à éclater de rire au milieu d'un de nos concerts » (*Mojo*).

Remerciements

À Virginie Borgeaud, mon « Heart of Gold ».

À Félix et Luka, déjà petits-enfants du rock.

À Laurent Chalumeau, Forever Blood Brother.

À Stéphanie Chevrier, éditrice modèle.

À Isabelle Siri, Alain Noël, Jean-Claude Berline et Philippe Rey sans lesquels je n'aurais pas publié *Au nom du rock* il y a dix ans.

À Bayon, Serge Loupien (*Libération*), Lionel Rotcage, Dominique Dreyfus, Yves Bongarçon (*Rolling Stone*), Thierry Frébourg (*Guitare et Claviers*), Jacques Colin, Philippe Manœuvre (*Rock&-Folk*), François Armanet (*Le Nouvel Observateur*), Carlos Gomez (*Le Journal du Dimanche*), qui furent, un jour ou l'autre, mes rédacteurs en chef.

À Antoine de Caunes, qui fit de moi celui de *Rapido*.

À Laurence Romance, Nick Kent, Gilles Verlant (Paris), Juan Gelas (Londres), Tony Fletcher (New York), Franck Spotnitz (Los Angeles), Philippe Cornet (Bruxelles), dont je fus donc le rédacteur en chef.

À Max Armanet qui me demanda d'être le dernier des rédacteurs-en-chef des *Enfants du rock*, puis chroniqueur à *La Vie*.

À Marc Fréjean, Maxime Bouchon, Philippe Painault (Europe 1), Michèle Soulier, Gaëlle Bayssières (France Inter), Laurent Villevielle et Bernard Gonner (Canal+) Bernard Faroux et Pascal Mercier (*Rapido, Les Enfants du rock*), mes réalisateurs.

À Mychèle Abraham, François Diwo et Gonzague Saint-Bris, dont je fus le réalisateur (Europe 1).

À mes assistantes, Corinne Roussel, Sylvie Faivelet, Kirsten Cunningham-Calteau, Louise Kerrachi, Nathalie Denise, Marie Huc.

À mes patrons, René Cleitman, Jean-Claude Buchez, Philippe Gildas, Frank Ténot, Jean-Pierre Elkabbach, Patrice Blanc-Francard (Europe 1), Pierre Bouteiller (France Inter), Pierre Lescure (Canal+), Tim Newman et Alex Berger (NBDC), Pascal Nègre (Polygram), Édouard Dor (Sport O'FM), Jean-Pierre Cottet, Patrice Duhamel, Michèle Cotta, François Tron, Christopher Baldelli (France 2), Marc Tessier (France Télévisions).

À Thierry et Béatrice Ardisson, Guillaume Durand et Laurence Touitou.

À mon équipe des divertissements de France 2, Pascale Didelet, Nathalie Roger, Jean-François Peralta, Nathalie Denise et Frédéric Valençak, sans oublier Solenne Évrard et Isabelle Delécluse.

À Claude Guyot et aux équipes du FAIR.

À tous les collaborateurs du *Dictionnaire du rock*, y compris Michka Assayas, mais à l'exception de Philippe Auclair, grossier personnage aux pieds sales.

À Stéphane Saunier, Julie Cruet et Jean-Philippe Allard pour Marilyn Manson.

À Yves Simon, Gérard Manset, Nicola Sirkis, David Hallyday, Louis Bertignac, Pierre Henry, Manu Dibango, Christophe, CharlÉlie Couture, Jean-Louis Murat, Laurent Voulzy, Francis Cabrel, Dick Rivers, Elliott Murphy, Freddy Koella, Michel Cœuriot, Ivan Cassar, Philippe Pigeard, Christophe(r) J(ohnson), Étienne Roda-Gil, Bruno Blum, Enki Bilal, Franck Margerin (Paris), Little Bob (Le Havre), Claude Sicre et Jean-Marc Enjalbert (Toulouse), Linton Kwesi Johnson (Londres), Marc Morgan (Huy), Lucien Francœur (Montréal), Alceu Valença, Joao Bosco (Rio de Janeiro), Antoine (du côté de Tahiti).

À tous ceux avec qui nous avons partagé ces aventures si chères à nos cœurs tout au long des années, notamment : René Brochier, Jean-Marc Lebugle, Alain Zerbonne, Richard Fazola (Saint-Tropez), Christian Palligiano, Dominique Petit (Nice), Henry Espanet et Maxou (Marseille), Leon Orlandi (Monaco) Graziella Madrigal, Véronique Mortaigne, Thomas Sotinel, José Ferré, Olivier Bas, Jean-Pierre Prévotat, Sacha Reins, Francis Zégut, Georges Lang,

Remerciements

Dominique Farran, Bernard Lenoir, Philippe Blanchet, Youri Lenquette, Pierre Terrasson, Claude Gassian, Jean-Éric Perrin, Marc Garcia, Marie-Christine Bloch, Alain Maneval, Hervé Deplasse, Sébastien Catroux, Patrice Fabien, Bruno Lion, Gilles Castagnac, Philippe Landré, Philippe Constantin, Stan Cuesta, Philippe Désindes, Michel Embareck, Jean-Christophe Hilaire, Philippe Barbot, Daniel Lesueur, Benjamin Locoge, Jean-Marie Leduc, Véronique Duvelle, Nathalie Leruche, Marianne Dudouit, Bernard de Bosson, Jean-Jacques Gozlan, Henri de Bodinat, Philippe et Jean-François Delettrez, Jean-Michel Montu, Éric Hauswald, André Djento, Nicolas Duroy, Philippe Dana, Ralph Blake, Roland Grivelle, Yann Plougastel, Francis Dordor, Jean-Pierre Sabouret, Alain Gardinier, Didier Saltron, Yves et Jean-Pierre Abraham, Jean-Pierre Decoox, Claude Brunet, Alain Pilot, Éric Basset, Marc Graffeuille, Jean-Baptiste Jouy, Claude Duvivier, Fabrice Nataf, Henri Padovani, Bruno Philippart, Jacques Marbehant, Patrick Winzelle, Pierre-Alexandre Vertadier, Jules Frutos, Élie Benali, Philippe Grundler, Régis Lévy, Dominique Metten, Martin Meissonnier, James Petit, Thomas Buisson, Chérif Ghemmour, Yazid Manou, Arnaud Chiaramonti, Jérôme Soligny, Éric Dufaure, Sarah Jane Richardson (Paris), Claude Nobs (Montreux), Nancy Ypsilantis, Gérard Sutter, Guy Sauter (Genève), Emmanuel Legrand et Alain Galès (Londres), Christine Carrié (New York), Philippe Rault (Los Angeles), Joan Baez (Woodside, Cal) et tous ceux qui ont d'une manière ou d'une autre, participé à ces rencontres.

Table

364
413

Composition et mise en page

NORD COMPO
multimédia

CET OUVRAGE
A ÉTÉ ACHEVÉ D'IMPRIMER
SUR ROTO-PAGE
PAR L'IMPRIMERIE FLOCH
À MAYENNE EN OCTOBRE 2004

N° d'éd. : FF878501. N° d'impr. : 61390.
D.L. : octobre 2004.
Imprimé en France